U0539042

谨以此书献给
郑板桥诞辰三百三十三周年暨中国·兴化第十七届郑板桥艺术节

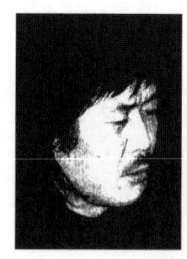

关于作者

　　党明放，郑板桥资深研究专家。兼治唐代宫廷史及陵寝史。1958年生，陕西蒲城人。曾就读于北京广播学院新闻摄影系。后师从著名学者丁家桐先生致力于郑板桥研究。历任北京朗朗书房出版公司编辑、编审，世界汉学研究中心研究员。现为扬州大学美术学院兼职教授及硕士生导师、扬州大学扬州八怪研究所研究员、江苏兴化市郑板桥纪念馆名誉馆长、江苏泰州市海陵区板桥文化研究院院长，中国唐史学会、清代扬州画派研究会及陕西省作家协会会员，受聘为台湾兰台出版社驻北京总编辑。著有《郑板桥》《郑板桥年谱》《郑板桥对联赏析》《聆听唐朝》《陵寝文化》《中国古代陵寝文化》《温故知新：例说中国文化往事》《唐玄宗传》《唐陵石刻遗存图集》《郑板桥研究》《隋唐宫廷政变研究》《隋唐皇帝尊佛崇道研究》及合著《唐代公主及其婚姻考论》等二十余种。在中央文史研究馆馆刊《中华书画家》、国家大型艺术月刊《荣宝斋》、中国科举博物馆馆刊《科举文化》、兴化市郑板桥纪念馆馆刊《板桥》及《扬州晚报》等报刊发表论文二十余篇。其中《郑板桥》，2018年获江苏省政府奖及日文版权贸易奖；《陵寝文化》，2020年获第九届陶风图书奖。

书画艺术研究 5

鄭板橋研究

党明放 著

蘭臺出版社

郑板桥研究

郑板桥画像(据《清代学者像传》复制)

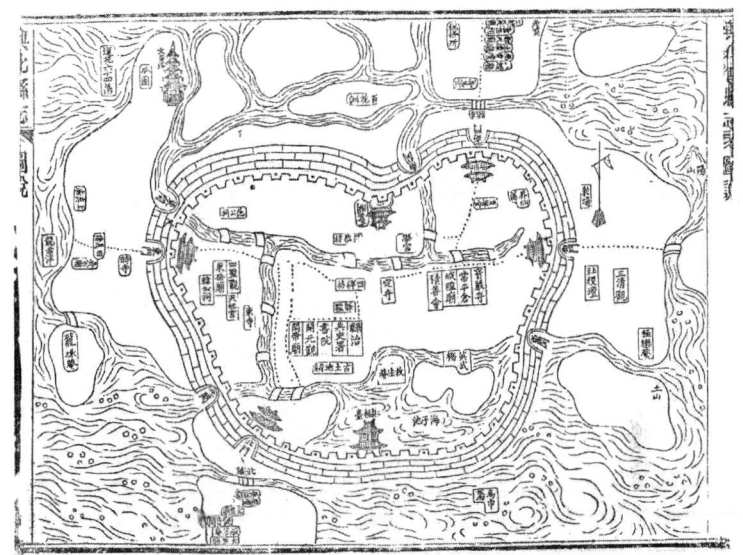

乾隆年间《兴化县城池图》 兴化市图书馆提供

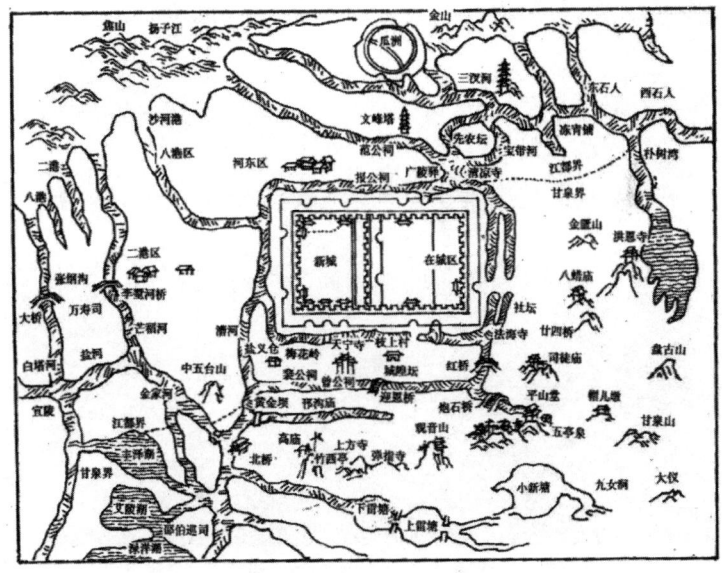

乾隆年间《扬州城池图》 扬州文史馆李智提供

郑板桥故居 党明放 摄

郑板桥故居 党明放 摄

郑板桥墓园 党明放 摄

郑板桥墓 党明放 摄

郑板桥研究

| 郑燮 | 克柔 | 兴化人 | 郑板桥 |

| 雪婆婆同日生 | 潍夷长 | 丙辰进士 | 七品官耳 |

| 见人一善忘其百非 | 恨不得填漫了普天饥债 | 有竹人家 | 郑兰 |

| 乾隆东封书画史 | 兰竹石癖 | 麻丫头针线 | 康熙秀才雍正举人乾隆进士 |

无数青山拜草庐

郑为东道主

青藤门下牛马走

敢征兰乎

游好在六经

借书传画

鸡犬图书共一船

板桥道人

板桥《十六通家书小引》书影

紫琼崖道人慎郡王题词

郑板桥《扬州杂记卷》　上海博物馆藏墨迹

郑板桥《梅庄记》（局部）扬州博物馆藏墨迹

郑板桥《重修城隍庙碑记》
（之一） 南京博物院藏墨迹

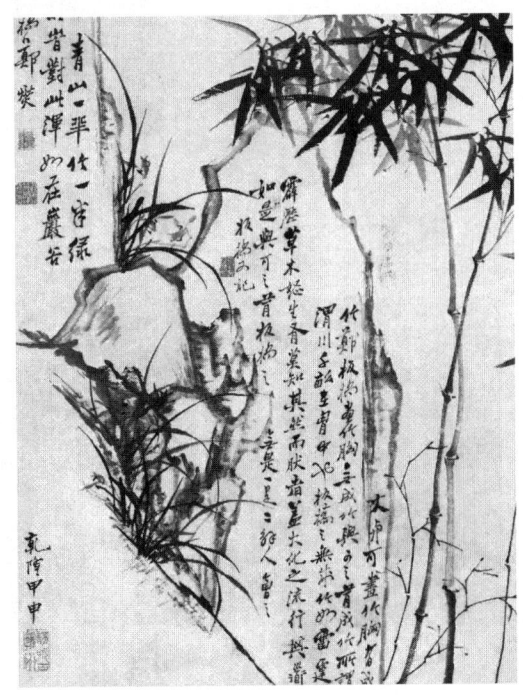

郑板桥《兰竹石图》

郑板桥研究

x

郑板桥《兰竹图》
上海人民出版社藏墨迹

郑板桥《兰竹石图》

龙跳虎卧

郑板桥《柱石图》
扬州博物馆藏墨迹

束云

聊避风雨

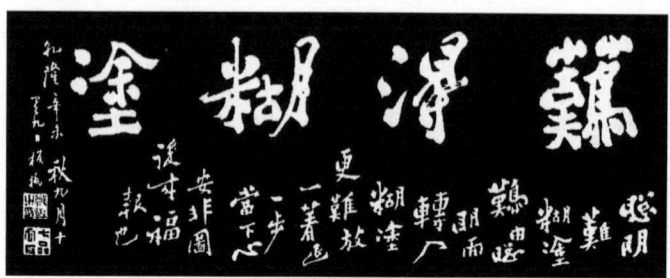

难得糊涂匾额

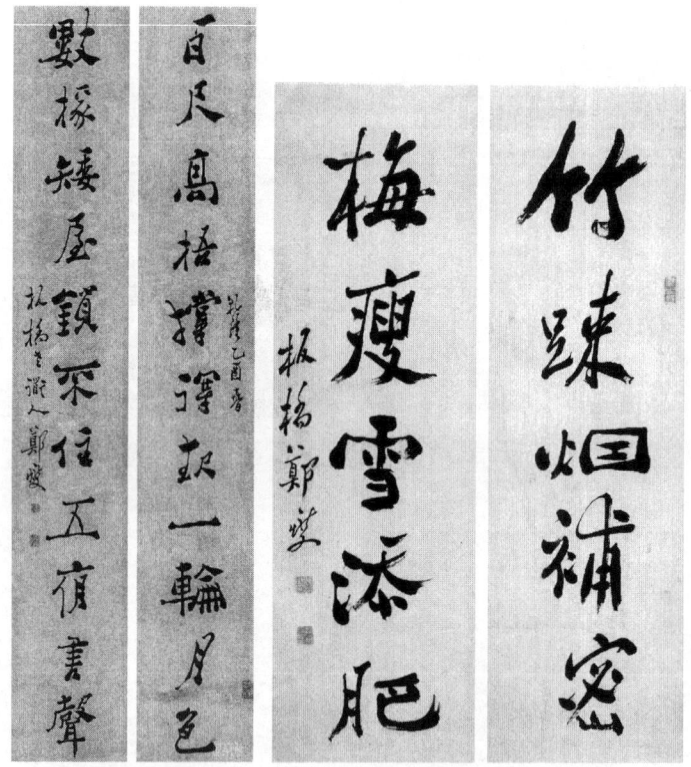

郑板桥对联　　　郑板桥对联

《郑板桥研究》自序

党明放

天雨虽宽不润无根之草；佛法虽广不渡无缘之人。岁月携走了纯真，时光苍老了容颜，三十年前，余于京师幸得高人指点，始涉清代文学家、艺术家郑板桥研究。每当忆及，感慨万千：已从当年风流偶傥的党郎熬成了雪染双鬓的党翁。

板桥名燮，字克柔，号板桥，江南扬州府兴化县（今江苏兴化市）人。应科举为康熙秀才、雍正举人、乾隆进士。出仕山东范县（今河南范县）今及潍县（今山东潍坊市）知县。官范官潍期间，德以柔之，教以谕之，礼以禁之，法以惩之，因赈灾事，以病乞归。"去官日，百姓痛哭遮留，家家画像以祀"（清人叶衍兰等《清代学者像传》）。

"板桥大令有三绝：曰画，曰诗，曰书。三绝之中有三真：曰真气，曰真意，曰真趣"（清人王维屏《松轩随笔》）。若以板桥诗文与其书画相比，当以书画为第一；若以书法与其绘画相比，当以书法为第一。板桥曾致友人潘西凤诗云："吾曹笔阵凌云烟，扫空氛翳铺青天。一行两行书数字，南箕北斗排星躔。"

板桥诗平易晓畅，流丽淡荡；板桥词清新秀逸，古朴雄浑；家书情真语挚，悱恻动人；吊古诸篇，慷慨激昂，时有"郑虔三绝"之目。

板桥工画兰竹，兰叶用焦墨挥毫，枝叶多似山谷行草，波磔皆有奇趣。画竹神似坡公，多不乱，少不疏，劲秀绝伦，脱尽时习。书法熔铸众体，以隶架楷骨行意篆格草神创为别调，板桥自称破格书、六分半书，书家誉称板桥体、乱石铺街、浪里插篙、摇波驻节、醉汉夜归、雨加雪，今人则称漫书。

　　板桥书法尤擅蹲笔，且一笔一画欹侧生姿，跌宕幽险；蹲衄之处，力透纸背。流畅而不失凝重，纵逸而不失矩范。兴至则成，极具流风之致；奇情异趣，莫不赏其狂纵，然多有仿效其体者。清人王潜刚在其《清人书评》中批评板桥是"仅凭一时之小慧，妄欲造成一特创之字形，于是一笔篆，一笔隶，一笔真，一笔草，甚至取法帖中锺王颜柳欧虞董薛，东取一笔，西取一画，又加之一笔竹叶，一笔兰花，自以为极天地造化之极，而成一不伦不类、不今不古之儿戏字体。"视点不同，视角各异，其观点自然有别。板桥六分半书与金农漆书、黄慎草书、杨法篆书堪称扬州八怪"书中四绝"。

　　板桥主写兰竹石，兼写松菊梅。板桥竹清影扶疏，超尘绝俗；板桥兰叶秀花腴，幽香缥缈；板桥石空灵磊落，萧散神逸。

　　板桥幼孤家贫，自与心竞。才以达其趣，趣以辅其情，情以俱其韵。人咸以狂怪目之，板桥谓"狂愚之论，敢于质之高明。"

　　板桥使酒骂座，目无卿相；恣情山水，嗜好游乐。常与骚人野衲醉游。喜写丛兰瘦石于酒廊僧壁，随手题句，观者叹绝：如雪柏风松，挺然而秀出于风尘之表。

　　风流自赏，只容花鸟趋陪；真率谁知，合受烟霞供养。板桥多逸趣，广交游，才识放浪，疏宕洒脱。日暮途穷时，向往庙堂之尊贵；峰回路转时，羡慕南山之悠然。

　　三千年读史不外功名利禄；九万里悟道终归诗酒田园。乾隆十七年（1752）年底，板桥去任，借住友人郭质亭、郭芸亭兄弟的南园旧华轩,并在此度岁。翌年复归扬州,有李秀才啸村赠之以联:"三绝诗书画;一官归去来。"乾隆二十四年(1759),六十七岁的板桥从拙公和上议,自定《板桥润格》。

烟火里谋生,文字间谋心,琴音里谋魂。在"扬州八怪"诸人中,论年龄,板桥不及复堂年长;论学养,板桥又不及冬心深厚;论成就,诸人皆不及板桥。唯板桥引领诸人啸傲士林、扛鼎墨林。徐悲鸿在题板桥《兰竹石图》中称赞他是"中国近三百年来最卓越的人物之一,其思想奇、文奇,书画尤奇。观其诗文书画,不但想见高致,而且寓仁慈于奇妙,尤为古今天才之难得者。"

天之贵贵在有风有雨有日月;地之贵贵在有山有水有生机;人之贵贵在有善有德有真诚。本书以昭阳郑氏族谱及板桥家书、诗钞、词钞、小唱、题画、序跋、碑记、印章、尺牍、判牍、楹联、匾额等为依据,并从诸贤述学中多所汲纳。

《郑板桥研究》广泛涉猎板桥家世、求学、存心、问道、修身、应务、品藻、书画、辞章,以及生前身后所产生的巨大影响,诸如:板桥书画印章、板桥接交亲王、板桥词师门徒、板桥文友诗友、板桥书友画友、板桥吏友印友、板桥僧友道友、板桥题写匾额、板桥题词、板桥墨迹收藏、板桥审案判词、板桥研究资料,师法板桥书画,板桥故居、板桥林园、板桥竹石园、板桥文化园、四牌楼旌彰郑板桥匾额,江苏兴化、河南范县、山东潍坊及江苏扬州郑板桥纪念馆,江苏兴化板桥廉政教育基地、山东潍坊郑板桥政德教育馆,两年一届的中国·兴化郑板桥艺术节及兴化市郑板桥文学艺术奖,兴化郑板桥纪念馆馆刊《板桥》,河南范县郑板桥文化节,全国郑板桥及扬州八怪研究机构、以板桥为题材创作的歌曲、戏剧、广播剧、绘本、连环画及影像光盘,以板桥为题材的影视作品,以板桥或板桥作品为题材的文创产品,以板桥名字、名言或官职命名的烟酒、板桥人文菜肴、板桥研究专家及百年间板桥研究成果等，可谓一项比较漫长的阶段性研究成果。

  明志静心倍感诗书有味；放歌纵马愈觉岁月流金。感谢各方仁人多年来始终坚持给我以热情鼓励和支持！

乙巳桐月识于问字庵

目　录

《郑板桥研究》自序　XIII

一、郑板桥家世考论　001

二、郑板桥书画印章名录　005
　　姓名字号　008
　　苦难身世　017
　　政治抱负　022
　　幽默诙谐　028
　　修身养性　035
　　艺术追求　053

三、郑板桥接交亲王名录　073

四、郑板桥词师门徒名录　076

五、郑板桥文友诗友名录　078

六、郑板桥书友画友名录　090

七、郑板桥吏友印友名录　103

八、郑板桥僧友道友名录　124

九、郑板桥题写匾额名录　139

十、郑板桥题词名录　145

十一、师法郑板桥书画名录　148

十二、郑板桥墨迹收藏单位名录　160

十三、郑板桥审案判词　163
  李一氓藏墨迹　163
  中国历史博物馆藏墨迹　169
  北京故宫博物院藏墨迹　171
  日本辻本氏藏墨迹　175
  山东高象九藏墨迹　180

十四、郑板桥研究资料汇编　183
  嘉庆修《昭阳郑氏族谱》　183
  大清乾隆元年进士题名碑录丙辰科　183
  传记　196
  方志　201
  题画像　219
  诗词书札　222
  序跋　249
  书目　253
  诗话　255
  词话　261
  诗选词选　269
  联话　296
  《板桥集》五家评　297
  书画评　309
  书画　324
  笔记　354

十五、兴化郑板桥故居　383

十六、兴化郑板桥林园　387

十七、兴化板桥文化园　393
　　　板桥书院　393
　　　板桥道情馆　394
　　　百竹园　395
　　　板桥廉政教育基地　395

十八、兴化四牌楼旌彰郑板桥匾额　396

十九、郑板桥纪念馆　397
　　　江苏兴化市郑板桥纪念馆　397
　　　河南范县郑板桥纪念馆　399
　　　山东潍坊市郑板桥纪念馆　400
　　　江苏扬州市郑板桥纪念馆　404

二十、潍坊市郑板桥政德教育馆　406

二一、中国·兴化郑板桥艺术节　407

二二、兴化市郑板桥文学艺术奖　410

二三、泰州市"郑板桥杯"全国诗词大赛　418

二四、兴化市板桥竹石园　420

二五、兴化市郑板桥纪念馆馆刊《板桥》　421

二六、中国·范县郑板桥文化节　424

二七、郑板桥及扬州八怪研究机构名录　425
　　　兴化市郑板桥书画院　425
　　　兴化市扬州八怪书画院　425
　　　扬州大学扬州八怪研究所　426
　　　清代扬州画派研究会　428
　　　扬州八怪纪念馆　430

　　　　范县板桥文化研究中心　431
　　　　范县郑板桥书画艺术馆　433
　　　　泰州市海陵区板桥文化研究院　434
二八、以板桥为题材创作的歌曲、戏剧、广播剧、绘本、连环画、
　　　影像光盘　435
二九、以郑板桥为题材的影视作品　445
三十、以郑板桥或郑板桥作品为题材的文创产品名录　452
　　　（一）艺术收藏品名录　452
　　　（二）旅游纪念品名录　465
　　　（三）生活实用品名录　465
三一、以郑板桥名字、名言及官职命名的烟酒　468
三二、郑板桥人文菜肴名录　472
三三、郑板桥研究专家名录（以姓氏笔画为序）　477
三四、拙著《郑板桥年谱》参阅文献　491
三五、近一百年间板桥研究成果辑录　499
附录一、郑板桥年表　523
附录二、郑板桥书画艺术　541
附录三、贺万里：扬州八怪学术史研究论纲　556
致　　谢　576
后　　记　581
黄　　强：留取栽培待后贤　585
党明放著作要目　590

一、郑板桥家世考论

第一世　重一公

明洪武年间,自苏州阊门播迁兴化汪头,生子从宜。

明放案一:阊门,又称破楚门,与姑胥门、蟠门、蛇门、缪门、干将门、巫门、望齐门是古城苏州具有代表性的八座古城门,合称苏州"古城八门",

明放案二:播迁,即迁徙,流离。出自《列子·汤问》:"岱舆、员峤二山,流于北极,沉于大海,仙圣之播迁者巨亿计。"

第二世　从宜公

元配徐氏妙德。生子廷秀、廷用。

第三世　廷秀公

娶徐氏大娘。生子以德。葬于塔西卧钟地。

第四世　长门　以德公

元配王氏。生子良玉。葬于塔西卧钟地。

第五世　长门　良玉公

元配钱氏。生子轩。葬于东门外南河二里许钱家垛西侧。

第六世　长门寿官　水村公　讳轩号子昂

元配吴氏。生子鹤龄、柏龄。女一,适朱氏。葬于城北二十五里刹院寺旁。

第七世　长门　水村公长子海汀公　讳鹤龄

元配魏氏。生子大元、大科、大芳、大魁。女一，适徐龙津。葬于刹院寺祖茔。

第八世　长门　封君　海汀公长子寅川公　讳大元

生于嘉靖壬寅年（1542）九月初二日。元配戎氏。生子毓瀛。女三，一适徐小浦，二适王振海，三适赵。殁于天启辛酉年（1621）九月二十六日。寿八十。葬于苏顾庄。

第九世　长门　文林郎　寅川公长子昆明公　讳毓瀛号淑才

生于万历乙亥（1575）三月二十一日寅时。元配吴氏。生子名驹。女二，一适高邮上舍夏翰卿，二适文庠李天汉。殁于天启壬戌年（1622）正月初八日申时。寿四十七。葬于苏顾庄。

第十世　长门　文庠　昆明公子九逸公　讳名驹

生于万历丙申年（1596）正月二十日酉时。元配黎氏。生子新万、新昌（夭亡）、新瑞。殁于顺治己丑年（1649）十一月初九日未时。寿五十三。葬于苏顾庄。

第十一世　长门　文庠　九逸公长子长卿公　讳新万

生于万历丙辰年（1616）十一月十四日子时。元配吴氏，继陈氏。生子湜、辂。殁于康熙庚戌年（1670）十一月二十八日辰时。寿五十四。葬于苏顾庄。

第十二世　长门　儒官　长卿公长子清之公　讳湜

生于顺治乙酉年（1645）七月初八日未时。元配蔡氏。生子之本、之标。殁于康熙戊寅年（1698）七月初四日未时。寿五十四。葬于刹院寺。

明放案：元配蔡氏，即江苏扬州府兴化县蔡灵皋之女。

第十三世　长门　廪生　清之公长子立庵公　讳之本号梦阳

生于康熙癸丑年（1673）十月初四日未时。元配汪氏，继配郝氏。生子燮。殁年不详。葬于刹院寺。

明放案：板桥父亲立庵公元配夫人汪氏，即板桥生母，江苏淮安府盐城县汪翊文室女，端严聪慧特绝。汪氏殁后，立庵公继配夫人郝氏，即板桥继母，江苏淮安府盐城县郝家庄郝林森室女。

第十四世　长门　进士　立庵公子克柔公　讳燮号板桥

生于乾隆癸酉年（1693）十月二十五日子时。元配徐氏，继配郭氏，纳妾饶氏。生子犉儿，早亡，嗣子田。女三，一适赵，二适袁，三适李。康熙秀才，雍正壬子举人，乾隆丙辰进士。官山东范县县令、潍县知县。有《板桥集》行世。殁于乾隆乙酉年（1765）十二月十二日未时。寿七十三。葬于管阮庄。

明放案：管阮庄，即今兴化市大垛镇管阮村，俗称郑氏祖坟地。郑氏祖坟地自明洪武年间至清道光年间历经五迁：从第三世廷秀公至第四世长门以德公葬于塔西卧钟地。第五世长门良玉公葬于东门外南河二里许钱家垛西侧。从第六世长门寿官水村公讳轩号子昂至第七世长门水村公长子海汀公讳鹤龄葬于城北二十五里刹院寺祖茔。从第八世长门封君海汀公长子寅川公讳大元到第十一世长门文庠九逸公长子长卿公讳新万葬于苏顾庄。从第十二世长门儒官长卿公长子清之公讳湜第十三世长门廪生清之公长子立庵公讳之本号梦阳又葬回刹院寺。从第十四世长门进士立庵公子克柔公讳燮号板桥至第十六世长门砚耕公子范金公讳镕葬于管阮庄。

第十五世　长门　克柔公嗣子砚耕　讳田

生于乾隆甲戌年（1754）十二月十八日卯时。元配吴氏，继王氏。生子镕。殁于道光壬辰年（1832）八月二十一日戌时。寿七十八。葬于管阮庄。

第十六世　长门　砚耕公子范金公　讳镕

生于乾隆丁酉年（1777）十月初四日寅时。元配吕氏。嗣子国璋。殁于道光癸未年（1823）闰三月十八日未时。寿四十六。葬于管阮庄。

——据嘉庆修《昭阳郑氏族谱》

二、郑板桥书画印章名录

印章，秦以前称为玺，最初用作印于器物或文件上表示鉴定或签署的信物，秦始皇统一中国后，规定皇帝用玺，一般人的印章称印。汉代皇帝、皇后、诸王等所用印章称玺，官印、私印称章、印章和印信等名称。唐代称宝。宋元以来官印和私印又有记、朱记、关防、押、图章、戳子等名称。古代印章制作为铸、凿，多为工匠制作，印章始于商殷，兴于秦汉，盛于明清。文人参与治印的历史可以追溯到北宋时期，当时苏东坡、米芾等文人开始将作者名藏于树根石隙间，作为题字加款，作诗词于画上，平添了文学气氛，还调整了画面的结构布局。这一行为不仅展示了文人的文学和艺术才华，也丰富了印章的艺术表达形式。随着时间的发展，文人治印逐渐成为一种艺术形式，文人通过自篆自刻的方式，将自己的文学和艺术情感融入到印章中，使得印章不仅仅是实用的物品，更是文人和艺术家们表达自我、展示个性的重要手段。其美学价值主要分为印艺之美和印材之美。而印艺之美则可分为印文、印款、印谱及印钮。

印章是每一位书画家的身份代表。常用印章种类有：姓名印（含字号、名号），斋馆印，籍贯印，闲文印（即闲章，含词句、纪事、引首、压角、拦腰等内容）及鉴藏印等。据相关史料记载，唐代李泌"端居室"印堪称斋馆印之鼻祖；南宋贾似道"贤者而后乐此"印首开成语印之滥觞；元代吾丘衍"放怀真乐"印步其后尘。

北宋书画博士米元章喜好猎奇，自篆自刻，当推中华第一印学大家。而以花乳石治印则始于元人王元章，明人文三桥首开印学史上之石章时代，赵宧光草篆入印，佐以碎刀，开启"印从书出"之先河。丁敬以汉书入印，邓石如以汉碑额篆法入印，吴昌硕、齐白石体悟北魏凿印颇深，何震首创单刀切刀款式……治印刀法有冲刀和切刀之分。冲刀爽快，一泻千里，最能表现雄健淋漓的气势；切刀缓慢，犹如书法中的涩笔，最能表现遒劲凝炼的气象。若"冲"、"切"并用，则又是一番境界。治印章法讲求疏可走马，密不透风的色块对比效果。治印取法不同印风亦相异：何震猛劲爽利，气势磅礴；汪关光洁挺健，气象深静；丁敬气脉相通，情意相连；程邃疏朗迷离，古穆苍浑；郑燮毛涩挺爽，浑朴方拙；蒋仁空灵磊落，苍浑自然；吴熙载笔底生花，刀头展翅；黄易工致挺秀，法度严谨；王福庵平中求险，静中求动……

世称板桥诗书画为"三绝"，其治印亦称"一绝"。清人秦祖永《桐阴论画》卷下谓板桥印章"笔力朴古，逼近文何。"文，指文彭，明代书画篆刻家，文徵明之子。长洲（今江苏苏州）人，印风以浑穆苍劲、空灵磊落见长。何，指何震，明代篆刻家，徽州婺源（今属江西上饶）人。皖派创始人。印风纯朴清新，遒劲苍润，时人誉称"近代名手，海内第一。"秦氏曾将丁敬、金农、郑燮、黄易、奚冈、蒋仁、陈鸿寿印作辑为《七家印跋》刊布于世。邓散木在《篆刻学》中称其七家为"雍嘉七子"。在西泠印社仰贤亭，有吴隐集刻浙皖诸派二十八家印人图像，板桥位列第四，并有板桥道人小影及题跋，吴氏评价板桥："道人刻印，兼书画之精补，而直追汉与秦，其醇厚与跌宕，殆仿佛其为人，宜乎世不多觏，是固希世之珍。"阮充《云庄印话》云："板桥曾为先祖制'学圃'石印，并绘赠墨竹巨幅，题云：'新竹高于旧竹枝，全凭老干为扶持；

二、郑板桥书画印章名录

来年更有新生者，十丈龙孙绕风池。'惜未入集中。"板桥治印深受文、何及程邃的影响。程邃，皖派代表人物，安徽歙县人。篆刻取法秦汉，喜以大篆入印，印风朴厚苍浑，画工山水，善用干笔渴墨，苍茫简远，自成一家。程邃曾统治扬州印坛长达四十年之久。板桥曾作《题程邃印谱》，洋洋洒洒七百余言。到了雍乾年间，东皋印派的晚期印人纷纷流寓扬州，如"四凤"中的沈凤、潘西凤等。清代中叶就有板桥印册流传。

乾道年间，篆刻家黄学圯《东皋印人传》卷下称其少时曾亲眼见到名为《四凤楼印谱》，其中的板桥印章不过只有十余页。同光年间，清朝官吏程乐亭称其先伯祖家曾藏有板桥自制的《板桥先生印册》，也就三十七方，清人徐兆丰《风月谈余录》卷六云其"册中诸印皆系墨笔摹成，极饶风致，旁注跋语，尤觉逸趣横生，盖先生用意之作也。"惜其俱佚。

清人阮元《广陵诗事》卷九云板桥印章皆"切姓切地切官切事"。在板桥的所有印章中，治印者除板桥本人外，尚有僧人、道人、印人、文人及门人等，从目前搜集情况看，为板桥治印最多者当属扬州道士吴于河，计十四方。其次是朱文震，计四方；扬州八怪之一高凤翰及门人司徒文膏，各计二方；制作一方者居多，先后有身汝敬、丁丽中、潘西凤、晚村、沈凤、僧静山、高翔、姜恭寿、米先生、毕一庵、徐柯亭、徐寅及高凤翰之孙高攀龙等。

党明放先生仰慕板桥，经他多年博访遐寻，并参以旧闻所见，获板桥书画印鉴二百五十六枚，其中包括清人秦祖永《板桥印跋》中的文字记载，及郑炳纯《郑板桥外集》中著录的十一枚印文内容及板桥印跋。党先生根据印文内容，进行分门别类，并对多数印章文字进行了考证，谓曰：《郑板桥书画印章知见录》。

郑板桥书画印章具有很高的史料价值、艺术价值、欣赏价值和收藏价值。

（序言作者邹昌霖，板桥书画艺术传承人、江苏泰州市海陵区板桥文化研究院常务副院长）

姓名字号

郑（白文·方）　刻者不详

板桥的姓氏。见乾隆五年（1740）五月跋程鸣《居爱闲九图册》。四川大学博物馆藏墨迹。

燮（白文·方）　刻者不详

书带草堂第十一世长门文庠郑新万规定：从第十二世起，郑氏家族取名按"水、木、火、土、金"排列，此取"五行相生相克"之意。从第十三世起，谱名将按"庵、克、文、韶、国、恩、庆"排列。立庵先生为儿子板桥取名"燮"，《洪范》之中有《九畴》，《九畴》之六是"三德"，即"正直"、"刚克"、"柔克"。箕子解释说，"柔克"是"燮友柔克"。见乾隆五年（1740）五月跋程鸣《居爱闲九图册》。四川大学博物馆藏墨迹。

郑（朱文·方）　刻者不详

见乾隆十二年（1747）行书《扬州杂记》卷。上海博物馆藏墨迹。

燮（朱文·方）　刻者不详

见乾隆十二年（1747）行书《扬州杂记》卷。上海博物馆藏墨迹。

郑（朱文·方）　刻者不详

见康熙五十四年（1715）小楷欧阳修《秋声赋》轴。见《郑板桥书画编年图目》。

燮（朱文·方）　刻者不详

见康熙五十四年（1715）小楷欧阳修《秋声赋》轴。见《郑板桥书画编年图目》。

郑（白文·方）　刻者不详

见乾隆十年（1745）二月二十四日，与复堂合题循九王像，镇江博物馆藏墨迹。

燮（白文·方）　刻者不详

见乾隆十年（1745）二月二十四日，与复堂合题循九王像，镇江博物馆藏墨迹。

郑燮（白文·方）　高邮米先生刻

见康熙五十四年（1715）九秋于燕京瓮山漱云轩手书小楷欧阳修《秋声赋》。

郑燮（白文·立）　刻者不详

见乾隆二年（1737）为肃翁年学兄书作唐人刘禹锡《洛中初冬拜表有怀上京故人》，北京故宫博物院藏墨迹。

郑燮（白文·方）　刻者不详

见乾隆七年（1742）书作七绝诗轴，首都博物馆藏墨迹。

郑燮（白文·方）　刻者不详

见乾隆九年（1744）所作隶书歌谣轴，中国国家博物馆藏墨迹。

郑燮（白文·方）　刻者不详

见乾隆十年（1745）于东郡之灵光旧殿书作书作明人祝允明《北郊访友》及《闲居秋日明》诗轴，藏地不详。

郑燮（白文·立）　　刻者不详

郑大（白文·立）　　刻者不详

大，指年辈较长或排行第一。此印寓意板桥在书画艺术事业上必将成为大家。见乾隆十四年（1749）仲秋八月，板桥于扬州绿知书屋书作唐人郑谷口诗句。首都博物馆藏墨迹。

克柔（朱文·方）　　徐柯亭刻

《尚书·洪范》载：殷贵族箕子归周，对周武王说，当年夏禹治水成功后，天帝赐予他《洪范》，《洪范》之中有《九筹》，《九筹》之六是"三德"，即"正直"、"刚克"、"柔克"。箕子释"柔克"是"燮友柔克"。郑府添丁，郑门有后，立庵先生之所以选择第三德，是希望儿子长大成人后"世和顺，以柔能治之。"供天子选择录用。故取字"克柔"。见康熙五十四年（1715）九秋于燕京瓮山漱云轩手书小楷欧阳修《秋声赋》。

克柔（朱文·方）　　刻者不详

见雍正庚戌（1730）夏五，为旭旦先生书作《贺新郎·送顾万峰之山东常使君幕》。

克柔（朱文·方）　　刻者不详

见雍正十二年（1734）十一月十日，板桥书作诗文八开。苏州市文物商店藏墨迹。

克柔（朱文·方）　　刻者不详

见雍正乙卯（1735）五月十九日行书。

克柔（白文·方）　　刻者不详

见乾隆九年（1744）所作隶书歌谣轴，国家博物馆藏墨迹。

二、郑板桥书画印章名录

克柔（朱文·方）　刻者不详

见乾隆二十一年（1756）秋，书作唐人李公佐仆《木客》及宋人苏轼《次韵子由论书》诗，辽宁省博物馆藏墨迹。

充柔（朱文·方）　甘泉高凤冈刻

徐兆丰《板桥先生印册》云："高凤冈，名翔，字西塘，刻此。贱字克柔，犀堂刻作'充柔'，真成错谬。余亦宝而藏之，人亦爱而玩之。若俗笔，虽字字六书，丝毫无舛，我正不取。"见《幽兰佛手图》。年代不详。扬州博物馆藏墨迹。

克柔（白文·方）　刻者不详

见《郑板桥书画编年图目》。

克柔（朱文·立）　刻者不详

见《郑板桥书画编年图目》。

克柔（朱文·方）　刻者不详

见《郑板桥书画编年图目》。

郑燮印（白文·方）　刻者不详

见书作《苏轼题<烟江叠嶂图>》。年代不详。常州市博物馆藏墨迹。

郑燮印（白文·立）　刻者不详

见乾隆二年（1737）人日，行书《道情词卷》，广东省博物馆藏墨迹。

郑燮印（白文·立）　刻者不详

见《墨竹图》，年代不详，扬州博物馆藏墨迹。

臣燮之印（白文·方）　　刻者不详

见杜瑞联《笔啸宣书画录》卷上。

郑燮之印（白文·方）　　刻者不详

见雍正九年（1731）春日作草书节录怀素《自叙帖》轴。南通博物院藏墨迹。

郑燮之印（白文·方）　　刻者不详

见乾隆十七年（1752）《盆菊瓶竹图》。北京故宫博物院藏墨迹。

郑燮之印（白文·方）　　刻者不详

见雍正四年（1726），板桥手书五经册。

郑燮之印（白文·方）　　刻者不详

见乾隆十三年（1748）九秋书作《修潍县城记册》，潍坊市文物商店藏墨迹。

郑燮之印（白文·方）　　刻者不详

见乾隆十五年（1750）夏日书作宋人范成大《初夏》《风止》及黄庭坚《往岁过广陵值早春尝作诗云春风十里珠帘卷彷》诗轴，扬州博物馆藏墨迹。

郑燮信印（白文·方）　　刻者不详

见书作苏轼尺牍《与鲁直》（之一），年代不详，广州市美术馆藏墨迹。

郑燮信印（白文·方）　　刻者不详

见乾隆十五年（1750）秋书作论书轴，藏地不详。

二、郑板桥书画印章名录

郑燮私印（白文·方） 刻者不详

见雍正八年（1730）夏五为旭旦作草书《贺新郎·送顾万峰之山东常使君幕》轴。上海博物馆藏墨迹。

燮印（白文·方） 刻者不详

见雍正十三年（1735）十月为翼周年学先生书作王维《山中与秀才裴迪书》。1993年3月《书法丛刊》。

燮印（白文·方） 刻者不详

见雍正十三年（1735）五月十九日行书。

燮印（白文·方） 刻者不详

见雍正十二年（1734）十一月十日，板桥书作诗文八开。苏州市文物商店藏墨迹。

臣郑燮印（白文·方） 刻者不详

见《郑板桥书画编年图目》。

板桥（白文·方） 刻者不详

郑燮出生在兴化东门外古板桥东南之夏甸，后郑宅易址古板桥西。燮故号板桥。见雍正十一年（1733）于小海为父之挚友朱子功作行书《恭祝子功八十二寿》寿序通屏。

板桥（白文·立） 刻者不详

见康熙五十四年（1715）九秋于北京瓮山漱云轩手书小楷欧阳修《秋声赋》。

板桥（白文·方） 刻者不详

见乾隆三年（1738）中秋后二日书作东坡居士《题虢国夫人游春图》，辽宁省博物馆藏墨迹。

板桥（朱文·立）　　刻者不详

见乾隆十二年（1747）书作《扬州杂记》卷。上海博物馆藏墨迹。

板桥（朱文·方）　　刻者不详

见乾隆十七年（1752）书作《唐人七绝三首》。济南市博物馆藏墨迹。

板桥（朱文·立）　　刻者不详

见板桥书作《苏轼题＜烟江叠嶂图＞》。年代不详。常州市博物馆藏墨迹。

板桥（朱文·方）　　刻者不详

见乾隆十三年（1748）三月二十四日馈赠高凤翰七绝二首诗轴，上海博物馆藏墨迹。

板桥（朱文·立）　　刻者不详

见乾隆二十七年（1762）《墨竹图》，浙江省博物馆藏墨迹。

板桥（白文·立）　　刻者不详

见乾隆五年（1740）三至五月题《黄慎山水册》，朵云轩藏墨迹。

板桥（白文·方）　　刻者不详

见乾隆三年（1738）中秋后二日书作东坡居士《题虢国夫人游春图》，辽宁省博物馆藏墨迹。

板桥（白文·方）　　刻者不详

见乾隆二十四年（1759）夏为毅老年长兄七十荣寿书作汉代铜镜铭文二则，西泠印社藏墨迹。

二、郑板桥书画印章名录

郑板桥（白文·方）　　刻者不详

见乾隆二十年（1755）书作天童悟《金山》诗。扬州博物馆藏墨迹。

郑板桥（白文·方）刻者不详

见《中国书画家印鉴款式》。

板桥居士（白文·方）　　潍县诸生郭芸亭刻

居士：犹处士。古称有才德而隐居不仕的人。东汉经学大师郑玄说居士乃道艺处士。是印表明老庄思想对板桥所产生的深刻影响。流露出了板桥超群脱俗的自负和清高。

板桥道人（白文·方）　　刻者不详

道人，谓有道术之人或在寺庙打杂之人。是印充分反映了老庄思想对作者的直接影响，另一方面，又流露出了作者愤世疾俗的人生态度。见乾隆二十年（1755）《竹石图》。广西壮族自治区博物馆藏墨迹。

板桥道人（白文·立）　　刻者不详

见书作《留别恒彻上人》诗。年代不详。广东省博物馆藏墨迹。

板桥□燮（白文·方）　　刻者不详

见《墨竹图》。年代不详。广东省博物馆藏墨迹。

荥阳郑生（白文·方）　　刻者不详

郑生：即郑世翼（？—约637），字不详，郑州荥阳人。弱冠颇负盛名。武德中，历万年丞、扬州录事参军，常以言辞忤人，因有轻薄之称。时崔信明自谓文章独步，世翼遇之江中，谓之曰："闻君有'枫落吴江冷'之句，愿见其余。"信明欣然出示旧作百余篇。世翼览之未终，曰："所见不如所闻"。投卷于水，引舟而去。贞观中，坐怨谤，流死巂州（今四川西昌市）。世翼撰有交游传，《旧唐书本传》又著文集八卷，《两唐书志》并行于世。集多遗失，今存诗五首。板桥因与之同姓且遭遇相似，故有是刻。见乾隆七年（1742）《墨竹图》长卷。北京故宫博物院藏墨迹。

明放案："荧"系"荥"字之误。

荧阳郑生（白文·椭圆）　　刻者不详

见《郑板桥书画编年图目》中《兰竹图册》，年代不详，藏者不详。

明放案："荧"系"荥"字之误。

荣阳郑生（白文·椭圆）　　刻者不详

见《中国书画家印鉴款式》图37。

明放案："荣"系"荥"字之误。

荣阳郑生（白文·椭圆）　　刻者不详

明放案："荣"系"荥"字之误。

麻丫头针线（白文·立）　　刻者不详

兴化民间风俗，生了儿子怕夭折，往往给起个"丫头"之类的乳名。据说这样可以瞒过阎王的眼睛而不会被勾去，就能够长命百岁。郑家人丁不旺，立庵为板桥取名丫头，又因板桥脸上长有几颗淡淡的麻子，故称"麻丫头"。丫头擅用针线。板桥意即把诗书画印艺术作为妇女的"针线"奉献给"天下之劳人"。阮元批评此印"太涉习气"，郑燮却不以为然。充分表明了他以迩言为善言的伦理思想，对父母赐名的珍爱。见乾隆二十二年（1757）读韩愈《送李愿归盘谷序》卷。广东省博物馆藏墨迹。

麻丫头针线（白文·方）　　刻者不详

见乾隆二十二年（1757）赐老学世兄《墨竹图》，天津历史博物馆藏墨迹。

苦难身世

雪婆婆同日生（白文·方）　　杭州身汝敬刻

兴化俗以小雪前后的十月二十五日为雪婆婆生日，瑞雪兆丰年，新岁福满园，人们祈盼雪婆婆早日降临，给人间带来五谷丰登。巧合的是，板桥竟与之同日生。以此俗语入印，巧合身世也。也算板桥别具一格之举了！时人或以不曲为诮，板桥应之曰："古之谚语，今之典；今之谚语，后之典。'宫中作高髻，四方高一尺。'真成俗语而今为典矣。"是印反映出了板桥对民俗文化的亲近。见雍正九年（1731）书于京口旅次的七言联。上海艺趣山房古玩店藏墨迹。

思贻父母令名（朱文·方）　　刻者不详

语出《礼记·内则》："父母虽没，将为善，思贻父母令名，必果；将为不善，思贻父母羞辱，必不果。"意思是说，父母虽然故去了，如果要做善事，想到这会给父母带来好的名声，就一定会去做。反之，如果想去做坏事，但想到会给父母带来羞辱，就一定不会去做。

板桥三岁丧母，三十岁丧父。生母端严聪慧，生父品学兼优。他在四十岁中举后作《得南闱捷音》，诗中哀叹："十载征途发达迟，何处宁亲惟哭墓。"板桥要用诗书画为已去世的父母亲博得荣耀，即封建士子的所谓光宗耀祖。见乾隆二十九年（1764）题他人画《萱貓图》，中国历史博物馆藏墨迹。

兴化人（白文·立）　　刻者不详

　　兴化，春秋时属吴，战国时属楚，为楚将昭阳食邑。五代杨渥武义二年（920）由海陵析出，辟为招远场，后置兴化县，取"兴盛教化"之意。明洪武三年（1370），板桥先祖郑重一、郑重二兄弟自苏州阊门举家迁播兴化城内北大街富安桥市河南岸一个俗称"汪头"的地方。见板桥《竹石图》。年代不详。上海博物院藏墨迹。

扬州兴化人（白文·方）　　天台潘西凤刻

　　清人徐兆丰《风月谈余录》卷六引《板桥先生印册》云："潘西凤，天台人，字桐冈，晚号老桐，刻此石。郑板桥兴化县人，不必加'扬州'二字，但福建有兴化府，不得不以扬州别之。若江都、仪真无同名，不必区别。"见乾隆十六年（1751）秋所作《梅兰竹菊》四条屏。扬州黄俶成先生藏木刻拓本。

扬州兴化人（白文·方）　　刻者不详

　　见《郑板桥书画编年图目》。

扬州兴化人（白文·立）　　刻者不详

　　见《郑板桥书画编年图目》。

书带草（白文·方）　　刻者不详

　　板桥的先世寓居苏州，明洪武三年（1370），迁播兴化汪头，后来，这支郑氏家族就在兴化这方热土上繁衍生息，郑氏后裔供奉郑重一为迁兴始祖。在东门外发财巷之北、龙珠庵之西、万寿宫之侧建了昭阳书带草堂郑氏宗祠。

　　据《昭阳郑氏族谱》载：兴化郑氏有书带草堂郑氏祠堂。书带草，即麦冬，亦称麦门冬、沿街草。颇具韧性。汉代人常用它来捆扎简片。相传汉郑玄（康成）门下取以束书。晋伏琛《三齐纪略》云："郑玄教授不期山，山下生草大如薤，长一尺余，坚刃（韧）

异常，士人名曰康成书带。"板桥是刻，用以纪念这位远祖。见乾隆五年（1740）四至六月于枝上村跋黄慎《山水册》（十二帧）。

明放案：郑玄（127-200），字康成，东汉北海高密（今属山东）人。世称"后郑"，以别于郑兴、郑众父子。早年入太学，学今文经和公羊学，从张恭祖学《古文尚书》《周礼》《左传》等，后又师事马融学古文经。游学十余年，归里后，设帐授徒，生徒众至数百千人。因党锢牵连，不能出仕，遂潜心经学。几乎遍注群经。成为汉代经学之集大成者，时称"郑学"。据清人黄以周考证："先注《周官》，次《礼记》，次《古文尚书》，次《论语》，次《毛诗》，最后乃注《易》。"撰《发墨守》《箴膏肓》《起废疾》，以反驳何林。又撰《天文七政论》《驳许慎五经异义》等，还有答诸弟子五经语的《郑志》八篇，共百余万言。

二十年前旧板桥（朱文·方）　　历城朱文震刻

板桥在博取功名之前，卜居扬州卖画，前后约十年。乾隆七年（1742）春，五十岁的板桥出仕山东范县令，兼署朝城县。乾隆十八年（1753）冬，六十一岁的板桥辞官卸任，旋卜扬州重新卖画，上次与此次中间相隔二十年。二十年前人轻艺薄，被人低眼下看，二十年后画名日隆，求字索画者甚众。真是世态凉炎。故板桥巧妙地借用唐代刘禹锡《杨柳枝词》中"二十年前旧板桥"诗句入印，用以表明自己的身世及艺术追求。见乾隆元年三月跋李鱓雍正十三年（1735）十二月所作《三清图》轴。首都博物馆藏墨迹。

明放案：启功先生在《我眼中的郑板桥》讲写："先生之名高，或谓以书画，或谓以诗文，或谓以循绩，吾窃以为俱是亦俱非也，盖其人秉刚正之性，而出以柔逊之行，胸中无不可言之事，笔下无不易解之辞，此其所以独绝今古者。先生尝取刘宾客诗句刻为小印，文曰：'二十年前郑板桥'。觉韩信之赏淮阴少年，李广之诛灞陵醉尉，甚至项羽之喻衣锦昼行，俱有不及钤此小印时之躁释矜平者也。"

二十年前旧板桥（朱文·方）　　通州李霁刻

见板桥书作己词《瑞鹤仙·田家》，年代不详，首都博物馆藏墨迹。

二十年前旧板桥（白文·立）　　刻者不详

见郑板桥、黄慎合装书画册，朵云轩藏墨迹。

二十年前旧板桥（白文·立）　　刻者不详

见《郑板桥书画编年图目》。

所南翁后（朱文·立）　　江阴沈凤刻

徐兆丰《板桥先生印册》云："沈凤，字凡民，盱眙、旌德、宣城三县知县，工篆刻，刻此。板桥藏印，称'四凤楼'，盖谓胶州高凤翰、扬州高凤冈、天台潘西凤、江阴沈凤也。"所南：即南宋诗人、画家郑思肖（1241—1318），字忆翁，福州连江人。曾以太学生应博学鸿词试。宋亡，隐居苏州。扁其室曰本穴世界，以"本"字之"十"置"穴"中，即大宋。坐卧必向南，自号所南。以示不忘宋室。又号三外野人。善墨兰，多花叶萧疏，不画土、根，寓赵宋沦亡之意。兼工墨竹，多写苍烟半抹，斜月数竿之景。翁：男性老人。亦用于对年长者的敬称。后：后代，后人。板桥云："兰竹之妙，始于所南翁。""平生爱所南先生及陈古白画兰竹。"因敬仰所南之民族思想及画艺，且同姓郑，故称"所南翁后"。见乾隆七年（1742），板桥手订《诗钞》扉页。

谷口（朱文·立）　　刻者不详

见乾隆五年（1740）四至六月，于扬州枝上村为黄慎《山水册》

（十二开之九）题跋：见邵松年《澄兰室古缘萃录》卷十四。

谷口（朱文·立）　　刻者不详

见《郑板桥书画编年图目》。

谷口（朱文·立）　　刻者不详

见《郑板桥书画编年图目》。

谷口人家（白文·方）　　高攀龙刻

郑子真，名朴，字子真，西汉末年左冯翊谷口（今陕西礼泉东北）人。于洛阳西南三十里的谷口修道。汉成帝时，元舅大将军王凤以礼相聘，不应。耕于岩石之下，名震京师，世号"谷口子真"，唐人徐夤《岚似屏风》诗云："山中宰相陶弘景，谷口耕夫郑子真。"元人舒頔《题海宁吴筠轩山水窠木卷》诗云："抱琴疑是林和靖，又类谷口郑子真。"又，清初书法家郑簠（1622—1693），字汝器，号谷口，江苏上元（今南京）人。善隶书，学《曹全碑》，略参草书笔意，以洒脱见长。其卒年正逢板桥生年。是印表明板桥与"谷口子真"及"谷口汝器"有着密切的关系。退隐不仕，与谷口子真相似；自创书体，受谷口汝器影响。

明放案：高攀龙，系扬州八怪人物高凤翰之孙。

耕田谷口（白文·方）　　刻者不详

见清人李星渔旧藏。

自在□（朱文·椭圆）　　刻者不详

见乾隆二十九年（1764）秋九月望前二日书作行书册。

九溪十八涧中人（白文·方）　　刻者不详

九溪，深藏于西湖群山之间。自龙井始，横贯钱塘江，沿途汇合了清湾、宏法、唐家、小康、佛石、百丈、云栖、清头和方家等溪流，与十八涧相会于"溪中溪"，一路水屈曲洄环，九折而出，故名九溪。由"九溪"西去龙井村，为十八涧。新西湖十景中的"九溪烟树"就藏于九溪十八涧。九溪究竟有多美？明人张立赞道："春山飘渺白云低，万壑争流下九溪。"清人俞樾诗云："重重叠叠山，曲曲环环路。叮叮咚咚泉，高高下下树。"是印表明板桥书画艺术的纯清。见板桥《芝兰图》，年代不详，安徽省博物馆藏墨迹。

歇后郑五（朱、白文·方）　刻者不详

典故出自《新唐书》卷一百九十六《郑綮列传》云："郑綮本善诗，其语多俳谐，故使落调，世共号'郑五歇后体'。及拜相，宗戚诣贺。至是，省史走其家上谒，綮笑曰：'诸君误矣，人皆不识字，宰相亦不及我。'史言不妄。俄闻制诏下，叹曰：'万一然，笑杀天下人！'既视事，宗戚诣庆，搔首曰：'歇后郑五作宰相，事可知矣。'固让，不听。"见郑板桥、黄慎合装书画册，年代不详，朵雨轩藏墨迹。

政治抱负

康熙秀才雍正举人乾隆进士（白文·方）　历城朱文震刻

板桥乃康熙五十五年丙申（1716）秀才；雍正十年壬子（1732）举人；乾隆元年丙辰（1736）进士。三次科举历经康、雍、乾三朝。旷达自嘲，故有是刻。见乾隆十九年（1754）八月所作《菊兰竹石图》卷。台湾版《郑板桥全集·花卉卷》。

明放案：秀才，即生员，指院试正式录取者。院试由学政主考，考至某府州，以该府该州官为提调，以当地教官为监场。首日考完，次日出案，第三日复试。康熙乾隆年间，院试正场仅考四书文二篇、五言六韵试帖诗一首；复试则考四书文一篇、经文一篇、五言六韵

诗一首。若能默写《圣谕广训》百余字，则可不作经文。院考后，入学生员又分府学生员和县学生员两类，生员又称庠生，府学为上庠，县学为下庠，但均美称博士弟子、茂才。按照清政府的规定，凡每年每人发给廪饩银四两的，称廪膳生员，简称廪生。关于廪生名额，府约40名，州约30名，县约20名。

举人，意即应举之人。指乡试中式者，作为一种出身资格。乡试三年一科，每逢子、午、卯、酉年成正科，遇庆典加科称恩科。乡试考场设在各省省城的东南方，称贡院。贡院大门分左、中、由三门，大门外设有东、西辕门，并于两边建有"明经取士"和"为国求贤"牌坊，大门正中上方高悬"贡院"墨匾。乡试考三场，分别于八月初九、十二日和十五日举行，遇到特殊情况可改期改地。乡试各场考题内容因时而变，乾隆时规定：首场考四书文三篇，每篇限700字。五言八韵诗一首；二场考经文五篇，每篇限700字。题目出自《易》《书》《诗》《春秋》和《礼记》。题解《易》以程传朱子本义为主；《书》以蔡沈传为主；《诗》以朱子集传为主；《春秋》以胡安国传为主；《礼记》以陈浩集说为主。三场考策问五道。从经史、时务和政治方面出题，每问必满300字。乡试中额具依各省文风高下、人口多少、丁赋轻重而定。

进士，意即贡举之士。明清以举人经会试考中者为贡士，由贡士经殿试合格赐出身者为进士。殿试，指皇帝对会试取录的贡士在殿廷上亲发策问的考试，也叫廷试。其制始于唐武则天时。殿试后将进士分为五甲之制始于宋太平兴国八年（983），而分为三甲及一甲只限三人始于元顺帝，明清袭之。明清殿试时间在会试后一个月。顺治初，定为四月一日。康熙时，改为五月初。乾隆十年（1745）改为四月二十六日。乾隆二十六年（1761）定为四月二十一日。二十五日传胪，其后遂为永制。中式者一甲三名赐进士及第，第一名通称为状元，第二、三名通称为榜眼及探花。二甲均赐进士出身，第一名通称传胪。三甲均赐同进士出身。板桥为乾隆丙辰科二甲第八十八名，赐进士出身。《清高宗实录》卷十六："（乾隆元年四月丙辰）策试天下赵青藜等三百四十四人于太和殿前，制曰：朕惟治法莫尚于唐虞，尧、舜相传之心法，惟在允执厥中，当时致治之盛，至于黎民于变时雍，野无遗贤，万邦咸宁，休哉，何风之隆欤！朕缵承祖宗丕基，受世宗宪皇帝付托之重，践阼之初，孜孜求治，虽当重熙累洽之余，而措施无一日可懈，风俗非旦夕可淳，士习何以端，民生何以厚，不能无望于贤才之助。兹际元年首

科，朕特临轩策问，冀尔多士，启予不逮。夫用中敷治，列圣相传，然中无定体，随时而用，因事而施。宜用仁，则仁即中，仁非宽也；宜用义，则义即中，义非严也。或用仁而失于宽，用义而失之严，则非中矣。何道而使之适协于中耶？《诗》称不竞不絿，《书》称无偏无党，果何道之从耶？政治行于上，风俗成于下，若桴鼓之相应，表影之相从，然夏尚忠，商尚质，周尚文，其后各有流弊，惟唐虞淳厚，后世莫能议焉，其悉由于允恭温恭之德，致之然耶？抑五典五礼之惇庸，五服五刑之命讨，亦与有助耶？朕欲令四海民俗，咸归淳厚，其何道而可？国家三年一大比士，宜乎得人，然所取者，明于章句，未必心解而神悟也；习于辞华，未必坐言而起行也。朕欲令士敦实学，明体达用，以劻相我国家，何以教之于平素，何以识拔于临时，科举之外，有更宜讲求者欤？意者衣食足而后礼义兴，凡厥庶民，即富方谷，足民即所以训士欤？《书》称土物爱厥心臧，又有谓沃土之民不材者，何欤？夫民为邦本，固当爱之，爱之则必思所以养之，养之必先求所以足之。朕欲爱养足民，以为教化之本，使士皆可用，呼皆可封，以臻以唐虞之盛治，务使执中之传，不为空言，用中之道，见于实事。多士学有所得，则扬对先资，实在今日，其直言之，勿泛勿隐，朕将亲采择焉。"

丙辰进士（朱文·方）　　河南僧人静山刻

板桥参加乾隆元年丙辰（1736）科考，赐进士出身第二甲第八十八名。故称"丙辰进士"。封建士子向往科举，乃追求功名之必然途径。板桥崇奉儒家"正心、修身、齐家、治国、平天下"的信条和"穷则独善其身，达则兼济天下"的积极达观的人生态度。另一方面，也是博取功名的一个例证。见乾隆十年（1745）所作《梅兰竹石》四条屏。兴化市郑板桥纪念馆藏拓片。

臣燮（白文·立）　　刻者不详

臣：封建时代官吏对君主的自称。《左传·昭公七年》："故王臣公，公臣大夫，大夫臣士，士臣皂，皂臣舆，舆臣隶，隶臣僚，僚臣仆，仆臣台。"见乾隆五年（1740）四至六月于扬州枝上村为黄慎《山水册》（十二开之八）题跋。

恨不得填漫了普天饥债（白文·方）　　扬州道人吴于河刻

语出明代徐渭杂剧《女状元辞凰得凤》："……〔外〕打扑频来，补餐权代，我恨不得填漫了普天饥债！"康乾盛世，依然潜伏着政治危机，板桥调署潍县后，天灾连年，民不聊生。他同情劳苦大众，愤世嫉俗，发出了一种内心的呐喊。"漫"，同"满"。乾隆十九年（1754）八月作《兰菊竹石图》卷。

都官（白文·方）　　刻者不详

唐人郑谷（约851—约910），字守愚，袁州宜春（今属江西）人。七岁能诗，深得前辈诗人司空图赏识，以"当为一代风骚主"相许。光启三年（887）登进士第，授京兆鄠县尉，迁右拾遗。乾宁四年（897）任都官郎中。不久告归故里，时人称其"郑都官"。郑谷在当时颇负诗名。郑谷以诗受知于马戴、李频、薛能诸人。又与许棠、张乔、温宪等人酬唱，齐名当时，号"咸通十哲"。其诗笔调清新，思致宛转，时有警句。但诗多应景之作，流于浅切。曾修改诗僧齐己《早梅》诗"前村深雪里，昨夜数枝开"中"数枝"为"一枝"，齐己拜其为"一字师"。著有《云台编》及《宜阳集》等。板桥因与其同姓，故有"都官"一印，见板桥《梅庄记》。年代不详。扬州博物馆藏墨迹。

乾隆东封书画史（白文·方）　沈凤或高凤翰刻

《板桥自叙》云："乾隆十三年，大驾东巡，燮为书画史，治顿所，卧泰山绝顶四十余日，亦足豪也。"又据板桥家书，山东官吏考绩，板桥名列第一，"在任候用"。时任山东巡抚包括大人曾表示迁升板桥为知府云云。见乾隆十九年（1754）九月二十一日为绍翁所作《竹枝图》大幅，武汉市文物商店藏墨迹。

北海（白文·立）　刻者不详

潍县，位于山东省中部偏东，北临渤海莱州湾。汉为平寿县，隋置北海县，为潍州治。明入潍州，后改潍县。板桥于乾隆十一年（1746）知潍县，故以隋称入印。见隶书唐代崔国辅《杂曲歌辞·长乐少年行》。年代不详。扬州博物馆藏墨迹。

生硬千古（朱文·方）　刻者不详

见齐渊《郑板桥书画编年图目》。

爽鸠氏之官（白、朱文·方）　沈凤或高凤翰刻

爽鸠：鸟名，属鹰类。《左传·昭公十七年》："爽鸠氏，司寇也。"按少暤氏帝挚，用鸟作官名，所谓"龙师火帝，鸟官人皇。""爽鸠氏"为掌刑狱之官。"爽鸠"是该部落的图腾标志。少昊氏属炎帝族，《史记》称曲阜为"少昊之虚"。即知统治区域在今山东一带，被称之"东夷"。常与统治中原地区的黄帝相对抗。板桥作吏山东范县（今属河南）、潍县（今属潍坊市）先后十二年，无留牍,无冤民,人称循吏。隐含了他对入主中原的满族统治者的不满情绪。见板桥《兰竹石图》。年代不详。上海博物馆藏墨迹。

古爽鸠氏之官(白·矩)　刻者不详

见清人李星渔旧藏。

潍夷长(白文·方)　扬州道人吴于河刻

潍,指潍县。夷,古代泛称中国东方各族。长,指封建官吏。见乾隆十六年(1751)三月所作《兰花》横幅。

见大则心泰,礼兴则民寿(白文·方)　刻者不详

见大,即见其大,指看到事物的宏大或全局。心泰,指内心平静、坦然,无所忧虑。寓意是看到事物的宏大、全局或深远意义,内心就会平静坦然,若内心平静坦然,就会感到心满意足,不会因一时的挫折和困难而失去信心和勇气。同时,也要学会知足常乐,珍惜眼前所拥有的,不可盲目追求过多的物质享受或名利地位,从而保持内心的平静和满足。

礼:本义是指通过祭祀鬼神而获得幸福,后来指封建统治者所规定的社会行为法则、规范、仪式,或者表示对别人尊敬、以礼相待等意义。寓意表示尊敬的态度和动作,礼节、礼法,表示庆贺、友好或敬意所赠之物。兴:本义是起、起来的意思,后来,兴字又有兴起、建立、发动、旺盛、兴旺等义。寓意热情、乐观,象征着兴旺发达。礼兴寓意真诚、活泼、风趣,也寓意为人思维敏捷,行事果断,必能名扬天下。性情温和有礼,严守社会秩序、公共道德,乐善好施。

民,民众;寿,长寿。据《孔子家语·贤君》载:哀公问政于孔子,孔子对曰:"政之急者,莫大乎使民富且寿也。"公曰:"为之奈何?"孔子曰:"省力役,薄赋敛,则民富矣;敦礼教,远罪

疾，则民寿矣。"公曰："寡人欲行夫子之言，恐吾国贫矣。"孔子曰："《诗》云：'恺悌君子，民之父母。'未有子富而父母贫者也。"见清人李星渔旧藏。

祀兴则民寿（朱文·立）　刻者不详

见清人李星渔旧藏。

幽默诙谐

俗吏（朱文·立）　如皋孝廉姜恭寿静宰刻

板桥出身贫苦，习以"俗"为荣。曾为杭州余省三作《小游》诗，其中云："俗吏之俗亦可怜，为君贷取百钱钱。"作官不摆官架子，芒鞋问俗、不事扰民。夜出巡视，惟使小吏打着书有"板桥"二字的灯笼前导。兖州知府郑方坤说他："而嶔崎历落，于州县一席，实不相宜。"他只报之一笑。是印表明他对封建等级观念的鄙视。见乾隆七年（1742）手订《十六通家书》扉页。

俗吏（朱文·立）　刻者不详

见乾隆二十九年（1764）为他人《八哥图》题画，中国历史博物馆藏墨迹。

俗吏之为之也（白文·立）　刻者不详

语出清朝政治家、官吏李穆堂《别籍异财议》："信乎儒家之政，异乎俗吏之为之也。然细思之，尚有未尽善者。盖禁其争财可也，禁其分居，恐未可也。孟子论王政，止称八口之家……""立功天地，字养生民"是板桥出仕的根本宗旨。然世道险恶，吏治腐败，实迫于无奈。是印表明板桥对百姓的愧疚。见乾隆三十年（1765）所作《苏轼文》轴，台北《国泰美术馆选集》之一。

二、郑板桥书画印章名录

风尘俗吏（白文·立）　刻者不详

　　风尘：谓污浊、纷扰的生活，多指仕宦或青楼女。板桥变用唐人高適《封丘作》"乍可狂歌草泽中，宁堪作吏风尘下"诗句，表明自己"立功天地，字养生民"的出仕观念，乐观自信。见乾隆二十五年（1760）秋于汪氏文园为柳村刘三作《刘柳村册子》，大连张瑞安先生藏墨迹。

七品官耳（白文·方）　胶州高凤翰左手刻

　　板桥乃进士出身，初望得一京官，聊为祖上争气，不料得此外任，先后知山东范县（今河南范县）及山东潍县（今山东潍坊市）任十二载，困煞七品官，一直没有升迁之机，心中不快，故刻是印，一个"耳"字，足以表明板桥对七品官位的鄙视和嘲讽。见乾隆十年（1745）所作《梅兰竹石》四条屏之三。兴化市郑板桥纪念馆藏拓片。

　　明放案一：清朝沿用明例，依然把职官的品级分为九等，每等又有正、从之别，所以又称"九品十八级"。不在十八级以内的叫未入流，在级别上附于从九品。

　　明放案二：清人徐兆丰《风月谈余录》卷六《板桥先生印册》云："高西园名凤翰号南阜，又自号老阜，胶州人。泰州坝上亭长。疾发，用左手刻。"

七品官耳（白文·立）　刻者不详

　　见乾隆二十三年（1758）板桥所绘《竹石图》。上海博物馆藏墨迹。

七品官耳（白文·方）　刻者不详

　　乾隆十二年（1747）书作唐人杜甫《春夜喜雨》（之二）及《屏迹三首》之一，见香港《书谱》杂志。

七品官耳（白文·方）　　刻者不详

见乾隆十九年（1754）重九日，为渐老年兄作《竹石图》，上海博物馆藏墨迹。

七品官耳（白文·方）　　刻者不详

见乾隆二十三年（1758）四月于范县官署作《竹石图》，上海博物馆藏墨迹。

七品官耳（白文·方）　　刻者不详

见《兰竹图》，年代不详，无锡市博物馆藏墨迹。

十年县令（朱文·椭）　　扬州道人吴于河刻

县令，一县的行政长官。明清称知县。板桥自乾隆七年（1742）至十八年（1753）任山东范县、潍县令，前后共十二年。"十年"，乃板桥取其整数。见乾隆十七年（1752）元日书作《重修城隍庙碑记》，南京博物院藏墨迹。

燮何力之有焉（白文·方）　　沈凤或高凤翰刻

语出《左传·成公二年》："郤伯见，公曰：'子之力也夫！'对曰：'君之训也，二三子之力也，臣何力之有焉！'范叔见，劳之如郤伯，对曰：'庚所命也，克之制也，燮何力之有焉！'栾伯见，公亦如之，对曰：'燮之诏也，士用命也，书何力之有焉！'"板桥书札《与同学徐宗于》云："弟薄书钱谷，案牍劳形，忝为牧民之下吏，烦恼自寻。忆筮仕至今，岁月不居，息息已十有二年矣，无功于国，无清于民，心劳日拙，精力日益衰稳颓，鬓毛斑矣，及今解组归来，殆将相见不相识欤？承惠书以弟与东坡相提并论，此何敢当！"板桥之叹"何力之有"的精神比曹雪芹之叹"无才补天"，比袁枚之叹"且勿忧人忧，姑且乐无乐"要可贵得多。见《兰竹石图》。年代不详，北京故宫博物院藏墨迹。

二、郑板桥书画印章名录

爕何力之有焉（白文·方）于汝诜刻

语出春秋时期文学家左丘明《左传·成公二年传》，"范叔见，劳之如郤伯，对曰：庚所命也，克之制也，爕何力之有焉！""爕何力之有焉"边款："左氏妙合之语。门人于汝诜奉，南阜老师命为其至友板桥公落墨开石作，老人指点成之。"是印表明了板桥内心的独白。见乾隆二十五年（1760）板桥《柱石图》，广州市美术馆藏墨迹。

官独冷（白文·方）　刻者不详

唐代诗人杜甫于天宝十四载（755）在长安作《醉时歌》，诗中云："诸公衮衮登台省，广文先生官独冷。"广文先生，指郑虔。《旧唐书·玄宗纪》："天宝九载七月，国子监置广文馆，徙生徒为进士业者。"《新唐书·郑虔传》："玄宗爱虔才，更为置广文馆，以虔为博士。虔善著书，时号郑广文。"后广文馆因雨倒塌，无人缮修，虔只得搬离，广文馆从此成为冷门。孔尚任于康熙二十五年（1686）到兴化时作《昭阳供极台上五日有感》："忙完节序官犹冷，闹少儿童黍不香。熟读骚经长太息，吹窗雨气益凄凉。"官场上的黑暗和污浊，使板桥心灰意冷，是印寓意板桥对自己的仕途已经不抱什么希望。见《托根乱岩图》，年代不详，南京博物院藏墨迹。

竹嫩（白文·立）　刻者不详

唐代诗人白居易在《和梦得夏至忆苏州呈卢宾客》中以"粽香筒竹嫩，炙脆子鹅鲜"的诗句追忆在苏州过端午节的情景。板桥借此以自况。见《中国书画家印鉴款式》。

凤（朱文·圆）　扬州道人吴于河刻

见郑板桥、黄慎合装书画册，朵云轩藏墨迹。

王凤　扬州道人吴于河刻

徐兆丰《板桥先生印册》云："王凤，字一鸣，板桥奴子也。能诵《北征》《琵琶行》《长恨歌》《连昌宫词》及《汉末焦仲卿妻作》，不幸早夭，李复堂、潘桐冈皆为之堕泪。"王凤性温存，通文墨。板桥用其名作为自己的书画印章，可见这位七品官"俗"到何等的地步。见黄俶成《从八十方印章看郑板桥》。《文艺研究》1981年第5期。

紫凤（朱文·方）　刻者不详

见《兰竹图》册页（之一）。年代不详。天津艺术博物馆藏墨迹。

此玄鸟（白文·方）　刻者不详

玄鸟是古代中国神话传说中的神鸟。出自《山海经》。玄鸟的初始形象类似燕子。北海之内有山，名曰幽都之山。黑水出焉，其上有玄鸟、玄蛇、玄豹、玄虎，玄狐蓬尾。玄鸟象征生命繁衍、吉祥如意、天命皇权及智慧灵性。在文学、宗教、民间习俗中广泛应用，代表美好寓意，为人们带来启示和祝福。见《兰竹图》，年代不详，天津艺术博物馆藏墨迹。

古狂（白文·立）　刻者不详

狂，狂肆，狂傲不羁。板桥之思想、行为皆"不合时宜"，郑方坤称他"坐是得狂名"。见乾隆十七年（1752）元日《重修城隍庙碑记》，南京博物院藏墨迹。

樗散（朱文·葫芦状）　沈凤或高凤翰刻

《庄子·逍遥游》："惠子谓庄子曰：'吾有大树，人谓之樗。其大本臃肿而不中绳墨，其小枝卷曲而不中规矩。立之涂，匠者不顾。'"樗：臭椿树。樗木为散材。唐代杜甫《送郑十八虔贬台州司户伤其临老陷贼之故阙为面别情见一诗》："郑公樗散鬓成丝，酒后常称老画师。"板桥与郑虔同具"三绝"之才，然不为世用。意在感叹英雄无用武之地。沈椒园《过潍县郑令板桥招同朱天门孝廉家房仲纳凉郭氏园》："一官樗散发如丝，万事苍茫心独若。"见乾隆二十三年（1758）三月所作《兰竹石图》（十二开），中国美术家协会藏墨迹。

鹧鸪（朱文·异形）　胶州高凤翰刻

鹧鸪：一种高约37厘米，长约30厘米的鸟，鸡形目雉科鹧鸪属的一种。又称越雉、怀南。头顶大都黑色，围以棕色环斑；上体黑色而有许多卵圆形白斑；肩羽栗红两翅黑而具白色狭斑；喉白；胸、腹和两胁黑褐色，杂以显著白斑，白斑愈向后愈大；下腹棕白色；尾下覆羽棕色。雌鸟羽色较浅淡。嘴黑（雄），或上嘴黑色下嘴肉黄色（雌）脚橙黄至红褐色。栖息于生有灌丛或疏树的山地和丘陵。唐代诗人郑谷，官至都官郎中，人称郑都官。又以鹧鸪诗得名，人称郑鹧鸪。被唐代诗人、诗论家司空图赞称"当为一代风骚主"。被唐代诗僧齐已赞为"高名喧省闼，雅颂出吾唐。"郑谷诗多写景咏物之作，表现士人的闲情逸致。又，《异物志》云："鹧鸪其志怀南，不思北，……其鸣也，'但南不北'。"板桥时在北方作官，书画作品常用"鹧鸪"、"都官"印，有"怀南"之意，即辞官归隐。见乾隆五年（1740）四至六月于枝上村为黄慎《山水册》（十二帧）题跋：邵松年《澄兰室古缘萃录》卷十四。

鹧鸪（白文·立）　毕一庵刻

见清人李星渔旧藏。

鹧鸪（白文·立）　毕一庵刻

见为元翁老母舅书作唐人杜甫《南邻》《客至》及《曲江对雨》

七律三首。年代不详。扬州博物馆藏墨迹。

骨常新（白文·立）　　刻者不详

　　骨：骨气。有三层意思。一、骨相气质。刘义庆《世说新语·品藻》"时人道阮思旷（裕）骨气不及右军（王羲之）。"黄庭坚《送石长卿太学秋补》诗："胸中已无多少事，骨气乃有老松路。"现多指刚强的气质。二、指诗文风格气势。钟嵘《诗品》卷上："魏陈思王植诗，其源出于《国风》。骨气极高，词彩华茂。"三、指写字的笔力遒劲。袁昂《书评》："蔡邕书骨气洞达，爽爽有神。"韦续《书品优劣》："释玄悟骨气无双，迥出时辈。"见乾隆二十八年（1763）八月，于吴公湖上为朱逢年《山水人物图册》十二页之十题句，谐园宝藏墨迹。

畏人嫌我真（白文·立）　　扬州道人吴于河刻

　　板桥的作品，大多为"墨点无多泪点多"。黄生云："真本美德，而时人以为嫌，则世情之好假可知矣。"他以杜甫《暇日小园散病，将种秋菜，督勤耕牛，兼书触目》中的"畏人嫌我真"诗句入印，表现出了一种正直善良、忧国忧民的真挚情感。见乾隆二十二年（1757）读韩愈《送李愿归盘谷序》卷，广东省博物馆藏墨迹。

江左儒生（白文·方）　　刻者不详

　　语出明人方孝孺《游峨嵋》词，其中云："江左儒生寻谪仙，相逢共上峨嵋巅。"江左，古时在地理上以东为左，江左也称江东，指长江下游南岸地区。儒生，别称儒士、儒客，指读书人，书生。明人黄宗羲《柳敬亭传》云："云间有儒生莫后光见之。"见清人李星渔旧藏。

邯郸侠客（白文·方）　刻者不详

邯郸，地名，今河北省邯郸市。侠客，源自于古代小说和戏剧作品，旧指武艺高强、注重义气之人。是印表明板桥富有侠义精神，做一位匡扶正义之士。见清人李星渔旧藏。

修身养性

直心道场（朱文·方）　上元司徒文膏刻

语出《维摩经·菩萨品》："直心是道场"。直心，耿直之心。道场，原指释迦牟尼成道之处。后指佛教礼拜、诵经、祭祀、学道及行道的场所。在艺术上，板桥主张"直摅血性"。是刻表明他对王士禛的"神韵说"、沈德潜的"格调说"，甚至袁枚的"灵性说"有所抵触。反映了板桥倾心于书画艺术的禅悦心态。见乾隆十六年（1751）秋所作《梅兰竹菊》四条屏。扬州黄俶成藏木刻拓本。

明放案：憨山大师《直心是道场》云："佛言：辞亲出家，识心达本，解无为法，名曰沙门，常行二百五十戒。又曰：断欲去爱，识自心源，达佛深理，悟无为法。又曰：剃除须发而作沙门、受佛法者，去世资财，乞求取足，日中一食，树下一宿，慎不再矣；使人愚蔽者爱与欲也。如是之法，种种叮咛苦语，无非要为佛弟子者，最初出家，便以离欲为第一行耳。后世儿孙，身虽出家，心醉五欲，不知何患是远离法，何道是出苦道，缠绵昏迷而不自觉，且又矫饰威仪，诈现有德，外欺其人，内欺其心，包藏瑕疵而不自觉，欲求真心正念者，难其人也。《净名》云：直心为道场。如常有志求出离法，当以直心为第一义。珍重！"（《憨山老人梦游集》卷四）

馀力学文（白文·立）　刻者不详

语出《弟子规·总叙》："弟子规，圣人训；首孝悌，次谨信。

泛爱众,而亲仁;有余力,则学文。"《弟子规》原名《训蒙文》,原作者李毓秀(1662—1722),清康熙秀才。以入则孝、出则悌、谨而信、泛爱众、而亲仁、馀力学文为中心,并分为五个部分列述弟子在家、出外、待人、接物与学习上应该恪守的道德规范。后来,清朝贾存仁修订改编了《训蒙文》,并改名《弟子规》,是启蒙养正,教育子弟敦伦尽份防邪存诚,养成忠厚家风的最佳读物。弟子,指一切圣贤人士的弟子;规,意即规劝。《弟子规·总叙》的意思是说:首先,在日常生活中要做到孝敬父母,友爱兄弟姐妹。其次,言行要谨慎,要讲信用;和大众交往时要平等仁和,要时常亲近有仁德的人,并向他学习。以上这些事是做人的起码根本。如果做了这些事还有余暇,就要努力学习礼、乐、射、御、书、术等六艺,各种经典,以及其他有益的学问。

动而得谤名亦随之(白文·方)　扬州道人吴于河刻

　　语出唐代韩愈《进学解》:"然而圣主不加诛,宰臣不见斥,兹非其幸欤?动而得谤,名亦随之。投闲置散,乃分之宜。"意思是说,"然而圣明的君主不加处罚,也没有被宰相大臣所斥逐,岂不是幸运么?有所举动就遭到毁谤,名誉也跟着受到影响。被放置在闲散的位置上,实在是恰如其份的。"板桥之"怪"动辄遭人诽谤,于是,便借韩愈自嘲之语,表明自己的心态。真乃:"名高毁所集,言巧智难防。"见乾隆七年(1742)手订《十六通家书》扉页。

吃饭穿衣(白文·方)　刻者不详

　　吃、穿、住、行,乃人之起码生存条件。是印表明了板桥朴素的人生观念。见《郑板桥书画编年图目》。

富贵非吾愿(白文·立)　刻者不详

　　语出东晋陶渊明《归去来兮辞》:"……胡为乎惶惶兮欲何之?

富贵非吾愿,帝乡不可期。怀良辰以孤往,或植杖而耘耔。"富:财产多。贵:地位高。与"贫贱"相对。郑板桥《范县署中寄舍弟墨第四书》:"一捧书本,便想中举、中进士、作官,如何攫取金钱、造大房屋、置多田产。起手便错走了路头,后来越做越坏,总没有个好结果。"不以富贵为己愿,表明板桥不贪不占,两袖清风,廉洁奉公。其品行多么高尚。见民国二十四年(1935)影印真迹本《郑板桥全集》。

私心有所不尽鄙陋(朱文·方) 历城朱青雷刻

语出西汉司马迁《报任安书》:"何仆之不得已乎?所以隐忍苟活,幽于粪土之中而不辞者,恨私心有所不尽,鄙陋没世,而文采不表于后世也。"是印表达了板桥身在官位,但对现实强烈不满。见乾隆十九(1754)年十月所作《墨兰图》卷。中国美术研究所藏墨迹。

游好在六经(朱文·方) 晚邨刻

徐兆丰《板桥先生印册》云:"此晚邨先生作也。先生自批点文章而外,尚有二十四种绝技,如医学、女工、弛射,皆精妙无比伦。刻印工绝,故摹此以志先生之一斑。"参见民国二十四年影印真迹《郑板桥全集》。参看"游思六经结想五岳"条目。

游思六经结想五岳(朱文·立) 华亭徐寅刻

游思,对"六经"既好又不恭;六经:指儒家经典《诗》《书》《礼》《易》《春秋》及《乐》。五岳:即东岳泰山、南岳衡山、西岳华山、北岳恒山、中岳嵩山。"结想",对"五岳"向往而未遍历,体现了板桥酷嗜山水的翛然心态。见乾隆五年(1740)十一月十二日所作《芝兰图》。陕西省美术家协会藏墨迹。

有竹人家（白文·方）　　刻者不详

竹，喻君子，喻君子操守，喻君子气节。竹子的出现，创造了一个天地、人心融通一体的清幽淡雅、超越尘世的理想境界。竹荫遮几琴易韵，茶烟透窗魂生香。见板桥《竹石图》，年代不详，藏者不详。

何可一日无此君（朱文·方）　　刻者不详

语出《世说新语·任诞》："王子猷尝暂寄人空宅住，便令种竹。或问：'暂住何烦尔？'王啸咏良久，直指竹曰：'何可一日无此君！'"后因以此君为竹的代称。唐宋之问《绿竹引》："含情傲睨慰心目，何可一日无此君。"宋苏东坡说："可使食无肉，不可使居无竹；无肉令人瘦，无竹令人俗。人瘦尚可肥，俗士不可医；傍人笑此言，似高还似痴。"见板桥《墨竹图》。年代不详。徐悲鸿纪念馆藏墨迹。

不可一日无此君（白文·立）　　刻者不详

语出宋人黄庭坚《寄题荣州祖元大师此君轩》诗，其中云："晚知直语触憎嫌，深藏幽寺听钟磬。有酒如渑客满门，不可一日无此君。当时手栽数寸碧，声挟风雨今连云。"谚语"不可一日无此君"，意思是说自己特别爱好而上了瘾的东西一天也离不了。见板桥六分半书《论淡墨本》，年代不详，荣宝斋藏墨迹。

有数竿竹无一点尘（白文·长方形）　　刻者不详

表明庭院的洁净，引申为胸中的高雅和清新。见乾隆二十七年（1762）夏五月为受老作《仿文同竹石图》，北京故宫博物院藏墨迹。

多种菩萨结善缘（白文·立）　　刻者不详

菩提：译自梵语 Bodhi，意为"觉"、"智"、"道"等。佛教用以指断绝世间烦恼而达涅槃的彻悟境界；又指觉悟的智慧和觉悟的途径。菩萨心，是指菩提萨埵之心的简称。是一种集慈悲、智慧与行动于一体的修行境界。它体现了佛教中对于众生平等、慈悲为怀的核心价值观，也是修行者追求的最高境界之一。普度众生，广结善缘，可保心平气和，保岁月平安。见乾隆二十二年（1757）《兰竹荆棘图》。常州市博物馆藏墨迹。

书被催成墨未浓（白文·方）　刻者不详

语出唐代李商隐《无题四首》之一中的诗句："梦为远别啼难唤，书被催成墨未浓。"意为：因远别而积思成梦，梦中也为伤离而悲啼，梦醒后，被强烈的思念之情所驱使，在墨未磨浓的情况下就急切草成了给对方的书信。因求书索画者甚众，板桥实不由己，在墨未磨浓的情况下就挥写成了书画。见板桥《信札册》，江苏兴化市图书馆藏墨迹。

恃鬻耳（白、朱文·方）　扬州道人吴于河刻

恃，依靠；凭借。鬻，"粥"的本字。语出《左传·昭公七年》："饘于是，鬻于是，以糊余口。"孔颖达疏："稠者为糜，淖者为鬻。"意为年老体衰，只能喝稀饭了。另：鬻，意为"卖"。指板桥晚年在扬州从事书画买卖活动。见清人李星渔旧藏。

饮人以和（白文·方）　刻者不详

语出《庄子·杂篇》："夫楚王之为人也，形尊而严。其于罪也，无赦如虎。非夫佞人正德，其孰能桡焉。故圣人其穷也，使家人忘其贫；其达也，使王公忘爵禄而化卑；其于物也，与之为娱矣；其于人也，乐物之通而保己焉。故或不言而饮人以和，与人并立而使人化，父子之宜。彼其乎归居，而一闲其所施。其于人心者，若是其远也。故曰'待公阅休'。"饮人以和，即饮和，使人感觉到自在、享受和乐。见清人李星渔旧藏。

香风欲起锦浪初生（朱文·立）　　刻者不详

见清人李星渔旧藏。

痛痒相关　刻者不详

语出明代杨士聪《玉堂荟记》："外而督托，内而各部，无一刻不痛痒相关，凡奏疏所不能及者，竿牍往来，罔非至计。"形容彼此关系密切。板桥《潍县署中画竹呈年伯包大中丞括》诗云："衙斋卧听萧萧竹，疑是民间疾苦声。些小吾曹州县吏，一枝一叶总关情。"板桥在任时爱民如子，常怀一种忧国忧民之情。潍县大饥，板桥以工代赈，活民无算。后又为民请命，开仓赈济，终致挂冠归田。兴化乔维良先生藏印迹。

爱君自欲君先达（白文·立）　　刻者不详

语出唐代高适《赠别晋三处士》诗："有人家住清河源，渡河问我游梁园。手持道经注已毕，心知内篇口不言。卢门十年见秋草，此心惆怅谁能道。知己从来不易知，慕君为人与君好。别时九月桑叶疏，出门千里无行车。爱君且欲君先达，今上求贤早上书。"印文改"爱君且欲君先达"为"爱君自欲君先达"，意思是：你诗君子，我尊敬热爱你，希望你能先达到成功的彼岸。见板桥《诗稿册》，常州市博物馆藏墨迹。

眼大如箕　刻者不详

王利器《<颜氏家训>集解》："黄叔琳曰：'眼大如箕'。纪昀曰：'正眼小如豆耳。以宏丽精华论文，是卖木兰之椟，贵文衣之縢也。'"板桥生性兀傲孤高，狂放不羁；洞察如烛，立论如凿；不慕荣华，不羡富贵。乾隆五年（1740）九月，板桥为董伟业《扬州竹枝词》序云："于嬉笑愤怒骂之中，具潇洒风流之致。身轻似叶，原不借乎缙绅；眼大如箕，又何知夫钱房。"见周榘《题板桥先生行吟图》。荣宝斋藏墨迹。

江南巨眼　刻者不详

江南，扬州府旧属江南省。巨眼：喻指锐利的鉴别能力。《宋史》卷三百九十四《谢深甫列传》："……文士世不乏，求具（巨）眼如深甫者实鲜。"见板桥《兰竹石图》。

饮露餐英顑颔何伤（白文·方）　刻者不详

屈原《离骚》云："朝饮木兰之坠露兮，夕餐秋菊之落英。""长顑颔亦何伤！"顑颔：面容憔悴。是印表明板桥道德之高尚和品质之高洁。见乾隆二十年（1755）书七绝二首。济南市博物馆藏墨迹。

海滨民（朱文·立）　刻者不详

《明史》卷二百八十五《文苑一》云："……帝乃手书谕之曰：'海滨民好斗，裕伯智谋之士而居此地，坚守不起，恐有后悔。'裕伯拜书，涕泗横流，不得已，偕使者入朝。授侍读学士，固辞，不允。与张以宁等扈从，登钟山拥翠亭，给笔札赋诗，甚见宠待。二年改待制，旋为治书侍御史。三年始诏设科取士，以裕伯与御史中丞刘基为京畿主考官。裕伯博辨善论说，占奏悉当帝意，帝数称之。出知陇州，卒于官。"海滨，本义是指潮汐和波浪交替作用的地带，是很多海洋生物栖息的地方，比如螃蟹，是海滨最常见的东西物种。海滨民，当为出海捕捞之渔民。见《中国书画家印鉴款式》。

婴宁（白文·立）　刻者不详

语出《庄子·内篇》："其为物无不将也，无不迎也，无不毁也，无不成也，其名为撄宁。"撄宁，即婴宁。指不管世间如何迎来送往，我心依旧。见《中国书画家印鉴款式》。

瓜州（白文·立）　　刻者不详

瓜州：镇名。亦作瓜洲，或称瓜埠洲，位于江苏省邗江县南部、京杭运河分支入江处。与镇江市隔江相对，向为长江南北水运交通要冲。原为江中沙洲，因形似瓜而得名。晋为瓜洲村，唐宋为瓜洲镇。明时曾作城，清康熙、乾隆时盛极一时。光绪时陷入江中，后在今址发展城镇。宋代王安石《泊船瓜州》："京口瓜洲一水间，钟山只隔数重山，春风又绿江南岸，明月何时照我还？"是印表明板桥对家乡的一种深切怀念。见《中国书画家印鉴款式》图。

见人一善忘其百非（白文·方）　　刻者不详

佛家语。语出明代高攀龙《高子遗书》卷一："见人一善忘其百非，此待人之法也。终身行善，一言败之，此持己之戒也。"此段话颇有"普度众生"之意。板桥一生与佛门寺僧过从甚密，诸如：恒彻上人、无方上人、梅鉴上人、福国上人、博也上人、弘量上人、青崖和尚、拙公和尚等，佛教禅宗对他的影响很大。见郑板桥《四书手读》石印本扉页。

皆大欢喜（白文·立）　　刻者不详

语出《金刚经》："皆大欢喜；信受奉行。"指大家都高兴满意。见清人李星渔旧藏。

皆大欢喜（白文·方）　　刻者不详

见清人李星渔旧藏。

永以为好（朱文·方）　　刻者不详

语出《诗经·卫风·木瓜》："投我以木瓜，报之以琼琚。匪报也，永以为好也。投我以木桃，报之以琼瑶。匪报也，永以为好也。投我以木李，报之以琼玖。匪报也，永以为好也。"这是一首体现男女互赠的爱情诗。

"永以为好"是一种令人感动的表达方式。它的意思是希望某件事情、某种状态、某种关系以永久不变的方式存在下去。代表着人们对于社会稳定、幸福持久的向往；也许会令人更加感受到真挚的情感和温和的关怀。

"永以为好"，是一种崇高的追求。虽然人们总是不断追求变化和创新，但也有一些价值或原则是我们不愿轻易打破的。这些原则可能来自于我们对于生命、人性、良知的认识，也可能是对于美、善、真理等方面的追求。因此，当我们希望一个价值或原则可以"永以为好"，代表着我们的坚守、不妥协和勇敢。在这种追求中，我们也许会遇到重重阻碍，但只要我们坚定一心，一定会创造出属于自己的一段闪耀的人生旅程。是印应高包含板桥爱情与友情的两个方面，或者还有绘事。见清人李星渔旧藏。

名山如乐好轻身（朱文·方） 刻者不详

语出明人陈继儒《小窗幽记》："扫石月盈帚，滤泉花满筛。流水有方能出世，名山如药可轻身。"板桥改为"名山如乐好轻身"。名山，知名山峰，乐，歌乐；轻身，身体轻盈。自然景致的风情和韵味，可以表达一个人对生活执着和超然。板桥一生嗜好山水，遗憾的是未能远迹。他承认：其所经历，亦不尽游趣。尽管如此，近迹毕竟也是一件赏心乐事，是印表明板桥期望置身于良好宽松的氛围之中。见清人李星渔旧藏。

山水有清音（白文·异） 刻者不详

语出魏晋左思的《招隐二首》其一："杖策招隐士，荒涂横古今。岩穴无结构，丘中有鸣琴。白云停阴冈，丹葩曜阳林。石泉漱琼瑶，纤鳞或浮沉。非必丝与竹，山水有清音。何事待啸歌？灌木自悲吟。秋菊兼馔粮，幽兰间重襟。踌躇足力烦，聊欲投吾簪。"山水：体现大自然的壮丽与和谐；清音：指山水间自然发出的声音。

中国古代文人雅士性本喜山乐水，常常逃离尘嚣，于山光水色中寻求山水清音，于一丘一壑中融化悠悠情思，松韵石声，山光水色云影皆风致宛然；于一亭一榭中寄托殷殷情愫，闲中花鸟意外烟云都风神飘举。何必丝与竹。山水有清音，是印反映了板桥对大自然的热爱与向往，以及对尘世喧嚣的厌倦与摒弃。也正是板桥艺术和精神上的追求。见清人李星渔旧藏。

长庆富贵（白文·立）　刻者不详

长，长久；庆，祝贺；富贵，本义是指有财产有地位，现指富裕而又显贵之人。《管子·牧民》："民恶忧劳，我佚乐之；民恶贫贱，我富贵之。"是印表明板桥期待天下之劳苦大众都能够过上长久富贵的生活。见清人李星渔旧藏。

一片冰心在玉壶（白文·方）　刻者不详

语出唐人王昌龄《芙蓉楼送辛渐》诗："寒雨连江夜入吴，平明送客楚山孤。洛阳亲友如相问，一片冰心在玉壶。""一片冰心在玉壶"象征着纯洁无瑕的内心、坚定不移的信念以及对美好生活的追求。"冰心"代表了对世俗欲望和外界干扰的抵御能力，"玉壶"则比喻人们纯洁清白的情操，象征着清净宁静的环境。金人元好问《赠萧炼师公弼》诗云："春风和气在眉宇，玉壶冰鉴藏胸臆。"是印充分体现了板桥对美好生活的向往，以及对友情的珍视和对未来的期许。见清人李星渔旧藏。

一苇所如（朱文·方）　刻者不详

语出北宋苏轼《赤壁赋》："……白露横江，水光接天。纵一苇之所如，凌万顷之茫然。浩浩乎如冯虚御风，而不知其所止；飘飘乎如遗世独立，羽化而登仙。""一苇所如"中的"一苇"是指像一片苇叶那么小的船，"所如"则表示船所到达的地方，意思是任凭小船漂流而去，飘浮在旷远迷茫的江面上。板桥以是句入印，喻意自己一生颠沛流离，卖画期间居无定所的心酸往事。是印当为对板桥心境的描绘。见清人李星渔旧藏。

拈花微笑（朱文·立）　刻者不详

《大梵天王问佛决疑经（问佛决疑经）》云："尔时大梵天王即引若干眷属来奉献世尊于金婆罗华，各各顶礼佛足，退坐一面。尔时世尊即拈奉献金色婆罗华，瞬目扬眉，示诸大众，默然毋措。有迦叶破颜微笑"。原为佛家用语，比喻彻悟禅理，后比喻彼此心意一致。见清人李星渔旧藏。

三十六峰山馆（朱文·立）　刻者不详

三十六峰，全国仅有两处，即河南登封县少室山及福建崇安县武夷山。唐人李白《赠嵩山焦炼师》诗序："余访道少室，尽登三十六峰。"写的是少室山上的三十六峰。而在武夷山三十六峰中，大王峰、玉女峰和天游峰最为著名。三十六峰有的像玉柱，有的像动物，有的像竹笋。山馆，山中馆驿。是印表明板桥眼界的宽广、心胸的宽阔和艺术的精湛。见清人李星渔旧藏。

三十六峰山馆（朱文·圆）　刻者不详

见清人李星渔旧藏。

三十六峰都在前（白文·立）　刻者不详

见清人李星渔旧藏。

舟行若穷，忽又无际（白文·立）　刻者不详

语出唐人柳宗元《永州八记》："楚越之间方言，谓水之反流为'渴'。渴上与南馆高嶂合，下与百家濑合。其中重洲小溪，澄潭浅渚，间厕曲折，平者深墨，峻者沸白。舟行若穷，忽而无际。"

水流的缓急不同，深浅不同，读之如身临其境。其中"舟行若穷，忽又无际"八字，与唐人王维《蓝田山石门精舍》中的"安知清流转，偶与前山通"有着异曲同工之妙，意境悠远。是印是对板桥心境的显现。见清人李星渔旧藏。

读易草堂（白文·方）　　刻者不详

易，《周易》，或称《易经》，我国古代有哲学思想的占卜书。《周易》内容包括经和传两部分，六十四卦，三百八十四爻，附卦辞、爻辞为经；上彖、下彖、上象、下象、上系、下系、文言、说卦、序卦、杂卦称十翼为传。主要通过象征天、地、风、雷、水、火、山、泽八种自然现象的八卦形式推测自然和人事的变化，以阴阳二气的交感作用为产生万物的本源。草堂，原指草庐，常指隐者所居的简陋茅屋。后来，士人也常用于谦称自己的书斋。见清人李星渔旧藏。

酒囊饭袋（白文·方）　　刻者不详

源自东汉思想家、哲学家、文学批评家王充的《论衡·别通》："饱食快饮，虑深求卧，腹为饭坑，肠为酒囊。"常常用于形容那些只知享乐、不务正业的人。类似于行尸走肉、衣架饭囊、徒具形骸。此印或许表明"诗书画印"四绝的板桥是对自己的一种"嘲讽"。见清人李星渔旧藏。

松下清斋（白文·椭圆）　　刻者不详

语出唐人王维《积雨辋川庄作》诗："积雨空林烟火迟，蒸藜炊黍饷东菑。漠漠水田飞白鹭，阴阴夏木啭黄鹂。山中习静观朝槿，松下清斋折露葵。野老与人争席罢，海鸥何事更相疑。"《积雨辋川庄作》是王维田园诗的代表作，被清代蘅塘退士编入《唐诗三百首》中。诗的前四句写诗人静观所见，后四句写其隐居生活。诗人

二、郑板桥书画印章名录

把自己幽雅清淡的禅寂生活与辋川恬静优美的田园风光结合描写，创造出一个物我相惬、情景交融的意境。全诗生活气息浓郁，流露出诗人隐居山林、脱离尘俗的闲情逸致。见清人李星渔旧藏。

空山无人（朱文·异）　　刻者不详

语出北宋文学家、书画家苏轼《十八大阿罗汉颂》中第九尊者颂，第九尊者，即戍博迦尊者，亦称开心罗汉，整句为"颂曰：饭食已毕，璞钵而坐，童子著供，吹禽发火。我作佛事，渊乎妙哉。空山无人，水流花开。"意思是说：空荡幽静的山间没有看到一个人影，流水花开年复一年，而万古不变的是那浩瀚长空，还是那时的风月。如此伤感的美景，在这一瞬间却成为了永恒的画面。见清人李星渔旧藏。

水流花开（白文·异）　　刻者不详

见清人李星渔旧藏。

何须问主人（朱文·异）　　刻者不详

语出唐人王维《春日与裴迪过新昌里访吕逸人不遇》，诗云："桃源一向绝风尘，柳市南头访隐沦。到门不敢题凡鸟，看竹何须问主人。城上青山如屋里，东家流水入西邻。闭户著书多岁月，种松皆老作龙鳞。""何须问主人"意思是说参观主人的居住环境一定要用眼睛看，用脑子想，何必还要询问主人。意在表明板桥的兰竹石绘画达到了炉火纯青的地步，板桥的艺术构思，不是任何人都能够理解的。见清人李星渔旧藏。

梅花宾主（白文·方）　　刻者不详

梅：蔷薇科，属木本植物。属于观赏树。形态多样，通常为小乔木，高4-10米，树皮浅灰色或带绿色，叶片卵形或椭圆形，叶边常具小锐锯齿，灰绿色。花单生或有时二朵同生于一芽内，香味浓，先于叶开放；花色丰富，花萼多变，果实近球形，味酸，可用于食用或药用。中国古代文人对梅花情有独钟，视赏梅为一件雅事。赏梅贵在"探"字，品赏梅花一般着眼于色、香、形、韵、时等方面。梅独天下而春。"梅具四德，初生为元，是开始之本；开花为亨，意味着通达顺利；结子为利，象征祥和有益；成熟为贞，代表坚定贞洁。"此为梅之"元亨利贞"四德。梅开五瓣，象征五福，即快乐、幸福、长寿、顺利与和平。在扬州八怪中，金冬心的孤傲之梅，汪士慎的冷香之梅等都拥有着极大的市场。板桥嗜赏梅而不擅画梅。此印表明板桥既是梅花的宾客，又是梅花主人。见清人李星渔旧藏。

万古云霄一羽毛（朱文·立）　　刻者不详

语出唐人杜甫《咏怀古迹五首》其五："诸葛大名垂宇宙，宗臣遗像肃清高。三分割据纡筹策，万古云霄一羽毛。伯仲之间见伊吕，指挥若定失萧曹。运移汉祚终难复，志决身歼军务劳。""万古云霄一羽毛"诗句蕴含着诸葛亮超凡的才智和胆略，如同鸾凤高翔于云霄之中，独步青云，历代敬仰。这种比喻方式，既突出了诸葛亮的卓越才能，也表达了对他的无限敬仰之情。其次，还蕴含着诸葛亮如同在万古云霄中的一根羽毛，虽看似渺小，但能在历史的长河中闪耀独特的光辉。见清人李星渔旧藏。

多情不及少情闲（白文·方）　　刻者不详

语出唐人白居易《重到城七绝句·刘家花》："刘家墙上花还发，李十门前草又春。处处伤心心始悟，多情不及少情人。"诗的最后两句"处处伤心心始悟，多情不及少情人"揭示了诗人的内心感受。他伤心地认识到自己多情而无法比拟那些少情的人，或许是在暗示自己的感情遭遇不如意，而少情的人更能适应生活的变化和坚韧面对挫折。见清人李星渔旧藏。

愧未读书常犹夜行（白文·方）　　刻者不详

　　语出唐人段成式《酉阳杂俎》卷十一："人不读书，其犹夜行。"人如果不读书学习，就会像在黑夜里行走一样茫然。此句告诫人们应多读书，以增长自己的学问和见识。见清人李星渔旧藏。

妙用还从乐处生（白文·立）　　刻者不详

　　语出宋人朱熹《次卜掌书落成白鹿佳句》诗："重营旧馆喜初成，要共群贤听鹿鸣。三爵何妨奠蘋藻，一编讵敢议明诚。深源定自闲中得，妙用元从乐处生。莫问无穷庵外事，此心聊与此山盟。"其中"深源定自闲中得，妙用元从乐处生"意思是深厚的情谊必然从悠闲相处时获得，神妙的作用原本从让欢愉的地方被发现。见清人李星渔旧藏。

青萍结缘（朱文·方·无边）　　刻者不详

　　青萍，通常指青色的浮萍，这是一种生长在水面上的草本植物。如宋代陆游《初夏闲步村落间》诗中就有"绿叶忽低知鸟立，青萍微动觉鱼行"的描述。在文学作品中，青萍常被用作象征漂泊不定的人生和变化无常的世界。如东汉时期的曹植在《浮萍篇》中写道："浮萍寄清水，随风东西流。"表达了诗人对人生无常的感慨和无奈。明人黄卿在他的《浮萍篇》诗中写道："秋水见浮萍，随波何菁菁。华不借黄壤，叶不附菰菱。萍生无根蒂，男儿重横行。浮云不可挽，紫骝骄欲腾。入山缚貔虎，蹈海斩鲵鲸。浮萍蔽波面，下有百尺鳢。萍流入江海，藻泛金沙滩。借问萍与藻，附托何偶然。健步自千里，不羡生羽翰。达人志远览，长路何足叹。"则一扫前人描写浮萍的悲凉之气，转而赞美了浮萍的坚韧。结缘，意指彼此结交善缘。一般称为造立寺塔道观、刻印经书而喜舍财物为结缘；而人与人以欢喜心相见，亦称结缘；或于大庭广众之中共同听闻佛法，彼此以结法缘，亦称结缘。意谓板桥在书画艺术道路上善于结交同好，以相互砥砺。见清人李星渔旧藏。

结欢喜缘（白文·方）　刻者不详

佛家语。指彼此结交善缘。一般为造立寺塔道观、刻印经书而喜舍财物称为结缘；又指人与人之间以欢喜心相见，或于大庭广众之中共同听闻佛法，亦称结缘。见乾隆五年（1740）四至六月，于扬州枝上村为黄慎十二开《山水册》中第一开《绘烟树数丛，轻舟一叶》的题跋：又见清人李星渔旧藏。

欢喜无量（朱文·立）　刻者不详

佛家语。一花一世界，一叶一菩提。一个人就是一个宇宙，一种心经就是一段人生。以肉体之道场替人解难，此乃观音的化身。男女相和，顺天应地，欢喜无量。《无量寿经上》云：阿弥陀佛又称欢喜光佛。见乾隆二十二年（1757）《兰竹荆棘图》，常州市博物馆藏墨迹。

花月主人（白文·异）　刻者不详

见清人李星渔旧藏。

松下主人（朱文·方）　刻者不详

见清人李星渔旧藏。

来云堂印（白文·立）　刻者不详

见清人李星渔旧藏。

清话一炉香（白文·立）　刻者不详

语出明人杨循吉《鄂首座还山》诗："病中承数过，清话一炉香。对食同甘菜，忘形不下床。壁间间笠破，门外倚藤方。惆怅明朝别，何人访闷乡。"诗中描绘了一位病中诗人的境况和感受，表达了一种内心的孤独和无奈。诗人的言辞却清雅动人，如同一炉香气扑鼻。是印表明板桥身处逆境中的心酸和无奈。尽管如此,希望、美好会在眼前。见清人李星渔旧藏。

江上小堂竹印(白文·矩)　　刻者不详

见清人李星渔旧藏。

曾三颜四禹寸陶分(白文·立)　　刻者不详

曾三,即曾子(前505—前436),名参,字子舆。春秋末鲁国南武城(今山东费县)人。孔子的得意门生。以"孝"著称,留下许多孝顺的言论和事迹,相传《孝经》出自他手,《大戴礼记》中有《曾子》十篇。又传《大学》系他所撰。被后世儒家尊为"宗圣"。曾子每天从忠厚、诚信和温习三方面反省自己。南宋朱熹《斋居感兴》云:"曾子日三省",后习以曾三称之。

颜四,即颜渊(前521—前490),名回,字子渊。春秋末鲁国都城(今山东曲阜)人。孔子弟子,勤学好问,乐道贫安,箪食瓢饮,不改其乐。在孔门以"德"著称。颜回"非礼勿视,非礼勿听,非礼勿言,非礼勿动。"在《论语》中,有以颜回之名为题的颜渊篇,被后世儒家尊为"复圣"。朱熹《斋居感兴》云:"颜生躬四勿。"后习以颜四称之。

禹寸,即夏禹,姒姓,名文命,字高密,鲧之子。奉舜命治理洪水,历十三年,三过家门而不入,水患悉平。舜死,禹继任部落联盟领袖,传曾铸九鼎,又传曾克平三苗之乱。后东巡狩会稽而崩。《淮南子》云:"故圣人不贵尺之璧,而重寸之阴。"

陶分,即陶侃(259—334),著名军事家。东晋庐江浔阳(今江西九江)人。字士行,早孤贫。曾任武昌太守、荆州刺史,因讨伐杜弢之功,加征西大将军。又因击杀苏峻、祖约二叛,封长沙郡公。后都督八州诸军事。在军四十余年,果毅善断,精勤吏职。常谓：“大禹圣者，乃惜寸阴，至于众人，当惜分阴……"

此印巧用了四个历史典故，上联意在强调人们要时常反省修身，注重伦理和道德修养；下联意在鼓励人们要惜时勤奋，有所作为。读来颇觉意蕴深沉，情味隽永。见清人李星渔旧藏。

深山竹树饱风霜（白文·方）　　刻者不详

饱风霜，即饱经风霜。比喻人在旅途或生活中所经历的艰难困苦。见清人李星渔旧藏。

惟三更月是知己（朱文·椭圆）　　刻者不详

语出宋人白玉蟾《梅花二首寄呈彭吏部》诗，其中云："一自花光为写真，至今冷落水之滨。惟三更月其知己，此一瓣香专为春。清所以清冰骨格，损之又损玉精神。雪中好与谁为伴，只有竹如君子人。"板桥印章改一字，即"惟三更月是知己"。见清人李星渔旧藏。

保延寿而宜子孙（白文·异）　　刻者不详

语出东汉辞赋家王延寿《鲁灵光殿赋》，其中云："……实至尊之所御，保延寿而宜子孙。苟可贵其若斯，孰亦有云而不珍！"意思是说，神灵庇护着宝殿，经历了千载而更加坚固。永远安宁而得到了福祉，它将与大汉王朝共荣长存。实为大汉皇帝所用，能使皇上延年益寿、子孙安宁。如果它的可贵真能如此，又有谁说它不值得珍重？此赋追述了鲁恭王当初受封及建造灵光殿的情景，再从外观上综述灵光殿的高峻、博大、卓异、奇险和壮丽，接着一层深一层地引导读者去观览宫殿内部的种种结构、构造和设施，然后对整个建筑的设计、施工、结构发出了高度的赞叹，最后赞美灵光殿雄奇瑰丽。全赋语言凝重瑰丽，既有两汉事类大赋铺张扬厉、雕凿夸饰等方面的共同特点，又有自身描绘精细、气势雄健的特征。见清人李星渔旧藏。

艺术追求

郑兰（白文·方）　扬州道人吴于河刻

　　兰，即"兰蕙"。"兰为王者香"。古来作为隐遁君子品格的象征。屈原讲自己"结幽兰而延伫"。文人画兰，始于北宋米芾，却以元初郑所南（思肖）为一代宗师。所南画兰，重兰之质。以寄亡国之思；板桥画兰，姿质并重。力追凄清之美。见乾隆七年（1742）《墨竹图》。北京故宫博物院藏墨迹。

郑兰（白文·方）　刻者不详

　　见乾隆七年（1742）十月至八年（1743）三月所绘《墨竹图》卷，北京故宫博物院藏墨迹。

郑兰（白文·方）　刻者不详

　　见清人李星渔旧藏。

郑风子（朱文·圆）　扬州道人吴于河刻

　　风，即"疯"。"风子"即旧时戏称洒脱不羁之书画家。五代书法家杨凝式（873-954），字景度，号虚白、癸巳人、希维居士等，华阴（今属陕西）人，居洛阳（今属河南）。唐末为秘书郎。历仕梁、唐晋、汉、周五朝，官至太子太保，人称杨少师。曾佯疯自晦，故亦称杨风子。善文词，尤工行草，笔势雄杰，变化多姿。前人说他用笔有破方为圆、削繁为简之妙。板桥在《复同寅朱相波》书札中自谓："仆学不修，德不进，只有如酒如骂两种痴癖。"见板桥《竹石图》，年代不详，中国国家博物馆藏墨迹。

六分半书（朱文·立·无边）　扬州道人吴于河刻

　　隶书，秦称左书、史书。魏晋称楷书。史称有波磔的隶书为"八分"，李玉棻《瓯钵罗室书画过目考》说板桥"法《瘗鹤铭》而兼黄鲁直，合其意为分书。"《瘗鹤铭》传为梁代茅山道士陶弘景的手迹，黄庭坚称其为楷书之祖。板桥以楷、隶为主，杂入行、篆、草，且以画意入书，独创了"隶架、楷骨、行意、篆格、草神"的板桥体，自称六分半书、破格书。书家誉称乱石铺街、浪里插篙、摇波驻节、醉汉夜归、雨夹雪等，今人则称漫书。郑方坤《郑燮小传》云："如雪柏风松，挺然而秀出于风尘之表。"见乾隆二十二年（1757）读韩愈《送李愿归盘谷序》卷。广东省博物馆藏墨迹。

搜尽奇峰打草稿　刻者不详

　　石涛《搜尽奇峰打草稿》图卷作于康熙三十年（1691），时年五十岁。当时他正北游京师而寓居天津大悲庵内。图卷为纸本，墨笔，纵42.8厘米，横285.5厘米。画面崇山峻岭，茂树参天，泉水淙淙，山道崎岖，纡回盘旋。城垣、楼阁、亭桥、书屋、渔舟等分布其间。全幅构图繁密，画法用披麻皴参以点子皴，信手涂抹，自然流畅，笔墨苍劲，气势磅礴。画幅右上方题：搜尽奇峰打草稿。形成自己苍郁恣肆的独特风格。

　　石涛善用墨法，枯湿浓淡兼施并用，尤其喜欢用湿笔，通过水墨的渗化和笔墨的融和，表现出山川的氤氲气象和深厚之态。有时用墨很浓重，墨气淋漓，空间感强。在技巧上他运笔灵活。或细笔勾勒，很少皴擦；或粗线勾斫，皴点并用。有时运笔酣畅流利，有时又多方拙之笔，方圆结合，秀拙相生。

　　石涛从实际生活中获得感受。其创造性，就表现在他个人心情与自然的交流，达到从古人入、从造化出的艺术境界。他的皴法是为山川"开生面"，用得很灵活。他分析画中的"点"说：点有雨雪风晴，四时得宜；点有反正阴阳衬贴；点有夹水恶化墨，一气混杂；点有含苞藻丝，缨络连牵；点有空空洞洞，干燥没味；点有有墨无墨，飞白如烟；点有似焦似漆，遏透明；点更有两点，未肯向人道破；有没天没地，当头劈面点；有千岩万壑，明净无一点。板桥作画师从石涛，"借古开今"，以创造出自己独特的艺术意境。见乾隆五年（1740）四至六月，于扬州枝上村为黄慎《山水册》（十二开之九）题跋：

心血为炉镕铸今古（白文·立）　刻者不详

炉：盛火的器具，用于冶炼，或者冬季取暖等。板桥潜心于艺术，在继承发展的基础上求取创新，以"自树其帜"。见板桥书作《留别恒彻上人》诗，年代不详，广东省博物馆藏墨迹。

痴绝（白文·立）　刻者不详

痴：入迷。如醉如痴。绝：极；独特。既痴又绝。是印体现了板桥对书画艺术的狂热追求。见书作陆种园《满江红·赠王正子》，年代不详，中国国家博物馆藏墨迹。

恶竹（白文·立）　刻者不详

恶：何；怎么。《孟子·告子上》："羞恶之心，义也。"反其意而言之。是刻充分反映了板桥先生的精神面貌和艺术主张。见乾隆七年（1742）《墨竹图》长卷，北京故宫博物院藏墨迹。

郑为东道主（白文·立）　历城朱青雷刻

东道主：本指东路上的主人。《左传·僖公三十年》："烛之武见秦伯曰：若舍郑以为东道主，行李之往来，共（供）其乏困，君亦无所害。"郑在秦东，故称东道主。徐兆丰《板桥先生印册》云："'舍郑以为东道主'，板桥割去'舍'字、'以'字，便是自作主张，凡作文者，当作主子文章，不可作奴才文章也。"板桥借句删削二字，重赋于新义。是刻表明板桥在艺术上熔铸古今各家之长，以形成自己独特的艺术思想与艺术风格。见乾隆五年（1740）四至六月于枝上村跋黄慎《山水册》（十二帧）。邵松年《澄兰室古缘萃录》卷十四。

郑为东道主（白文·立）　　刻者不详

见郑板桥、黄慎合装书画册，朵云轩藏墨迹。

歌歕古扬州（朱文·立）　　刻者不详

康乾盛世，扬州乃东南四大都会之一，且是两淮盐运使衙门之驻地。今人丁家桐先生云："繁荣的商业需要文化的支持，商家养士之风大盛，同时许多著名商人以与著名文人交接为荣，商人与文人相互支持。……形成一种新兴艺术流派的地域条件。"板桥与扬州的关系极为密切，此印变用唐代杜牧《题扬州禅智寺》"谁知竹西路，歌吹是扬州"诗句，表明自己对扬州的热爱和赞美。其中："謌"诗"歌"得异体字。见乾隆二十三年（1758）十月为瀛翁所作《竹石图》，上海博物馆藏墨迹。"歕"系"吹"的异体字。

青藤门下牛马走（白文·立）　　扬州道人吴于河刻

青藤：即明代文学家、书画家徐渭之号。徐渭性情狂傲，不为礼法所羁。人称其得"李贺之奇，苏轼之变。"行草纵逸飞动，寓劲挺于圆浑奔放之中。自称书法第一。擅画水墨花竹、鱼介、山水、人物，淋漓恣肆，有所创造。与陈道复并称"青藤白阳"。板桥同时的画家童二树说："尚有一灯传郑燮，甘心走狗列门墙。"是印表明板桥对青藤的无比崇拜之情。见乾隆二十三年（1758）十月作《竹石图》。上海博物馆藏墨迹。

明放案：袁枚《随园诗话》卷六云："郑板桥爱徐青藤诗，尝刻一印云：'徐青藤门下走狗郑燮。'"童二树亦重青藤，《题青藤小像》云：抵死目中无七子，岂知身后得中郎？"又曰："尚有一灯传郑燮，甘心走狗列门墙。"板桥《范县答无方上人》尺牍云："大师傅于孙公家见燮所画竹石横幅，因印文有'徐青藤门下走狗'字样，以为太不雅观，大师何不达哉。"

无数青山拜草庐（白文·立）　扬州道人吴于河刻

板桥常常与人高谈阔论，激浊扬清。辞官后卜居扬州卖画。以无数青山结草为庐，为隐者所居也。即艺术源自于真正的生活。见乾隆十八年（1753）二月所作十一字联。潍坊市十笏园藏石刻。

师竹（白文·异）　刻者不详

竹是君子，竹喻高节，竹喻虚心；竹展示未来，竹寄托希望。今人丁家桐先生云："板桥所写之竹，满带一个'情'字"。是"一种人，一种品格，一种力量，一种趣味，一种追求，一种意境，一种祝愿。"扬州市郑板桥纪念馆藏印拓。

橄榄轩（朱文·立）　扬州道人吴于河刻

板桥书斋名。橄榄：又名青果、白榄。常绿乔木。核果呈椭圆、卵圆、纺锤形等，绿色，成熟后为淡黄色。性喜温暖，南方栽培为最。李时珍《本草纲目》卷三十一云："……其味苦涩，久之方味。王元之作诗，比之忠言逆耳，乱乃思之，故人名为'谏果'。"除食用外，中医学上用为清肺利咽药。轩：指有窗槛的长廊或小室。板桥书斋名曰"橄榄轩"，取其"回味无穷"之意。见乾隆元年（1736）三月跋李鱓雍正十三年十二月所作《三清图》轴，首都博物馆藏墨迹。

雪浪斋（朱文·立）　上元司徒文膏摹刻

北宋苏轼知定州军州事时，曾在栾城县获得一块黑色白脉佳石，甚为热爱。名"雪浪石"。后移置斋中，又名"雪浪斋"。雪浪，寓意正直、机智、无所畏惧，也寓意心思缜密，思维开阔，能够在事业上有所建树。米元章刻印，铜质螭钮。石存今镇江金山。板桥乞司徒文膏以枣木摹之。见乾隆二十六年（1761）七月七日所作《墨竹》通屏。扬州博物馆藏墨迹。

雪浪斋（朱文·立）　刻者不详

见板桥行书四言联。年代不详。扬州博物馆藏墨迹。

横扫（白文·立）　刻者不详

板桥一生主画竹：风竹、雨竹、夜竹、卧竹、新竹、老竹、山竹、四季竹。竹可绑缚为扫帚，是印表明板桥要用竹的清高横扫人间一切世俗的陈旧观念。见《中国书画家印鉴款式》。

个中　刻者不详

大意指此中，这当中。隐喻妓家。宋人陆游《春残》诗："个中有佳处，袖手看人忙。"见兴化乔维良藏印拓。

敢征兰乎（白文·方）　沈凤或高凤翰刻

语出《左传·宣公三年》："初，郑文公有贱妾燕姞，梦天使与己兰，曰：'余为伯鯈。余，而祖也，以是为而子。以兰为国香，服媚之如是。'继而文公见之，与之兰而御之。辞曰：'妾不才，幸而有子，将不信，敢征兰乎？'曰：'诺。'生穆公，名之曰兰。"是印用春秋时期郑国燕姞梦兰而生郑穆公的典故，表明板桥对封建贵族的鄙视。见板桥书作元人吴讷《宿承天观用杨廉夫韵》诗。年代不详。广东省博物馆藏墨迹。

然梨阁（朱文·立）　刻者不详

然：本"燃"，燃烧。中国古代地理专著《三辅黄图·阁》卷六云："刘向于成帝之末，校书天禄阁，专精覃思。夜有老人著黄衣，植青藜杖，叩阁而进。见向暗中独坐诵书，老父乃吹杖端，烟然，因以见向，授五行‘洪范’之文。"梨：本"藜"，草本植物。据《蓬窗续录》记载："古称藜杖，藜即首蓿。养之历霜雪，经一二岁，其本修直，生鬼面可杖，取其轻而坚，非梨木也。用藜为燃，光最明，可传火彻夜。古读书者，燃藜以此笠泽丛书。读古圣人书，每涵咀义味，独坐日昃案上，一杯藜羹，如五鼎太牢，馈于左右……"因"燃藜"比喻夜读。又，板桥之"名"、"字"皆出于《尚书·洪范》。是印表明板桥当为薪火不辍之意。见《墨竹图》。年代不详。广东省博物馆藏墨迹。

红雪山樵（白文·方）　　刻者不详

红雪：泛指红色的花。如樱桃花。唐人白居易《同诸君携酒早看樱桃花》诗："绿饧粘盏杓，红雪压枝柯。"明人杨基《草堂芙蓉孟冬始开》诗："忆昔开元太液池，绿水朱栏飐红雪。"古龙《武林外史》："空恨长天起红雪，有人古道犹怜花。"山樵：指常在山中打柴之人。见乾隆二十年（1755）《墨竹图》。苏州市博物馆藏墨迹。

老画师（白文·方）　　沈凤或高凤翰刻

板桥先生离开官场，投身艺坛；自吟自诵，自嘲自励。见雍正四年（1726）五月为黄慎《钟馗嫁妹图》题跋：四川省博物馆藏墨迹。

敬常存伪　　刻者不详

见《文艺研究》1981 年第 5 期黄俶成《从八十方印章看郑板桥》。

借书传画（白文·立）　　刻者不详

中国书画艺术历来有"书画同源"之说：一、工具同源（毛笔、墨汁、宣纸）；二、用笔同源；三、墨法同源；四、审美同源；五、款印同源。西汉扬雄说"书为心画"。书画作品表现的不只是固有的形态，而是形中有神，传达自然之美丽，反映作者之人格。是印表明板桥在书画中所寄寓的情感。见乾隆二十二年（1757）行书唐代韩愈《桃花图》。中国国家博物馆藏墨迹。

书画悦心情（白文·异）　刻者不详

悦：取悦。心情，是指无特定、普遍及能够广泛影响认知和行为的一种情感状态。用书画这种艺术形式努力反映社会现实生活，鞭挞丑恶，歌颂美好，以悦取劳苦大众的心情。南京丁吉甫先生藏印拓。见齐渊《郑板桥书画编年图目》。

老而作画（白文·立）　刻者不详

板桥感叹人已苍老，为生活计，依然卜居扬州卖画。一方面表达出了他对书画艺术的狂热追求，另一方面则流露出了他对苦楚命运的叹息。见乾隆元年（1736）三月跋李鱓雍正十三年（1735）十二月所作《三清图》。首都博物馆藏墨迹。

以天得古（白文·方）

以天得古，是宋元以来文人书画印的所爱。文人雅士对"古"的追求，往往落实为对"天然"趣味的喜好上。天：指依存或依靠；古：从前。是印寓意板桥在艺术上要尊重客观规律，真实反映社会生活，关注人民疾苦，从天然的描写中得到古朴的表现形式。见板桥《墨竹图》，年代不详，炎黄艺术馆藏墨迹。

鸡犬图书共一船（朱文·方）　又山王涛刻

语出唐人杜牧《郑瓘协律》诗，其中云："广文遗韵留樗散，鸡犬图书共一船。自说江湖不归事，阻风中酒过年年。"是印表明板桥生活上的一种闲适和淡然。见乾隆二十九年（1764）《兰竹石图》。上海博物馆藏墨迹。

北泉草堂（白文·立）　　刻者不详

　　北泉草堂，原系明人蓝田书斋名。如：《北泉草堂诗集》《北泉草堂文集》。重庆市图书馆藏明万历十五年蓝思绍刻本《北泉草堂诗集》。复旦大学图书馆藏清钞本《北泉草堂文集》。见为西翁年长兄书作七绝二首诗轴。上海博物馆藏墨迹。年代不详。

兰竹石癖（白文·方）　　刻者不详

　　板桥一生对竹兰石爱之成癖。板桥竹劲节扶疏，超尘绝俗；板桥兰叶秀肥腴，幽香缥缈；板桥石萧散神逸，空灵有致。一竹一兰一石，有节有香有骨。以"慰天下之劳人。"见板桥《兰竹石图》。扬州寄啸山庄藏墨迹。

诗绝字绝画绝（朱文·立）　　扬州道人吴于河刻

　　绝：极；独特。《新唐书·郑虔传》："（虔）尝自写其诗并画以献，帝大署其尾曰：'郑虔三绝。'"《清史列传》卷七十二《郑燮传》云："（郑燮）善诗，工书画，人以'郑虔三绝'称之。"板桥主张"掀天揭地之文，震电惊雷之字，呵神骂鬼之谈，无古无今之画。"清代张维屏《松轩随笔》云："板桥大令有三绝：曰画，曰诗，曰书。三绝之中有三真：曰真气，真意，真趣。"板桥"作字如写兰"，"写兰如作字"。"怪"而奇巧，极为少见。见乾隆五年（1740）四至六月于扬州枝上村为黄慎《山水册》（十二开之五）题跋：邵松年《澄兰室古缘萃录》卷十四。

乐旷多奇情（白文·方）　　刻者不详

　　语出南朝宋刘义庆《世说新语》序："晋人乐旷多奇情，故其言语文章别是一色，世说可睹已。"乐：喜悦；快乐。旷：开朗，心旷神怡。奇：出人意外。情：情趣。是印表明板桥在书画艺术的道路上乐呵呵地探索。见板桥《兰竹图》册页之三。年代不详。天津艺术博物馆藏墨迹。

放情丘壑（白文·方）　　刻者不详

语出《晋书·谢安传》："安虽放情丘壑，然每游赏，必以妓女从。"晋室东渡之初，谢安与王羲之同寓居在风光明媚的会稽，游山眺水，饮酒赋诗，放情丘壑，兴寄烟霞。唐代戴叔伦"四十无闻懒慢身，放情丘壑任天真。"（《暮春感怀》之二）此指纵情游山玩水，不以世务为念。丘壑：泛指山水。见板桥《兰竹图》册页之四。年代不详。天津艺术博物馆藏墨迹。

不求甚解（朱文·椭圆）　　刻者不详

语出东晋陶潜《五柳先生传》："不慕利，好读书，不求甚解，每有会意，欣然忘食。"陶渊明十八岁那年为自己写了一篇文章，取名《五柳先生传》。文章的开头是这样的：先生不知道是何等样人，也不清楚他的姓名。他的住宅旁边有五棵柳树，因而就以"五柳"作为自己的号了。先生喜爱闲静，不善言语，也不羡慕荣华利禄。很喜欢读书，似对所读之书不执着于字句的解释；每当对书中的意义有一些体会的时候，便高兴得忘了吃饭。生性嗜酒，可是因为家里贫穷，不能常得到酒喝。亲戚朋友知道我这个情况，所以时常备了酒邀我去喝。而我呢，到那里去总是把他们备的酒喝光。甚：很；解：了解，理解。原意是读书只领会精神，不在一字一句的解释上多花工夫。现在则指学习不认真，不会深刻理解或指不深入了解情况。其实，板桥对艺术精益求精、含英咀华、融会贯通。这是一种十分谦虚的态度。见《兰竹图》册页之六。年代不详。天津艺术博物馆藏墨迹。

二、郑板桥书画印章名录

师造物（白文·方）　刻者不详

明代诗论家谢榛《四溟诗话》云："诗有造物，一句不工，则篇不纯，是造物不完也。造物之妙，悟者得之。"它是指诗歌创作时总要形成一个完整的客体。这个客体既可以一字一句来看，但更主要是一个整体所表现的气势神韵，而要达到这个目的，那就要依靠诗人对客观事物的"悟"的能力。如文同画竹，深得竹之神髓。

"外师造化，中得心源。"一个悟性高的人，可以把一生变成一个修炼的过程。正所谓：担水砍柴，众妙之道；众妙之道，存乎一心。"所谓圣贤的意义，在于他们在千年之前就说出了很多简单的道理。见乾隆十六年（1751）十二月行书诗册。

臣师造物（白文·方）　刻者不详

见清人李星渔旧藏。

白笺（朱文·方）　刻者不详

白：素白。笺：精美的纸张。供题诗、写信用。今人撰联云："闲笔丹青，墨浸白笺舒淡彩；醉狂草书，文开玉篆落飞烟。""雪铺白笺画梅香；风运紫毫添平韵。"见乾隆二十九年（1764）题他人《鹭鸶图》。中国历史博物馆藏墨迹。

海阔天空（朱文·立）　南通州丁丽中刻

唐代释玄览云："海阔从鱼跃，天空任鸟飞。"意思是说：人应心胸开阔，无拘无束，追求一种超尘世的精神境界。现在常用"海阔凭鱼跃，天高任鸟飞"来形容英雄有用武之地，在广阔天地里，大显身手，充分发挥聪明才智。

三绝（朱文·立）　刻者不详

三绝，指板桥诗书画方面的文学和艺术成就。见《郑板桥书画编年图目》。

思古

秦祖永《七家印跋》载：是印"边款云：乙巳秋日，板桥道人燮。"乙巳，即雍正三年（1725）。

一览众山小（白文·立）　　刻者不详

语出唐人杜甫《望岳》诗："齐鲁青未了。造化钟神秀，阴阳割昏晓。荡胸生曾云，决眦入归鸟。会当凌绝顶，一览众山小。"板桥借此诗句入印，体现了一种勇于进取、果敢向上的人生态度和理想追求。也体现了板桥在艺术上大显身手并以传世笔法激励后人。见清人李星渔旧藏。

致远（白文·立）　　刻者不详

致远，即凝神。语出三国蜀汉丞相诸葛亮的《诫子书》："夫君子之行：静以修身，俭以养德．非淡泊无以明志，非宁静无以致远。"后人将"致远"含义进一步引申为远大的理想、事业上的抱负、追求卓越等。也有"直挂云帆济沧海"的意境，如，北洋水师中航速最快的一艘战舰就被命名为"致远"号，特指乘风破浪、势不可挡，奔向远方的意思．因此，致远在这里就是"实现远大的理想，成就事业抱负"的意思。是印表明板桥要在书画艺术上实现大步的跨越。见清人李星渔旧藏。

嗜古成癖（朱文·立）　　刻者不详

语出宋人陈傅良《挽沈虞卿侍郎》诗："嗜古真成癖，摩挲笑眼开。断编遗汲冢，名篆出秦台。□□缘应尽，云山唤不回。凄凉子云宅，问字有谁来"米芾好集古字，转益多师，自成刷字，嗜古成癖，服膺篆籀。米芾用"篆籀气"来品评书法在书法史上堪称第一人。其"篆籀气"在后世得到了延续并产生了嬗变。是印表明板桥热衷于欣赏古代士人的书画作品，以便从中汲取营养。见清人李星渔旧藏。

歌咏太平（白、朱文·方）　　刻者不详

　　歌咏，意即歌唱，吟咏，谓以诗歌颂扬。在不同的历史时期和文化背景下，"歌咏"可能承载着特定的社会功能或情感表达。在古代，人们通过"歌咏"来颂扬英雄、赞美自然或表达对生活的感悟。而现代，歌咏则更多地与音乐比赛、文艺演出等活动相关联。歌咏则更多地强调情感的抒发和诗歌的内涵。太平，谓时世安宁和平，平静无事。是印表明板桥登高望远，极力歌颂康乾盛世。见清人李星渔旧藏。

江南水阔（白文·方）　　刻者不详

　　语出唐人韩愈《鸣雁》诗："嗷嗷鸣雁鸣且飞，穷秋南去春北归。去寒就暖识所依，天长地阔栖息稀。风霜酸苦稻粱微，毛羽摧落身不肥。裴回反顾群侣违。哀鸣欲下洲渚非。江南水阔朝云多，草长沙软无网罗。闲飞静集鸣相和，违忧怀惠性匪他。凌风一举君谓何。"江南是中国地理区域概念，指长江以南地区。土风质而厚，士风淳而直。水阔，指广阔的水面。多用于比喻距离遥远而艰险。见清人李星渔旧藏。

江南水阔（朱文·立）　　刻者不详

　　见清人李星渔旧藏。

凿开风月长生地（白文·立）　　刻者不详

　　语出南宋江万里《龙虎山》诗："凿开风月长生地，占却烟霞不老身。虚靖当年仙去后，未知丹诀付何人。"凿开，犹开凿，开掘凿通。风月，意即清风明月，也指声色场所。长生，通常是指生命无限延续、不死不灭的状态，或是对生命力长久延续的向往和追求。长生地，表示五行之气刚刚开始生长，具有生机勃勃的意象。

是印表明板桥欲在文学艺术方面独辟蹊径、流世千古。见清人李星渔旧藏。

从吾所好（白文·立）　刻者不详

语出《论语·述而篇》，子曰："富而可求也，虽执鞭之士，吾亦为之。如不可求，从吾所好。"从吾所好，就是自己干自己认为富有意义的事，不在乎别人的闲言碎语。见清人李星渔旧藏。

新篁补旧林（朱文·方）　刻者不详

语出明人高启《过戴居士宅》，诗云："江边戴颙宅，地好惬幽寻。高树藏卑屋，新篁补旧林。鸟成留客语，云作护花阴。不负沧洲约，重来论夙心。"新篁，指新生之竹，亦指新笋。补，补充。旧林，指禽鸟栖息之所，也比喻故乡。见清人李星渔旧藏。

酒知书画胆（白文·立）　刻者不详

大意是指饮酒之后，会趁着醉意放开胆量作书作画，绝不会再拘谨在往日里的束缚里。东晋书圣王羲之在浙江绍兴兰渚山下以文会友，醉写"天下第一行书"《兰亭序》，唐代翰林待诏李白在长安为玄宗醉写《清平调》和醉写《黑蛮》，见清人李星渔旧藏。

藏之名山（白文·立）　刻者不详

语出西汉史学家司马迁《报任少卿书》："仆诚以著此书，藏之名山，传之其人，通邑大都，则仆偿前辱之责，虽万被戮，岂有悔哉！然此可为智者道，难为俗人言也！""藏之名山"意思是把著作先藏在名山之中，然后再传给志趣相投的人，形容著述极有价值。"藏"意即储藏，"名山"指知名大山。见清人李星渔旧藏。

甘露被野嘉禾遂生（白文·方）　刻者不详

语出清人王文在古语对联："绛云在霄威凤绚采；甘露被野嘉

禾遂生"。意思是说红云映衬，使威仪的凤凰更加绚丽多彩；细雨滋润大地，嘉禾在田野中茁壮成长，寓意风调雨顺，国泰民安。见清人李星渔旧藏。

一别如雨（朱文·方）　　刻者不详

语出东汉文学家王粲《赠蔡子笃》诗，其中云："悠悠世路，乱离多阻。济岱江行，邈焉异处。风流云散，一别如雨。"形容离别后难以再见的情感场景。见清人李星渔旧藏。

细雨微生太液波（朱文·立）　　刻者不详

语出元人贡奎《无题》诗："驰道尘香逐玉珂，丹楼花暖弄云和。春风渐绿瀛州草，细雨微生太液波。月榭管弦鸣曙早，水亭帘幕受寒多。少年易动伤春感，唤取佳人对酒歌。"见清人李星渔旧藏。

白鹤横江青云万里（朱文·立）　　刻者不详

白鹤，鹤形目鹤科鹤属鸟类。因其通身羽毛洁白，只有翅的前端是黑色，故又称黑袖鹤。白鹤因一身自然天成的雅淡羽色、俊秀的形体，更因其文静、忠贞、长寿的特性，为中国历代文人所青睐、儒道名士所钟情，被赋予了形神俱美的文化内涵和多元审美的价值标准。横江，横越江上。青云万里，比喻远大的抱负和志向。板桥以白鹤为喻，表明自己艺术上的创新定能赢得后世人的尊崇。见清人李星渔旧藏。

刘氏燕廷（白文·方·无边）

其一：荧虚大师自西湖来，谭禅说法，意解西来，谓余曰："年来如登七十二峰之上，佛法虽空，此语不虚。"即制印以赠。乾隆丁巳暮春初日刊于邗上，郑燮识。

其二：佛老云："色即是空，空即是色。"盖自有而至无，自无而复有，归根曰：真实不虚。佛理渊深，只在灵光一点，所谓识之不见其首，尾之不见其后也。板桥又识。

附：板桥印跋

转自郑炳纯《郑板桥外集》，山西人民出版社 1987 年 12 月版。

留伴烟霞

余种兰数十盆，三春告莫（暮），皆有憔悴思归之色。因移植于太湖石、黄石之间，山之阴，石之缝，既已避日又就燥，对吾堂亦不恶也。来年忽发箭数十，挺然直上，香味坚厚而远。又一年更茂。乃知物亦各有本性。赠以诗曰：兰花本是山中草，还向山中种此花；尘世纷纷植盆盎，不如留与伴烟霞。板桥燮。

明放案：此系摘录板桥题画兰第四则的前段。

砚田生计

西园左笔寿门书，海内朋友索向余；短札长笺都去尽，老夫赝作亦无余。

西园工诗画，尤善印篆，病废后用左臂，书画更奇。余作此印赠之，竟忘其雷门也。郑燮并志。

明放案：此系摘录郑板桥《绝句二十一首·高凤翰》诗和序。"短札长笺都未尽"原作"短札长笺都去尽"；"西园工诗画"原作"号西园，胶州秀才，荐举为海陵督灞长。工诗话"。

修竹吾庐

余家有茅屋三间，南面种竹。夏日新篁初放，绿荫照人。置一榻其中，甚凉适也。秋冬之际，取围屏骨子断去两头，横安以为窗棂；用匀薄洁白之纸糊之。风和日暖，冻蝇触窗纸上，冬冬作小鼓声。于时一片竹影零乱，岂非天然图画乎！凡吾画竹无所师承，多得于纸窗粉壁、日光月影中耳。一节复一节，千枝攒万叶；我自不开花，免撩蜂与蝶。板桥道人。

明放案：宋人范端午《念奴娇·寻常三五》词云："寻常三五，问今夕何夕，婵娟都胜。天豁云收崩浪净，深碧琉璃千顷。银汉无声，冰轮直上，桂湿扶疏影。纶巾玉尘，庾楼无限清兴。谁念江海飘零，不堪回首，惊鹊南枝冷。万点苍山何处是，修竹吾庐三径。香雾云鬟，清辉玉臂，醉了愁重醒。参横斗转，辘轳声断金井。""修竹吾庐"不仅象征着隐居之所，也象征着内心的宁静与安逸。

活人一术

《诗》《书》六艺皆术也。生两间而为人者，莫不治一术以为生；然第赖此以生，而非活人之术，有术焉，疾痛困苦，濒亡在即，而以术治之无不安者，斯真活人之术矣。吾友蕉衫，博学多艺，更精折肱之术，因为之作此印，并贻以颂曰：存菩提心，结众生缘，不是活佛，便是神仙。板桥道人。

桃花潭

世人竞说桃花源，桃花源中尽神仙。当年渔人已无门户觅，何况今去太原数千年。桑麻鸡犬随时有，桃花流水在人间。希林汪子多雅致，恰向古津结一庵。红树青溪相掩映，使人想象桃花潭。春来偏是桃花水，饮我春酒使我酣。克柔子篆。

更一点销磨未尽爱花成癖

语出宋人刘克庄《满江红·老子年来》："老子年来，颇自许、心肠铁石。尚一点、消磨未尽，爱花成癖。懊恼每嫌寒勒住，丁宁莫被晴烘坼。奈喧风烈日太无情，如何得。　张画烛，频频惜。凭素手，轻轻摘。更几番雨过，彩云无迹。今夕不来花下饮，明朝空向枝头觅。对残红、满院杜鹃啼，添愁寂。"

明放案："更一点销磨未尽"原作"尚一点销磨未尽"。

怡然自适

三间茆屋，十里春风，窗里幽兰，窗外修竹，此是何等雅趣，而安享之人不知也。懵懵懂懂，绝不知乐在何处。惟劳苦贫病之人，忽得十日五日之暇，闭柴扉，扣竹径，对芳兰，啜苦茗。时有微风细雨润泽于疏篱仄径之间，俗客不来，良朋辄至，亦适然自惊为此日之难得也。凡吾画兰画竹画石，用以慰天下之劳人，非以供天下之安享人也。希林老弟如何？燮记。

花萝绿映衫

掀天揭地之文，震电惊雷之字，呵神骂鬼之谈，无古无今之画，原不在寻常眼孔中也。未画以前，不立一格，既画之后，不留一格。昨夜西湖烂醉归，沿山密箓乱牵衣。摇舟已下金沙港，回首清风在翠微。希林老弟台正，郑燮篆。

明放案："掀天揭地"至"不留一格"系摘录郑板桥《乱兰乱石乱竹与汪希林》；"昨夜西湖"至"在翠微"系摘录郑板桥《题画竹》第三则。

大吉羊

晴雨总无凭，枉杀愁人。留春不住送春行。多未分明，眼下青青。名利竟如何？岁月蹉跎，几番风雨几晴和。愁水愁风愁不尽，总是南柯。板桥作词记。

明放案："晴雨总无凭，枉杀愁人。"系摘录《郑板桥集·词钞·浪淘沙·种花》下半阕第一、二句。"枉杀愁人"，原作"诳杀愁人"。"留春不住送春行"系摘录《郑板桥集·词钞·浪淘沙·暮春》下半阕第三句。"多未分眼下青青"，"眼下青青"四字系《郑板桥集·词钞·浪淘沙·种花》下半阕最后一句。"名利竟如何？

岁月蹉跎，几番风雨晴和。愁水愁风愁不尽，总是南柯。"系摘录《郑板桥集·词钞·浪淘沙·和洪觉范潇湘八景·远浦归帆》下半阕。"几番风雨晴和"，原作"几番风浪几晴和"。

明月前身

云淡风高，送鸿雁一声凄楚。最怕是打场天气，秋阴秋雨。霜穗未储终岁食，县符已索逃租户。更爪牙常例急于官，田家苦。紫蟹熟，红菱剥；桄桔响，村歌作。听喧填社鼓，漫山动郭。挟瑟灵巫传吉兆，扶藜老子持康爵。祝年年似此惠丰穰，田家乐。时丁卯春，同诸同年王文治、郭方仪游，见田家有感兴，作词二首。"

明放案一：此系摘录郑板桥《田家四时苦乐歌过桥新格》第三首。"祝年年似此惠丰穰"，原作"祝年年多似此丰穰"。

明放案二：郑板桥生于康熙三十二年（1693），殁于乾隆三十年（1765），寿七十三；王文治生于雍正八年（1730），殁于嘉庆七年（1802），寿七十三。"同年"，唐代指同一年同举进士。明清指乡试会试同榜登科者。郑板桥是乾隆元年（1736）第二甲第八十八名进士；王文治是乾隆二十五年（1760）第一甲第三名进士。前后相差二十五年，故二人不是"同年"。

茶烟琴韵书声

江南二月花抬价，有多少游童陌上，春衫细马。十里香车红袖小，婉转翠眉如画，伴不解傍人觑咱。忽见柳花飞乱，念海棠春老谁能嫁？泪暗湿，香罗帕。

杏院深院红如许，一线画墙拦住。叹人间咫尺千山路，不见也相思苦，便见也相思苦。分明背地情千缕，懊恼从教诉。奈花间乍遇言辞阻，半句也何曾吐，一字也何曾吐！又镌词四首，板桥作。

明放案："江南二月"至"香罗帕"系摘录郑板桥《贺新郎·

落花》下半阕。"忽见柳花飞乱"原作"忽见柳花飞乱絮";"杏花深院"至"何曾吐"系摘录郑板桥《酷相思·本意》。"分明背地人千缕"原作"分明背地情千缕";"懊恼从教诉",原作"翻□恼从教诉"。

三、郑板桥接交亲王名录

爱新觉罗·允禧（1711—1758），清宗室大臣，诗人。原名胤禧，改名允禧，字谦斋，号紫嘀，别号紫琼崖道人、春浮居士，康熙第三十一子，序齿为皇二十一子。系雍正之弟，乾隆叔父，为熙嫔妃陈氏所生。性淳厚，十岁随驾巡幸塞外。雍正三年（1725），板桥始与其交往。雍正八年（1730）二月十八日，年十九岁被封固山贝子。五月二十八日晋封多罗贝勒。雍正十一年（1733）八月，授镶黄旗满洲都统。雍正十三年（1735）十月十一日，授宗人府左宗正、正黄旗汉军都统。同年十月，弘历即位，十一月晋封多罗慎郡王。乾隆三年（1738），擢为议政大臣。翌年命在内廷行走。乾隆五年（1740），授正白旗满洲都统。乾隆七年（1742）三月初六，协同大学士鄂尔泰充玉牒馆总裁。乾隆七年（1742）春，板桥为范县令，将之任前作《将之范县拜辞紫琼崖主人》诗，允禧作《紫琼崖主人送板桥郑燮为范县令》诗奉寄。又作《十咏诗·新范邑宰板桥郑燮》诗。同年六月二十五日，板桥为允禧刊刻《随猎诗草》《花间堂诗草》并撰跋。乾隆十一年（1746），板桥自范县调署潍县，寄书慎郡王，慎郡王作《喜得板桥书自潍县寄到》诗以奉。乾隆二十一年（1756）六月二十四日，被免宗人府事。乾隆二十三年（1758）五月二十一日病故，谥靖。乾隆二十五年，板桥于如皋汪氏文园所作《板桥自序》云："紫琼崖主人极爱惜板桥，尝折简相招，自作骈体五百字以通意，使易十六祖式、傅雯凯亭持以来。至则袒而割肉以相奉，且曰："昔太白御手调羹，今板桥亲王割肉，后先之际，何多让焉！"能诗词，工书画，诗词气韵高古，王室罕可匹俦。乾隆列其诗"国朝诗别裁之首，以代钱谦益者。"恭亲王府"天香庭院"匾额为其手笔。《清史稿·圣主诸子》谓其"诗清秀，尤工画，远希董源，近接文徵明。"沈德潜《清诗别裁集》谓其"勤政之暇，礼贤下士。画宗元人，诗宗唐人，品近河间、东平，而多能游艺，又间平所未闻也。"《熙朝雅颂集》谓其"多延四方博学端悫之士，日相摩切，以故学邃艺工。"郑板桥跋允禧《随猎诗草》《花间堂诗草》云："主人有三绝：曰画、曰诗、曰字。世人皆谓诗高于画，燮独谓画高于诗，诗高于字。"济南朱文震《画中十哲歌》谓"紫琼三绝名素彰，天机敏妙腕力强，尺幅动欲浮千舫。"山水得力于倪云林，画风清淡，笔致超逸，时谓"本朝宗藩第一"。著有《花间堂诗抄》《紫琼岩诗抄》等。

爱新觉罗·永瑢（1712－1787），清宗室大臣。著名诗人、书画家。废太子胤礽之孙，弘晋第三子。字文玉，号益斋，别号素菊道人。作为胤礽一脉相承的子孙，承载着家族的期望与荣耀。他的名字，在皇室族谱中赫然在目，是胤礽血脉延续的重要一环。永瑢的成长伴随着无数的规矩与礼仪，但他始终保持着对家族的忠诚与敬仰。

永瑢幼年时与叔父弘曕、弘晈一起被雍正养育宫中，性格豪爽、行事果断。先后担任过散秩大臣、满洲副都统、宗人府右宗人、宗人府左宗人，乾隆朝担任管理泰陵事务大臣，官居正一品。获封辅国公品级，工书善画，能以飞白法淡墨写兰石。精于文物鉴别，嗜好收藏。与叔祖慎郡王允禧关系特好。著有《清训堂集》《益斋集》。其中《西甘涧》诗是较为有名的一首："步下万松寺，山径落斜曛，路逢山中樵，导我西涧滨，逶迤四五里，始及藏山门。晚霞云半赤，寒岩枫柏丹。古寺余老屋，山僧鬓已斑。携手看生圹，

三、郑板桥接交亲王名录

圹铭名辈全。撰文李焦明,书丹陈景元。告归转西偏,高寄亭足观。略如倪迂画,返照疏林间。相期春正月,重来看雪山。"乾隆五十二年(1787)卒,终年七十六岁,爵位不袭。盟兄托恩多。

《中国古代书画图目》卷五载,上海博物馆馆藏一幅郑板桥《芳劲介灵图》墨迹,题云:"乾隆二十七年华朝,写于扬州。""红兰主人以后,有紫琼崖主人,又有素鞠主人,皆天潢的派。,词源大手笔也。恨不得建红兰,而得侍紫琼翰墨,已幸甚。今又见素鞠,亦生平之幸也。因以拙笔兰竹奉先,兰芳竹劲,石介芝灵,唯主人足当之。见主人则红兰、紫琼如在目前不远。橄榄轩记。板桥郑燮。"又据李放《八旗画录前编》卷首云:"慎靖郡王允禧,别号紫琼道人,又号春浮居士。圣祖仁皇帝第二十一子。……《绘境轩读画记》云:王尝得端石砚台山,名曰紫琼崖,因自号紫琼,薨后用以为徇。所作山水、花卉,能合石谷、南田为一手本朝宗藩第一。"又:"固山贝子蕴端(一作岳端,又作袁端)字正子,号兼山,别号玉池生,一号红兰主人,行十八,又称十八郎。安和郡王岳乐子。初封多罗勤郡王。"又,《八旗画录后编》卷首云:"辅国公永璥,字文玉,号益斋,别号素鞠道人。理密亲王允礽孙。《绘境轩读画记》云:'工书,善画兰石尤精鉴别,收藏名迹甚富,今世流传书画,其上有钦(《雅颂集》作清,误)训堂'藏印者,皆经其品定者也。著有《益斋集》,刊本甚精。其自跋《画兰》云:兰为香祖,画家多借此发抒其逸兴幽情。年来涉猎风诗,偶得画兰逸品形神交似者,辄仿一二,聊以自娱云云。画兰绝句云:戏将飞白法,淡墨写芳兰。刚健杂流丽,天机到亦难。(双钩兰)不在山巅不水涯,托根便面度年华。子昂妙笔谁能见,且学青藤淡墨花。(题画兰扇)不备录"郑板桥与允禧有缘,详见板桥《诗钞》《题画》《随猎诗草》《花间堂诗草》跋、乾隆庚辰自叙及为刘柳村书写册子,晚年与永璥仅有一见。

四、郑板桥词师门徒名录

陆震（1671—1722），词坛怪杰、书法家。排行老二，字仲子，又字仲远，号种园，又号榕村，以号种园行。江苏兴化人。系宋元兴化四大家"顾陆时陈"陆姓后裔。陆姓乃三国两晋时期江东望族，其中一支播迁兴化。明初，先世陆容曾两次出使朝鲜。擅诗书画，有"三绝"之誉。陆震之父陆廷抡，字悬圃，少负异才，博闻强记，以顾问驰名。明亡后入清不仕，闭门读书著述，著成《悬圃文集》《酩酊堂集》，未及刊行，稿已半佚。与同邑李清、李沂、宋元鼎、泰州吴嘉纪、宁都魏僖及宝应王岩等成莫逆之交。李清称其文体大思精，必传后也。

陆震乃康熙间诸生。咸丰《重修兴化县志》卷八《人物志·文苑》载："陆震，……少负才气，傲睨狂放，不为龊龊小谨。宋冢宰荦巡抚江南，期以大器。震淡于名利，厌制艺，攻古文辞及行草书。性情孤峭，贫而好饮，辄以笔质酒家，索书者出钱为赎笔。家无儋（担）石储，顾数急友难。某负官钱，震出其先仪部奉使朝鲜方正学辈赠行诗卷，俾质金以偿，后遂失之，某恶甚，震曰：'甑已破矣'，与其人交契如初。诗工截句，诗余绝妙等伦，郑燮从之学词焉。"

有关《陆种园诗集》，后有清末杨世沆抄本，系郑燮、赵鱼、胡士敏、任遐昌、周煌、夏瑚、周志彤、魏焞、缪函、杨必发、缪文炳、张舒甲、张泌、许冕等亲友学生献藏与通力搜集而成。书前有雍正六年（1728）吴宏谟序，书末置宣统元年（1909）杨世沅跋。因故杨氏刻制无成，此书至今世无印本。

司徒文膏，乾隆年间，板桥亲自手书《板桥集》，请门人司徒文膏雕版，惟妙惟肖地再现了郑板桥的独特书风，使该书不仅具有学术价值、版本价值，也具有书法上的研究价值。笔者自己有过这样的亲身经历，看着手中的传神写刻，陶醉于其书艺之美，竟然瞬间忘记它是一部刻本。大象无形，大音希声，雕版的最高境界就是让你忘记它自身的存在。《潍县新修城隍庙碑记》系郑板桥于乾隆十七年（1752）重修潍县（今山东潍坊市）城隍庙后所书，碑额"城隍庙碑"为隶书，就是由司徒文膏镌刻而成。

王允昇，南京博物院藏有一幅郑板桥《墨竹图》，款题："乾隆癸酉，板桥居士郑燮画竹，留赠门生王允昇字泰阶。"癸酉，即乾隆十八年（1753），也就是在这年冬天，六十一岁的板桥离开了潍县官署。

五、郑板桥文友诗友名录

王竹楼，咸丰《重修兴化县志》卷八《人物志·文苑》载：王国栋，字殿高，一字竹楼，熹儒从子。"乾隆六年副榜。七岁失怙，即知力学。长而美丰仪，长身鹤立，髯垂及腹。工诗，尤善书。"客郡城及通州、润州，每日求书者甚多。尝与黄慎、丁有昱、李鱓等辈往还。居住地旁就是李鱓的浮沤馆。他们相互酬唱，诗句成帙。尝自题其门曰："书宗王内史，画近李将军。"著有《秋吟阁诗钞》。

顾万峰，字万峰，一字澥陆，号相峰、锡躬。咸丰《重修兴化县志》卷八《人物志·文苑》载："……于观性嗜古，不屑攻举子业。书出入魏、晋。杭太史世骏评其诗云：'绵邈滂沛，清消凄厉。'居乡惟与李鱓、郑燮友，目无余子。客游四方，公卿大夫及知名士莫不折服，简亲王亦怜其才而下交焉。乾隆七年，张宫詹鹏翀录其诗进呈乙览。十六年，高庙南巡，于观献赋颂，恩赐大缎。数奇不偶，恬然无怨尤意。尝语人曰：'吾生平最得意事，惟登泰山绝顶，见云气喷薄有声，俯视大海，茫茫洋洋，此时四顾无俦，作天际真人想，觉尘世富贵，无异鸱得腐鼠耳。'少为庠生，俄弃去，以山人终。"著《澥陆诗钞》。

吕凫，颜希源等《仪征县续志》卷八《列传·侨寓志》载："吕凫，字凉州。歙诗人吕音子也。工诗，好弈。所居江村，占山水之胜，与兴化郑板桥诸名流歌饮其中。"又，《仪征县续志》卷六《名胜古迹》载:"江村,早游击署前。里人张均阳筑,今废。兴化郑板桥燮尝寓此,与吕凉州辈倡和,有联云:'山光扑面因新雨,江水回头为晚潮。'"

周榘,字子平,号幔亭,一作慢亭,祖籍福建莆田,迁江苏江宁(今南京)。能于尺绢画江河万里,兼善天文历算。曾题《板桥先生行吟图》云:推到时流入座惊,尝同秋雨竹林行。秋雨庵、竹林寺,先生行馆也。"如箕眼大"何劳醒?"七品官耳"颇自荣。拥绿模糊难有梦,拥绿园,公之园名。园西为李公浮鸥馆。今俱颓圮。同学小弟幔亭周榘题于拱极台。浮鸥迢递更无盟。浮鸥,本属浮沤,予误书之,然"盟"字从鸥生处出,予又不能不遂其过而改其误,其说反碍予诗矣,姑存之,幔亭记。今朝画里人犹在,仿佛沉吟未发声。(北京荣宝斋藏墨迹)所学穷凿幽隐,卒年六十六。著有《幔亭集钞》。

袁枚《小仓山房续文集》卷二十六《幔亭周君墓志铭》云:"绘《长江黄运图》,仅尺幅,而星经地纬,罗缕毕具。穷六书源流,一波一磔不苟下。尝登泰岱,游黄山,镌名最高巅,手摹塌以归,古奥苍秀,宛然开母石阙、太室碑也。"

陈美林在《吴敬梓评传》写道:周榘著有《阙里小志》《清凉山志》《幔亭诗钞》。李斗在《扬州画舫录》卷十中说他极"工诗,善八分书,以'松影入窗无'句,受知于公,折节造庐,书德馨堂额赠之,招来扬州。"而且还懂得数天、历算之学,更擅长于制造科学仪器。袁枚说他所"造天球拳许,绘长江黄运图仅尺幅,而星经地纬,罗缕毕具。"蒋士铨《忠雅堂集》卷十四著录《长江万里图周幔亭制》诗称赞。

陈青门,陈馥之子。板桥曾书:"青门陈兄,在余署中,诚笃无流俗气派。适出纸索书,遂摘古诗中有益身心者赠之,审能得力，终身长厚不薄也。唐六如云：'闲来写幅青山卖，不使人间作孽钱。'君家父子之业，颇足可观不恶，当常守此意勿失哉！"

李长琨，咸丰《重修兴化县志》卷八《人物志·文苑附录》："李长琨，字越石。庠生。性孝友，旌奖善人。能诗善书，狂草尤妙。"板桥曾作《贺新郎·题友人藏李越石先生墨迹》，其中上半阕词云："前辈风流尽，递年来断纨零楮，化为灰烬。何幸故人藏妙墨，满幅龙蛇困蠹。恰又似飞花糁径，未敢披图容易看，拨云烟直上吴山顶，展玩处，青天近。"板桥敬仰李越石先生人品，崇拜李先生书品，感叹之意溢于言表。又，王国栋有《题薛剑斋夫子所藏李越石先生暨先大人墨迹册子》诗，郑词王诗，皆有所咏。

刘楥，字持正，呕心从子。能诗。谢元福《盐城县志》卷十一《人物志》二《国朝》云："楥，诸生。母嫠多疾，恐为庸医误，遂精习岐黄术，汤药必亲尝以进。居丧庐墓三载。养寡嫂，抚孤侄，皆人所难。"

刘倬，谢元福《盐城县志》卷十一《人物志》二《国朝》云："倬，廪贡生。学术纯正。知县卫哲治式其庐。举孝廉方正，"《盐城县志》卷十二《人物志》三《流寓附国朝》又云："郑燮……征时尝授徒沙沟，与刘楥、刘倬友善。今沙沟刘氏藏燮墨迹甚多，皆与楥往返书牍也。"

王篯舆，字敬倚，号梦亭，宝应（今属江苏）人。王式丹孙。康熙五十一年（1712）进士，工诗，与袁枚交好。官卫辉（今河南新乡市卫辉市）知府。著有《孟亭编年诗》。王篯舆《山左吟·朝城却寄范县明府郑板桥》诗云："六年不见徒劳梦，一日见君犹梦中。语短烛长随夜尽，酒酣剑拔为谁雄。""置驿今传旧郑君，曾摄篆朝城。老来方识故交真。多怀行尽烟霞窟，有眼留看偶俛人。"是诗写于乾隆十年，上推六年，即乾隆四年（1739），二人曾有过谋面之机。

吴宏谟，据泰州古旧书店复钞本，《陆仲子遗稿》收词一百四十八阕，系作者亲友、学生献藏并通力搜罗而成。参与者有十四人，分别是：

郑燮，字克柔，号板桥，同里人。

赵鱼，字跃干，同里人。

胡士敏，字修来，号半庵，新安人。

周煌，字苎斯，东亭人。

夏瑚，字兼三，何阜人。

任遐昌，字开周，同里人。

周志彤，字秉庵，东亭人。

魏□，字实夫，号补亭，同里人。

缪函，字函九，号瀚海，何阜人。

杨必发，字季周，同里人。

缪文炳，字豹文，何阜人。

张舒甲，字伸庵，同里人。

张泌，字宁庵，同里人。

许冕，字维周，同里人。

在《陆仲子遗稿》前，有雍正六年（1728）吴宏谟序，书后有宣统元年（1909）杨世沅跋。跋其中云："宣统元年初秋，陈兰荪于东台鲍氏处借得此书。示世沅谋为刊版，世沅因之手录。"杨氏刻印无成，此词集至今尚元印本。

明放案：今兴化市图书馆藏有《陆仲子遗稿》。

高明，阮亨《淮海英灵续集·庚集》卷三云："高明字侣益，江都监生。"高明《小竹屋诗文集》中有一首《题画兰为郑板桥作》，诗云："菲菲香气动吟毫，疑是湘君霞汉皋。争乃幽芳多惹怨，于今不忍读《离骚》。"

宫国苞，字双桥，泰州（今属江苏）人。少时，游兴化，工诗善画。其诗自云："瓣香"李沂。李濬之《清画家诗史》称赞其画"兰竹杂卉，生趣可掬。"

宫氏《宵峥集》卷四载有板桥四首诗及评语如下：

《偶成》：雨过天全嫩，楼新燕有情。江晴春浩浩，花落水平平。越女吹箫坐，吴儿拨马行。回头各含意，烟柳闲州城。评语：风神流宕。

《别梅鉴上人》（原诗题为《赠方外梅鉴》）：海陵南郭居人少，古树斜阳破佛楼。一径晚烟篱菊瘦，几家黄叶豆棚秋。云山有约怜狂客，钟鼓无情老比邱。回首旧房留宿处，暗窗寒纸飒飕飕。评语：淡然绝尘。

《真州杂诗八首并及左右江县》（第四首）：月白潮生野水潺，上游千里控荆蛮。洗淘赤壁无遗燎，溶漾金陵有剩山。烟里戍旗秋露湿，沙边战舰夕阳闲。真州漫笑弹丸地，从古英雄尽往还。评语：矢情者远。

《上江南大方伯晏老夫子讳斯盛》其三诗云：星轺渺渺下南邦，剑匣书囊动晓装。六代烟花迎节钺，一江波浪涌文章。云边保障开锺阜，天下军储仰建康。赤旱于今忧不细，披图何以绘流亡！评语：绮丽。

陈章（约 1690？—？），诗人。字授衣，别号绂斋，浙江钱塘（今杭州市）人。少时有文名。乾隆元年（1736），地方力荐其举博学鸿词科，以亲老赡养为辞，走避不就。后与弟弟陈皋客于扬州马氏小玲珑山馆,马氏一时推举陈章最为老师。陈章精于诗,时誉"有汉魏风骨"。每诗成必工楷书写,从不作行草。著有《竹香词》《孟晋斋文集》。

陶元藻,字龙溪,号篁村,会稽(今浙江绍兴市)人。尝客两淮盐运使卢雅雨斋。陶元藻《泊鸥山房集》卷十一载《与郑板桥书》云:"……前月于金寿门斋头,见足下所画残荷一朵,败荷叶一片,插在缺口瓷瓶内,墨汁模糊,如有烟光月晕,淡中自带野趣。夫画,枯不可,淡则所贵;俗宜避,野则弥佳。大似吾乡青藤居士醉后之笔,寿世何疑。迩日可又得数幅否?想携笈中,俟簪溜稍停,即当造谒场观,先问起居不一。"《全浙诗话》卷四九《陈章》云:"乾隆戊寅客邘江,得遇授衣,欣然有针芥之投。维时秀水蒋秋泾亦痛辟铅华力追古淡。授衣馆马氏玲珑山房,秋泾主张渔川家。余遂与郑板桥、金寿门、张轶青、闵莲峰、陈对鸥暨授衣、秋泾,每月联吟数次,以渔川味东道主,极觞咏流连之乐。数年后,授衣、秋泾相继云逝,诸君亦凋谢殆尽,不胜旧雨晨星之戚"戊寅,即乾隆二十三年(1758)。

又,陶元藻《泊鸥山房集》卷三十六《词》二《绮罗香·张喆士斋中食蟹,时闵莲峰、陈授衣、蒋秋泾各赋五言一章,余因填此阕》所咏即在扬州事。

陈皋(1706—1774),诗人,陈章之弟。字江皋,号对鸥,钱塘(今浙江杭州)人。为"浙西词派"中期名手之一。亦是当时写、刻书籍能手。

翟宣,王有庆等《泰州志》卷二十四《人物·文苑》载:翟宣字日三,号应斋。少好驰射,中乾隆三年武举人,遂弃其业,刻意为诗,与浙西胡裘、兴化郑燮、同里仲鹤庆辈唱和,五言尤擅场,著有《乐清堂诗钞》。

唐棣，乾隆二十四年（1759），板桥为唐棣《集唐诗》书写道："唐君欣若，自能诗，而又好集唐诗。集之久，而己诗俱废。盖以专一而得神奇者也。夫唐人之诗，旧诗也，读之千古长新，得君之集而更新，满纸皆陆离斑驳；今人之诗，新诗也，但觉满纸皆陈饭土羹。与为彼之作，正不如君子集也。问序于愚，愚何能序唐君之甘苦阅历？约略言之。"

黄振，杨受廷等《如皋县志》卷十七《列传》二《文苑》载："黄振字瘦石，负奇气，所为文，宗工大匠莫不珍赏之。筑斜阳馆，集宾客，放情诗酒，慷慨悲歌似燕赵间士。"又，范仕义等《如皋县续志》卷十一《古迹·馆》云："斜阳馆，在柴湾，黄振别墅。振博综群籍，挥洒千言。赴京兆试，未售。既归，度地筑馆，流水小桥，茂林修竹，集联云：'夕阳无限好，虚堂有余闲。'扬州罗两峰作馆图，四方名流，集课春堂，涵虚阁、受绿轩、寄生草堂、十砚千帙之居，刻竹分韵、击鼓催花，觞咏无虚日。……自著《瘦石集》及日记共十卷，二集十二卷。"

黄振与王国栋过从甚密，王国栋《竹楼诗钞》中就收录黄振诗若干：如：《今秋高雨船、汪朴壮集瘦石古春园共赋八诗属余续尾》《次题瘦石斜阳馆》及《题瘦石照》等。北京故宫博物院院藏板桥题黄慎画《黄漱石捧砚图》：题云："铁砚犹穿况石头，知君心事欲千秋。文章吐纳烟霞外，入手先亲即墨侯。"

叶天赐，李斗《扬州画舫录》卷十二云："叶天赐，字孔章，号韵亭，又号谁壮，仪真人。工诗，书运中锋。法钟、王，多逸趣，广交游，户外之履常满。"馆于扬州大盐商江春门下。常称板桥为先生，体现出对板桥人品书品和艺品的至尊。

汪大经，名大经，字书年，秀水人，贡生，能书，善诗文。陶元藻《泊鸥山房集》卷二一《诗七》著录《题赵文敏所画采菱图，

五、郑板桥文友诗友名录

即用图中王汝玉诗韵,同郑板桥、金寿门赋于汪秋白春雨读书堂》诗,知板桥与汪秋白交游。

郎一鸣,据常之英等《潍县志稿·人物志》载:"郎一鸣字次生。赋性敦朴,乐施与。郑燮令潍时,修城垣,建桥梁,及邑中一切大工役,慨然出倍资为众倡,以是令重其为人,赠联曰:'为善无不报,读书当及时。'"

王伲,据常之英等《潍县志稿·人物志》载:"王伲字畏之,流饭桥人。性耿直,人有过失,必面折之。顾好施与,遇义举,辄慷慨解囊,无吝色。乾隆初,知县郑燮与友善。每至乡,必造其庐,访问民间疾苦,伲直言不讳,以是郑深器之。及致仕归,书留别诗以赠。"

田廷琳,潍县商人。常之英等《潍县志稿》卷二十九《人物志·义行》载:"田廷琳字林玉。南屯庄人。家室素封,勇于为义。乾隆十五年,邑城久失修,知县郑燮倡诸绅捐资,重为补筑。廷琳暨侄颖捐修八十尺。郑令素善隶法,为书其事以志之。"

钟启明,据《支那南画大成》第八卷载乾隆十七年(1752)十二月,板桥作《赠钟启明并留别》诗云:"一堂五世古今稀,父祖曾高子姓依;漫道在官无好处,须知积德有光辉。乾隆壬申嘉平月,板桥老人题赠钟启明并留别。"乾隆十七年,板桥仍在潍县任上。

田云鹤,字迥抱,一字轮长,号蓬壶居士,金锽词客。据阮元《广陵诗事》卷八记载:"田云鹤爱耽山水,尝为仙霞、武夷之游。高西园风翰为作《烟霞泉石图》。当时雅雨山人及黄彤章炜、郑克柔燮皆为之题。……""郑板桥明府燮答泰州田上舍云鹤云:'昨买一小园,在水中央。又得铜菩萨像五枚,意欲改此园为铜菩萨庵。'"

吴其相，乾隆二十五年庚辰（1760）秋日，年已六十八岁的郑板桥为柳村刘兄书写《刘柳村册子》（陈子良藏墨迹）。其中云："虎墩吴其相者，海上盐鳌户也，貌粗鄙，亦能诵《四时行乐歌》，制酒为寿。同人皆以为咄咄怪事。"

王体一，四川博物馆馆藏一幅郑板桥自题《兰竹松石卷》墨迹，题云："板桥居士为范县令，官事且不能办，何论家事？一应米盐琐屑，皆王君体一为予任其劳。暇日作画，亦以兰竹松石之琐琐者报之，藏此不废，他日相逢，犹记匆匆不暇给时也。"

马庆孙，梁恭辰《楹联四话》卷五《杂缀》载："仁和马庆孙者，秋药太常之犹子也。襆被来粤，舟出豫章，夜泊生米潭，遂为盗劫，行李一空。时刘兰簃方建臬南昌，马去控之，所呈失单，不过书画玩物。刘嗤之，马作色曰：'失单重有郑板桥楹联，先人性命宝也，务乞追偿。他则惟命是听。'刘悯其愚，檄县严缉。未三日，果于货担间得之。其联曰：'飘风作态来梳柳，细雨瞒人去润花。'刘流连观之，笑曰：'无怪此老之龂龂也。'"

刘柳村，王国栋《竹楼诗钞》中收有一首《同板桥、希斋、筠谿、瘦石集柳村荫深园》诗云："名园三载客重过，竹密桥横路未讹。几泒清流孤艇入，千章秋树午荫多。听诗使我志高枕，饱饭看人作擘窠。一度逢迎一觞咏，风骚其乃主人何。"据杨受廷《如皋县志》卷二十二《古迹志·园》记载："文园，在县东丰利场。汪志玠读书处。"

明放案：1979 年，中华书局上海编辑所《郑板桥集》在 1965 年的基础上修订重版，内收板桥于乾隆二十五年（1760）于江苏如皋汪氏之文园与汪之玠诸人共度七夕时为柳村刘三兄书作《刘柳村册子》（残本，陈之良藏），明确标示中间缺少四页。2005 年 4 月，《刘柳村册子》真迹全本在大连发现，为此，当地还专门成立了"郑板桥刘柳村册子研究会"。经核对,残本的释文是九百零三字,全本的释文是一千四百三十八字,全本比残本多出五百三十五字。全本长10.6米,仅正文将近6米。全本还钤印了"俗吏""郑兰""七品官耳""橄榄轩""康熙秀才雍正举人乾隆进士""风尘俗吏""谷口""郑风子""二十年前旧板桥""兴化人"及"心血为炉熔铸今古"等十二枚印章。通篇跌宕起伏,真气弥漫,沛然旷达。翌年十月,刘柳村册子研究会在《中国书法报》上报道了这一书法史上的重要发现。

汪之珩,字楚白,号璞庄,一号甃啸海客。上海陆平羽藏有《板桥自序》墨迹,款署:"乾隆庚辰,郑燮克柔甫自序汪氏之文园,与《刘柳村册子》合观之,亦足以知其梗概。"秦大士在《汪璞庄小传》中写他"性喜朋友,凡名流之游于皋者,必招致文园。文园者,宅傍所构,以待四方之贤士者也。嘉葩美木,凉台燠馆,甲于皋邑,贮书万卷,其中弹棋闲设,丝竹并奏,人以比辟疆水绘园。璞壮与客觞咏无虚日。"汪志珩有《庚辰七夕同王竹楼、郑板桥、郭琅亭、黄瘦石》诗。郑板桥叙、汪之珩诗在时间上高度吻合。王国栋《竹楼诗存》中有《汪璞壮文园音》云:"绝胜风光莫漫猜,仙源依约近蓬莱。山如淡墨千层染,水似挼蓝一鉴开。飞鸟乍停窥洞壑,流云初合护楼台,主人着意怜今雨,几点庭除净碧苔。"道光二十三年(1843),汪承镛《文园净绿园图记》云:镌刻季学云所作《文园图》及《净绿园图》各四帧。咏诗观画,两园之风景可以略见。

曹素功后裔,乾隆二十五年(1760)的《刘柳村册子》,共十二页一千四百三十八字。其中写道:新安孝廉曹君,是墨人曹素功后裔。尝持藏墨三十二挺谒予,易《词钞》一册。且云:公有《官宦家》词:"朝霞楼阁冷,尚牡丹贪睡,鹦哥未醒。"不但措词雅令,而一种荒淫灭亡之气,已藏其中,所以甚妙。故乡曹君知言,故亦以词称。

范大任，杨受廷等《如皋县志》卷十六载："范大任字敬承，生平多善举，经理本族义庄，条画井然，族人称其德焉。先是皋有育婴室，资用苦不敷，大任益其数，足于用，又置田伟婴儿冢。"又，《如皋县志》卷二十二《古迹·园》载："古园，即明佘元美所筑壶领园也，在洗钵池左，后归范氏，为范大任别墅。"康熙中期，邑人范大任买下该园，更名古澹园。此园依水傍河，所建亭台楼阁别具一格。板桥曾游古澹园，感慨系之，赋诗曰："隔水名园问范家，秋清雨过好烟霞。谁将玉笛三更弄，吹白葭芦一片花。"

汪宏，阮元《淮海英灵集》卷一云："汪宏字药溪，号青莲，江都人，太学生。"苏州文物商店店藏一幅郑板桥书法作品，上题诗曰："日落西南淡有星，暮山红影数堆青。故人访我荒寒寺，苦茗闲谈破草亭。应户更无官里仆，插花聊借酒家瓶。赠言落落清如许，直是疏梅老更馨。小诗奉和药溪社长兄先生，板桥弟郑燮。"

焦士纪，即焦五斗，江都（一说丹徒）人。上海图书馆馆藏一幅《郑板桥与焦五斗书》墨迹："早间遣奴子送墨兰一幅，想已呈览，乞为教正。不过糊墙粘壁之物，未足入高人赏鉴也。汪锡三兄家开吊，弟为治宾，仍须白里外褂。去年所借宫绸夹套，祈发来手，用后即赵（奉）上。待雪晴后，更当谋一聚之欢也。弟板桥郑燮顿首五斗老长兄前。"

李艮，高丽句人。郑板桥《刘柳村册子》云："高丽国索拙书，其相李艮来投刺，高尺二寸，阔五寸，厚半寸，如金版玉片，可击仆人。今存枝上村文思上人家，盖天宁寺西院也。"

孙柳门，乾隆二十五年（1760），板桥客居通州时，为李方膺之侍人孙柳门跋黄慎所作丁有煜像，"好藏之"。孙柳门所宝个道人小照，板桥郑燮题。

郝香山，板桥为李方膺之侍人孙柳门所藏黄慎绘丁有煜像跋曰：郝香山，晴江李公之侍人也，宝其主之笔墨如拱璧，而索题跋于板桥老人。孙柳门，又个道人之侍人也，宝其主之笔墨与香山等，而又摹道人之照而秘藏之，以为千秋供奉，其义更深远矣。用题二十八字：嗟予不是康成裔，羡此真成颖士家；放眼乾坤臣主义，青衣往往胜乌纱。

六、郑板桥书友画友名录

李恢（生卒年不详），咸丰《重修兴化县志》卷八《人物志·文苑》云：李国宋……子恢，字少葛，一字约社。性豪迈，善书能诗，淡于荣进，以庠生终。著有《约社诗集》。兴化诗派，经名家指授，格律一归醇正，然不善学者，绳趋尺步，边幅窘隘。……恢直抒胸臆，不傍昔贤门户，善书能诗，天地之情、事物之变，悉以诗达之，与其父异曲同工焉。

常书民（生卒年不详），乾隆十二年（1747），五十五岁的板桥在济南锁院时作《扬州杂记卷》，或称《板桥偶记》（上海博物馆藏墨迹），末尾写道："常二书民有小园，索板桥题句。题曰："怜莺舌嫩由他骂，爱柳腰柔任尔狂"。常大喜，以所爱僮赠板桥，至今未去也。"相隔五年多，即乾隆十八年九秋，也就是板桥辞官归里的这一年，友人常书民强索板桥画作，板桥作《翠竹芝兰图》自题并诮让之："昔李涉过皖桐江上，有贼劫之。问是涉，不索物而索诗。涉曰："细雨微风江上春，绿林豪客夜（也）知闻（文）；相逢不用相回避，世上于今半是君。"书民二哥，晚过寓斋，强索余画，且横甚。因也题诗诮让之曰："细雨微风江上村，绿林豪客暮敲门；相逢不用相回避，翠竹芝兰画几盆。"狂夫之言，怪迂妄发，公其棒我乎！"（山东曲阜文物管理委员会藏墨迹）

续雁峰 续名桥（生卒年均不详），乾隆十九年（1754），六十二岁的板桥重返潍县官斋，为名桥续大哥书作《道情十首词卷》，末尾写道："名桥续大哥，二十年前相好于京师，见予《道情十首》，嘱书小楷二纸，其一纸尤楷者，盖奉老伯雁峰先生也。老伯爱余书画诗词特甚，故敬书之。今几年事，名桥宦游，封公舍其禄，邮书复索重写。老不能漫楷，真行相杂，勿罪也。"（天津博物馆藏墨迹）

黄鹤（生卒年不详），李恩绶等《丹徒县志》卷二十四《人物》八《文苑》载："黄鹤字石屏，善写生，生气盎然，笔端有前明林良、吴小仙之风。"蒋宝龄《墨林今话》卷四云："莲巢同里黄石屏鹤，工花卉翎毛，皆生动有致。严问樵尝为余述其先大父时，石屏与郑板桥、蔡松原诸公，尝主其家，遗墨甚夥，今尚存一册，画鱼数种，游泳如生，展卷者无不知鱼之乐也。"冯金伯《墨香居画识》载吴郡张石公跋其画册云："石屏为梦楼太守妹婿，梦楼既贵，官滇南，石屏夫妇能安贫，卖画自给，无所干求，时人尤高之。"

蔡嘉（生卒年不详），字岑州，号旅亭，又号松原。能分书，工画山水，巨幅仿王石谷，人物禽兽山水草木无不曲尽形似，虽神韵不超，可称能品。

蔡器（生卒年不详），李恩绶等《丹徒县志》卷二十四《人物》八《文苑》记载："蔡器字晴江，号晚亭，工花卉翎毛，极其工细。"郑板桥曾题蔡器《花卉册》云："蔡晴江，丹徒人。名器，字琢成，一字卓臣。善画，尤工花卉。卢观察雅雨先生千金买妓，以三百金延之教画，则其声价可知也。晴江美丰仪，善谈笑，少予三十岁，予未尝不羡之。卓臣书法尤荟雅可爱，绝无俗韵。"

江秩文（生卒年不详），乾隆十二年（1747）秋，板桥临调济南，协助索绰络·德保乡试，并于济南锁院书作《扬州杂记卷》（上海博物馆藏墨迹）。卷末写道："江秩文，小字五狗，人称五狗江郎。甚美丽,家有梨园子弟十二人,奏十种番乐者。十二人皆少俊,主人一出,俱废矣。其园亭索板桥一联句,题曰:'草因地暖春先翠,燕为花忙暮不归。江郎喜曰:非惟切园亭,并切我。'遂彻玉杯为寿。"是年,是板桥自范县调署潍县的第二年。

十三郎(生卒年不详),据陈子良旧藏板桥《刘柳村册子》"残本"墨迹云:"妙正真人娄近垣与予善,令其侍者十三郎歌予诗词,飘飘有云外之响。予爱之,遂举以赠。董耻夫亦令歌《竹枝》焉。后三年,求去,泣不可留,仍返于娄。想其仙骨,不乐久住人世俗尘嚚热耶?"

阮葵生(生卒年不详),字宝诚,号山,山阳人。阮葵生《七录斋诗钞》卷二《十载删余集》有《海上戏柬郑板桥、李滋园》,诗云:"纵游忽到水云间,东望苍茫海上山。可惜眼前无画手,直将诗笔压荆关。"

程铎(生卒年不详),据日本铃木敬《中国绘画总合图录》第一卷载程铎《题郑板桥兰竹卷》云:"壬戌载阳月吉,板桥老先生留宿光明寓斋,适值草兰盛开,小酌兴发,图此长卷,并题见赠,即席依韵称谢,兼祈教正。"又诗云:"仆本江干落拓人,金兰投契信天真。何当九畹传湘管,丽句清辞许结邻。偶生郑铎草。"

傅雯(生卒年不详),字凯亭。汉军人。官骁骑校。以指画驰名,宗室允禧、敦敏、敦诚、永忠、永璥等赋诗以赞。乾隆二十五年(1760),板桥于如皋汪氏文园作《板桥自序》,其中云:"紫琼崖主人极爱惜板桥,尝折简相招,自作骈体五百字以通意,使易十六祖式、傅雯凯亭持以来。至则袒而割肉以相奉,且曰:'昔太白御手调羹,今板桥亲王割肉,后先之际,何多让焉!'"又据铁保《白山诗介》卷十《七言绝句》载傅雯《寻郑板桥诗》:"设醴贤王为见招,我来不惜马蹄遥。城南城北城东路,到处逢僧问板桥。"此诗作于慎郡王允禧招板桥晤面之后。

韩镐（生卒年不详），常之英等《潍县志稿》卷三十《人物志·文学·清》载："韩镐字西京，为文浩荡有奇气，郑板桥燮令潍时，县试识拔冠其偶。寻游庠食饩，而乡举则屡蹶。乾隆甲午，母丁病殁。又连遭期功丧，坎坷潦倒二十年。胸次牢骚不平之气，一寄之于诗酒。酒酣，与诸友生谈史论文及古今奇士亮节伟行，非常功业，唏嘘感叹勃勃有壮志。癸卯始登乡荐，而年已老矣。诗散失，多不存稿，年五十九卒。（郎泳《韩先生传》）"在板桥对联中，有一副系与韩镐论文："删繁就简三秋树，领异标新二月花。"

陈尚志（生卒年不详），潍县商人。潍县望族陈大观第十二世孙，天资聪颖，为人厚道，靠经商发家。好善乐施，积极支持知县郑板桥办学、修城、赈灾。在《旭斋文钞》中，有一篇《陈公素珍家传》，其中云："陈公讳尚志，素珍其字。……贸易辄盈其息。……十余年，称素封矣。家既裕，不吝于施。邑中凡大工役，靡不慷慨纳资。前后修学宫及文昌祠，藉公之力尤多。邑令赖公光表、郑公燮最器重公。赖、郑，邑所祠二贤侯也，好奖善类，而不妄为虚誉。……郑公所兴修诸题名碑，必以公为冠。……卒于乾隆二十一年，春秋八十有四。例贡生，候选州同。

汪颎（生卒年不详），字维硕，号久研。安徽歙县人。客游如皋。其《东皋诗存》卷四六《流寓》中有《题郑明府燮所寄画竹》诗云："故人远为范县宰，卒岁遗我青琅玕。胸中在昔有成竹，壁上于今增暮寒。南国投书随雁下，西山高节拂云看。调饥向晚苦岑寂，风雨对此还加餐。"

韩梦周（生卒年不详），字公复，号理堂，潍县（今山东潍坊市）人。咸丰《重修兴化县志》卷八《人物志·仕迹》载："郑燮，号板桥。乾隆元年进士，知范县。爱民如子，绝苞苴，无留牍。……潍人戴德，为立祠。燮生有奇才，性旷达，不拘小节，于民事则纤悉必周。尝夜出，闻书声出茅庐，询知韩生梦周，家贫子也，给薪水助之。韩成进士，有知己之感焉。"徐侃《韩理堂先生传》云：先生"生三岁而孤，……壬申举于乡，丁丑成进士，丙戌令来安。"壬申是乾隆十七年（1752），板桥时在潍县任上。丁丑是乾隆二十二年（1757），板桥离开潍县已有五年了。丙戌是乾隆三十一年（1766），板桥时已去世一年。韩梦周官来安后，曾见访板桥后裔，《理堂诗集》卷三载《郑板桥先生墨竹》诗："晚风萧萧云堕地，湘妃独立野宫阒。苔花初冷透山根，老篁惨淡啸魑魅。板桥好奇爱画竹，一枝两枝压山麓。试携鸱夷读《离骚》，桂旗窈窕森在目。忆昔挝鼓初放笝，官斋开遍樱桃花。对客挥毫写屏幛，画成一缕日痕斜。我官淮南思一见，仙人已去凌霄殿。公子重逢面无光，一缣相赠愁思乱。时余种竹斋南北，对竹看画凌秋色。白发门生感旧事，楚江浪泣龙吟笛。"又，板桥题画有《为黄陵庙女道士画竹》诗，《理堂诗集》卷四有《和郑板桥为黄陵庙女道士画竹》云："皇娥有恨泪成血，六月幽篁戛飞雪。九嶷明灭隔苍烟，洞庭浪泣君山裂。千枝万枝压宫墙，杜宇无声秋草黄。西风欲下行人绝，参差哀怨满三湘。貌作荒江悲帝子，老筠惨淡凌风起。婵娟太息空扬灵，一幅《离骚》照秋水。"这首诗当为韩梦周晚年之作。

王古岩（生卒年不详），郑板桥曾自题兰竹卷云："宋郑所南先生《墨竹》一卷，题咏甚富，古岩王先生录而藏之有年矣。乾隆七年，见板桥画竹，谬奖有所南家法。不愧其子孙，命作长卷。板桥羞汗，不敢当，又不敢辞，画成并录旧题于后，奉教命也。""乾隆七年十月画竹，画后即录是跋，至八年三月，乃克录完。扬州秀才板桥郑燮记。"（北京故宫博物院藏墨迹）

汪从晋（生卒年不详），阮元《淮海英灵集》甲集卷三云："汪从晋字锡山，号淡人。先世由歙迁扬州，遂占籍仪征。父守仁，号

六、郑板桥书友画友名录

施与，岁动以数万计……从晋承父志，踵行不辍。嗜学，耽吟詠，手不释卷。……"

方士㡧（生卒年不详），李斗《扬州画舫录》卷四载："方士㡧，字右将，士庶同母弟。业盐淮南，居扬州，于北郊寿安寺西筑西畴别业，因号蜀泉，又号西畴。士庶为绘《西畴莲塘图》。扬州李梅阁收藏郑板桥跋《西畴诗稿》墨迹，其云："其气深矣，其养邃矣。以香山温逸之笔，烹炼而入于王、孟。观其柬马半槎及崇川诸作，皆布帛菽粟之文，自然高淡，读之反复想见其人。板桥弟郑燮拜手。"

明放案：方士庶曾为板桥先生绘制小像，竖幅，板桥坐于像幅下侧偏右石上，身前是梅松数枝，身后是劲竹环绕，周以栏围，这幅绘像比较驰名。

李少元（生卒年不详），名少元，渔川。沈廷芳《隐拙斋续集》卷一《题李渔川垂钓图》云："披图忽忆故人句，自注：郑板桥有题句。缥缈如对江边峰。"

石需（生卒年不详），字待也，号退庵，如皋人。汪之珩等《东皋诗存》卷二十九载：石需作《董竹枝自京师至范县口占奉送二首》之二，诗云："寄语昭阳郑克柔，栽花范县阅三秋。怜予久滞燕山下，只恐云泥两头白。"

李肇辅（生卒年不详），字相宜，号于亭，江都人。工诗。

沈心（生卒年不详），字房仲，本姓徐，仁和人。杭世骏《道古堂文集》卷四十七著录《沈房仲墓碣》，生平甚详。沈心《孤石山房诗集》卷四有《潍县郑板桥明府招同朱天门孝廉、椒园弟饮郭氏园，分韵得"之"字》诗："频年斫璞心相思，马异寄卢仝诗："白玉璞里斫出相思心。"相见各讶添霜髭。小于河畔挽墨绶，风流为政官潍夷。户静千村绝木皂，琴张百衲调冰丝。冲暑我来苦汗雨，尘途何处招凉飔。辟疆旧筑古堞下，映衣深碧苔痕滋。修篁斜影仿画手，老桧清气涵诗脾。琼浆乍酌青玉案，绮席旋傍红鹅池。火云晚阁光渐淡，酒酣话旧形骸遗。远迹秋蓬感海岱，宦情客绪皆天涯。江南乡树宛在眼，西湖梦杳明玻璃。异国山川洵多美，浮生合并如夙期。"一尊此日足可惜，秘藏共赏神尤怡。时出秦汉碑拓及佳砚名印见示。疱按宪章除北馈，段文昌有《食宪章》。座依邱壑超南皮。荒蔓茸茸宅狐兔，洛阳园记增嗟咨。剧喜尚书绵世泽，花木仍向云礽贻。今朝雅集极幽畅，爪泥应动人追惟。丹枫寒雁愁旅馆，斑荆转忆邗沟时。吟成掷笔发高兴，亟寄髯金索和之。庚申岁，客扬州，与板桥订交于金寿门寓楼。其弟廷芳，字椒园。作《过潍县，郑令板桥进士招同朱天门孝廉、家房仲兄纳凉郭氏园》。

金农《家房仲兄纳凉郭氏园》云："十年前，卧疾江乡，吾友郑进士板桥宰潍县，闻予捐世，服缌麻，设位而哭。沈上舍房仲道赴东莱，乃云冬心先生虽撄二竖，至今无恙也。板桥始破涕改容，千里致书慰问。予感其生死不渝，赋诗报谢之。"沈心《孤石山房诗集》卷四有《留别郑板桥》诗，诗云："小于河畔柳依依，沙际春归客亦归。八载清风飘墨绶，几回幽梦绕柴扉。惟君白首豪吟健，赠我青山逸兴飞；自注：时见贻手画山水。明日相思今共饮，将离花落怅征衣。"

朱若宾（生卒年不详），常之英等《潍县志稿·人物志·文学》载："朱若宾字敬夫，号草亭。城北流河庄人。……康熙中，昆山徐仲章炯提学山左，取入邑庠，时年二十余。与同邑郭芸亭伟、裴仲芳善记斋名。……一时贤令入赖光表、郑燮行部戾止，咸加礼下马。……若宾文宗欧阳，诗近苏柳，堰蹇终身，有手订《蜩鸣诗集》一卷，未刊。"

赵六吉（生卒年不详），乾隆十七年（1752）正月初一，"板桥居士作《城隍庙碑》草稿初就，赵君六吉即剪贴成册，可谓刻画无盐，唐突西子矣。是碑不足观，而作文之意无非欲写人情，所欲言而未能说者实在眼前，实出意外，是千古作文第一诀。若抄经摘史、窃柳偷苏，成何笔手？"究竟是潍县当地人？还是板桥调署潍县带去的人，缺乏史料，无从确定。

冒春荣（生卒年不详），字含山，号甚原，一号花源渔长。如皋人。著有《萦翠阁秋萍集》《纪游小草》。在汪之珩《东皋诗存》卷三十三中收录冒春荣《怀友·兴化郑板桥燮》，诗云："破家何用苦思归，楚尾吴头空落晖。江上年年看花客，侩厨乞食妓缝衣。"

马曰琯（1687—1755），清代著名盐商、藏书家，为清代前期扬州徽商代表人物之一。字秋玉，号嶰谷，安徽祁门人，诸生。后迁江苏扬州，与弟马曰璐同以诗名，人称"扬州二马"。乾隆初举鸿博，不就，喜好结客，所居园小玲珑山馆藏书甚富，有"甲大江南被"之说。四库全书馆设立，私人捐书七百余种，为全国之冠。马曰琯的儿子马振伯恭进藏书可被采择者七百七十六种，为全国私人捐书之冠，受乾隆褒奖，赐《古今图书集成》一部、《平定伊犁金川诗图》一幅，并亲题《鹖冠子》相赠。《四库全书总目》著录马氏藏书有三百七十三种五千五百二十九卷，其中经部五十七种六百七十卷，史部一百二十三种一千六百五十八卷，子部四十三种七百三十一卷，集部一百五十种二千四百七十卷。李斗《扬州画舫录》卷四评价马曰琯"好学博古，考校文艺，评隲史传，旁逮金石文字。南巡时，两赐御书克食，尝人祝圣母万寿于慈宁宫，荷丰貂宫紵之赐。归里以诗自娱。所与游杰当世名家。四方之士过之，适馆授餐终身无倦色。著有《沙河遗老诗集》，尝为朱竹坨刻经义考，费千金为姜蒋装潢所为十三经。"

马曰璐（1701—1761），著名盐商、藏书家。字佩兮，号半查、半槎道人。工诗，与兄齐名，人称"扬州二马"。国子监生，候选知州，乾隆元年（1736），与其兄马曰琯并荐博学鸿词，不就，笃志于文献收藏和刊刻，名重一时。好学、喜结客，一如其兄。家有小玲珑山馆，富藏图书，常与名士作诗画之会。两兄弟侨居扬州，经营盐业，为当地徽商巨富，捐资开扬州沟渠，筑渔亭孔道，设义渡，造救生船，造福一方百姓，其慷慨好义的名声远播，与兄马曰琯共同藏书、写作，人称"扬州二马"。

梁章钜《楹联续话》卷二云："扬州马氏小玲珑山馆中有郑板桥所撰楹帖，云：咬定几句有用书，可忘饮食；养成数竿新生竹，直苏儿孙。以八分书之，极奇伟。后归淮商黄姓，始拟撤去，复有爱其文义者乃力劝留存"马曰璐工诗，诗风委婉清丽，有《南斋集》刊行。与兄马曰琯合编《丛书楼目录》及辑刊宋本《韩柳二先生年谱》八卷。

方辅（生卒年不详），字君任，号密庵，安徽歙县人。工诗，书法苏、米，能擘窠大书。善制墨，来扬州主徐氏，著有诗文集，刻以行世。据日本《书苑》第三卷《金冬心十七劄册》的信函都是金农写给方辅的。在第一劄中云："板桥先生近在邻曲，曷不访之？"钱塘（今浙江杭州）人厉鹗在《樊榭山房文集》卷二《方君任<隶八分辨>序》云："吾友金冬心处士最工八分，得汉人笔法。方子曾求其书，能不爱郑燮'六分半书'吗？以垂永久。"

潘呈雅（生卒年不详），书画家。许瀚《济宁直隶州志》卷八《人物志三·列传二》载："潘如……子呈雅，字雅三，号秣陵山人。工诗古文，善书，尤工汉隶篆刻。所与交游唱和，如郑板桥、高南阜、傅金樵、颜青穀辈，皆一时名流。著有《秣陵诗草》《秣陵小词》。"

赵九鼎（生卒年不详），字兰痴，江苏兴化人。赵海之子。工画兰竹，少时，与进士杨宗岱入都，索画者接踵而至，又"赵兰"之称。后来，杨宗岱被选任四川井研县令，适逢川中戒严，赵九鼎毅然同往，翁方纲重其情义。后复赴京师，名公名卿争与结交。乾隆五十五年（1790），献画册为康熙寿，钦取三人，赵九鼎第一，赐大缎二端。翁方纲、郑板桥与之过从甚密。林苏门《邗江三百首》卷七《趋时清赏·两峰九鼎竹兰工》云："罗君两峰聘，江都居士。赵君兰痴九鼎，兴化名家。一时齐躁都门，画称双绝。罗工画竹，而偏以鬼怪得名。赵本郑板桥先生门下士，兰竹俱佳，而兰更曾经御览，仰邀恩赉。收藏古董之家，或不以今人为可薄耳。"

郑松（生卒年不详），字著岩，长洲人。善山水，工马、夏。乾隆十九年，板桥自题《墨兰》（中国美术研究所藏墨迹），云："予作兰有年，大率以陈古白先生为法。及来扬州，见石涛和尚墨花，横绝一时，心善之而弗学，谓其过纵，与之自不同路。又见颜君尊五笔极活，墨极秀，不求异奇，自有一种新气。又有友人陈松亭秀劲拔俗，娇然自名其家，遂欲仿之。兹所飘擎，其在颜、陈之间乎，然要不知似不似也。"

陈松亭（生卒年不详），名馥。南京博物院藏有郑板桥与陈松亭合作的《苔石图》。北京故宫博物院藏有一幅陈馥画、郑燮题《墨竹图》。而扬州博物馆藏有郑板桥书"歌吹古扬州"匾额。板桥曾三写此额，一与郭君方仪，一与常君酉北，此则与松亭陈三哥也。略不如前，亦有别味。又据彭蕴灿《历代画史汇传·附编》载：板桥题郑松、陈馥合作的《艺园行乐图》云："秋风处处多，独到君家少。为让读书声，蕉梧夜悄悄。"

朱士魁（生卒年不详），常之英等《潍县志稿》卷三二《人物志·艺术·清》记载："朱士魁，字斗占。流河庄人，工文翰，尤精画理。乾隆间，板桥郑公与友善，尝自谓画不如魁云。"

许湘（生卒年不详），号衡州老人，安徽歙县人。郑板桥画友。板桥宰潍期间，他在潍徜充作幕僚。画山水笔墨古雅，神韵妩媚，设色淹润。出僧石溪而似更过之。酝酿墨色，亦能入妙，堪与郑板桥、黄慎、李鱓等并传。尝作《红艳秋寒图》，板桥为之题字，今藏南京博物院。

　　李霁（生卒年不详），字瞻云，号岑村，南通州贡生，李方膺从子。乾隆二十五年（1760），板桥作《刘柳村册子》云："南通州李瞻云，吾年家子也。曾于成都摩诃池上听人诵予《恨》字词，至'蓬门秋草，年年破巷；疏窗细雨，夜夜孤灯。'皆有赞咨涕洟之意。后询其人，盖已家弦户诵有年。想是费二执御挟归耶？"据黄学圮《东皋印人传》载，乾隆二十二年（1757），因赋迎銮诗曾蒙召试并领恩赐。李霁工楷隶，善兰竹，铁笔与江阴沈凤齐名，时称"沈李"。李霁与个道人、刘名芳、郑燮、李鱓等人均有忘年之交。李霁曾为郑燮刻"二十年前旧板桥"印。著有《城南草堂印谱》，刘名芳为之序，丁有煜为之跋。《个道人遗墨》载有《跋李瞻云印谱卷后》："岑村嗜秦汉旧章，既已有年。近且嫌其城居冗杂，卷怀而易处郭外，盖云古人面壁十年，或者其有效乎。昨见手制石印，古意磅礴，非专而得其精者曷克致此。"想"古意磅礴"四字是何等份量？"沈李"之谓果然不是浪得虚名。另有《古柏楼杂俎》《岑村集》。

　　王元麟（生卒年不详），画家。字石恬，休宁进士。山水法梅道人，以绘《长堤春柳图》得名。江春《随月读书楼诗集》卷中有《辛巳谷雨日，招同杭堇浦、郑板桥、汪石恬、李于亭、费苕溪、陈江皋、常菜畦、黄北坨游铁佛寺，分赋得'箖'字》诗。

　　朱卉（生卒年不详），书画篆刻家。赵定邦等《长兴县志》卷二十三下《人物传》载："朱卉，字云栽，号公放，又号羹稗老农。

六、郑板桥书友画友名录

邑诸生,书画有奇趣,诗才清隽。性恬淡,不事进取,以笔墨自娱,放浪于苕霅间,有志和之风。善度曲,能叠石为山,并精篆刻,尝镌朱百庐《家训》全文图章,藏于家。客维扬,与金农、郑燮友善。著有《莫稗集》《倚声杂记》《旗亭集》。"

沈宏远(生卒年不详),字进之,号涤泉,又号苍雪,石门(今浙江崇德)诸生。善墨兰,得何其仁法,植品高洁,家徒四壁。李濬之《清画家诗史》庚上载沈宏远《捻瓢诗钞》诗云:"每忆扬州郑板桥,纵横笔墨兴何饶。江上春色骚人意,闲写幽思破寂寥。"

郑鱼门(生卒年不详),初名志鑰,又名廷璜,字戢园,后改名晋芳。复显《雪楼吟草》卷上有《郑板桥大令,程鱼门中翰枉过避暑次韵》:"避暑过郊寺,迎凉坐竹林。长髯惊座客,高论豁尘襟。久别颜如旧,重逢话更深。松风吹日暮,静听足清音。"袁枚《小仓山房续文集》卷二十六《翰林院编修程君鱼门墓志铭》:"祖居新安,治盐于淮。……乾隆初,两淮殷富,程氏尤豪侈,多畜声色狗马,君独惛惛号儒……"

史本(生卒年不详),文学艺术家。唐烜等《济宁直隶州续志》卷十五《人物志四·隐逸总传》云:"史本,字季平。前志工部制造库郎中大伦子。性潇洒,工琴,善书,于诗学尤深。……壮年与海内名宿笔墨酬应,若金寿门、蒋老人、郑板桥、沈蕉园、盛柚堂、牛空山、傅云蕉、颜介子昆仲、陈无轩、张芑堂、朱郎斋、王菊壮、钱大培往来翰答,装为册页,倩黄小松题签'暇日对晤,如逢故人'云云。"

富森泰(生卒年不详),字东岳,一字秋浦,八旗子弟。朱珪、纪昀等《钦定熙朝雅颂集》卷八十二著录富森泰《夺画诗》,诗云:"山人画竹如画龙,渭川千亩收心胸。兴酣率尔弄笔墨,满堂何事苍烟封。秋浦嗜此世莫比,往往把玩入骨髓。只宜同作淇园人,莫矜独赏潇湘意。君不见，二有堂中声萧萧，孤高势欲凌青霄。凄凄风雨遥相忆，'二十年前旧板桥'。"从诗中可以看出，富森泰非常欣赏郑板桥竹图。

丁御（生卒年不详），阮亨《淮海英灵续集·庚集》卷三载："丁御字圣执，仪征布衣。"据丁御《江上草堂集·郑板桥画兰见贻》，诗云："两地关情臭味同，生绡一幅寄春风。美人哀怨才人笔，都在《离骚》一卷中。"

黄裕（生卒年不详），即黄北坨，名裕，歙县人。居扬州，移藉仪征。阮元等《广陵诗事》卷十云："黄北坨交游极广，每一友没，则录其诗句为《黄垆集》。自序云：故友云亡，新诗犹在。感生存之片语，剩白首之老人。若不急为流传，恐至遂成泯没。……所载扬州人凡八十七，今录其小序云：'郑燮字克柔，一字板桥，兴化人。乾隆丙辰进士，潍县知县。'"

蔡时田（生卒年不详），字修来，号雪南，四川崇宁人。乾隆七年（1742）进士，授翰林院编修，转任山东御史，监试官。乾隆十八年（1753）恩科会试，因与考生曹咏祖作弊被处死。板桥作《画芝兰荆棘图寄蔡太史》，题识云："写得芝兰满幅春，傍添几笔乱荆榛。世间美恶俱容纳，想见温馨澹远人。"

郭伦昇（生卒年不详），名栋，潍县人。精通医术。热心公益，屡督大工役，板桥极为赏识。

七、郑板桥吏友印友名录

郑方坤（1639—1729？），清代官吏、诗人。字则厚，号荔乡，生于长乐（今福建福州市辖区）玉田，后随父迁移建安（今福建建瓯市）。康熙五十六年（1717），郑方坤中举，雍正元年（1723）进士，知直隶邯郸县（今河北邯郸）。前任侵吞帑金千余，方坤按律究办吏罪，并追讨公帑。擢升河间州（今河北沧州）同知，旋擢景州（今河北衡水市）、山东登州、沂州、武定、兖州知府，后以足疾自免。在官举卓异，多善政，博学有才藻，为诗下笔千言，有凌厉之概。与郑板桥友善。郑方坤赠茶，板桥以《家兖州太守赠茶讳方坤》诗答谢。诗云："头纲八饼建溪茶，万里山东道路赊。此是蔡丁天上贡，保期分赐野人家。"郑方坤作《郑燮小传》，云其六分半书"如雪柏风松，挺然而秀出于风尘之表。"又作《寄家板桥大尹二首》奉达，诗云："廿载钦芳誉，披襟愿已盈。赋应征《郑志》，谊与笃周《盟》。肝胆轮囷露，诗歌跋扈鸣。匆匆一为别，又早岁峥嵘。瘦与俗均病，躅除每未能。识君胸有竹，夸客肉如陵。潍产也，因戏及之。吏散琴鸣阁，官闲砚斫冰。囊沙吊遗烈，意气一飞腾。"著有《蔗尾诗集》《蔗尾文集》《五代诗话》《补五代诗话》《全闽诗话》《读书札记》《古今词选》《望古集》《青衫词》《岭海丛编》《本朝名家诗钞小传》《岭海丛编》等百卷。《清史稿》卷四百八四有传。

其兄**郑方城**（1678—1746），字则望，号石幢，援例贡国学，授泰宁训导。雍正元年（1723）举于乡，雍正十一年（1733）进士。知四川新繁县，县近省会，秦、陇、楚、粤、滇、黔之民屯聚纷扰，方城以慈惠忠信治之，民多因以化。有惠政，乾隆十一年（1746）以蜀闱磨勘罢官，上峰深为不平。延主锦江书院，逾年病卒。《清朝诗抄小传》云："伯兄石幢先生……先大夫蕉溪公冢子……端重如成人。稍长，从蕉溪公学，入则禀母训，不从他师。蕉溪公教子严，以长子属望尤切，日授经书尺许，背诵偶讹，则答詈不少贷。"郑氏兄弟友于诸笃，竞爽齐名，自著《燥吻集》《行炙集》《绿痕书屋诗稿》，合著《却埽斋倡和集》《晋安三郑集》等《清史列传》有传。

保禄（生卒年不详），清代官吏、诗人。字雨村，号在中，满洲旗人。官户部笔帖式。雍正二年（1724），板桥出游江西，于庐山寺僧无方上人处结识保禄。板桥官范时，曾作《保禄》诗，诗云："曾把都官目板桥，心知诳哄又虚骄；无方去后西山远，酒店春旗何处招？"著有《野人居稿》。

尹会一（1691—1748），清代官吏。字元孚，号健馀，学者称健馀先生，直隶博野（今属河北）人。雍正二年（1724）进士，授工部主事，迁员外郎。雍正三年（1725），郑板桥得尹会一及马曰琯资助，第二次出游京师。雍正五年（1727），出为襄阳（今属湖北）知府。雍正九年（1731），调江南扬州（今属江苏）知府，《清史稿》卷三百八云其"濬新旧城市河通舟楫，濬城西蜀冈下河灌田畴。"治民力效吕坤，勤政爱民。雍正十一年（1733）迁两淮都转盐运使。乾隆即位，加佥都御史衔，擢两淮盐政。乾隆二年（1737），命署广东巡抚，以母老辞。调署河南巡抚。于河南农政、纺织、仓储多有建议。黄河水灾，发仓平粜，兴工代赈。乾隆四年（1739），定赈恤规条十六，凡"无食者予一月之粮，无居者予葺屋之资。"米不足，富民周济。其母年七十余，有贤名，会一疏请终养，乾隆赐诗褒奖。母卒，居丧一遵古礼。乾隆十一年（1746）服阕，召授工部侍郎，督江苏学政，曾命各州县立社学，以扩广理学。乾隆十三年（1748），转吏部，仍留学政任。按试至松江，病卒，巡抚雅尔哈善奏准入名宦祠。著有《健馀先生文集》《健馀诗稿》《健馀先生抚豫条教》。其中《健馀先生抚豫条教》被奉为官箴书之经典。

孙文（生卒年不详），清代官吏。名勷，字子未，号莪山，又号诚斋，山东德州人。康熙二十四年（1685）进士，历官大理寺少卿、通政司参议。性简傲，不谐于俗，宰相科隆多曾以巡抚官衔进行拉拢，遭到断然拒绝，随后萌生退意。雍正三年（1725），将此退意预先告知好友板桥，板桥遂作《盆兰图》以赠，题诗云："宿草栽培数十年，根深叶老倍鲜妍；而今归到山中去，满眼名葩是后贤。"翌年辞官归里。工诗文。著有《鹤侣斋集》。

王元蘅（生卒年不详），清代官吏。字敷功，号浔江，金陵（今江苏南京）人。康熙四十八年（1709）进士。雍正二年（1724），授河南新知县知县，有政声。后归金陵上新河，足不入城，年七十二卒。板桥曾诗《平山宴集诗为进士王元蘅作》四首。

孙兆奎（生卒年不详），清代官吏。字斗文，一字鹤浦，江苏兴化人。康熙四十二年（1703）进士。外放广西武缘知县。时桂林生员陈宏谋携文登门请教，孙兆奎慧眼识才，收其为门生。广西任满返京，任兵部知方司主事、吏兵二部则例馆纂修官等职，后乞归。板桥尊孙兆奎为前辈，誉其为"淮海文章"。雍正三年（1725），板桥在京拜见同邑、兵部职方司主事孙兆奎，遂作《送职方员外孙丈归田讳兆奎》七律二首，诗云："先生六月江南去，敝橐秋风亦径归。鲈脍先尝应忆我，蕨薇堪饱莫开扉。故人几辈头俱白，后学相看识者稀。淮海文章终自在，任渠披谒绛纱帏。鹤儿湾畔藕花香，龙舌津边粳稻黄。小艇雾中看日出,青钱柳下买鱼尝。村墟古庙红墙立,天末孤云白带长。借取渔家新箬笠,一竿烟雨入沧浪。"孙兆奎学识渊博,长于评文,与堂弟孙宗绪、胞弟孙麒相继登进士第,邑人称其为"三孙"。今邑中四牌楼为其立匾,曰:"三凤和鸣"。著有《孙斗文文稿》等。

方超然(生卒年不详),清代官吏。字苏台,浙江淳安人。官盐场大使,工书。乾隆元年(1736),板桥在京作《酬中书舍人方超然弟》诗云:"砑粉宫笺五色裁,兔毫挥断紫烟煤。书成便拟《兰亭帖》,何用萧郎赚辨才!君家两世文名盛,宦况萧条分所宜。笑我笔花枯已尽,半生冤枉作贫儿。"在《绝句二十一首》中,其中第二十首写的是方超然,诗云:"蝇头小楷太匀停,长恐工书损性灵;急限采笺三百幅,宫中新制锦围屏。"又作尺牍《李氏园中答方超然》《李氏园再答方超然》等。

明放案:中书舍人:指清廷内阁职掌缮写文书的官员。

伊福纳(生卒年不详),清代官吏。字兼五,号抑堂,姓那拉,满洲人。进士,官户部郎中。工诗。乾隆元年(1736),在京与伊福纳同游西山。在《绝句二十一首》中,第十七首写的便是伊福纳,诗云:"红树年年只报秋,西山岁岁想同游。枯僧去尽沙弥换,谁识当时两黑头!"板桥曾作尺牍《与伊福纳》。伊福纳曾竭数十年之力钩沉辑佚去搜集八旗诗人之雅韵曰《白山诗抄》,自康熙中至乾隆初,得六十二家,分金、石、丝、竹、匏、土、革、木八卷,有《衣曹集》等。

张若霭(1713—1746),清代官吏。字晴岚,一作景采,号晴岚,室名藕香书屋,安徽桐城人。祖父张英、父亲张廷玉均为雍正、乾隆朝大学士。雍正十一年(1733)殿试,本一甲第三名进士,但张廷玉知道结果后,为了避嫌,坚决请求雍正将其子张若霭改为二甲第一名进士,就是赐进士及第。未散馆特授翰林院编修,继而授内阁学士、礼部侍郎,入直南书房。乾隆元年(1736),板桥寓京,往香山卧佛寺访青崖和尚,以《访青崖和尚,和壁间晴岚学士虚亭侍读原韵 晴岚张公若霭、虚亭鄂公容安》诗和之。后官礼部尚书,袭伯爵,以书画供奉内廷。一日,太后出方寸玉佩,命书《心经》一篇,竟日书就。擅山水花鸟,得王穀祥、周之冕遗意。乾隆十一年(1746)随帝西巡,因病返京,不久卒,谥文僖。有《圆明园四十景图咏》《高宗御笔秋花诗》《仿王元章疏影寒香图》《岁寒三友图》《清溪渔隐图》《紫锦春风》《芦雁图》等传世,著有《晴岚诗存》。

明放案:卧佛寺:清代吴长元《宸垣识略》卷十五载:"十方普觉寺,俗称卧佛寺。唐时建,在唐名兜率,元名昭孝,名洪庆,明曰永安,殿前娑罗树二,来自西域。相传建寺时所植,今大三围矣。后殿铜卧佛一,明宪宗时造。又小殿,内香檀卧佛一,唐贞观年造,已无。本朝世宗(雍正)赐今名,有御制碑,又今上(乾隆)御书联额。"

西林觉罗·鄂容安(生卒年不详),清代官吏。名容安,字休如,号虚亭,姓西林觉罗氏,满州镶蓝旗人。大学士西林觉罗·鄂尔泰长子。雍正十一年(1733)进士,改庶吉士,充军机处章京。娶原任通政使司通政使博尔多之女为妻。乾隆元年(1736),板桥在京,往香山卧佛寺访青崖和尚,以《访青崖和尚,和壁间晴岚学士虚亭侍读原韵 晴岚张公若霭、虚亭鄂公容安》诗和之。授翰林院编修,南书房行走。再迁侍读。乾隆五年(1740)授詹事府詹事,承旨固辞。乾隆八年(1743),诏命仍在上书房行走,授国子监祭酒。乾隆十年(1745),袭三等伯爵。乾隆十二年(1747),授兵部侍郎。翌年出为河南巡抚,赐孔雀翎。乾隆十六年(1751),转任山东巡抚。翌年又移江西巡抚。乾隆十八年(1753),授两江总督。翌年考绩，加太子少傅衔。乾隆二十年（1755）命与班第驻守伊犁，值阿睦尔撒叛徒乱，其与班第力战不支，班第自到，鄂容安命其仆割刃于腹，乃死，谥刚烈，图形紫光阁，乾隆以次子鄂津袭爵，官伊犁领队大臣，坐事夺官。书学欧颜，笔力峻拔，瘦硬通神。尝于云南嵩明州海潮寺书"海暗云无叶；山寒雪有花"楹帖。

图清格（生卒年不详），清代官吏。字牧山，号月坡。又号牧山老人，满洲正红旗人。官大同知府。有孝行。字作钟鼎、蝌蚪文；山水学石涛；以草书写菊，独辟溪径；竹石、虫鸟、花卉超逸有趣。尤工写生，惟传世者率笔居多。板桥曾访图牧山，作《赠图牧山》诗。又作尺牍《范县署中复图牧山》《与图牧山》。著有《熙朝雅颂集》等。

傅椿（生卒年不详），清代官吏。字毅庵，号毅斋，满洲镶黄旗人。监生，雍正九年（1731）任高邮知州。乾隆二年（1737），高邮知州傅椿驾舟至兴化来访，酒后，板桥作《赠高邮傅明府，并示王君廷檠傅讳椿》诗以赠："出牧当明世，铭心慕古贤：安人龚渤海，执法况青天。琐细知幽奥，高明得静便。星躔罗腹底，冰雪耀眉端。昔守淮堤撼，曾忧暑雨溅。麻鞋操畚锸，百口寄舟船。生死同民命，崎岖犯世嫌。上官催决塞，小吏只壅田。时值西风急，凭翻竹楗编。孤城将不保，一命敢求全。痛哭苍天应，焚香巨浪恬。支祁收震怒，河伯效渊潜。运道终无恙，居民亦有年。稻梁千里熟，歌舞数州连。鱼蟹多无算，鸡豚不记钱。青帘桥畔酒，细雨树中烟。父老村村祝，铨衡缓缓迁。文游春水湛，甓社夜珠悬。愿献长溪藻，还供缩项鳊。邻邦咸取法，下邑赐矜怜。访我荒城北，停舟荻岸边。一谈胸吐露，数盏意周旋。颇有王生者，曾经绛帐延。美材承斫削，高义破迍邅。约束神应阻，炉锤器益坚。秋风动南国，六翮会翩跹。"

乾隆五年（1740）去职，历时十年。乾隆《高邮州志》载：傅椿"任州事，廉明勤干，庶政具举。邑时苦水灾，傅悉心察访，著筹淮八议一书。又以城东地洼，水溢则一片汪洋，乃沿城壕筑堤，蜿蜒数里，植柳百余株，邮人至今称傅公堤云。"后转任太仓州知州，官终兵部郎中。撰《筹淮八议》。

晏斯盛（1689－1752），清代官吏。字虞际，号一斋，江西新喻人。康熙五十九年（1720），举乡试第一。康熙六十年（1721）进士，改庶吉士。雍正元年（1723）授检讨。雍正五年（1727），考选山西道御史、镶红旗巡役。雍正九年（1731），督贵州学政、迁鸿胪寺少卿。乾隆元年（1736），擢安徽布政使。乾隆三年（1738），晏斯盛驻节江宁，板桥作《上江南大方伯晏老夫子讳斯盛》七律四首。乾隆七年（1742），擢山东巡抚。翌年调湖北巡抚。乾隆九年（1744），迁户部侍郎，仍留湖北巡抚任。史称"究心民事，屡陈救济、民食诸疏。"乾隆十年（1745），进喜雨诗四章，用其韵赐答。后以母老请回籍终养。著有《楚蒙山房易经解》，唐鉴《清儒学案》称其"不废象数，而不为方伎术数之曲说；不废义理，而不为理气心性之空谈。在近日说《易》之家，犹可云笃实近理焉。"

明放案：大方伯：清时对布政使的称呼。时安徽布政使晏斯盛驻节江宁（南京），故称江南大方伯。

姚兴滇（生卒年不详），生卒年不详，清代官吏。字介石，安徽桐城人。乾隆五年（1740）至十二年（1747）任曹州知府。乾隆十年（1745），板桥作《范县呈姚太守讳兴滇》诗："落落漠漠何所营，萧萧淡淡自为情。十年不肯由科甲，老去无聊挂姓名。布袜青鞋为长吏，白榆文杏种春城。几回大府来相问，陇上闲眠看耦耕。"

颜懋侨（生卒年不详），清代官吏。字幼客，礼部仪制司颜肇维次子，山东曲阜人。博闻强记，早有诗名。因陪同皇帝祭祀先师孔子而授恩贡，充万善殿教习。宝啬斋二十三王见到他后称赞说："久闻诗人颜幼客，今乃得见耶！"乾隆七年（1741）冬受诏进宫面试，所答均称皇帝心意，期满授观城教谕。曾主修孔子庙，严格祭祀活动，依据文书记载订正颁发祭肉的标准，将被民间侵占的学田及供养贫寒士子的义田恢复其原制。丁父忧归乡。著有《蕉园集》《西华行集》《天文管窥》《摭史奈园集》《秋庄小识》《霞城笔记》《十客楼集》《半江楼集》《雪浪山房集》《石镜斋集》及《九边形胜阨塞要害》。其父颜肇维，原名颜雍，字肃之，别号漫翁，考充教习，期满授临海知县，废除里甲阔税征米改折之累，甚合民心。考察赵公河故道朱子所作三沟六浦，全都召集民工进行疏通整治，使田地灌溉得以保障，又建筑太平桥，另外建筑了三处防御炮台，建造了九艘战船，维修了二百余间空危房屋，对前朝汤信国所筑五十九座防备倭寇的城堡进行了大部份维修增高。政绩卓著，朝廷三考升其为行人司行人，改礼部仪制司，致仕归。卒年八十一岁。著有《钟水堂诗》《赋莎斋诗》《漫翁编年稿》及《太乙楼诗》等。

　　汪芳藻（生卒年不详），清代官吏。字蓉洲，江南休宁（今安徽黄山市）人。雍正七年（1729）举人。雍正九年（1731）由教习知兴化县事，咸丰《重修兴化县志》卷六《秩官志》说他"以经术润吏治，凡语言文字，皆足振励风俗，远近咸颂政声。"后以事落职。莅任三载，士民爱之。雍正九年（1731）十二月二十九日，板桥于困顿之中作《除夕前一日上中尊汪夫子》诗呈兴化县令汪芳藻，诗曰："琐事贫家日万端，破裘虽补不禁寒。瓶中白水供先祀，窗外梅花当早餐。结网纵勤河又冱，卖书无主岁偏阑。明年又值抡才会，愿向秋风借羽翰。"板桥在诗中表明因来年（壬子年）欲赴金陵乡试，预借其金。清人周榘在《题板桥先生行吟图》中云："汪邑宰芳藻，余之旧识也。曾于除夕见板桥诗，即大赠金，玉成其进士，邑中之美谈也。"汪芳藻赏识其才，曾复制过《板桥集》，"推毂贤士，不遗余力。"工诗及骈文，著有《仰止吟》《春晖楼四六》。

明放案：清初开科取仕一仍明代，分童试、乡试、会试三种。自乾隆二十六年（1761）后又有殿试。乡试三年一科，定于子、午、卯、酉之年。江南行省（辖今江苏、安徽）乡试于抚台衙门所在地金陵举行。因江南省旧称南直隶，乡试俗称"南闱"，顺天乡试则俗称"北闱"。乡试于八月初九举行第一场，考时文（即制艺，或称八股）；十二日举行第二场，考论、诏、诰、表；八月十五日举行第三场，考经、史、时务策。

包括（生卒年不详），生卒年不详，清代官吏。钱塘（今浙江杭州）人。曾任山东布政使，署理巡抚。乾隆十一年（1746），板桥于潍署中画竹呈年伯包大中丞括，题云："衙斋卧听萧萧竹，疑是民间疾苦声；些小吾曹州县吏，一枝一叶总关情。"乾隆十三年（1748）二月，乾隆奉母东巡泰山，山东巡抚包括荐举板桥为乾隆书画史。《板桥自叙》云："乾隆十三年，大驾东巡，燮为书画史，治顿所，卧泰山绝顶四十余日，亦足豪矣。"后来治"乾隆东封书画史"印章一枚，刻者不详。

索绰络·德保（生卒年不详），清代官吏。名德保，字仲容，一字润亭，号定圃，又号庞村。索绰络氏，满洲正白旗人。乾隆二年（1737）进士，改庶吉士。乾隆十二年（1747）七月，由侍讲学士主山东乡试。同年秋，板桥被临调济南，协助德保乡试。板桥作《济南试院奉和宫詹德大主师枉赠之作讳保》诗云："锁院西风画角清，淡云疏雁济南城。桂花不用月中折，奎阁俨如天上行。模范已看金在铸，洗磨终愧玉无成。饶他嵞华青青色，还让先生泰岱横。"德保赋诗《中秋日山左闱中招同事诸公小酌，即席赠郑大尹板桥》以赠："平分秋色玉轮清，照耀奎垣影倍明。好客弥惭孔北海，论诗偏爱郑康成。不因佳节生乡感，惟以冰心见物情。料得三条椽烛尽，几人翘首望蓬瀛。"后累官广东巡抚、两广总督、礼部尚书及左都御史等。乾隆五十四年（1789）卒，谥文庄。著有《乐贤堂诗钞》等。

明放案：锁院：宋代殿试前三日，试官到学士院锁院，然后陪同考生赴殿对策。明清沿之，但其制略有不同，试官入院后，即封锁内外门户，以严关防。汤显祖《牡丹亭·耽试》："道英雄入彀，恰锁院进呈时侯。"

于敏中（1714—1779），清代官吏。字叔子，一字重棠，号耐圃，江苏金坛人。其父于树范，曾应诏入内廷充武英殿纂修，参与编纂《康熙字典》《佩文韵府》等书，后外放浙江宣平知县。于敏中幼年过继给其叔于枋为嗣，于枋为雍正二年（1724）进士，与其族兄于振并称"兄弟状元"。曾任翰林院编修、侍讲、广西、山东主考官。于枋后来得子，于敏中又归其亲生父母。雍正七年（1729）应江宁乡试，中式举人。乾隆二年（1737）状元，授翰林院编修。乾隆九年（1744），奉旨主持山西乡试。十二月，外放山东学政。乾隆十二年（1747）十月，调任浙江学政，板桥曾与学使于殿元唱和，作《和学使者于殿元枉赠之作讳敏中》。乾隆十五年（1780），复督山东学政。乾隆十九年（1784），擢为兵部侍郎。乾隆二十一年（1756），其父去世，归籍服丧。翌年受诏赴京，署刑部左侍郎。乾隆二十五年（1760），任户部侍郎兼军机大臣。乾隆三十三年（1768），加太子太保衔。乾隆三十六年（1771），升协办大学士兼户部尚书。乾隆三十八年（1773），晋文华殿大学士兼户部尚书、首席军机大臣。力主开四库全书馆，馆开，任正总裁。乾隆四十一年（1776），因功赏戴双眼花翎，赐穿黄马褂，并图其像于紫光阁。乾隆四十四年（1779），患病卧床，乾隆随遣御医视治，诏内务大臣和珅伴帝驾亲临探视，赐诗一首，送人参二支。年六十六卒（《清史稿》疑其饮鸩自尽），谥文襄。乾隆诏优赐恤，入祀贤良祠，归葬金坛涑渎周庄村。乾隆五十一年（1786），因受甘肃监粮冒赈之案牵连而被撤出贤良祠，剥夺子孙世职。善书，书格近于董其昌，奉旨译抄《华严经》《楞严经》。著有《国朝宫史》《素余堂集》《浙程备览》《临清纪略》等。

明放案：学使：全称"都学使者"，亦称"提督学政"。俗称"学台"。语出《周礼·春官》："大司乐掌成均之法，以治建国之学政。"雍正四年（1726）始设，每省一人，按期至所属各府、厅考试童生和生员；均由侍郎、京堂、翰林、科道及部属等官由进士出身者简派，三年一任。不问本人官阶大小，任职内皆按钦差待遇，与督都、巡抚平行。光绪三十二年（1906）改设提学使，辛亥革命后废止。又，殿元：科举制度中状元的别称之一。因其为殿试一甲第一名而得名。

沈廷芳（1702—1772），清代官吏。字畹叔，一字荻林，号椒园，仁和（今浙江杭州）人。初以国子生为《大清一统志》校录。乾隆元年（1736）以监生召试博学鸿词，选庶吉士，授翰林院编修，出任山东道监察御史，迁河南按察使，乾隆八年（1743），改巡江南道，巡视山东漕运，兼理河务。乾隆十年（1745），在兖州建祠立碑，纪念唐代诗人杜甫。以母年老乞退。再补山东按察使。归时，数千人送至崮山驿。他以经学自任，古文宗方苞，诗效查慎行，尤精于古文。嗜藏书，建有藏书楼—隐拙斋，以"古柱下史"自称，藏书印有"古杭忠清里沈氏隐拙斋藏书印"、"古柱下史"、"购此书甚不易，遗子孙勿轻弃"等。后家境渐贫，藏书渐失。晚年曾掌教粤秀、敬敷等书院，著有《隐拙斋集》《舆蒙杂著》《古文指绶》《鉴古录》《下学渊源》《十三经注疏正字》《续经义考》等。

另，与桑调元合辑有《余山遗稿》。乾隆十二年（1747），板桥与御史沈椒园酬唱，曾作《御史沈椒园先生，新修南池，建少陵书院，并作杂剧侑神，令岁时歌舞以祀沈讳廷芳》诗。

高斌（1682—1755年），清代官吏。字右文，号东轩，满洲镶黄旗人。雍正九年（1731）任河东副总河。雍正十一年（1733）署江南河道总督。乾隆元年（1736），请设江南河库道，得准。乾隆六年（1741），请改建江都三汊河，瓜仪二河口门，逼水多入仪河便漕盐运输。乾隆十年（1745）任吏部尚书，仍管直隶水利。不久任协办大学士，在军机处行走。翌年奉命理江南河务。乾隆十二年（1747），授文渊阁大学士，仍在江南河道总督任上。乾隆十三年（1748），山东大旱，廷派高斌、刘统勋亲督给赈之事。五月至潍，板桥随行巡视，遂作《和高相公给赈山东道中喜雨，并五日自寿之作讳斌，号东轩》诗。乾隆十八年（1753），黄河决铜山县张家马路，同知及守备于工所处斩，缚高斌等赴行刑处，令其目睹。乾隆二十年（1755）卒，谥文定。

刘统勋（1699—1773），清代官吏。字延清，号尔纯，山东诸城（今山东高密）人。雍正二年（1724）进士，授翰林院编修。乾隆时历任刑部尚书、工部尚书、吏部尚书、内阁大学士、翰林院掌院学士及军机大臣等要职。为政四十余载，清廉正直，敢于直谏，在吏治、军事、治河等方面均有显著政绩。与刘伦同为乾隆所倚任。有"南刘北刘"之称。曾多次视察黄河、运河河工，均能革除积弊。又充《四库全书》正总裁，四任会试正考官。乾隆三十八年（1773）卒于上朝途中，乾隆闻讯慨叹失去股肱之臣，追授太傅，谥文正。著有《刘文正公集》。

吴作哲（1723—？），清代官吏。字旦庵，号川源先生，安徽萧县人。乾隆十七年（1752）任。乾隆十九年（1754）春，板桥应

七、郑板桥吏友印友名录

杭州太守吴作哲之邀，出游杭州，作《与墨弟书》。乾隆二十五年（1760），板桥《刘柳村册子》云："游西湖，谒杭州太守吴公作哲，出纸二幅，索书画。一画竹、一写字。湖州太守李公堂见而讶之曰：'公何得有此？'遂攫之而去。吴曰：'是不难得，是人现在此，公至南屏静寺访之，吾先之作介绍可也。'次日，泛舟相访，置酒湖上为欢；醉后，即唱予《道情》以相娱乐。云：'十年前得之临清王知州处，即爱慕至今，不知今日得会于此！'遂邀至湖，游苕溪、溪、卞山、白雀，而道场山尤胜也。府署亭池馆榭甚佳，皆吾扬吴听翁先生所修葺。"

李堂（生卒年不详），据宗源瀚等《重修湖州府志》卷五《职官表》载："李堂，字也升，号峀庵。湖北沔阳州人。乾隆七年进士，十七年任。"

田廷琳（1685—1769），清代官吏。字林玉，潍县（今山东潍坊市）人。监生，候补州同知，例授儒林郎。在任勤政为民，颇获口碑。虽家资富有，然生活不幸，父亲早年去世，与母赵氏相依为命，其母恪守妇道，终抚其子成人。康熙五十八年（1719），母亲去世，终年五十八岁。乾隆八年（1743），为表彰赵氏的忠孝节义，乾隆赐建牌坊一座于南屯庄，封赵氏为节孝孺人。县令赖光表亲送"巾帼全人"匾额到南屯庄。田廷琳无后，将田焴等侄孙辈视为亲生。田廷琳重义轻财，乐善好施。据常之英等《潍县志稿》卷二十九记载：乾隆十五年（1750），邑城久而失修，知县郑燮倡诸绅捐资，重为补筑。"廷琳暨侄颖捐修八十尺。郑令素善隶法。为其事以志之。"乾隆二十年（1755），田氏九世孙田焴主持续修家谱，请其作序，亲为潍县田氏后人订立三十字遗训。

杭世骏（1696—1773），清代官吏。字大宗，别字堇甫，自号秦亭老民，浙江仁和人。少负异才，于学无所不贯。所藏书，拥榻积几，不下数万卷，沉潜其中，目睇手纂，几忘晨夕。雍正二年（1724）乡试中举，受聘为福建同考官。乾隆元年（1736）召试博学鸿词，授翰林院编修，官至御史。校勘武英殿《十三经》《二十四史》，纂修《三礼义疏》。罢归，杜门奉母，偕里中耆旧及方外友结南屏诗社。后迎驾湖上，赐复原职。博闻强记，口齿伶俐。时方苞负重名，独大宗侃侃与辨，方逊避之。先生性简傲通脱，不事修饰；虽同辈时或遭其睥睨。然自谓："吾经学不如吴东壁，史学不如全榭山，诗学不如厉樊榭。"先生兼通礼学，有请复汉儒卢植从祀议。又议；当制服可以立师道，厉浇季。朋友不制服，防不肖者贡媚权势，贤者结怨流俗。时论皆以为治。在馆阁尝自《永乐大典》抄辑宋元来诸儒礼记说数百卷，以续宋卫正叔书。著有《道古堂文集》《道古堂诗集》《石经考异》《诸史然疑》《两汉蒙拾》《晋书补传赞》《文选课虚》《续方言》《榕城诗话》《三国志补注》《质疑》《词科掌录》《史记考异》《两汉书疏证》《三国志补注》《北史搴稂》《史汉北齐疏证》《历代艺文志》《两浙经籍志》《续经籍考》等。板桥在《绝句二十一首》中，第十九首写的便是杭世骏。又写《与杭世骏书》书札。乾隆二十八年（1763）四月五日，板桥应卢见曾之邀，与金农、杭世骏、陈江皋诸人泛舟红桥，板桥作《和卢雅雨红桥泛舟》诗。

孙扩图（1718—1789），清代官吏。字充之，号适斋，山东济宁州人。少承家学，天姿颖异，读书过目不忘。乾隆元年（1736）秋，举乡榜，中举。乾隆十年（1745），中明通榜进士。以笔墨之得补贴家用。后授山东掖县教谕，兼北海书院讲席。乾隆十八年（1753）冬，大学士、山东巡抚杨应琚来视察，特疏保荐，乾隆特授孙扩图为浙江乌程（今浙江湖州）知县。乾隆十九年（1754）五月，板桥返兴化。作《赠济宁乌程知县孙扩图》诗二首。以儒雅饰吏治，风流文采，照映溪山。

七、郑板桥吏友印友名录

据民国珂罗版《明清画苑尺牍》载：板桥在致堂弟郑墨家书中云："……初到杭，吴太守甚喜，请酒一次、请游湖一次、送下程一次、送绸缎礼物一次、送银四十两。郑分司与认族谊，因令兄八哥十哥旧在扬州原有一拜；甚亲厚，请七八次、游湖两次、送银十六两。但盘费不少，故无多带回也。掖县教谕孙升任乌程知县，与我旧不相合。杭州太守为之和解，前憾尽释。而湖州太守李公讳堂者，壬戌进士，久知我名，硬夺杭守字画，孙乌程是其下属，欲逢迎之，强拉入湖州作一月游。其供给甚盛，姑且游诸名山以自适。第一是过钱塘江，探禹穴、游兰亭，往来山阴道上，是平生快举；而吼山尤妙，待归来一一言之。华灿且留住数日，我于端午后必回。"

徐宗幹等《济宁直隶州志》卷八云："归田后，手一编，哦斗室中，遇文士至，纵谈不倦。好接引后进，尝主莱州北海书院、温州东山书院讲席，所成就多一名时名士。为古文词，下笔泉涌，而法律一归谨严。诗于汉、魏、唐、宋诸家，皆得神解。博学而不近名，黄叔琳所刊丛书，多扩图手校。"著有《一松斋集》。

明放案：明通榜，即规定录取的名额正榜外，再从考生的会试落榜中挑选一些文理明通者录取若干人，另出一榜。

吴作樟（生卒年不详），潘熔等《萧县志》卷十三《人物志二》载，"吴作樟，字文洁，幼即工染翰，长益博涉诸家，皆能得其意。又善画，客从弟作哲杭州府署，与兴化郑燮遇，燮故傲睨，而独善作樟。尝醉后属书擘窠大字，燮甚钦服。"

卢见曾（1690—1768），清代官吏。字抱孙，号澹园，别号雅雨山人，室名雅雨堂，山东德州人。幼时聪慧绝伦，师从王士禛、田雯，学问具有根底。康熙五十年（1711）举人，康熙六十年（1721）进士。雍正三年（1725）为四川洪雅县知县。雍正九年（1731）任安徽蒙城知县，后任六安、亳州知州，庐州、江宁、颖州知府，江西广（信）饶（州）、九（江）南（昌）道道台，两淮盐运使，乾隆五年（1740）五月，板桥为程鸣《闲居爱重九图册》题跋，除板桥外，题跋者尚有卢见曾、厉鹗、陈章、沈泰、吴承惠、吴遵、高玉桂及吴廷采等人。"主东南文坛，一时称海内宗匠。"后被诬谪戍（充军）乌鲁木齐。后经查明，平反赐还。授滦州直隶知州、长芦盐运使，又复调两淮盐运使，李斗《扬州画舫录》卷十云其"筑苏亭于使署，日与诗人相酬咏。一时文讌盛于江南……丁丑（1757）修禊红桥，作七言律诗四首云……其时和修禊韵者七千余人，编此得三百余卷……"板桥扬州卖画，尝与之交游。其父卢道悦，康熙九年（1670）进士，曾任陕西陇西、河南偃师县知县，著有《公馀谩草》《清福堂遗稿》。卢见曾致仕后，继续撰书立说，工诗文，性度高廓，不拘小节。不惜巨资，自刻自印，版本精良，世称善本。雅雨堂藏书和书版毁于清末的一场大火。著有《雅雨堂诗文全集》，辑有《金石三例》《雅雨金石录》《国朝山左诗钞》等。

明放案：红桥修禊：李斗《扬州画舫录》卷十云："元崔伯亨花园。今洪氏别墅也。洪氏有二园。红桥修禊为大洪园，卷石天洞为小洪园。大洪园有二景：一为红桥修禊，一为柳湖泛春。是园为王文简赋冶春诗处。"卢转运修禊亦于此……由牡丹西入领芳轩……近水筑楼二十余楹。抱湾而转。其中筑修禊亭；外为临水大门。筑厅三楹。题曰红桥修禊。旁建碑亭，供奉御制诗二首。修禊：古俗夏历三月上旬的巳日（魏以后始固定为三月三日）到水边嬉游，以消除不祥。又叫"春禊"。《后汉书·礼仪志上》云："是月上巳，官民皆絜于东流水上，曰洗濯祓除去宿垢疢为大絜。"江总《三日侍宴宣猷堂曲水》诗："上巳娱春禊，芳辰喜月离。"王羲之《兰亭集序》："暮春之初，会于会稽山阴之兰亭，修禊事也。"

噶尔玺（生卒年不详），清代官吏。"玺"亦作"锡"，满洲镶红旗人，乾隆十九年（1754）任天津副都统，翌年任青州（今属山东）将军。板桥曾作《太常引·听噶将军说边外风景》《水龙吟·寄噶将军归化城》等词。

丁敬（1695—1765），清代篆刻家、书法家。字敬身，号钝丁，又号砚林、梅农、清梦生、玩茶翁、玩茶叟、丁居士，别号龙泓山人、砚林外史、胜怠老人、孤云石叟、独游杖者等，钱塘（今浙江杭州）人。自幼家贫，卖酒街市。与金农友善，常相唱和。乾隆元年（1736）举博学鸿词不就，终身以布衣自乐。嗜好金石，常探寻西湖群山、寺庙、塔幢、碑铭等石刻铭文，亲临摹拓，不惜重金购得铜石器铭和印谱珍本，精心研习。又有"于书无所不窥，嗜古耽奇，尤究心金石碑版"之谓。工篆刻，家富收藏。篆刻宗秦汉，又不囿成规。印风清刚朴茂、古拙浑厚，使当时受柔媚、怪异之风笼罩下的印坛大开眼界。印章边款多为楷书，用刀取法何震，变明人双刀法为单刀直切石面。由于他对古代碑刻的修养，可以随刀锋之起止古趣盎然。开"浙派"之先河，为时所称。印谱居"西泠八大家"之首，海内奉为圭臬。善诗文，造语奇崛，最工长篇，有"诗国"之称。善写梅，笔意苍秀；亦擅兰竹、水仙。著有《龙泓山馆诗钞》《武林金石录》《砚林诗集》《砚林集拾遗》《砚林印存》《寿寿初稽》等。与蒋仁、黄易、奚冈、陈豫钟、陈鸿寿、赵之琛、钱松等并称"西泠八家"。邓散木《篆刻学》云其郑板桥、金农、丁敬、黄易、奚冈、蒋仁、陈鸿寿齐名，人称"雍嘉七子"。民国十年（1921），西泠印社创始人之一丁辅之得石于曜山之阴，酷似人状，遂命工造丁敬身像，奉置三老石室旁，以志纪念。坐像重建于1978年。

朱文震（生卒年不详），清代篆刻家、书画家。字去羡，号青雷，又号平陵外史、玄羡道人，历城（今山东济南）人。少孤贫，好学不倦，独游曲阜观碑，连续数月布毯坐卧于碑刻间。入太学摹临石鼓文,以太学生充方略馆誊录,后授西隆州(今广西隆林县西)同知,有政声。授詹事府主簿,会开四库全书馆,充篆、隶校对官。喜古印,工于篆刻,游京师,饱览古人书画,为雍正之弟、乾隆叔父、紫琼崖主人允禧所赏识。自号紫琼弟子。尤工篆刻,曾为袁枚镌印二十余方。初学写意花鸟,花卉师事郑板桥,山水学王原祁。乾隆七年(1742)春,板桥为程振凡作《兰竹图》卷并题识,除板桥外,题识者尚有程振凡、允禧、朱文震、顾元揆、陆恢等。朱文震题曰:"幽兰况幽人,写赠情何已。浥浥墨香浮,似共光风起。会然兴远怀,江南渺烟水。振翁老先生以我板桥夫子兰卷嘱题,敬赋应命。平陵外史朱文震。"板桥曾有尺牍《范县寄朱文震》。乾隆二十一年(1756)二月初三,板桥邀程绵庄、黄瘿瓢、李萝村、王梦楼、于石乡、金棕亭、张仲谋八人于竹西亭聚饮,板桥写兰八叶以符聚饮人数,不料误多画一撇,遂笑道:"今日岂有后来者乎?"果然,午后,朱文震不期而至。板桥大喜,乃以此《九畹兰》以纪其盛,板桥为其题诗曰:"天上文星与酒星,一时欢聚竹西亭;何劳芍药夸金带,自是千秋九畹青。"乾隆二十四年(1759)六月十二日,板桥作《与朱青雷书》。朱文震作《题郑燮兰竹图卷》云:"幽兰况幽人,写赠情何已。浥浥墨香浮,似共光风起。会然兴远怀,江南渺烟水。振翁老先生以我板桥夫子兰卷属题,敬赋应命。平陵外史朱文震。"(《中国绘画总合目录》第一卷)朱文震尚未板桥刻治"郑为东道主"(白文·立)、"二十年前旧板桥"、"康熙秀才雍正举人乾隆进士"、"私心有所不尽鄙陋"。曾仿吴伟业作《画中十哲歌》一篇,为时称道。著有《雪堂诗稿》。

程邃(1605—1691),清代篆刻家、书画家。字穆倩,一字朽民,号青溪、垢区,别号垢道人、野全道者、江东布衣,自称江东布衣,歙县(今属安徽)人,生于松江华亭(今上海松江)。诸生。为明末书法家黄道周所器重。明亡后移居扬州,与淮安万寿祺同师事华亭名士陈继儒,不惟学画,实亦学其品格和学问。王昊庐曾言:"张璪有生枯笔,润含春泽。千裂秋风,惟穆倩得之。"黄宾虹评其画有"千裂秋风,润含春雨"之趣。为人正直,品质端悫,崇尚气节,不与阮大铖、马士英等奸党同流合污,而与戏剧理论家李渔、大学者朱彝尊交谊甚契。曾因议论颇矣朝廷之事,被流寓白门十余年。嗣后,又因说了"马士英眼多白,必将乱天下"等语,再遭马士英之流迫害,幸得陈子龙保护,才免遭毒手。山水初仿巨然,后纯用渴笔焦墨,沉郁苍古,诗文、书法绝不蹈袭,尤工分书,长于金石考证之学。家藏甚富。篆刻取法秦汉,喜用大篆入印,刀法凝重,富有笔意,为"皖派"代表之一。其风格于文、何、汪、朱外,别树一帜。诗文自成一体,曾作《浩歌》一篇,杜濬、魏禧、朱彝尊为之序跋,善鉴别,家富藏,名画古器甚多。乾隆二十五年(1760),板桥为程邃《印拓册》撰写跋语。著有《会心吟》。

吴于河(生卒年不详),清代篆刻家。扬州道士,与郑板桥友善。先后为板桥治印"动而得谤名亦随之""恨不得填漫了普天饥债""十年县令""潍夷长""郑风子"、"郑兰""六分半书""青藤门下牛马走""无数青山拜草庐""橄榄轩""畏人嫌我真""诗绝字绝画绝""凤""王凤""恃鹭耳"等十五方。

潘西凤(1736—1795),清代竹刻家、篆刻家。字桐冈,人呼老桐,别署天姥山樵。天台(今浙江台州市)(一说浙江新昌)人。侨居扬州。为王虚舟弟子。擅治印,有古风,刀法圆润浑厚,名盛于时。邓之诚《骨董琐记》称:"予有其竹秘阁一,浅刻菊花,极精,款署老桐。"工书法,刻竹多以"平面浅刻"为主,其浅刻风格略似周芷岩的"铁臂淡描"及郑云樵的"陷地阳文",但又更为清简,别有风味。所制作品与濮仲谦有相通之处,擅长阴刻、高浮雕、浅浮雕、留青等多种刻法。尤擅浅刻菊花,技艺精湛。被称为明代濮仲谦之后金陵派竹刻第一人。曾选佳竹摹刻《十七帖》,

精妙绝伦，翁方纲为之跋，嘉庆年间被收入内府。与郑板桥、李复堂、杨吉人、顾于观、李啸村、吴重光等友情甚笃。板桥在《绝句二十一首》中，第六首写的就是潘西凤："年年为恨诗书累，处处逢人劝读书；试看潘郎精刻竹，胸无万卷待何如！"又，董伟业竹枝词云："老桐与竹结知音，苦竹雕镂苦费心。十载竹西歌吹夜，几回烧去竹为琴。"潘西凤尚为板桥治印"扬州兴化人"。某年，至黄冈岭祭扫祖墓，得奇竹一段，裁制为琴，并以竹须为琴徽调试成声，音色清脆悦耳，时人誉为几可与东汉蔡邕"焦尾琴"相媲美；并以余枝制为竹印，分赠至友，争相收藏，名闻一时。传世作品有《刻临恽寿平梅花竹笔筒》，藏上海博物馆。

丁有煜（1682—1764），清代篆刻家、诗人、画家。字丽中，一字介堂，号石可，晚号个道人。南通州（今江苏南通）人。贡生。工摹印，善绘事，尤长写梅。少时无心科举，潜心诗书画。其画多以梅兰竹菊为题材，蕴意其中。其画竹，竿如金削，叶似铁铸，自题"竹从胸中来"，自号"个道人"，钤印用"狂竹园丁"等。郑板桥称其"画法从书法"。其《菊石图》，以玲珑山石烘托挺拔丛菊，突出秋菊傲霜神态，并题"寒花无俗艳，秃颖画新霜。"以示己所寄托。其诗质朴雄厚，感情真挚，多反映百姓的苦难，控诉官府的横征暴敛。《中秋风雨》诗，借"天心应忌满，此夜月羞明；愁于欢时伏，光从敛处生。"表达眷怀故国、期望未来的深沉民族感情。晚年，住通州城南双薇园，避世隐居，不为足疾、目疾所难，仍坚持吟诗作画，誉满大江南北。乾隆二十五年（1760）夏五，于通州为李方膺之侍人孙柳门跋黄慎所作《丁有煜像》卷题跋：好藏之。孙柳门所宝个道人小照。板桥郑燮题。"乾隆东封书画史"。跋曰：郝香山，晴江李公之侍人也，宝其主之笔墨如拱璧，而索题跋于板桥老人。孙柳门，又个道人之侍人也，宝其主之笔墨与香山等，而又摹道人之照，而秘藏之，以为千秋供奉，其义更深远矣。

用题二十八字："嗟予不是康成裔，羡此真成颖士家；放眼乾坤臣主义，青衣往往胜乌纱。乾隆庚辰夏五，板桥郑燮识。南通博物馆藏墨迹。同年又为高凤翰《香流幽谷图》题跋，并赠丁有煜。著有《双薇园集》《双薇园诗钞》《与秋集》等。丁有煜逝世后二十八年，清廷下令禁毁其诗集。

身汝敬（生卒年不详），清代篆刻家。浙江杭州人。曾为板桥治印"雪婆婆同日生"。

沈凤（1685—1755），清代篆刻家。字凡民，号补萝，别号飘溟、樊溟、凡翁、谦斋、补萝散人、补萝外史、桐君等，江苏江阴人。曾官盱眙（隶属江苏淮安市下辖县）、旌德（隶属安徽宣城市）、宣城三县知县，南河同知。虬髯古貌，广颊方颐，人称古君子。书法师王虚舟，淹通博鉴，工铁笔，善山水。自称篆刻第一，画次之，字又次之。画多干笔，尝临倪云林小幅，鉴者莫辨。袁枚欣赏其才。凡随园联额皆出其手。晚年嗜好读书，不肯刻石作画，著有《谦斋印谱》等。徐兆丰《板桥先生印册》云："板桥藏印，称'四凤楼'，盖谓胶州高凤翰、扬州高凤冈、天台潘西凤、江阴沈凤也。"板桥在《绝句二十一首》中，其中第十三首写的就是沈凤："政绩优游便出奇，不须峭削合时宜；良苗也怕惊雷电，扇得和风好好吹。"沈凤尝为板桥刻制"所南翁后"一印。

八、郑板桥僧友道友名录

无方上人（生卒年不详），字无方，号剩山。俗姓卢，江西人。初为江西庐山寺僧，后住锡京师瓮山圆静寺。后又迁孝儿营。无方得法于曙山（超崙），传临济正宗第三十四世，"大法了彻"。曾为恂勤郡王说法，郡王"深礼敬之"。乾隆二十四年（1759），三月十五日示寂于弥勒寺，世寿七十五。据永忠《延芬室集》载，无方是一位深谙禅理佛法和擅长诗画篆刻的沙门，保禄以"西江马大师"目之。无方重交谊，常与诗僧莲峰、狂士顾万峰、朱青雷、诗人成雪田、成桂、士人保禄等酬唱。雍正二年（1724），板桥出游江西，在庐山与之订交。板桥与无方是接触最多、结交最长、历时最久的一位。桥所作诗文有《赠瓮山无方上人二首》、《瓮山示无方上人》、《怀无方上人》；绘画有《为无方上人写竹》、《画盆兰劝无方上人南归》；尺牍有《范县答无方上人》、《寄无方上人》。

明放案：上人：佛教指德智兼备可为僧众之师的高僧。南朝宋以后多用为僧人的尊称。《圆觉要览》云："内有德智，外有胜行，在人之上，曰上人。"

恒彻上人（生卒年不详），常志英等《潍县志稿》卷四十二《杂稽》云："恒彻上人，县城东北濠外路北关帝庙住持，有戒行，与邑令郑燮善。其庙中盛栽葡萄，秋风起，葡萄既熟，郑恒往啖之，岁以为常。郑燮有《留别恒彻上人》诗咏其事，郭麐《潍县竹枝词》

八、郑板桥僧友道友名录

中亦记之……"乾隆十八年（1753），板桥与之订交。

福国上人（生卒年不详），江苏扬州福缘庵僧。成传，字福国，江苏兴化人，板桥从祖。十六岁投泰州如来庵雨文大师薙染，十九岁诣华山受具，参济生和尚，出住泰州龙珠。后步礼五台山。南旋，为济祖编语录。未几，复移福缘报法恩。乾隆十一年（1746）休养于邗上圆通庵。十四年（1749）春示寂，寿六十，塔于庵侧。有语录一卷。能诗。乾隆十年（1745），板桥于山东范县任上，福国往见。板桥诗有：《破衲》、《扬州福国和尚至范赋二诗赠行》。

松岳上人（生卒年不详），浙江杭州韬光庵僧。雍正十年（1732），板桥寓居该庵时，曾作《韬光》诗，并为其作画。

梅鉴上人（生卒年不详），泰州南山寺弥陀庵主持。约在雍正元年（1723），板桥与之订交。板桥作《别梅鉴上人》诗。

弘量上人（生卒年不详），兴化某寺僧。名超广，一名明广，字弘量，俗姓徐，江苏兴化人。少年遵师定生剃度，老成持重，颖悟绝伦，清水芙蓉，天然秀拔。好读书，博闻强记，大儒多为心折。师传以心法，委为武康报恩寺方丈。雍正十三年（1735），宣召北上。帝留圆明园顾问。奏对称旨，皇情嘉悦。改明广为超广。赐"打破重关"额，命住京师万寿寺。后又七赐紫衣、钵、杖、绿松如意。御赐诗赐联。诏与各宗大德于贤良寺纂修藏经。五年后功始告成。乾隆十年（1745）十月示疾坐化，其弟子合浦载龛回到兴化，在上方寺右建塔。板桥诗有：《弘量上人精舍》七绝二首。

明放案一：据震华《兴化佛教通志》载：雍正赐弘量上人诗云："竹篱茅舍趁溪斜，春入山村处处花。无象太平还有象，孤烟起处是人家。"

明放案二：据震华《兴化佛教通志》载：雍正赐弘量上人联云："此地有茂林修竹；何时无明月清风。"

碧崖上人（生卒年不详），江苏镇江焦山诗僧。祥洁，字碧崖，徽州休宁（一作池州青阳）人。能诗。自幼喜跌坐，祝发于金陵清凉山。受具于弁山，挑担登山，裂石剖竹，至黄山，礼中州和尚。过焦山，参敏修和尚。一主湖州弁山，两主镇江焦山。常与诗僧福仁相唱和。福仁曾作《送碧崖上人归仙源》《酬碧崖大师过访不值原韵》《答碧崖上人雨中过水西寺原韵》《同克印、碧崖上人集水西寺》等诗。板桥为之书："洞曹之后，我得无人。敏修大德，公善其身。两住焦山，其道益纯。肩挑重担，脚踏危津。刻石见玉，选竹抽筠。俗僧劝舍，不舍便嗔。及其以舍，万告千贫。如割心肺，如刳齿唇。忽然祸至，一费千缗。求死不得，求活无因。何似我公，万境皆春。焦山杯水，吴跂尊江。焦山抔土，首丘至仁。是僧之言，是我之邻。碧崖大和尚遗照。板桥郑燮拜题。"（镇江市博物馆藏墨迹）僧达珍之《正源略集》卷二十五云："乾隆三十年（1765）八月，示微疾。至初七日，天未明，坐沐浴，索笔书偈曰：'去年八月初七来，今年八月初七去。海云楼外木樨香，林鸟一声天欲曙。'掷笔瞑目而逝。世寿六十三，僧腊三十五。荼毗建塔于五州山。"板桥遂作《题碧崖和尚遗照》以悼，其缅怀之情，溢于言表。又，丹徒诗人郭家驹赞誉碧崖诗"春风笑开口，明月印禅心。"

博也上人（生卒年不详），某庙主持。板桥曾在此小灶烹茶，幽窗学字。并作《赠博也上人》诗。

巨潭上人（生卒年不详），画僧。上海青浦圆津禅院第七代住持。名续行，字德源、巨谭，号墨花，俗姓罗，昆山（一说泰州）人。禅学之余，善画花竹虫鸟，字法徐渭。工印，宗文、何法。集生平所治印为《墨花禅印谱》。《墨花禅印谱》已流传到了日本。《飞鸿堂印谱》刊其印文八方。皆为古贤时彦之语。如："伤心明月倚栏干"、"千首诗经万户侯"、"世间穷达何须校"、"岂为功名始读书"等。王述庵称其于篆学渊源，颇有心领神悟之妙。清

八、郑板桥僧友道友名录

代名士江昱《雀桥仙·题德源上人印谱》词："雕云镂雪，揃红刻翠，月历编成颗颗。大年日利漫纷拏，争似此柳、欹花觯。　流连光景，消磨岁月，便是六时听课。湖湘萍梗怅年年，都负了、岁华江左。"板桥有《赠巨潭上人三首》。

松风上人（生卒年不详），僧人。浙江杭州订交。板桥曾作《寄松风上人》诗。

勖宗上人（生卒年不详），京西瓮山寺僧，是青崖和尚的弟子。板桥曾与勖宗上人挑灯煮茗，联吟竹屋。乾隆六年（1741），板桥与之在山东范县订交。板桥曾作《逢客入都寄勖宗上人口号》诗。

慧圆上人（生卒年不详），兴化自在庵住持。

慧鉴上人（生卒年不详），板桥曾为其书作唐人司空曙《江村即事》诗："罢钓归来不系船，江村月落正堪眠。纵然一夜风吹去，只在芦花浅水边。书为慧鉴禅师。板桥郑燮。'郑燮'（白文）、'板桥道人'（白文）。"（南京博物院藏墨迹）

侣松上人（生卒年不详），江苏扬州天宁寺僧。与名士陈章有交谊。板桥曾《为侣松上人画荆棘兰花图》。款为："侣公大和上政。板桥郑燮。乾隆二十二年建子月。"常州博物馆藏墨迹。

亦谙上人（生卒年不详），大相国寺僧。大相国寺是今北京西城区西四北大街的一座古刹，创建于唐天宝元年（742），是唐朝皇家佛教寺庙。厉鹗有《相国寺访亦谙上人》诗，见《樊榭山房集》卷三。

成岳上人（生卒年不详），江苏如皋碧霞山太极庵僧。字柱天，江西庐山人。苦行清修，长于吟咏。文朋诗友除板桥外，尚与王国栋、胡稚威等名流友善，有《石根集》行世。《东皋诗存》卷四十一《方外》有成岳《舟泊广陵怀板桥郑明府、万峰顾明经二公时客广陵》，诗云："良宵怀故人，迢递隔城闉。披衣坐不眠，霜钟来夜半。"

昷熔上人（生卒年不详），江苏兴化观音阁僧。号实曙，其师时雨，为当时名僧。震华《兴化佛教通志》卷九谓："道德高超，与郑燮友善。熔尝索燮作堂幅，未及执笔而熔已示寂。"圆寂后，板桥作《为观音阁昷熔上人画竹（身后之赠）》诗："转眼人间变古今，同庚同志想知音。画成不负身前约，挂剑徐君墓上心。"

莲若上人（生卒年不详），法号照彻。康熙间出家于江苏宜兴磐山寺。懂医术，善书画。后住锡苏州开元寺。雍正十二年（1734）十一月十日，板桥于李世兄斋与之订交。事见李鱓《竹菊石图》题识。

起林上人（生卒年不详），京西瓮山寺诗僧。乾隆元年（1736），板桥曾与他拥衾夜吟，通宵达旦。夜听秋虫，晨起看山。饥餐野果，渴饮山泉，一派雅人深致。板桥曾作《同起林上人重访仁公》诗。

佛上人（生卒年不详），潍县僧人。板桥在潍县任上与之订交。板桥曾在其诉状书空白处写诗赠他。

青崖和尚（生卒年不详），僧元日，字青崖，江苏盐城人，俗姓丁。七岁时即超然有出世之想，父母奇之。旋圆具于金陵宝华山。后又遍访虎丘、天台、灵隐诸山，参询尊宿。康熙五十五年（1716），应山阳士坤之请，出任凤谷村东林院主讲，凡四年。雍正十二年（1734），世宗召见，青崖应对尘旨，帝大悦，遂赐紫衣四袭，及宝盂、玉如意等物。高宗即位，复召至京，奉旨开发西山（万寿山）。遂住锡寿安山十方普觉寺。乾隆八年（1743），乾隆曾赐青崖七律一首。十一年（1746）闰三月示寂，乾隆命葬于寿安山。嗣法弟子二十六人，度名者以万计。焦忠祖等《阜宁县新志》卷十有载。乾隆元年（1736）板桥与之订交。板桥诗作有：《寄青崖和尚》《访青崖和尚和壁间晴岚学士虚亭侍读原韵》《山中卧雪呈青崖老人》。

明放案：乾隆赐青崖诗云：峰舍宿润黛螺新，一脉曹溪试问津。憩波来青之梵室，对兹衣紫者山人。却心触目皆无滓，不必谈元始远尘。坐久兰烟消篆字，禽声树色总天真。

啸江和尚（生卒年不详），江苏镇江焦山寺僧。清代吴云《焦山志》卷十云："释寂会，姓邬氏，字心融，号啸江。住焦山，少颇任侠，虽薙染，豪气未除，中年乃折节持戒律，以苦行闻，里人延主竹林方丈。寺俭于田产，所入不足供大众十分之一。素善医术，尤神于喉科，岁获酬医之资，率数百金以上，悉以供众。有不赡，则称贷而益之。"素与张自坤、诗人称梦湘友善。又，李恩绶等《丹徒县志》卷二十七《人物》十一《方技》云："释寂会姓邬氏，字心融，号啸江，住焦山。少颇任侠，虽剃染，豪气未除。中年乃折节持戒律，以苦行闻。里人延主竹林方丈。寺俭于田产，所入不足供大众十分之一。素善医术，尤神于喉科，岁获酬医之资，率数百金以上，悉以供众。有不赡，则称贷而益之。"又，王豫等《京江耆旧集》卷九亦载其事。乾隆二十八年（1763）九月，板桥为啸江大师书作"秋老吴霜苍树色；春融巴雪洗山根"七言联相赠。徐立樵藏墨迹。

仁公和尚（生卒年不详），京西瓮山法海寺方丈，诗僧。字仁化，号二憨，俗姓马。浙江奉化人。二十三岁出家普陀法华洞，次年于西湖昭庆律寺受具足戒。雍正十一年（1733），雍正恩赐紫衣、钵、杖、如意等，敕主法海寺，凡10年之久。后乾隆亦赐紫衣，命主拈花寺，乾隆二十五年（1760）示寂于报恩院。世寿六十五岁。僧腊四十三，弟子于南屏山莲花峰下建塔葬其遗骸。详见梁同书《赐紫沙门乾公塔铭》。乾隆元年（1736）板桥与之订交。板桥诗有《法海寺访仁公》《同起林上人重访仁公》等。板桥在《焦山别峰庵与徐宗于》中评价仁公"湛深经典,谈吐隽妙,悲天悯人,德行均好。"

拙公和尚（生卒年不详），即拙樵，扬州平山堂僧。俗姓吴，徽州歙县人。拙公是郑燮对拙樵和尚的尊称。敏修毅禅师之法嗣。后住扬州天宁寺。与黄振、汪之珩、李中简诗酒往还。乾隆二十四年（1759），板桥从拙公和尚议，自定润格云："大幅六两，中幅四两，小幅二两，条幅对联一两，扇子斗方五钱。凡送礼物食物，总不如白银为妙；公之所送，未必弟之所好也。送现银则中心喜乐，书画皆佳。礼物既属纠缠，赊欠尤为赖账。年老神倦，亦不能陪诸君子作无益语言也。画竹多于买竹钱，纸高六尺价三千。任渠话旧论交接，只当秋风过耳边。乾隆已卯，拙公和尚属书谢客。板桥郑燮。"潍坊市博物馆藏石刻。

彼公和尚（生卒年不详），通州（今江苏南通市）白狼山僧。板桥曾为其题"十子成林"匾额。南通狼山准提庵藏木刻。

永公和尚（生卒年不详），日本铃木敬《中国绘画总合图录》第二卷载：乾隆三十年（1765），板桥为其写竹题句云："一枝瘦竹何曾少，十亩丛篁未是多。勘破世间多寡数，水边沙石见恒河。乾隆乙酉，为永公大和尚正。板桥郑燮。"

药根和尚（生卒年不详），扬州祇园庵僧。一作药庵和尚，名湛性（"性"又作"汛"），俗姓徐，江苏丹徒人，亦称江都人。擅交际，工诗书篆刻，颇自贵惜，不轻为人落墨。手镌图书尤精妙。一时名公重之。汪堂《水香村墅诗》云：乾隆十九年（1754）杪秋，招同郑板桥、缪客船、黄北垞、萧邓林、张煦斋、陶韵亭、金麟洲、廖禹门、沈玉崖、方竹楼、方介亭、徐嘉村、药根和尚集百尺楼，以赵甈"残星几点雁横塞，长笛一声人倚楼"句分韵，得"人"字

八、郑板桥僧友道友名录

药根还与秦谏泉、潘凤岗、李啸村、韦药仙、金兆燕、黄振、江恂、复显、李中简、马氏兄弟、闵华、张秉彝、冒春荣、汪之珩及诗人钱载等互有酬唱。北京故宫博物院现藏有罗聘所绘《药根和尚像》。

明放案：李福祚《昭阳述旧编》卷二载：汪仲升堂《甲戌杪秋招郑板桥、药根上人辈集百尺楼分韵得"人"字》诗：元英岁已近，白帝行别人。倚楼心杳渺，年光空逡巡。西风吹不歇，落叶声频频。大江横树杪，匹练光如银。远山起寒色，瘦削青嶙峋。醉吟勿归去，此夜犹萧辰。

偈船和尚（生卒年不详），江苏如皋菩提社僧，法号实灯，字济传，一字偈船。能诗。板桥曾赠其诗云："一到云堂画兴开，扫涂半幅主人来。幽兰细写还添石，淡墨重磨更点苔。入座凉风清欲绝，过门流水淡无猜。蒲团诗思和禅瘦，肯把蛮笺为我裁。小诗奉赠偈船大和尚兼政，"（南通博物馆藏墨迹）

慧通禅师（生卒年不详），江苏镇江焦山自然庵僧。即光治，字慧通。板桥有《游焦山》二首，其一落款为："焦山诗，慧通禅师正。板桥郑燮书于自然庵。"镇江博物馆藏墨迹。据吴云《焦山志》载，乾隆三十七年（1772），慧通离开了自然庵。此时，板桥已去世七年。

慧如和尚（生卒年不详），李佐贤《书画鉴影》卷十六《名人翰墨集册》载："兰芳劲叶，神柔笔硬。清品清材，此交可订。为慧如大师法正，板桥燮。"

克恭和尚（生卒年不详），扬州三圣庵僧。字云穴，亦署云穴客，诙谐善谈，工绘芦雁，并善写意花卉。与郑板桥等为方外交。

六安和尚（生卒年不详），清代李斗《扬州画舫录》卷四《新城北录中》云："青莲斋在街西，六安山僧茶叶馆也。僧有茶田，春夏入山，秋冬居肆。东城游人，皆于此买茶，供一日之用。郑板桥书联云：'从来名士能评水；自古高僧爱斗茶。'"

莲峰上人（生卒年不详），江苏苏州怡贤禅寺僧。名超源，字莲峰，俗姓洪，浙江仁和人。康熙四十五年（1706），十六岁出家，受戒于山西忻州圆照寺。入灵峰山，师从警修大师习台贤宗旨。诣京师检藏怡园。康熙六十一年（1722）住锡扬州府兴化时思寺。雍正四年（1726）住锡山西高平开化禅寺。雍正八年（1730）南归，旋蒙世宗宪皇帝召入都。雍正十三年（1735）赐紫衣，擢明道正觉禅师法嗣，赐御书'宗门正脉'，嘱咐卷、杖钵、佛尘、如意等物。七月，特命南旋，住锡苏州怡贤禅寺。十余年中，主淮阴之湛真、吴江之万寿，俱综理有法，道俗咸钦服焉。乾隆十年（1745）四月二十日，集大众年佛毕，书偈曰：'今年过六九，金毛颠倒走。撞死两泥牛，笑破虚空口。'端坐而逝。世寿五十有五，僧腊四十。有语录若干集，嗣孙实坚编。源工诗，与程嗣立、蔡寅斗友善。草书法怀素，画亦高超。著《未筛集》，蔡寅斗序，其徒明印编印。清人陆肇域、任兆麟《虎阜志》卷八、清僧震华《兴化佛教通志》、清僧达珍之《正源略集》等均有记载。乾隆七年（1742），板桥与之于山东范县订交。

明放案一：诗僧，谓莲峰文采之斐然；赐衣，谓莲峰地位之显赫。

明放案二：清代诗人沈德潜誉莲峰诗："揣摩王、孟，举释典玄妙融化出之，殊有空山冰雪气象。"

明放案三：清代名士蔡寅斗称莲峰诗："悠然如云之出岫也，朗然如月之印于潭也飘然如天籁之无心，盎然如生物之以息相吹也。"

文思和尚（生卒年不详），江苏扬州天宁寺僧。李斗《扬州画舫录》卷四云："（弹指）阁后竹篱，篱外修竹参天，断绝人路，僧文思居之。文思字熙甫，工诗，善识人，有鉴虚、惠明之风，一时乡贤寓公皆与之友。又善为豆腐羹甜浆粥，至今效其法者，谓之'文思豆腐'"乾隆二十五年（1760），文思与板桥在扬州订交。文思还与扬州二马兄弟及陈章、黄慎等名士交谊深厚。

静山和尚（生卒年不详），河南某寺僧。工印。曾为板桥治"丙辰进士"（朱文）印。

复显和尚（生卒年不详），江苏扬州建隆寺方丈。僧小支《建隆寺志》云："复显，又名福显，字梦因，号学庐，又号树下头陀。海陵旧族，生相庄严，画法倪高士，工书，喜吟咏，时从陈文勤公游，偶阅天台止观及元义释签，投庆善寺指松长老披薙，受杭州灵隐寺巨涛禅师具足戒。以性天清朗，心地圆融，般若内薰，夙习顿现，遂杖锡观方。参莲峰源于报恩，究向上事，尚未澈法源底，复参道安经和尚于时思寺，深得临济棒喝之照用，三元三要之宗旨。乾隆十六年将游京师，践文勤公之约，至山左而返道过扬州时，建隆品木森公病，一见谓再来人也。与山主黄晓峰居士坚留，一月而森木化去，遂继席焉。"与诗僧巨超、诗人蒋士铨、名士沈大成、杭世骏、闵玉井、罗聘等交往密切。

叟虚和尚（生卒年不详），浙江杭州净慈寺僧。清代释际祥《净慈寺志》卷九云："明中，字大恒，一字叟虚。本名演中，从玉林国师，四传支派，易演为明。桐乡施氏子也。生而茹素，七岁薙染于秀水楞严寺。师早卒，以师祖含明教，通儒释两家……颖悟非常。雍正十年受皇戒于京师。世宗皇帝选留佛楼侍讲，特旨居吉祥院者凡四人，师在其列。宪皇帝以四僧具有根器，易于透悟，而儒书禅学理本印合，不习儒业，终非贯通万法，命中书舍人贾玉载为四僧之师，以采币笔墨为贽，亲挈四僧执弟子礼，万几之暇，必薄暮至吉祥院查课，所读务令成熟。恩赐手敕"发明本地工夫"，及杖钵、如意、法帖等物。世庙将以四僧为传法嫡派，尝谕曰：'待三年满，当为汝四人各劈名山，俾为初祖。'四人虽曲荷天恩而实未付法，命名盖有待也。未届三年，龙驭上宾。高宗纯皇帝御极，奉旨许各还本籍。乾隆四年始得法于无阂永觉禅师。至六年，主西湖圣因寺席，凡十年，移锡山阴之乾峰寺，旋归湖上，主上天竺方丈。十六年三月，纯皇帝翠南幸，驻跸寺中，御制七言诗命师庚和，并进圣驾南巡颂十八首，皆留览。暨法驾再幸天竺，师奏请赐额，蒙恩赐为'法喜寺'，与灵隐、净慈并峙，从师请也。是年冬，祝皇太后万寿，赐如意一握。二十二年移住净慈。圣驾南巡，获邀，赐紫。二十七年圣驾三巡，复赐紫，御书'片石孤云留色相；清池皓月照禅心。'对联。三十年驾幸净慈，三次赐紫。御制诗一首刊石本寺，以昭恩眷为前代住僧所未有也。三十二年患嗽上气疾，命法嗣实荫代理院事，养疴乾峰。病剧，诸弟子迎回净慈，以次年二月一日示寂。僧腊五十一，世寿五十八。辞世偈云：'五十八年一报周，山家活计霎然收。披蓑赤脚千峰去，不问芦塘旧钓舟。'建塔慧日峰下。著语录上下卷，诗集三卷行世。精于绘事，环品在倪、黄间，得片楮者为秘宝也。"乾隆二年（1737），板桥与之在扬州订交。详见《板桥印跋》。荚虚与文士、书家往来甚多。如郑板桥、金农、钱陈群、梁同书、梁启心、杭世骏、厉鹗、丁敬、齐召南、周京、马氏兄弟、程之章等，一时诗名鹊起，世人目为"诗僧"。荚虚圆寂后，钱陈群、杭世骏为其诗集作序，梁同书力任刊行。荚虚诗"文采丰瞻"，"癯然以瘦，皎然以清"，"不愧高人吐属"；画"秀润入骨"，传世之作有《半堤垂杨图》、《久视图》等。又擅长治印，如："藏愚谷"、"种学韬光"、"蹈德咏仁"、"相看总是太平人"、"无才不敢累明时"、"且拥图书卧白云"等。详见汪启淑《飞鸿堂印谱》。

笠矶（生卒年不详），乾隆二十九年（1764），板桥曾在《兰竹图》上为之题款。

刘道士（生卒年不详），江苏仪征某观道士。约在康熙五十七年（1718）至五十八年（1719）间板桥与之订交。板桥作《唐多令·寄怀刘道士并示酒家徐郎》。

石道士（生卒年不详），可能是扬州某观的一位炼丹师。板桥曾有一诗相赠："楼殿玲珑草木闲，洞箫吹彻碧云间。歌成莫拟无投赠，新洗羊脂白玉环。"诗潇洒，石道士更潇洒，大有道骨仙风之韵。

女道士（生卒年不详），湖南湘阳县黄陵庙道士。雍正二年（1724），板桥出游湖南，于黄陵庙曾为其写竹题句："湘娥夜抱湘云哭，杜宇鹧鸪泪相逐。丛篁密箓遍抽新，碎剪春愁满江绿。赤龙卖尽潇湘水，衡山夜烧连天紫。洞庭湖渴莽尘沙，惟有竹枝干不死。竹梢露滴苍梧君，竹根竹节盘秋坟。巫娥乱入襄王梦，不值一钱为贱云。"

张粹西（生卒年不详），据文物出版社《中国古代书画图目》二十三记载，北京故宫博物院院藏一幅郑板桥《墨兰图》墨迹，款曰："乾隆癸酉十二月二十五日，为粹西张道友写兰，板桥居士郑燮。款题："素心兰与赤心兰，总把芳心与客看。岂是春风能酿得，曾经霜雪十分寒。"乾隆癸酉，即乾隆十八年（1753），是板桥辞官归里的第一年。

娄真人（1688？—1776），京师光明殿道士。字近垣，号郎斋，又号上清外史，法名科轸，江南松江娄县（今属江苏省）枫泾镇人。清代正一派道士。雍正五年（1727），随五十五代天师张锡麟例觐入京。雍正八年（1730），雍正九年（1731），因其以法篆符水为帝治病见效，被敕封为"妙正真人"，赐四品龙虎山提点、内廷钦安殿住持。后随雍正学佛典，作《性地颂》等诗。雍正十一年（1733），被赐大光明殿开山正住持，统领法官四十八名。乾隆元年（1736），被敕封为通议大夫，食三品俸，并荣及其祖、父，还兼掌道录司印务，住持北京东岳庙。一时声传儒释，名震朝野。乾隆二年（1737）四月，赐御书"千章树影屏间绿；百道泉声云外清"对联一副，以及御制诗书一幅。七十、八十寿辰时，乾隆分别御赐"养素延龄""仙阶耆品"匾额。乾隆四十一年（1776）仙逝。著有《龙虎山志》十六卷，《黄箓科仪》十二卷，《太极灵宝祭炼科仪》二卷，板桥宿光明殿时，曾为之题诗写兰。

陶道人（生卒年不详），板桥与之晚年订交。乾隆二十三年（1758），板桥为其写兰题诗："竹叶兰花清耿耿，飞来一片流泉冷。若要山头写白云，还需道士陶弘景。"后又复题："板桥居士既为陶道人作满山兰竹图，流泉之东，不得更作一花一叶，又惧其淡寂，乃复题二十八字以实之：峤壁飞流万丈孤，兀然仙境世间无。兰芳竹翠幽深处，置个丹炉与茗炉。"

明放案：板桥一生中于画"复题"者仅有两次，除此次外，再一次就是为手卷《题高凤翰披褐图》"复录遣怀旧作一首"。

安道长（生卒年不详），乾隆二十四年（1759），板桥在《与朱青雷书》书札中云："有安道长名凤彩者，与予善，曾往来平邸，在扬时深知鄙人近况，若得会面，便可询问一切。"

明放案：安道长"曾往来平邸"，说明安道长与皇亲贵族有接触。平邸，即平郡王福彭。平郡王福彭，努尔哈赤的八世孙，代善长子岳托之后，岳托因战功始封克勤郡王，后世改称平郡王（乾隆中叶又恢复原名克勤郡王），是清代世袭罔替的"八家铁帽子王"之一。福彭论岁数，比乾隆大三岁，论辈分，乾隆是福彭的祖父辈。福彭是《红楼梦》作者曹雪芹的亲表兄，他的生母曹氏是平郡王讷尔苏的嫡福晋，即曹寅的亲生女。福彭才智过人，颇负文名，受康

八、郑板桥僧友道友名录

熙、雍正、乾隆三朝皇帝的赏识,是王公子弟中的佼佼者。早年即被康熙皇帝看中,养育宫中读书,"王幼而侍圣祖仁皇帝宫中,躬承恩眷",这是不同寻常的优遇。康熙的孙子近百人,有许多他连相貌、名字也不知道,更不要说进宫和皇帝一起生活,乾隆皇帝到十一岁时才被祖父赏识。入宫读书。乾隆帝视为"不世之荣",一辈子感铭不忘,福彭以远支宗室的幼童亦被养育宫中,更为难得。郡王工书翰,亦好《周易》,著有《卦图先后天论》。

施远思(生卒年不详),吴山长生房道士。字鲁瞻,一字两山,道号冲晖,浙江仁和小林村沙子桥人。雍正十年(1732),年三十四岁,龙虎山张真人闻师道行,应诣京师,侍大光明殿妙正娄真人左右,十三年(1735),奏授"龙虎山提点司职,居上清宫。"乾隆十二年(1747)告归故山,与郑板桥、厉樊榭、杭大宗、吴西林、侯夷门、张涤岑辈结诗社。乾隆三十二年(1767)冬羽化。世寿六十九。著有《环山房诗钞》。详见施镐《吴山两山尊师小传》。

吴雨田(生卒年不详),关帝庙道士。李斗《扬州画舫录》卷二云:"郑燮,字克柔,号板桥,兴化人。进士。兰竹石称三绝。工隶书,后以隶楷相参,自成一派。关帝庙道士吴雨田从之学字,可以乱真。"

刘敬尹(生卒年不详),晏公庙松鹤道院道士。咸丰《重修兴化县志》卷十云:刘敬尹"号荔园,住晏公庙松鹤道院。学兰竹于郑进士燮,颇得其秘。"又,民国《续修兴化县志》卷十五《补遗》引邑人徐步云赠刘敬尹诗云:"雅有水墨缘,岂避丹青俗。妙韵倘天成,渊源定有属。板桥大弟子,秘授经一束。岂惟性逼真,字画尚亦酷。"刘敬尹精声律,通经史,尤善书画。从学于郑板桥先生,颇得其秘。性淡雅,不慕荣利,有飘然远引之志。

理昌凤(生卒年不详),字南桥,别号丹崖,俗姓李。有年孤贫为僧，初入佛门，复入道观，后又离道观为儒生。集儒、佛、道三教以一身。晚年易姓理，精书画，有盛名。在为道士时结识板桥，与谈绘事。咸丰《重修兴化县志》卷八云："好画兰竹，久之精妙，苍莽之气溢于楮墨，字法怀素。"冯金柏《墨香居画识》卷七云："为郑板桥弟子，善写兰竹，诗词亦工，多于款题中见之。"

九、郑板桥题写匾额名录

匾额，亦作"扁额"，是悬挂在厅堂或亭榭上的题字牌，亦称"匾"或"额"。一种说法是，用于表达义理、感情之类的称"匾"；用以表达建筑物名称及性质之类的称"额"。也有一种说法认为，横题的称"匾"，竖题的称"额"。

匾额集字、印、雕、色之大成。若以性质分，则有堂号匾、牌坊匾、祝寿匾、商号匾及文人题字匾；若以题材分，则有歌功颂德、绘景抒情及述志兴怀；若以建筑材料分，则有石刻、木刻及灰制等。

语云："以匾研史，可以佐证；以匾研涛，可得涛燕；以匾习书，可获笔意；以匾读辞，可得精髓。"匾额作为中国传统文化的重要组成部分，承载了丰富的历史、文化和艺术信息。一般情况下，多种匾额文字多请名人或文人书写，大都文辞精粹、书法精湛。

在"郑学"研究领域，大多研究者往往只着眼于板桥家书、尺牍、道情、序跋、诗词、书法、绘画，抑或判牍及对联，从而忽略了匾额。事实上，板桥匾额经世济世、自遣自歌，究竟板桥一生题写过多少匾额？笔者经多年博访遐寻，并参以旧闻所见，所题匾额如下：

竜跳虎卧　　隶书

款署：乾隆庚午，板桥。钤印："郑燮之印"。潍坊市博物馆藏墨迹。

"竜"系"龙"、"虝"系"虎"的异体字。"龙跳虎卧"语出南朝梁袁昂《古今书评》："萧思话书走墨连绵，字势屈强，若龙跳天门、虎卧凤阙。"明代傅山《题自临兰亭后》云："吾悬拟龙跳似之，尚恐虎卧不尽之变。"他说自己学习王字，对走墨连绵已有所得，但对子势雄强则未尽其妙。王羲之草书走墨连绵，意态飞动，"烟霏露结，状若断而还连。"黄伯思评王羲之字为"云中之龙"，刘熙载说王羲之字"力屈万夫，韵高千古。"

难得糊涂　六分半书

题识：聪明难，糊涂难，由聪明而转入糊涂更难。放一著，退一步，当下心安，非图后来福报也。

款署：乾隆辛未秋九月十之九日，板桥。钤印："郑燮之印"（白文）、"七品官耳"（白文）、"橄榄轩"（朱文）。潍坊市十笏园藏石刻。

喫亏是福　六分半书

题识：满者，损之机；亏者，盈之渐。损于己则益于彼，外得人情之平，内得我心则安。既平且安，福即在是也。

款署：板桥郑燮题于潍县官廨。钤印："橄榄轩"（朱文）、"郑燮之印"（白文）、"七品官耳"（白文）。潍坊市十笏园藏石刻。

"喫"，"吃"的异体字。

小书斋　楷书

款署：乾隆辛未所书。潍坊市十笏园藏石刻。

静轩　隶书

款署：板桥郑燮书于潍署。钤印："郑燮"（朱文）、"板桥"

（朱文）。

神之听之

款署：板桥郑燮。乾隆壬申题潍县城隍庙戏楼。见《潍县志稿》卷二十。潍坊市李金新藏木刻照片。

明放案：壬申，即乾隆十七年（1752），是年板桥六十岁。

惟德是辅

款署：板桥郑燮。乾隆壬申题潍县城隍庙戏楼。见《潍县志稿》卷二十。潍坊市李金新藏木刻照片。

鞠族

为任姬上所书。

题识：南阳菊水，饮者辄寿。姬翁世长兄夫妇年近六十，如四十许人，其寿正未有艾；诸子孙亭亭直立，浑厚聪明，题以"鞠族"，莫非寿也。佳辰八月，菊将放时，达街盈砌，吸其露，不犹其饮其水乎？款署：乾隆二十二年秋八月。见《兴化任氏族谱·恩荣谱补遗》。

束云　六分半书

款署：板桥。钤印："郑"（白文）、"大"（白文）、"郑燮之印"（白文）。见郑炳纯《郑板桥外集》。

节孝坊

同学陆白义，与我不通音问者久矣，日前忽来一信，要我为家乡节孝祠题额，自当写就寄去。"在另一封家书中又云："陆白义乞书之节孝坊匾额，附函寄归，烦我弟遣人送往陆宅。见板桥家书《潍县署中寄墨弟》。

无数青山拜草庐

乾隆二十五年夏五月，为保培源之"艺园"所书。见清代徐缙、杨廷《崇川咫闻录》。

静俭斋　行书

款署：乾隆壬申，为潍县友人所书。纸本。潍坊市博物馆藏墨迹。

藏经楼　行楷书

为焦山法宝寺所写。

款署：乾隆庚辰，板桥郑燮书，现藏焦山定慧寺。

明放案：庚辰，即乾隆二十五年（1760），是年板桥六十八岁。

聊避风雨　六分半书

款署：板桥。钤印："七品官耳"（白文）等，现藏扬州市博物馆。

十子成林

题为彼公和尚。

款署：板桥。木刻现藏南通狼山准提庵。

明放案：另有一匾为："十指成林"。

何须多搆湖山

款署：板桥。见《板桥书画拓片集》。

明放案："搆"系"构"的异体字。

养怡

题识：古人云："养怡之福，可得永年。"陶冶性情，且安且适，怡则养矣。故为绣园七兄书之。见李佳《左庵一得叙录》。

苏亭

清人李斗《扬州画舫录》卷十五云："李斗《扬州画舫录》卷十五云：'篠园花瑞即三贤祠，乾隆甲辰，归汪廷璋，人称为汪园。于熙春台左撤苏亭，构阁道二十四楹。以最后之九楹，开阁下门为篠园水门。初卢转运建亭署中，郑板桥书'苏亭'二字额，转运联云：'良辰尽为官忙，得一刻余闲，好诵史翻经，另开生面；传舍原非我有，但两番视事，也栽花种竹，权当家园。'后因篠园改三贤祠，遂移是额悬之小漪南水亭上，联云：'东坡何所爱　白居易；仙老暂相将杜荀鹤。'因题曰三过遗踪，列之牙牌二十四景中。后复改名三过亭，今俱撤为阁道。"

待露草堂　行书

书为容驷年世兄。款署：板桥郑燮。山东王国华藏墨迹。

寸鱼两竹之轩

款署：板桥老人。扬州周斯达藏墨迹。

歌歈古扬州　隶书

语出唐人杜牧《题扬州禅智寺》诗："谁知竹西路，歌吹是扬州。"康乾盛世，扬州乃东南四大都会之一，且是两淮盐运使衙门之驻地。板桥曾三写此额：一为郭方仪，一为常酉北，一为松亭陈三哥。扬州博物馆藏木匾。

"歈"，"吹"的异体字。

天外云涛　行书

款署：板桥。钤印："郑燮之印"（白文）、"直心道场"（朱文）。

户外一峰秀

板桥。

春坞

郑燮。"板桥"（白文）。见韩凤林、宫玉果编《郑板桥书法集》。

松叶主人

款署：燮。"潍夷长"（白文）。见韩凤林、宫玉果编《郑板桥书法集》。

聊借一枝栖

为"拥绿园"所书。

语出唐人李义府《题乌》诗。李义府初见唐太宗时，太子命他作诗，李义府诗中流露："上林多少树，不借一枝栖。"意指皇帝手中的官职有很多，连一个都不愿意赐给下面。太宗见诗很高兴，说："朕把上林苑中所有的树都借给了你，岂至一枝？"遂被拜为御史。

当板桥离开官场后，便借居李鱓的浮沤馆，板桥在住所题写了"聊借一枝栖"匾额，诙谐风趣。不久，板桥就在浮沤馆北建筑拥绿园。而浮沤馆南侧的那个园子名叫秋吟阁，系板桥昔日同窗王国栋晚年所筑。这样的话，李、郑、王三家比邻而居，赋诗作画，日与诸名士啸傲其间。

据说，"聊借一枝栖"匾额一直保存到上世纪四十年代，后来毁于抗战时期。

十、郑板桥题词名录

好藏之

乾隆二十五年（1760）夏五，板桥于江南通州（今江苏南通市）为李方膺之侍人孙柳门题跋黄慎绘《丁有煜像》卷：

孙柳门所宝个道人小照。板桥郑燮题。钤"乾隆东封书画史"印。跋曰：郝香山，晴江李公之侍人也，宝其主之笔墨如拱璧，而索题跋于板桥老人。孙柳门，又个道人之侍人也，宝其主之笔墨与香山等，而又摹道人之照而秘藏之，以为千秋供奉，其义更深远矣。用题二十八字：嗟予不是康成裔，羡此真成颖士家；放眼乾坤臣主义，青衣往往胜乌纱。

乾隆庚辰夏五，板桥郑燮识。"乾隆东封书画史"（白文）。

南通博物苑藏墨迹

明放案一：此系纸本，墨笔，纵41.5厘米，横186厘米。

明放案二：丁有煜（1682—1764），清代篆刻家、诗人、画家。字丽中，一字介堂，号石可，晚号个道人。南通州（今江苏南通）人。贡生。工篆印，善绘事，尤长写梅。少时无心科举，潜心诗书画。其画多以梅兰竹菊为题材，蕴意其中。其画竹，竿如金削，叶似铁铸，自题"竹从胸中来"，印用"狂竹园丁"等。板桥称其"画法从书法"。其《菊石图》，以玲珑山石烘托挺拔丛菊，突出秋菊傲霜神态，并题"寒花无俗艳，秃颖画新霜。"以示己所寄托。其诗质朴雄厚，情感真挚，内容多反映百姓的苦难，控诉官府的横征暴敛。其中的《中秋风雨》诗，借"天心应忌满，此夜月羞明；愁于欢时伏，光从敛处生。"表达眷怀故国、期望未来的深沉民族感情。晚年，住通州城南双薇园，避世隐居，不为足疾、目疾所难，仍坚持吟诗作画，誉满大江南北。板桥同年为高凤翰《香流幽谷图》题跋，并赠丁有煜。著有《双薇园集》《双薇园诗钞》《与秋集》等。乾隆四十七年（1782），即丁有煜逝世后二十八年，清廷令焚毁其诗集，文学批评家、"江右三大家"之一袁枚感叹"江北再无名士"。

明放案三：乾隆庚辰，即乾隆二十五年（1760）。

题丁有煜《墨竹册》：

以书为画

个道人《墨竹册》，弟郑燮题。

南通博物苑藏墨迹

明放案：此《墨竹册》系丁有煜于乾隆五年（1740）至乾隆六年（1741）间所作。

蔡中郎十字残碑

题识：定册帷幕，有安社稷之勋。蔡中郎十字残碑，汝州帖摹勒最善。乾隆己巳春王正月，板桥郑燮书于潍县署中。"郑燮"（白文）、"借书传画"（白文）、"丙辰进士"（朱文），起首印："六分半书"（朱文）。

明放案一：己巳，即乾隆十四年（1749）。板桥时年五十七岁。

明放案二：此系纸本，墨笔，纵49厘米，横52厘米。

明放案三：蔡中郎，即指蔡邕（133－192），东汉名臣、文学家、书法家。字伯喈，陈留郡圉县（今河南杞县西南）人，才女蔡文姬之父。

蔡邕博学多闻，早年师从太傅胡广。建宁四年（171），被征辟为司徒（桥玄）的掾属，此后历任平阿县长、郎中、议郎等职，曾参撰《东观汉记》及制作"熹平石经"。后因屡次直言进谏，陈述时弊而得罪权贵，被流放朔方郡，几经周折，避难江南十二年。董卓掌权时，被授为司空祭酒，历任侍御史、治书侍御史、尚书、侍中、左中郎将等职，封高阳乡侯，世称"蔡中郎"。董卓伏诛后，因在司徒王允座上有所感叹而获罪下狱，最终死于狱中，享年六十岁。

蔡邕精通音律，博通经史，擅写辞赋。其辞赋语涉艳丽，缘情体物，逞才炫博，以《述行赋》最为知名。此外，蔡邕的书法精妙，尤擅篆书、隶书，以隶书造诣最深，得到"骨气洞达，爽爽有神力"的评价；所创"飞白"书体，对后世影响甚大，有"妙有绝伦，动合神功"之誉。生平藏书多至万卷，晚年仍存四千卷。著有文集二十卷，早佚。明人张溥辑有《蔡中郎集》。今人邓安生有《蔡邕集编年校注》。

十一、师法郑板桥书画名录

郑墨（1717—？），字五桥，庠生。扬州兴化人。板桥堂弟。工书法，学板桥，形神俱似。所作六分半书《赠砺山》墨迹现藏中国故宫博物院。

刘敬尹（生卒年不详），兴化晏公庙（又名老祖庙）松鹤道院（又名来鹤院）道士。"据说兴化晏公庙的建造者是立鹤堂解氏迁兴始祖解七二，解七二元末明初时从苏州阊门北迁至兴化东城外龙舌津定居，他在自家宅第外修建了松鹤道院和晏公庙。"咸丰《重修兴化县志》卷十《仙释》载：刘敬尹"号荔园，住晏公庙松鹤道院。学兰竹于郑进士燮，颇得其秘。"又，民国《续修兴化县志》卷十五《补遗》引邑人徐步云赠刘敬尹诗云："雅有水墨缘，肯避丹青俗。妙韵倘天成，渊源定有属。板桥大弟子，秘授经一束。岂惟性逼真，字画肖亦酷。"刘敬尹精声律，通经史，尤善书画。从学于郑板桥先生，颇得其秘。性淡雅，不慕荣利，有飘然远引之志。

谭云龙（生卒年不详），常之英等《潍县志稿》卷三十二《人物志·艺术》载："谭云龙，一名化龙。东关木工。幼失学而姿性灵敏，戏摹郑邑令燮书画，几于乱真。又酷嗜金石，所著印谱若干卷，黄县贾文正公极称之。曲阜桂未谷馥教授莱州时，惊其画神似板桥，因以"子猷"字之。（《谭氏家乘》）"与掖县翟云升交最厚，每至掖，必住其家。其见推重于名流如此。捐职四译正馆教序班。"贾桢《谭子犹印谱序》云："潍县谭子犹先生……善板桥书画，得其骨髓，乃神似非形似也。"于原普云："谭云龙，字子犹，乾隆时木工也。能仿邑侯郑板桥先生书画，款识印章均伪托逼肖。""一日，选匠作器皿，有谭木匠与焉。每遇板桥作画，则侍立傍观，心会其妙，缘身虽为匠，曾习儒有年也。板桥喜其聪慧，乐为教之，不数年，谭氏所作，酷似板桥，真伪几不能辨。板桥政务冗忙时，辄令其代笔。"

谭云龙曾自题《竹石轴》诗云："江上人家翠竹光，竹屏竹几竹方床。儒生气味原谙竹，竹屋还需胜画梁。癸丑春正月，摹板桥老人笔意，墨□士九十二岁学写。"恒庆题曰：当乾嘉年间，郑板桥公宰潍，潍人求书画者无弗应。一日，选匠作器皿，有谭木匠与焉。每遇板桥作画，则侍立傍观，心会其妙，缘身虽为匠，曾习儒有年也。板桥喜其聪慧，乐为教之，不数年，谭氏所作，酷似板桥，真伪几不能辨。板桥政务冗忙时，辄令其代笔，此亦一段嘉话也。谭遂在家日日仿伪，且更"伪托逼肖"，借用板桥图章。至板桥仙去，一字一画，世人珍之。而谭氏所作，外来字画商人也不能辨其真伪，每以重价购去，谭氏子孙因以小康。谭名云龙，字子猷，此仿板桥笔意，自书己名，唯不多得耳。生平兼精篆刻，著有印谱，贾文端公序之高南阜赋诗赠之："考工攻木托生涯，擅美维扬小隐家。智匠传来惟太古，应教山谷说龙华。""追抚古印汉时官，篆似蛟螭屈曲蟠。我有相如钤记在，随身佩带与君看。"（青岛博物馆藏墨迹）此帧谭氏自署己款甚佳。

明放案：谭子犹后期作画多署板桥款，至乾隆五十八年（1793），谭氏年事已高，但仍在摹写板桥老人存世笔意之作。据推测，谭氏伪造板桥作品总数逾万。

理昌凤（生卒年不详），字南桥，别号丹崖，俗姓李。有年孤贫为僧，初入佛门，复入道观，后又离道观为儒生。集儒、佛、道三教以一身。晚年易姓理，精书画，有盛名。在为道士时结识板桥，与谈绘事。咸丰《重修兴化县志》卷八云："好画兰竹，久之精妙，苍莽之气溢于楮墨，字法怀素。"冯金柏《墨香居画识》卷七云："为郑板桥弟子，善写兰竹，诗词亦工，多于款题中见之。"

吴雨田（生卒年不详），李斗《扬州画舫录》卷二云："郑燮，字克柔，号板桥，兴化人。进士。兰竹石称三绝。工隶书，后以隶楷相参，自成一派。关帝庙道士吴雨田从之学字，可以乱真。"

朱文震（生卒年不详），字去羡，号青雷，又号青壃、平陵外史、去羡道人，山东历城（今济南）人。官詹事府主簿。早岁究心篆隶，不屑作科举文字，独游曲阜观碑，入太学摹石鼓文。游京师，为紫琼崖主人允禧所赏识。初学写意花鸟，师事郑燮，后专精山水，几夺王原祁、王翚之席。喜搜集古印，工篆刻，尝自镌印曰"紫璚弟子"。偶宿随园，为袁枚治印二十余方，人惊其神速。青雷笑曰："以铁画石，何所不靡？凡迟迟云者，皆故作身分耳。"尝仿吴伟业作《画中十哲歌》一篇，为时所称。乾隆三十三年（1768），尝作《青山红树图》，朱奇题之。会开四库全书馆，充校对篆隶。卒年六十。著有《雪堂诗藁》等。

吴昌明（生卒年不详），字小道，兴化人。马枚《论画兰》云："如吴小道之学郑板桥……因人俯仰，无复发抒自家灵性处，千篇一律，画外无物。"

明放案：吴昌明学板桥一味摹仿，属板桥画派中的庸才。

陈还（生卒年不详），杨逸《海上墨林》卷三云："陈还，字还之，金陵人，流寓上海。书体怪特，论者拟之郑板桥。"

徐退（生卒年不详），许宗衡《玉井山馆笔记》云："初名宗勉，更名退，字进之。诸生。扬州兴化县人。善画兰竹，有郑板桥大令之风。"

十一、师法郑板桥书画名录

僧能越（生卒年不详），阮亨《淮海英灵续集》卷三云："能越，字荔村，兴化人，慈云寺僧。工兰竹，得郑大令之遗。"

释筱衫（生卒年不详），汪鋆《扬州画苑录》卷四云："释筱衫，扬州老衲。写竹得板桥法。"

鲁璋（生卒年不详），蒋宝龄《墨林今话》卷六云："鲁璋，字近人，号半舫，吴门（今苏州）人。书学郑谷口，间参板桥法。"

郏兰坡（生卒年不详），蒋宝龄《墨林今话》卷十三云："字兰坡，自号铁兰道人。诗有别才，书学郑板桥，善画山水及墨梅，辑《虞山画志》若干卷……"

刘连登（生卒年不详），唐晟等《范县志》云："字献璧，范县人，诸生。作兰竹，尤为板桥所赏。"

孟传昔（生卒年不详），曹懋坚等《章邱县志》卷十一云："孟传昔，字君重，号云岩。耽书画，以江南卓滋为师，而风雨竹过于卓。行草悉师郑燮。"

孟兴聚（生卒年不详），字敬甫，济宁人。唐烜等《济宁直隶州续志·人物志》云："（孟兴聚）工兰竹，人以为继板桥云。"

杭世骏（1695—1772），经学家、史学家、文学家、藏书家。字大宗，号堇浦，别号智光居士、秦亭老民、春水老人、阿骏，室名道古堂，仁和（今浙江杭州）人。雍正二年（1724）举人，乾隆元年（1736）举鸿博，授翰林院编修，官御史。乾隆八年（1743），因上疏言事，遭帝诘问，革职后以奉养老母和攻读著述为事。乾隆十六年（1751）官复原职。晚年主讲广东粤秀和江苏扬州两书院。工书，善写梅竹、山水小品，疏澹有逸致。勤力学术，著述颇丰，著有《道古堂集》《榕桂堂集》《诸史然疑》《史记考证》《两汉书疏证》《三国志补注》《晋书补传赞》《北史搴稂》等，补纂《金史》。叶德辉《观画百咏》卷四云："杭大宗太史世骏戏学板桥墨竹……"

高廪（生卒年不详），杨鹿鸣《兰言四种·画兰琐言》云："兴化友人高甘来，名廪，为余三十年前画兰友，用笔秀逸，气势沉雄，画花纯似橄榄轩主，盖得其真髓者。"

吴于宣（生卒年不详），李濬之《清画家诗史》云："吴于宣，字濬明，号南屿，石门（湖南）人。乾隆丁未进士，官扬州知府。善写兰，得板桥神髓。"

马棪（生卒年不详），杨鹿鸣《兰言四种·画兰琐言》云："马棪，字鸥盟，湘潭人。兰师板桥而兼法矩亭者，前有孝感程厚之、兴化成兰荪，后有高甘来、马鸥盟诸公皆是也。"

吴凤喈（生卒年不详），李濬之《清画家诗史》云："吴凤喈，字霞轩，仁和人。咸丰己未举人，官工部员外郎。工兰竹，神似板桥。"

曹溶（生卒年不详），蒋宝龄《墨林今话》卷十八云："曹花尹溶，嘉兴人。貌朴野，善谭辩。倦翁后裔也。家贫，酷好古书画。喜作写意花卉，尤擅长者梅兰竹菊，有李复堂、郑板桥逸趣。"

张鹤泉（生卒年不详），天津人。孙枟《余墨偶谈》卷五云："喜吟诗，字仿板桥。甲子秋，属徐痴青索余《百景诗》去，旋书一联见赠云：'斯人宜置邱壑内；诗卷常留天地间。'痴青见之，颇为色叫，余殊无介意。未几，鹤泉、痴青相继殂谢，物流人往，思之黯然。"

赵九鼎（生卒年不详），蒋宝龄《墨林今话》卷十一云："赵兰隐九鼎，泰州人。工画兰，深得板桥笔妙。"

吴贯之（生卒年不详），薛锋等《清代扬州画派综述》载："兴化人吴唯，字贯之，常居扬州，师郑板桥，工画兰竹，深得其奥。"

十一、师法郑板桥书画名录

杨鹿鸣《兰言四种·画兰锁言》云:"吴贯之超逸秀隽"。吴贯之乃著名画师,画兰必绘其根,其兰竹后辈影响很大。其子吴昌明,子小道,亦以字行,工画,善兰竹,歙人重价购之,

魏隽(生卒年不详),字克山,攻书画,善诗文,尤喜画兰,取乡贤吴贯之、郑板桥画法之长,自创一格。

周封(生卒年不详),蒋宝龄《墨林今话》卷十云:"嘉禾周于邰封,自号太平里农。山水师吴仲圭,善于用墨,兼长画梅,老干疏花,具历落之致。生平游迹颇广,所至皆有名,垂老始返。余见其迹甚多,□氏玉壶山房所悬墨梅一帧,乃其杰作,并系诗云:'倚墙老绿卷秋声,孤负盈盈驿使情。寄语罗浮好明月,断霞雪霁看春生。'书有板桥风格。子□,号云巢,亦工画,尝客吴门。"李濬之《清画家诗史》云:"周封,字于邰,自号太平里农,嘉兴人……书有板桥风格。"

文九苞(生卒年不详),陈嘉榆等《湘潭县志》卷八云:"文九苞,画兰竹,法郑燮,或即题燮名,人不能辨也。"

屠倬(1781—1828):《是程堂集》卷十四云:"屠倬,字孟昭,号琴隖,钱塘人。进士,九江知府,郑板桥工画竹,余亦稍稍学之。"又诗云:"六十年来板桥死,真州风月太无聊。粗粗枝大叶依然好,一派秋声学板桥。"

程燮(?—1908):杨鹿鸣《兰言四种》云:"程燮,后更名敦荣,字厚之,湖北孝感人。寓南京五十余年,官江西知县。兰师板桥而兼法矩亭。"

郑鋐(生卒年不详),中华民国《续修兴化县志》卷十三《人物志》载:"郑鋐,字景堂,邑诸生,寄居郡城。口吃耳聋,读书通大义。性好善,手辑先正格,力行不倦。工画兰竹,得郑板桥法。咸丰丙辰(咸丰六年),郡城再陷,骂贼不屈,率女孙萃云投

井死。……同治己巳（同治八年）由两江忠义局请恤,与其弟郑銮同获盐知事衔。

张琴（生卒年不详）,孙樗《余墨偶谈》卷五云:"张鹤泉琴,天津人。喜吟诗,字仿板桥。"

郭文贞（女,生卒年不详）,恽珠《国朝闺秀正始集》卷十八云:"郭文贞,字恕宣,河南新乡人……草书挥洒奇妙,殆可追仿板桥。"

杨嘉淦（生卒年不详）,蒋宝龄《墨林今话》卷十六云:"杨嘉淦,原名朝鉁,号吟溪,一号梦湘。直隶卢龙县人。祖籍浙江……间写兰竹,师石涛、板桥两家,亦有意趣。"

汤燮（生卒年不详）,字兰阶。南丰人。汤燮《兰林百种·自叙》云:"予性嗜兰,而尤爱写兰……旋搜集郑板桥、郑所南、蒋矩亭诸先辈墨兰真迹,置之案头,穷日夜之力,描摹尽态,寒暑无间,第觉毫端所染,泼墨生辉,与年俱进。"

招子庸（1793—1846）,清代文学家、画家。字铭山,号明珊居士。孝廉。李玉棻《瓯钵罗室书画过目考》卷四云:"招子庸,广东南海人,嘉庆二十一年（1816）举人。官山东潍县知县。工竹兰,几步板桥后尘。"蒋宝龄《墨林今话》卷十七云:招子庸"尝于牍尾画竹,有板桥道人风。又届童子试时,购扇数百柄,堆积案头,竟日挥洒,各分赠一握而去。亦艺苑中佳话也。"

招光歧（生卒年不详）,字小铭。招子庸子。克绍家学,擅画兰竹石蟹,李玉棻《瓯钵罗室书画过目考》卷四云:"亦板桥派也。"

李振先（生卒年不详）,李恩绶等《丹徒县志摭余·人物志》云:"晚岁于山水外,更写兰竹,神似郑燮。"

李炳铨（生卒年不详）,字少琳。上海宝山人。杨逸《海上墨林》卷二云:"善画梅","题画喜仿板桥。"

十一、师法郑板桥书画名录

黄頵（生卒年不详），李放《八旗画录后编》卷中云："黄頵，原名俊，字石咸，号雅林，汉军庠生。"昭梿《啸亭续录》卷二云："黄頵，原名俊，字石咸，号雅林，辽阳人。汉军旗，庠生，诗画类郑板桥。"

徐观政（生卒年不详），字宪南，号湘浦。如皋人。官浙江盐运副使。家有霁峰园。工写意水墨花卉，能以拙取媚，有《洋程日记》。蒋宝龄《墨林今话》云："诗画清逸，不下板桥道人。"

何绍基（1799—1873）：李濬之《清画家诗史》云："何绍基，字子贞，别号东洲居士，湖南道州人。……道光丙申翰林，……写兰竹，天趣横溢，似板桥道人。"

能越（生卒年不详），字丽村，兴化人，慈云寺僧。阮亨《淮海英灵集》卷三载：能越"工兰竹，得郑大令之遗。"

戴熙（1801—1860），字醇士，号鹿床、榆庵、莼溪、井东居士等，浙江钱塘（今杭州）人。道光十二年（1832）进士，改翰林院庶吉士，授编修，后历任广东学政、侍讲学士、光禄寺卿、内阁学士、礼部侍郎、兵部右侍郎、入直南书房等职。道光二十九年（1849）乞休归里，主讲崇文书院。直广东学政任上，时值鸦片战争之后，在广州积极支持和拥护林则徐的禁烟运动。他认为读书人在禁上应该以身作则，若有秀才等染上烟瘾，必须立即严办。咸丰三年（1853）太平军进军江浙，熙积极捐资，组织团练，募更操防，协助官军抵御。十年（1860）二月，太平军攻克杭州，戴熙投池而死。戴熙工诗书画，且造诣都深，与汤贻汾齐名，并称"汤戴"。所画山水，笔墨雄健，尤入神品，为世推重。也作竹石小品及花草人物，还治印，有古趣。著有《习苦斋诗文集》《习苦斋画絮》《粤雅集》等。戴熙《习苦斋画絮》卷十云："此仿板桥道人，力求其韵，转失其气，难学难学。"

方玉润（1811—1883）：《滇南书画录》云："方玉润，字友石，自号鸿濛子，宝宁（今云南广南）廪膳生，同治四年铨授陇州长宁驿州同。在官十八年，著书讲学。著有鸿濛室业书。亦工书，初取径郑燮、钱沣后参之钟、王各家，以及篆、分、钟鼎之文，颇自矜惜。汇刻其各体书曰《鸿濛室业帖》。卒年七十三。"方玉润在陇州的著作还有《三易原始》《鸿濛室诗文二抄》《风雨怀人集》和日记、杂记十九册。在任期间，曾劝知州周鸾恢复了州城的五峰书院，方玉润担任书院主讲，培养了一批学子。由于薪俸微薄，晚年生活艰难。曾得到陕西巡抚冯誉骥的器重，奏报朝廷荐其补任砖坪厅（今岚皋县）通判。然尚未起程赴任，便于光绪九年（1883）谢世。方玉润在陇州17年，与陇州人民结下深厚情谊，临终前特嘱其家侄方思慎，将他葬在陇州城北的开元寺后。

明放案：方玉润《文学·韵语》云："余书于板桥，尚未窥其蕃篱。"

琯樵（1811—1864）：初字采山，原名谢颖苏，福建诏安北关人。二十岁后改为管樵，三十岁后更为琯樵，号书画禅、懒云山人、北溪渔隐，九岁能画能诗能琴，尤工书法。早年拜师著名画家沈锦洲，金石书画兼长，尤以山水、花鸟、兰竹著称。陈子奋赞其金石书画三绝，"兰竹瓣香郑板桥"。博采宋元以来闽人画竹技巧，吸收郑板桥墨竹画的豪通之气，深得"从胸无成竹，进入胸有成竹，再到胸无成竹"艺术境界的无穷妙趣。民国十六年（1927）8月10日《申报》刊发《琯樵书润例》载："楷、草、行、篆、八分、六朝、指书、鸡毫书、板桥体，购者自选。"

吴淑娟（1853—1930），女，晚号杏芬老人，安徽歙县人。《支那南画大成》第二卷《兰竹菊》附《四君子》云："自题《竹石》轴：'节挺非枯直，虚心最好谦。'庚申孟秋，杏芬女士仿板桥老人画意。"

郑煜（？—1861）：李濬之《清画家诗史》云："郑煜，字昼人，仁和人。家居以教授奉母。年十九丧偶，终身不再娶。善画兰竹，入板桥之室。"

吴渭聘（生卒年不详），光绪十五年（1889）2月28日《申报》《书园书画社记》载："吴君渭聘最后至，作板桥体擘窠书，精神奕奕，逸趣横生。"

郑国瑗（生卒年不详），民国《续修兴化县志》卷十三《人物志·文苑》云："……字恩源，字砚孙。光绪乙酉拔贡。性沈静，长诗赋，承其祖板桥法。工墨兰。主昭阳书院讲席，弟子问业者，如坐春风。"

成兰荪（生卒年不详），杨鹿鸣《兰言四种》云："兰师板桥而兼法矩亭者，……兴化成兰荪。"与杨复明为友。善画兰，师郑燮，而兼法蒋予检。

王一新（1916—2003），号半桥，山西榆次市人。赵禄祥主编《中国美术家大辞典》云其擅长书法，晚年专攻板桥体。

何仰羲（1922—1996），原名何明钦，字砚农，号宗燮道人、柳湖钓叟。河南淮阳人。邵士杰主编《淮阳县人民政协志》云其"书写的板桥体，参差错落，跌宕奇险，章法新奇优美，咸为当代众多书写板桥体作品中的佼佼者。"

田原（1925—2014），江苏南京市溧水人。周积寅主编《明清中国画大师研究丛书·郑板桥》称其"对板桥书法潜心研究数十年，既能入又能出，所作六分半书逸趣盎然，比之板桥更加自由活泼，潇洒奔放。"著有《板桥书法变化百例》等数十种。

韩敏（1929—2022），上海书画研究院院长，中国美术家协会会员、上海文史馆馆员，浙江杭州人。熟谙诗文，有着良好的文学修养，且擅长板桥六分半书，笔墨秀雅俊逸。

韩凤林，中国老年书画研究会创作研究员。1935年生，吉林海龙人。原任北京化工管理干部学院院长、教授。书学板桥，力追神韵。在与夫人宫玉果合编《郑板桥书法字典》中说："对郑板桥书法心有独钟，个人书法作品多次参加国内外书画展并获奖。"名字收入《世界当代书画篆刻家大辞典》等，书作收入《中国国际文艺作品博览会作品集》《1978—1998中国书法选集》。

周积寅，著名美术史论家。南京艺术学院教授、博士生导师。1938年生，江苏泰兴人。应稼昌在《梅骨君风：博士生导师周积寅教授的美术史论与书画艺术》写道："书法得板桥'六分半书'之神韵，并有自己的面貌。"

郑炎风，原名郑会抡，郑板桥第十三代传人。号九疑山人、蕉雨闲客、板桥后人、板桥十三郎、二竹堂主等。1940年生，湖南宁远人。北京见真画院院长，上海书画研究院院长，板桥竹社社长。泰州红五星画院名誉院长，兴化扬州八怪书画院名誉院长等。《新民晚报》云其"作为郑板桥最杰出的传人，郑炎风继承了板桥画竹的艺术精髓。"

王林坤，字甘木，河南沈丘人。刘炳森在《神悟板桥——记王林坤》写道：王林坤"后追随'板桥体'大师何仰羲老先生专攻板桥，彻悟书道精髓。"

张春生，笔名实践，1943年生，安徽蚌埠人。《张春生作品选登》中介绍道："纵观其笔下的竹子，醇厚质朴、自然逼真，气韵生动、妙趣天成……被行家同道誉为'板桥传人'。"

徐文国，1960年生，江苏兴化人。《人民网》介绍他"所画墨竹颇有板桥遗风，被誉为'板桥传人'。"

十一、师法郑板桥书画名录

邹昌霖,字雨亭,江苏省书法家协会会员,泰州市美术家协会会员,泰州市花鸟画研究会理事,扬州八怪书画院特聘画家,兴化市书画院副院长,泰州市海陵区板桥文化研究院常务副院长。1966年生,江苏兴化人。擅书画、篆刻,书法四体皆能,尤工篆隶,国画精于板桥兰竹,作品多次刊载于《书法》《中国故事》等报纸杂志。先后在福建厦门、南京中国科举博物馆、浙江平湖、江苏扬州个园、瘦西湖、云南昆明、江苏仪征、泰州、兴化等地举办个人书画篆刻展览,作品多次参加省市书画展览并多次获奖,报纸、电台均作过专题报道,受邀参加中央电视台大型节目展示书画艺术,所画兰竹石图长期陈列于兴化郑板桥纪念馆,河南省范县郑板桥纪念馆。作品还被日本、韩国、台湾等国家和地区的友人收藏。党明放教授在《邹昌霖书画篆刻展序》中写道:昌霖先生"悉板桥书法之风趣,识板桥绘画之风雅,尽得于目,尽存于心,尽应于手;撷板桥诗文之风采,融板桥道情之风情,语广其趣,语尽其情,语至其乐。"

徐石桥,书画篆刻家,南京博物院副研究员。1925年生,江苏兴化人。长期担任国家文物局江苏省文物出境鉴定组责任鉴定员、金陵兰竹书画会副会长,郑板桥纪念馆顾问。彭云程主编《中华万岁书画金石家大辞典》云其"画以兰竹为主,师承夏仲昭、板桥兼能融会历代画竹之,自立新风,有'江南一竹'之美誉。对郑板桥艺术探索甚笃,并立金陵兰竹画会。"

龙志航,1933年生,广东广州市人。以写板桥书体而闻名。沈平《板桥传人龙志航》云其:"习板桥体的成功之处贵在师于他而不套于他,敬其人超乎仿其书。"

刘家华,河南范县人。书学板桥,深得板桥书法意趣。

吴观乐,字鲁宾,画参以乡先辈郑板桥、吴贯之笔法。

十二、郑板桥墨迹收藏单位名录

北京市
  首都博物馆
  中国国家博物馆
  北京故宫博物院
  中国美术家协会
  荣宝斋
  宝古斋
  中国美术馆
  中国艺术研究院美术研究所
  清华大学美术学院
  中央美术学院
  北京画院
  炎黄艺术馆
  北京市工艺品进出口公司
  徐悲鸿纪念馆
  北京市文物商店
  北京西单文物商店

天津市
  天津市艺术博物馆
  天津历史博物馆
  天津市艺林阁
  天津文物管理处

上海市
  上海博物馆
  上海图书馆
  上海人民美术出版社
  上海市文物商店
  朵云轩

重庆市
  重庆市博物馆

山西省
  山西省博物馆
  山西省美术家协会

辽宁省
  辽宁省博物馆
  沈阳故宫博物院
  沈阳市博物院

十二、郑板桥墨迹收藏单位名录

大连市文物商店

旅顺博物馆

吉林省

吉林省博物馆

江苏省

郑板桥纪念馆

扬州博物馆

扬州市个园

扬州李梅阁

扬州天宁寺

扬州市古籍书店

南京博物院

南京市博物馆

南京市文物商店

江苏国画院

江苏省美术馆

镇江市博物馆

镇江金山寺文物馆

苏州市博物馆

苏州市文物商店

泰州市博物馆

常州市博物馆

徐州市博物馆

无锡市文化局

无锡市文物商店

江都市图书馆

南通博物苑

大丰县文化馆

浙江省

浙江省博物馆

宁波天一阁文管所

福建省

泉州古文物拓片商店

江西省

江西省博物馆

山东省

山东省博物馆

潍坊市博物馆

潍坊市十笏园

潍坊市文物商店

济南市博物馆

济南市文物商店

青岛市博物馆

烟台市博物馆

烟台地区文管所

曲阜文管会

泰山园林管理处

胶县文化馆

河南省

河南省博物馆

新乡市博物馆

湖北省

湖北省博物馆
武汉市文物商店
钟祥先博物馆
东胡屈原纪念馆

广东省

广东省博物馆
广州美术馆

四川省

四川省博物馆
四川美术家协会
四川大学博物馆
西南师范大学博物馆

贵州省

贵州省博物馆

云南省

云南省博物馆

陕西省

陕西省美术家协会
西安美术学院
陕西省三原县文庙

香港特别行政区

香港中文大学
香港至乐楼

台湾省

台北故宫博物院
台北国泰美术馆

日本

东京国立博物馆
大阪市立美术馆
黑川古文化研究所

德国

东亚美术馆

英国

大英博物馆

美国

大都会美术馆
普林斯顿大学美术馆
耶鲁大学艺术馆
旧金山亚洲美术馆
明德堂

十三、郑板桥审案判词

李一氓藏墨迹

　　郑生瑞等果将粮食、器具私载潜逃，该庄何止尔一人呈控？明有别情，不将实情说出，不准。

　　据称王小胖出外五年不归，究在何处？作何生理？有无音信？夫妇大伦未便因贫而废。着王振先同原媒据实复夺。

　　既据地已退还，情愿息结，准具遵依销案。

　　既于五月十三日逃走，何至今始来递字？明有别情，姑准存案，仍一面找寻，务获具禀。

　　同堂兄弟视为仇雠，无怪乎于茂勉之不理于尔也。仍自央人理说。

　　妇必恋夫，尔子相待果好，焉肯私自归家？应着尔子以礼去唤，不必控。

　　既系坟地，又经告争用贵价赎回，未便绝卖，但系荒年救急，应着崔凤彩认还，一切使费并□契钱□价，放赎可耳。

　　既有一段大义，何男人悉皆昏昧，惟借一年老妇人出控？着该族支众据实呈夺。

　　据词已悉，秋后起埋祖茔可也。原词注销。

陈氏虽经改嫁，小丑律应归宗，何时藉词悔赖？不准。

张复举在伊地内使土，且离尔坟尚远，不便告阻。至复举盖屋如果侵占尔地尺余，自邀约地，原中理讲，丈退可也。

屡批词证理处，乃抗延不理，是否唐贞违拗，抑系词证搁置不理？准拘词证复夺。

阴雨连绵，水淹到处都有，所称潘儿庄挑筑新堤与尔庄妨碍，何不早禀？至今日水淹始控乎？况尔庄八十余家独尔一人出头，明系挟嫌，借端生事。不准。

牟兆珏于牟昌吉过继兆仁之时，何不出而理阻？至今三十余年，突欲告争，无此情理，不必过虑。

据称腊月廿六日夜间，张玉滋将尔母抢去盗卖，娶主是何名姓？何处人氏？财礼若干？尔母是否情愿？现在何处？何早不控？抢去粮粟多少？家器系何名目？尔现年若干？详细开明，用代书戳呈夺。

谭氏究因何故自经？恐吓词内情节是否确实？仰该族长、约地、甲邻秉公确查，复夺。

树已清楚，从宽准息，仍具两造遵依备案。

王朴庵被王六戮伤身死，尔将其全家兄弟人等悉行告上，已拖死王奋荐一人。王六迭夹几次未得真情。现去严审，刑房理当伺候，有何偏袒？从来杀人者死，一人一抵，有何拘纵之处？因该犯病未痊愈，不能招解，何得听信讼师倚恃尸亲，屡行刁渎，凛之慎之。

因富姐已嫁，批令媒调处查复，今反逃匿不出，可恶已极！准拘讯。

郎氏因无嗣而嫁，又有母家主婚，便非苟合，明系不得分财礼，借词渎控。既无干证，又无代书状图记，不准。

十三、郑板桥审案判词

庙系合庄有分，何止尔一人具控？应自邀集庄众并议，不必多事。

过嗣有一定之例，先尽同父周亲，次及大功、小功、缌麻。尔系何等服制？是否应继，自邀该族长、支众、亲邻秉公议继，不必控。

即着尔等协同族众，查应继人，议继可耳。

既系服弟，坟树已经伐空，应邀族长、尊亲以家法处之可也。

婚姻大事，全凭聘礼，虽寸丝尺布，皆可为据，若止换盅、注柬，未便即指为红定之盟也。不准。

李氏既已改适，覆水难收，所有遗产应着继子承受。不遵另禀

既据李之兰等承认赔树筑坟，今因何翻悔不修？着将原由据实开明，禀夺。

马显出卖林树与韩四何涉？遽行拦阻，其中必非无因。着尔等再行确查，据实声明，另行复夺。

张氏于何月日改适？既于四月不家，何早不俟问？管姓何名？究系何人使钱？着详晰开明呈夺。

既系四房公树，业经出伐，时值封印。着自邀各房长、友众，以理谕处。

尔于前七月廿三日，将董景姐托侯氏寻主雇工，若不说明，雇主焉肯交人领去？据称二十五日即去要人。已云送归，如果无人，何当不呈控？既云私贩卖出，又云推诿支吾，呈词含混，又无干证，不准。

所称聘礼八千，银簪、绸衫曾否收下？着再复夺。

孀居寡媳，应善为抚恤，何得纵子逼嫁。姑从宽，准息，再犯倍处。

李氏如果守贞，岂肯改适？今成亲一月，告亦何益？无非为财礼起见，着词证确查理处。

尔既相帮在前，再帮其将母柩出殡可耳。

尔宅卖与李小好，系何人作中？果否李斌等分肥？着词证据实禀，复夺。

尔被孙万年等毒打，受伤何处？未据声明，自是节外生枝，不准。

尔有粮银四两七钱，非贫士可知。束脩应听学生按季自送，何得借完粮名色横索！不准。

准拨医保外调治，仍查传的属保领

尔既不知地被人种去，又何知是赌账准折？刁词可恶！但是否坟地出典，词证确查复夺。

所粘并非合同，且字迹新鲜，未足为据，应自邀人理说。

既据小起出外仅十八月，两有信音，并未身死。业经伊父赴黄村去叫，应俟回日完姻。徐思恭不得借词滋事。原词注销。

尔果情愿守贞，李明山何敢强嫁？准存案。

所称祖茔，系尔何人？李来臻等是否有分？白杨系何年月日盗卖？开明另禀。

既据调处，从宽准息，仍取两造，遵依备案。

既据张则荣之子昭穆不对，着族长、词证等将小二同议立可也。

如果年限未满，地种麦禾，自不肯放赎。但是否勒霸，干证确查实复。

既据刘显德次子刘小卜系应继，刘长生不得阻挠。即着尔等公同议立可也。

张凤池究系何人？想亦奉先自写自递，乱闹官牙（衙），可恶之至！不准。

既据患病三月，耽误子弟亦所不免，但斯文体统，非可斤斤较计，应彼此看破。

师道固所当尊，友谊亦不可不笃。准息销案。

词证协同公亲查处复。

遵依存案。

准开印日拘讯。

准照旧充头。

准换文申送，着礼房出票。

卅日听之。

从宽准息。

遵依附卷。

准据词夬复。

准结附卷。

遵依附卷。

准存案官中理交，不得借词人实禀。附卷候讯。

果不交价，自应理讨。十千而外，尔无望也。词证查复。

着宋交夬查，至地亩粮食自行取讨，准诉，候讯夺。

俟全退日禀夺。

准拘，割完粮，禀复夺。

尊依附卷。既奉批查，焉敢徇私？应俟复到夺。

准候复夺，不必捏渎于孟大对词内批示矣。

昨已明白批示，不得多渎。

陈介祺跋云："板桥先生以文章之秀，发于政事，吾邑贤令尹也。片纸只字，人皆珍之。四方亦于潍求之，遂日以少矣。此批牍十一幅，亦将入历。以余所知，附题数语。田间归来，视卅年前或少亲切耳。陈介祺，光绪戊寅九月十二日。"

私宰奉禁，那得牛行贴？并本县捐廉买牛致祭可耳。

陈介祺批："存心如此，祭时神或歆之。"

各集贴，并非可为例，嗣后每逢祭期公平买卖可也。仍不准。约地干证查处复。

陈介祺批："稽而不征，方不扰民而各得其所。"

尔既遭丧，便不合与人争讼，仍着徐曰诚调处可耳。

陈介祺批："衰绖入公门，大干教化，调处轻矣。"

虽据同中契买。着将后买五分坟地以原价放赎可也。

陈介祺批："原值准赎先陇，仁人孝子之推恩矣。"

矢志守节，甚属可嘉。准据禀批照收执可也。

陈介祺批："使君自有妇，罗敷自有夫。余常谓有《三百》古义，化行俗美，方能不妒不淫。"

陈介祺又批："此等处一不循理，则孽由我作矣。"

尔女十五，婿年二十岁，年甲未为不当，亦难审断分拆，业经做亲，应成连理。彼此当堂具。销案。

陈介祺批："户昏田土不能公允，则酿大案而入刑名。教化风俗阴骘，俱存乎此。刑则法不可枉、不可纵而已。"

陈介祺又批："刑期无刑，辟以止辟，圣人所以杀人而当谓之仁也。"

查阅合同,有不许栋与族人(耀先)伤折一枝。则尔未便砍卖。尔果贫穷,应自央该族人量为周给。

陈介祺批:"思人犹爱其树,况先陇之松楸乎!"

既有合同,应邀原议事人理说,何必控?仍着尔等协同各房支众秉公理处复。

张惠背议归宗是何情故?着族证查明确复。继单暂存。

陈介祺批:"归宗自是大义,兼祧或可两全。"

张惠反变,必非无因,着声明实复。不得含糊混渎。

着该地邻确查,秉公据复。是否属实,再行禀夺。着仍管行头,如有抗违者,重责。是否词证?确查处复。

李一氓题记云:"有陈介祺跋语之三叶,乃系后得,因重装添入册末。前者得之济南,后者得之京市,要均板桥知潍时所作之判牍也。一氓记。"

中国历史博物馆藏墨迹

着亲族遵批即日议复。如再抗延。先拘重责。

该族长、词证秉公调处,速复。

着原差免押,听尔自由。临审到案可也。

王廷美有无恃强逞凶?该地保复夺。

着原差齐犯审。

附卷。仍俟尔父病愈,即行寻找。毋迟。

道远果否买货外出?着地邻查明,结复。

既于四月二十四日传束,何早不具控?尔子不在家又不将婚书呈验，凭何察核？不准。

　　仰词证官中确查理处，复。

　　莫听谗言，静候谕处。

　　是否冯显宗将女盗嫁，干证确查实，复夺。

　　词证确查实，复。

　　再不许擅自伐树。

　　准息销案，如再反复，按名拘责。

　　已批王林氏词内矣。

　　张宗周准免到案。

　　祭品俱发，现银买办，准查。因何分文不给？或在衙役，或在集头，罪有攸归。准拘复。

　　邀同族证议立。

　　准照原词拘讯。

　　业经批出不得倚恃妇女多渎。俟来春开讼讯。

　　准暂缓票唤。

　　王廷美等有无恃强逞凶？词未声明，混覆不准。

　　既据众人调处，以地换地，各立界石，准息销案，遵依附卷。合同发。十六日开仓。

　　查典买田宅不税契者，笞五十。仍追契内价□一半入官；不过割者，其田入官。今该生隐匿多年，被人首告，理应详革究拟，姑从宽，着持契当堂验税，薄罚可也。

　　该族长协同词证秉公理处。

北京故宫博物院藏墨迹

又无代书图记,不准。

着原差齐人。

过冬至禀审,前已批示,何必再渎。

准暂兴复,仍着尔将刘氏访确,禀县兴发准结。

仍着尔等将刘氏访查,禀县兴发。

小敬姐现年若干岁?有无生下子女?开明另禀。

业经停借,毋庸再渎。

仍着原议事人调处。如再不服禀究。

不遵状式,邀同族证验界理讲,不必构讼。

准诉,契发还,临审带来。着原差即日带人审。

查册无名无凭,发给。

着孙文智等三日内具复,如迟拘究。是否实情,原议事人秉公复夺。准给粥。

俟缉获张二建到案齐审。票准暂销。

着即多拨乡夫,尽力扑捕仍候亲打。

告人之夫,使伊妻作证,于理不顺。如果情实,添具确证来。

准俟商道人质对。

邀同原议人理讲可也。官民草洼自有界限,何得混耳争夺。着约地查复。准领销案。

既经张大河等说过各半分钱,只合同众理讨,不合牵伊牲畜。不必存案。

如果盗典情实,添具干证来。

既据地土俱已清楚，从宽准息，着具。

两造遵依备查，执批催处于晓等，毋得诿延，致于未便。

孙有初等秉公理处复。

得凤诈赃属实，自应究追。

尔父欲卖地救饥，何得架词阻当。

量斗于集何损，况协同殷实人量，更无弊窦，杨姓何得借词。滋准照原词拘讯。

准麦后拘讯。

□□□□博，只合呈告本人，不得意株连，着据实呈夺。

尔一人不足为据，着同约邻等来复。

本县不忍尔等同室操戈，批令族长支众理处。乃抗违不理，可恶已极，准拘究。

既据牛已赔讫，着具遵依领状，销案可也。

据毕英平时无不孝之处，着毕奉主具，免究。呈词销。

该族长协同词证邻佑确查理处复，不得偏徇，迟延验讯。何该地无有呈报？

种地理应完粮，既系同族，着词证确查理处复。

原批约邻同丁怀仁等确查□□，当堂讯息可也。

生即回家安业可也。

亦无多收钱文，虽禀亦与尔无损。

林氏既送昌邑母家，即在彼居住可也。

遵依附卷，家法处治从宽，准息。

准拨医调治，□未便准息，候讯夺。

□□量斗所得用钱仍给元亮，曷若仍着元亮量斗，照旧收用，省得雇人滋事。

尔欲卖地救饥，他人焉能阻当？应听尔售卖，不必控。

词证秉公确查处复，携归输则出首，均非善类，准一并拘究。

既投税规已缴，即缮记。

着原中催楚，如违禀追。

王镇业经赔礼，又原差即齐人审。

赌博，着原差即日审。

准限五日缴完，着即幕审。

候讯详，不必多渎，邑赴彼控理可也。

册结必须彼处开造未便，银先行缴库，即准保。

□宽准息，如再有欺压弊，唯息人是问。

是否盗嫁情实，抑系分财礼不均？仰该约地协同干证确查复。

尔与郭氏是否亲叔嫂？另呈夺。

已经赈济，其外出来归不可考究，不准。

仍着尔邀人理处。

改嫁听尔自便，何得混请批示？不准。

着词证查明理处，并催尚敦、呈缴批文。

口角争吵，邀证理讲，不必架词捏渎。

不曾开讼，仍然不准。

尔管业七年，彼不来赎，何必急之。

着将串票呈验夺。

候族证查处，不必捏词耸渎。

着尔查明，速催遵谕帮贴可也。

既有议单，可据自邀原议事人理说，不必控。

着将继单仍送，用印可也。

过墨甚于过朱，合同发还。

既系同族邻居，业经和好，从宽。准息。

尔系生员，族人尊敬，只以情理催众人调处可也。

据云不肯偏袒，其实偏袒之至，武秀才之不堪，如是而已。

着词证再为理处，罗尚行等。毋得抗违干咎。

已于刘会复词内批令重处矣。

着原差立速带案，取保辜调治。

准保辜存案。

着将尔卖给某人地若干，应过粮若干，□□若干，逐一查明，另禀夺。

田产细事停讼，不准。

自邀族众理丈，立界可也。

着原差齐人审。

既有子女，又有祖茔，何得埋于乱岗？但是否情实，该约地确查复。

既系公伙坟树，准变卖度活。

当堂查卷禀明，且遵依销案。

仰族长协同词证确查理处复。

钱债细务停讼，不准。

昨已明白批示，不必多渎。

着同两造词证来复。

该房查禀,核夺。

词证确查实复。

既有原媒,何得混赖?即着李明方、许本生来复。

事隔久远,又无中人,混渎不准。

钱债细务,不得架词耸渎,可恶!不准。

日本辻本氏藏墨迹

尔系安邱审定贩稍解回安插,何得架词混渎。不准,

祖茔树木既系范有先偷卖,尔应向有先查究,何得罪及买主?混渎。不准。

准拘尔子董小四到案责究。

赌账毫无据证,借首子以告人,刁健。不准。

已考取,现在足用,不准具认。

当卖地价是否偿还赌债,事隔多年已无确据,明系架捏刁卖。不准。

着保人即日催楚。

静候讯夺,不必屡渎。

准保候审。

无抱(报)告不准。

孙小管现处何处?开明呈夺。

事关墓树,尔又年老,既无确证,又无抱告,仍自邀原议人理说。

既据军厅断结之案，大有具口遵依，何得翻控？原词注销。

案已据陈悉白等调处，廷珂贫窘无聊，止有地一亩与尔抵麦价，批允照议归结，曾否给过？未据开明。着详晰开明呈夺。

王锡之子既不合继，即邀族众公议另继可也。

既据九百年，茔树，何止尔一人具控？如果盗卖情真。着同众人来禀。

即着徐守成催赎完聚。

如再迟延，定行拘究。

放火有何确据？呈未声明，代书又无戳记。不准。

完粮例有定限，何得混请？暂缓，不准。

事隔年远，混渎。不准。

王句既未卜葬，着王永昌、王永富公同料理出殡，不必卖地。

如果理说，何致被殴。明有别情含糊。不准。

果系尔子带去之产，尔子身死，理应给还，着原议人公同讨回可也。

王氏果欲守节，二十日嫁娶，即应喊鸣地邻禀究，何迟今始控？明有别情。不准。

孙玉梅率子逞凶，如果属实，因何延至半月始行告理？明系架捏混渎。不准。

仓内并无可借之谷，不准，册发还。

已经关查，俟复到日夺。

立继以安贞妇，未便延缓。

地土细事，停讼。不准。

当堂具有呈状，焉有不给之理？明系捏词。不准。

该族长协同词证，秉公议应嗣人，理处复。

既据有地二顷五十亩，尚谓之穷人乎？不准。

有无应继之人？当堂一讯即明，何必又息，以滋反复。

尔既系族长，即查照批词，着为处置。

骂亦所应得，听之而已。只不与较可也。

有无字帖确据？并不声明，不准。

时值停忙，邀同族证。自向理讲可也。

俟范守成与杜下武和好，还票可耳。

既据调处已妥，着张牟氏具领销案。

已于孙玉梅词内批示矣。

准讯究，仍着将尔父伤痕加谨医痊报查，起获凶刀贮库。

仁居二次许给钱文，不过悯尔之孤苦耳。不得援以为据。仍不准。

虽据当日说明，但尚严钱未交清，似难退业。仍协同高凤，催尚严还钱出屋可也。

杨滋乏嗣，过继永休，所遗田产，应归承受，非尔所得觊觎也，妄控。不准。

查勘该社并未被灾。不准。

事关婚姻，应该到案。

俟寿光县主回署关催。

种地理应完粮，准拘纳。

再等三月可也。自今日为始。

该房查卷送阅。

既据原有古路可由,又系一家,着词证以情理调处。

果系尔子所卖之产,周参何敢凭空霸伐?明有别情。不准。

已经关查,俟复到日夺。

俟两造干证复到夺。

果有盗卖霸产情事,自有小领具控。仍不准。

吕小来现年若干岁,既于二月间拐物潜逃,何早不呈控?尔果以情理取讨,吕永杰岂有将尔殴打之理?明有别情不说,不准。

尔妻被马旺拐卖,如果属实,因何延至数载始行控究?其中明有别情,混渎。不准。

尔系当堂承认　还钱之人,仍应尔还,不得混延。

佥谷已停,如何添得。不准。

衙门不比菜园,未便出入由尔。不准。

尔既代为说合借钱是实,速为催楚,毋致兴讼。

准该生代父听审。

明系推诿。不准。

既无见证,混渎。不准。

尔夫在寿光身死,业经验明通报,何须卖宅告状。史宏才是尔夫兄,是否分居?并卖宅与何人?是何日月?一并声明具禀。

岳超元原系半子过嗣,即另继,超文尚有一半家资,何至无人养活。谎词。不准。

既据原议人皆故,凭何查断?应自邀族众亲邻理说。不必控。

养子原不可逐,但视其人贤否耳。既修旧好,准息。

告状不许过四名，何得混牵多人？候讯夺。

所拾字迹究系何人写掷？现在毫无证据，而欲令日辉受害乎？不准。

欠钱嗔赌博，无据混渎。不准。

伐树救饥，无大不是。但系祖茔，应同众说明。

尔果欲守贞，谁敢强尔改嫁？仰族长乡地邻佑查察报究。

该社无灾，又想增户，不足之心可恶。不准。

□侄出外，并未死亡，何得议□混渎。不准。

既无干证，又无抱告。不准。

赌账欠钱，何不当时举首？迄今无赌具、赌证而欲捏告乎？抢豆之故，明有别情。不准。

尔子卖产花消，妄首子侄，与蒋尔洪等何罪？突行牵告，甚属可恶。不准。

盗卖茔地，罪在尔子，何得以通同等语混行牵告？刁渎。不准。

如果诈钱情实，例应犯事地方控告，不得越渎，仍不准。

或有欠租情事，非霸产也。方得时雨，人各自新，何苦退地。不准。

是否患病情实？该邻右确查复。

既无干证，又不遵式。不准。

词无证佐，混渎。不准。

多事，混渎。不准。

山东高象九藏墨迹

查无原状,擅敢假捏批词,朦混率覆,大胆已极,准拘讯。

准尔领回,临审到案可耳。

尔果不愿将次孙出继,着该族长开明宗图,呈阅,另议可也。

小黑虽继林氏为孙,既系张氏作子也。不与母见面,反架词叠控,何一愚至此,候讯夺。

自向理讲邻回,团聚可也。

尔即交张嘉运可也。

原息人王作肃等据实覆夺。

口角细故,词证理处。

静候理处,不必耸渎。

准照原词拘讯。

姜氏现在患病,未便延缓,速继一子,以慰贞妇之心。

姜氏虽死,理应择继承嗣。

既据孙继,将茔地退出,徐文将原价给还,着各具状。当堂面领息。

准传牟瑞云讯夺。

已批词证,官中理处,候复到夺。

尔果同众议继,何至争执?

从宽准息,着具两造,遵依销案。

准开印后拘讯。

借场打坯,应自向王善景等情讲可也。

着潘可后自同族众理说。

尔欲守贞，谁能逼尔改嫁？

业经注销，何得琐渎？

既同众立有继单，岳均等何得妄生凯觎？单发还。

既系祖茔树株，应同公议，不得混请批示。

是非自有公论，着族众人等将始末根由，据实速覆，毋得偏袒干咎。

尔叔乏嗣，应否何人承继？着邀同亲族议立，不必混请存案。

据禀已悉，候族邻议覆夺。

奉批查处，焉敢抗违？俟覆到夺。

是否平坟？抑系诬控？着据实覆夺。

于运之母不肯，难以改适，静候回家完姻。

准麦后拘覆。

准保辜存案。

据词已悉，婚束铃坠，暂行寄库。

买卖地亩，现应随时税割，今被他人告发，未便从轻，候当堂讯夺。

尔无拦阻，准免到案。

既据姜氏始欲改适，今仍悔过终志，查应继嗣人，议继可也。

准拘息事人等，一并审夺。

准据禀关覆。

如果情实，应着尔弟亓全来禀。

俟庞之德等覆到夺。

许尔魁果否冒充牙行、私抽税课？着约地确查速覆。

九百年树谁敢盗窃?必有卖树之人,开明另禀。

昨已明白批示,不得倚妇人混渎。

邀同该庄乡众,理逐可也。

杜小三是否背恩殴打杜氏?词证确查实覆。

静候族长查处,不必混行多渎。

准唤丁泽协同寻找。

既系王国和等调过,仍着词证理处。

候当堂查讯夺。

准据结尖覆。

尔既不愿息,准当堂面讯。

仰族长词证查应继人,并开尔图承夺。

杜下武,范守城处覆。

宋真详等有无谋嫁情事,着约证查明覆夺。

当官不过一问,如年甲不对,亦应当堂查看,不必多渎。

准诉王齐氏等,不必到案。

尔不令尔妇出官,又告人妇女何也?候讯夺。

刘进、张汝良、王永富、王贤臣、王灿等,并无原状,何得混复?准拘讯究。

有何深冤?已谕词证调处,刁渎可恶。

果系祖茔公树,耿超等何得无故伐卖?致干未便。

俟族长人等覆到夺。

着原息人孙所慧等实复。

李一氓编《郑板桥判牍》

十四、郑板桥研究资料汇编

嘉庆修《昭阳郑氏族谱》

十四世长门进士，立庵公第　子，克柔公，讳燮，号板桥。生于康熙癸酉年十月廿五日子时。娶徐氏、郭氏，侧饶氏。殁于乾隆乙酉年十二月十二日未时，寿七十三岁。葬于管阮庄。雍正壬子举人，乾隆丙辰进士。历任山东潍县、范县知县。有《板桥诗钞》。生子犉殀。嗣子田。女三：一适赵，二适袁，三适李。

——嘉庆修《昭阳郑氏族谱》

大清乾隆元年进士题名碑录 丙辰科

赐进士及第第一甲三名

金德英，浙江杭州府仁和县人。
黄孙懋，山东兖州府曲阜县人。
秦蕙田，江南常州府金匮县人。

赐进士出身第二甲九十名

蔡　新，福建漳州府漳浦县人。
曹秀先，江西南昌府新建县人。
游得宜，陕西同州府大荔县人。

黄永年，江西建昌府广昌县人。
葛祖亮，江南江宁府江宁县人。
李玉鸣，福建泉州府安溪县人。
赵青藜，江南宁国府泾县人。
杨景曾，湖南常德府武陵县人。
陈九龄，福建福州府福清县人。
华　栻，江南常州府金匮县人。
叶　昱，江南太仓州嘉定县人。
何达善，河南怀庆府济源县人。
邹水绥，江南常州府无锡县人。
钱应霖，浙江湖州府长兴县人。
旷敏本，湖南衡州府衡山县人。
俞鸿庆，浙江嘉兴府桐乡县人。
史　罂，浙江湖州府归安县人。
方　简，江南安庆府怀宁县人。
张必刚，江南安庆府潜山县人。
李梦元，江南松江府华亭县人。
甄　□，山西平定州人。
范廷楷，山东青州府诸城县人。
徐　铎，江南淮安府盐城县人。
屈成霖，江南苏州府常熟县人。
吴岳珪，福建泉州府晋江县人。
张大宗，浙江杭州府仁和县人。
刘世佐，湖北汉阳府汉阳县人。
万年茂，湖北黄州府黄冈县人。
周承勃，陕西西安府咸宁县人。
孙　略，江南滁州全椒县人。

张陈典，江南太仓州嘉定县人。
张麟锡，浙江绍兴府山阴县人。
屈笔山，陕西同州府蒲城县人。
李为栋，四川重庆府巴县人。
王士俊，浙江杭州府钱塘县人。
周资陈，陕西西安府高陵县人。
宗绍彝，湖北汉阳府汉阳县人。
金门诏，江南扬州府江都县人。
姚述祖，浙江绍兴府会稽县人。
顾之麟，浙江杭州府仁和县人。
季芳馨，江南通州泰兴县人。
张　尹，江南安庆府桐城县人。
黄世成，江西赣州府信丰县人。
吴　鼐，江南常州府无锡县人。
张孝捏，山西沁州人。
王见川，福建汀州府永定县人。
倪嘉谦，浙江杭州府仁和县人。
金四德，福建建宁府崇安县人。
吴龙见，江南常州府武进县人。
龙鹏程，贵州贵阳府贵筑县人。
黄登贤，顺天大兴县人。
詹豹略，广东潮州府饶平县人。
钱　度，江南常州府武进县人。
闻　棠，江南太仓州镇洋县人。
叶弘遇，江南苏州府吴江县人。
童国松，浙江绍兴府会稽县人。
王秉和，浙江绍兴府会稽县人。

史　调，陕西同州府华阴县人。
王　孚，江南江宁府上元县人。
伍泽梁，湖南永州府祁阳县人。
吴联珠，浙江湖州府归安县人。
罗源浩，湖南长沙府长沙县人。
杨黼时，广东广州府大埔县人。
郝世正，湖北德安府云梦县人。
事积琦，浙江绍兴府会稽县人。
顾维钫，江南常州府金匮县人。
黄　詠，顺天大兴县人。
杨士重，河南卫辉府汲县人。
凌应龙，江南松江府上海县人。
李　衮，山东济南府历城县人。
沈宗湘，江南苏州府吴江县人。
李清芳，福建泉州府安溪县人。
卜大川，顺天固安县人。
费元龙，浙江湖州府归安县人。
乌尔登额，镶黄旗满洲人。
党伟元，陕西同州府澄城县人。
李　果，山东登州府大嵩卫人。
涂锡禧，江西南昌府奉新县人。
苏襄云，山东东昌府武城县人。
壮　德，正黄旗满洲人。
黄　弘，广东惠州府龙川县人。
彭树葵，河南归德府夏邑县人。
潘乙震，广西庆远府东兰州人。
汤　聘，浙江杭州府仁和县人。

袁钟秀，江西赣州府信丰县人。
沈廷光，浙江嘉兴府嘉善县人。
王　玮，河南彰德府汤阴县人
郑　燮，江南扬州府兴化县人。
邓时敏，四川顺庆府广安州人。
孟　瑛，顺天霸州人。

赐同进士出身第三甲二百五十一名

兴　泰，正黄旗满洲人。
郑　鼐，福建福州府长乐县人。
范　芝，江南常州府荆溪县人。
梁秉睿，广西桂林府临桂县人。
朱霖亿，顺天宝坻县人。
罗　炳，河南开封府郑州人。
李肖先，河南归德府夏邑县人。
吴浣安，福建福州府侯官县人。
何师轼，浙江杭州府钱塘县人。
林其茂，福建福州府闽县人。
朱嘉善，直隶天津府天津县人。
罗世芳，直隶顺天府大兴县人。
甘志道，江西南昌府奉新县人。
郑廷楫，陕西太原府文水县人。
陈　策，直隶保定府安州人。
沈　涛，江南常州府江阴县人。
李　珌，甘肃宁夏府灵州人。
李　滫，山东青州府安邱县人。
周　雷，浙江杭州府仁和县人。

胡中藻，江西南昌府新建县人。
刘汝巽，镶红旗汉军。
朱秉中，浙江嘉兴府归安县人。
李光泗，湖北安陆府荆门州人。
邵　铎，浙江宁波府鄞县人。
王显绪，山东登州府福山县人。
仲永檀，山东济宁州人。
吴孙逢，福建兴化府莆田县人。
朱　瑾，江西瑞州府高安县人。
蒋试之，浙江宁波府鄞县人。
王云焕，江西临江府新淦县人。
沈沛然，浙江嘉兴府平湖县人。
赵秉义，江南扬州府甘泉县人。
许　宰，河南陕州灵宝县人。
顾锡鬯，浙江杭州府钱塘县人。
李　蓁，广西柳州融县人。
全祖望，浙江宁波府鄞县人。
虞钦元，江南镇江府金坛县人。
汪文在，江南常州府武进县人。
匡圣时，山东莱州府胶州人。
朱永年，山西平阳府襄陵县人。
上官谟，江西吉安府吉水县人。
李师中，山东莱州府高密县人。
包　桂，浙江杭州府钱塘县人。
鹤　年，镶蓝旗满洲人。
陈　杓，福建漳州府彰蒲县人。
双　顶，正白旗满洲人。

周祖寿，镶红旗汉军。
任震行，江南常州府宜兴县人。
姚士林，山西沂州静乐县人。
龚　渤，云南丽江府人。
泰　保，镶白旗满洲人。
何　玠，顺天宛平县人。
兆　麟，正白旗蒙古人。
王治国，顺天大兴县人。
黄瑶观，福建泉州府惠安县人。
方　骞，江南徽州府歙县人。
周联缙，湖北荆州府监利县人。
唐若时，山西西安府渭南县人。
张惟寅，直隶天津府南皮县人。
汪　锠，河南河南府嵩县人。
张若潭，江南安庆府桐城县人。
钟　音，镶蓝旗满洲人。
温必联，江西赣州府石城县人。
戴源亨，浙江嘉兴府嘉兴县人。
潘　郲，浙江湖州府乌程县人。
苏国絮，江西庐州府合肥县人。
七十四，镶黄旗满洲人。
安　泰，山西代州人。
徐崇熙，浙江衢州府西安县人。
王甘敷，山东登州府福山县人。
苏兆龙，广东广州府番禺县人。
张壮国，湖北黄州府广济县人。
刘叔堂，陕西凉州府镇番县人。

张仰垣，山西平定州盂县人。
孙维哲，直隶河间府景州人。
胡　杰，广东广州府南海县人。
李世基，四川保宁府阆中县人。
陈绍学，广东广州府东莞县人。
观　光，镶黄旗蒙古人。
张泰炯，湖北荆州府江陵县人。
张汝润，湖南长沙府善化县人。
吴乔龄，江南苏州府吴县人。
王缉祖，陕西同州府华州人。
王今远，直隶广平府曲周县人。
王一槐，江南宁国府宣城县人。
宋若临，河南归德府商邱县人。
吴　泰，江南淮安府山阳县人。
徐上正，湖北德安府云梦县人。
李宜青，江西赣州府宁都县人。
朱　泌，山东曹州府单县人。
姚锦川，广东潮州府潮阳县人。
阎公铣，直隶永平府黎县人。
执　谦，镶黄旗满洲人。
江　汉，江南安庆府望江县人。
张日旼，广东琼州府文昌县人。
吴　琇，江西瑞州府高安县人。
邱元遂，广东潮州府大浦县人。
陈文灿，顺天宛平县人。
倪益龄，浙江湖州府归安县人。
叶一栋，江西南昌府新建县人。

邓　均，山西大同府灵邱县人。
郭　擢，河南河南府洛阳县人。
邱肇熊，江西抚州府宜黄县人。
张圣功，云南大理府云南县人。
刘麒符，陕西西安府临潼县人。
孔傅大，广东广州府南海县人。
窦需书，河南怀庆府河内县人。
胡邦盛，浙江金华府汤溪县人。
顿　权，直隶大名府开州长垣县人。
冯中存，直隶大名府南乐县人。
甄汝舟，顺天大兴县人。
方鸣球，直隶河间府吴桥县人。
吴志璘，陕西平凉府平凉县人。
黄岗竹，江西吉安府庐陵县人。
沈逢舜，浙江严州府建德县人。
黄士钧，江西赣州府云都县人。
范容治，浙江杭州府仁和县人。
何御龙，湖北黄州府蕲水县人。
李兆钰，湖北安陆府钟祥县人。
吴兴宗，浙江嘉兴府石门县人。
郭为峤，山西蒲州府猗氏县人。
魏国珖，直隶冀州南宫县人。
丁思显，江南扬州府高邮州人。
严以治，福建福州府侯官县人。
邱日增，河南彰德府安阳县人。
杨廷枚，山东青州府寿光县人。
董可成，山东登州府文登县人。

李锦辉,直隶保定府祁州人。
黄　垣,江西临江府清江县人。
熊郢宣,云南云南府昆明县人。
王育枬,山西蒲州府猗氏县人。
吴达善,正红旗满洲人。
黄　璋,贵州安顺府镇宁州人。
周应宿,浙江绍兴府山阴县人。
邓泌科,湖南衡州府常宁县人。
洪汝勳,贵州铜仁府人。
赵　钊,浙江杭州府于潜县人。
蔡　番,广东潮州府澄海县人。
段修仁,顺天大兴县人。
张予介,山东济南府平原县人。
何序美,广东潮州府潮阳县人。
黄文则,江西建昌府新城县人。
贾　霖,江西常州府无锡县人。
粟荣训,湖南靖州会同县人。
卓斯义,福建兴化府莆田县人。
怀荫布,正黄旗满洲人。
万方极,河南陈州府扶沟县人。
龙于飞,湖北黄州府蕲水县人。
王兆曾,云南石屏州人。
程后濂,湖北黄州府黄冈县人。
刘育榘,江南扬州府泰州人。
阎式复,山西朔平府朔州人。
詹　易,江西南康府安义县人。
王莹中,直隶定州府深泽县人。

万世宁，湖北荆州府江陵县人。
燕侯然，江西九江府德安县人。
孟履中，直隶冀州武邑县人。
陈同威，江西赣州府石城县人。
郑毓善，江南常州府靖江县人。
赖万程，江西建昌府广昌县人。
赵朝栋，直隶正定府晋州人。
李精基，广东嘉应州人。
范宗佺，湖南郴州府桂阳县人。
陈　恂，直隶大名府长桓县人。
侯陈岭，江南常州府金匮县人。
李国祚，福建漳州府平和县人。
胡　淳，直隶天津府庆云县人。
刘　朴，河南归德府永城县人。
王曰仁，四川保宁府阆中县人。
桂　蓁，山西沁州人。
路元升，贵州太定府毕节县人。
单作哲，山东莱州府高密县人。
李应辰，山东莱州府高密县人。
杜三德，直隶保定府祁州人。
伊应鼎，山东济南府新城县人。
原承猷，陕西同州府蒲城县人。
梁　栋，甘肃宁夏府灵州人。
李青选，福建汀州府上杭县人。
卫　璜，云南建水州人。
方楚正，湖北黄州府广济县人。
蒋　偰，广西桂林府临桂县人。

萧　润，山东登州府福山县人。
杨富仑，江西广信府铅山县人。
李　甡，河南陕州灵宝县人。
茹　玺，河南怀庆府河内县人。
张伟综，陕西鄜州宜君县人。
佛尔清格，镶红旗满洲人。
张文杜，江西瑞州府新昌县人。
南宫秀，山西绛州人。
杨　普，云南嵩明州人。
沈荣光，浙江湖州府归安县人。
张　瑚，江南安庆府桐城县人。
邹锡彤，四川忠州人。
孙　隆，福建泉州府惠安县人。
王维翰，山西平定州盂县人。
王　璪，四川成都府成都县人。
冯　澎，直隶赵州隆平县人。
李悫存，河南归德府夏邑县人。
郑玉弼，山西代州五台县人。
赵允涵，直隶易州人。
梁为经，广东嘉应州人。
刘文彦，直隶保定府唐县人。
涂学烜，江西建昌府新城县人。
黄　云，浙江绍兴府萧山县人。
陆　仪，奉天锦县人。
刘继伦，福建汀州府宁化县人。
沈　清，浙江杭州府钱塘县人。
胡在用，直隶广平府永年县人。

郑大进，广东湖州府揭阳县人。
张光华，湖南长沙府攸县人。
李方榕，广东南雄府保昌县人。
胡　泰，江西赣州府瑞金县人。
周　绂，云南云南府易门县人。
王所抡，江南常州府荆溪县人。
陈秋秩，山东武定府青城县人。
郑廷烈，贵州南笼府安南县人。
王　翊，河南开封府郑州人。
安依仁，贵州思南府人。
张足法，镶蓝旗汉军。
龚乃愈，湖南丰州人。
王云万，江南常州府无锡县人。
林双鲤，福建漳州府龙溪县人。
涂武陞，江西南昌府南昌县人。
黄瑞鹤，四川顺庆府西充县人。
牛毓崧，直隶广平府清河县人。
龚生达，贵州镇远府天柱县人。
粟培初，山西潞安府长治县人。
吴　琏，云南蒙化府□□县人。
王时临，浙江杭州府钱塘县人。
吴　慎，四川嘉定府夹江县人。
三　格，镶白旗满洲人。
翟全仁，山西平定州人。
徐　衡，江南苏州府昆山县人。
张体铨，河南陈州府怀宁县人。
牛玉怡，山西直隶沂州定襄县人。

陈若琏，湖北安陆府潜江县人。
沙如珣，广东惠州府龙川县人。
马绍曾，直隶保定府高阳县人。
陈　材，福建福州府连江县人。
方嘉发，广东潮州府普宁县人。
凌之调，江西南昌府新建县人。
文　瑄，贵州平越府瓮安县人。
谭卜世，湖北安陆府天门县人。
林简士，福建泉州府晋江县人。
华恒泰，江南常州府无锡县人。
马正午，河南汝宁府信阳州人。
侯　纮，直隶河间府宁津县人。
周怀济，江南镇江府溧阳县人。
郭　琮，直隶冀州人。
刘起振，广东潮州府海阳县人。
舒伟才，云南澄江府新兴县人。

——《国朝历科题名碑录》初集

传　记

郑燮，字克柔，江苏兴化人。乾隆元年进士，官山东范县知县，调潍县，以请赈忤大吏，乞疾归。少颖悟，读书饶别解。家贫，性落拓不羁，喜与禅宗尊宿及期门子弟游。日放言高谈，臧否人物，以是得狂名。及居官，则又曲尽情伪，屦塞众望。官潍县时，岁歉，人相食。燮大兴修筑，招远近饥民赴工就食。籍邑中大户，令开厂煮粥轮饲之。有积粟，责其平粜，活者无算。时有循吏之目。善诗，工书画，人以"郑虔三绝"称之。诗言情述事，恻恻动人，不拘题格,兴至则成,颇近香山、放翁。书画有真趣,少工楷书,晚杂篆隶,间以画法。所绘兰竹石亦精妙,人争宝之。词吊古摅怀,尤擅胜场,或比之蒋士铨。内行醇谨,幼失怙恃,赖乳母教养,终身不敢忘。所为家书,忠厚恳挚,有光禄《庭诰》《颜氏家训》遗意。晚年归老躬耕,时往来郡城,诗酒唱和。尝置一囊,储银及果食,遇故人子及乡人之贫者,随手取赠之。与袁枚未识面,或传其死,顿首痛哭不已云。著有《板桥诗钞》。

——《清史列传·文苑三·郑燮传》卷七十二

乾、嘉之间,浙西画学称盛,而扬州游士所聚,一时名流竞逐。其尤著者,为高凤翰、郑燮、金农、罗聘、奚冈、黄易、钱杜、方薰等。

燮,字板桥,江苏兴化人。乾隆元年进士,官山东潍县知县,有惠政。辞官鬻画,作兰竹,以草书中竖长撇法为兰叶,书杂分隶法,自号"六分半书"。诗词皆别调,而有挚语。慷慨啸傲,慕明徐渭之为人。

——赵尔巽《清史稿·艺术三·郑燮列传》卷五百四

板桥诗钞小传

郑方坤

郑燮,字克柔,号板桥,兴化人。乾隆丙辰举于乡,连登进士第。授范县知县,改调潍县,以疾乞归。板桥少颖悟,读书饶别解,绰有文名。家固贫,落拓不羁。壮岁客燕市,喜与禅宗尊宿及期门、羽林诸子弟游。日放言高谈,臧否人物,无所忌讳,坐是得狂名。既得官,慈惠简易,与民休息,人亦习而安之。而崎嵚历落,于州县一席,实不相宜。世方以武健严酷为能,而板桥以一书生,欲清净无为,坐臻上理,闻者实应且憎,不则怒骂谯诃及矣。雅善书法,真行俱带篆籀意,如雪柏风松,挺然秀出于风尘之表。所画兰草竹石,亦峭蒨有别致。诗内所云"时时作画,乱石秋苔。时时作字,古与媚偕"者是已。诗取道性情,务如其意之所欲出。其自序有云:"余诗格卑下,七律尤多放翁习气,屡为知己诟病,好事者又促余付梓。自度后来也未必能进,姑从谀而背直,惭愧汗下"云云,其言可谓不自满亦。然其诗流露灵府,荡涤埃壒,视世间无解秪不可解之事,即无梗咽不可道指词。空山雨雪,高人独立,秋林烟敛,石骨自青,差足肖之。非彼藉口白战以自诩,为羌无敌实者也。板桥徒以狂,故不理于口,然其为人,内行醇谨,胸中具有泾渭。所刻寄弟书数纸,皆老成忠厚之言,大有光禄《庭诰》《颜氏家训》遗意。异乎放荡以为高者,信贤者之不可测也。昔晋文王称阮嗣宗为至慎,吾于板桥亦云。

——郑方坤《本朝名家诗钞小传》

郑燮,号板桥,乾隆丙辰进士,兴化人。工诗词,善书画。长于兰竹,兰叶尤妙,焦墨挥毫,以草书之中竖长撇法运之,多不乱,少不疏,脱尽时习,秀劲绝伦。词亦不屑作熟语。为人慨忼啸傲。曾知山东潍县事,以病归,遂不复出。

——张庚《国朝画征续录》卷下

郑燮,字克柔,号板桥,江南兴化人。乾隆丙辰进士。官山东潍县知县。画有别趣,善兰竹。有手书《板桥诗》行世。

——吴修《昭代名人尺牍小传》

郑燮,字克柔,号板桥,江南兴化人。乾隆元年进士,官山东潍县知县,有政声。在任十二年,囹圄囚空者数次。以岁饥,为民请赈,忤大吏,遂乞病归。去官日,百姓痛哭遮留,家家画像以祀。先生为人,疏宕洒脱,天性独挚。工画兰竹,兰叶用焦墨挥毫,以草书之中竖长撇法运之。画竹神似坡公,多不乱,少不疏,脱尽时习，秀劲绝伦。书有别致，以隶楷行三体相参，圆润古秀，楷书尤精，惟不多作。诗近香山、放翁，吊古诸篇，激昂慷慨。词亦不肯作熟语，时有"郑虔三绝"之目。所著有《家书》《板桥诗抄》，手书刊刻行于世。其家书数篇，情真语挚，最悱恻动人云。

——叶衍兰 叶恭绰《清代学者像传》第一集第二册

郑燮，字克柔，号板桥，兴化人。乾隆丙辰进士。知山东潍县及范县。岁饥，为民请赈，大吏忤之，罢归。其诗有云："长官好善民已愁，况以不善司民牧。"真至言也，工画兰竹，书法以隶楷行三体相参，古秀独绝。淮县人感其政治，至今宝其书画，多有效其体者。性疏容，尝置一囊，银钱果实之类，皆贮于内，遇故人子，或乡邻之贫穷者，随所取而赠之。作诗不拘体格，兴至则成，颇近香山、放翁。著《板桥诗钞》二卷、《词》一卷、《家书》一卷。

——阮元《淮海英灵集·丙集》卷四

郑燮，工书画。

郑燮，字克柔，号板桥，兴化人。为人疏宕洒脱。乾隆元年进士，官知县，有惠政，以岁饥，为民请赈，忤大吏，罢归。书法以隶楷行三体相参，有别致，古秀独绝。诗近香山、放翁，有"郑虔三绝"之目。词胜于诗，吊古摅怀，激昂慷慨。与集中《家书》数篇，皆不可磨灭。工画兰竹，以草书之中竖长撇法运之，多不乱，少不疏，脱尽时习，秀劲绝伦。

——窦镇《国朝书画家笔录》卷二

别有清湘恣肆，破格标奇。具广大之神通，括群能而皆善。墨沈酣嬉，竹梅固成绝诣；大力包举，山水另辟径途。窠臼脱而别趣含，丘壑罗而生气出。司农嗟其难及，耕烟匙为知言。斯固吾扬奇正之精英，康、乾艺林之领袖者焉。所惜同时并举，另出偏师，怪以八名，如李复堂、啸村之类。画非一体，似苏、张之捭阖，俪徐、黄之遗规。率汰三笔五笔，覆酱嫌粗；胡诌五言七言，打油自喜。非无异趣，适赴歧途。示崭新于一时，只盛行乎百里。幸来闽叟新罗山人力挽颓波。

——汪鋆《扬州画苑录》卷二

孟兴聚，字敬甫。工兰竹，人以为继武板桥云。

——唐烜等《济宁直隶州续志》卷十五《人物志四》

范县知县一员，典史一员，儒学教谕一员，训导一员，阴阳学训术一员，医学训科一员，僧会司僧会一员，道会司道会一员。

国朝　知县

郑燮　兴化人。进士。

——周尚质等《曹州府志》卷十一《职官志·文职》

海上戏柬郑板桥、李滋园

纵游忽到水云间，东望苍茫海上山。可惜眼前无画手，直将诗笔压荆关。

——阮葵生《七录斋诗钞》卷二《十载删余集》

壬戌载阳月吉，板桥老先生留宿光明寓斋，适值草兰盛开，小酌兴发，图此长卷，并题见赠，即席依韵称谢，兼祈教正。

仆本江干落拓人，金兰投契信天真。何当九畹传湘管，丽句清辞许结邻。偶生郑铎草。

——郑铎《题郑板桥兰竹卷》

金畲，字秋田，名诸生。工诗，好友，负性倜傥不羁，与同时郑板桥最善，尝为校刻《板桥诗钞》。

——阮先《扬州北湖续志》卷四《人物》

潘如……子呈雅，字雅三，号秣陵山人。工诗古文，善书，尤

工汉隶篆刻。所与交游唱和，如郑板桥、高南阜、傅金樵、颜清谷辈，皆一时名流。著有《秾陵诗草》《秾陵小词》。补辑

——许瀚等《济宁直隶州志》卷八之三
《人物志三列传二·国朝》

方　志

郑燮，字克柔。兴化人，乾隆元年进士。授山东范县，徙潍县。潍邑韩生，贫而好学，燮夜行，闻读书声，心许之，时给薪水，后成进士，有知己之感。值岁饥，道殣相望，不俟申报，即出仓谷以贷。秋又歉，捐廉代输，取领券火之。潍人为建生祠。燮生有奇才，性旷达，不拘小节，于民事纤悉必周。官东省先后十二年，无留牍，无冤民，以疾归，囊橐萧然，图书数卷而已。诗宗陶、柳，书出入汉隶中而别开生面，兼以余事写兰竹，一缣一楮，海内争重之。著有《板桥诗钞》《词钞》《家书》与《题西诗》行世。卒年七十三。

——姚文田等《重修扬州府志》卷四十八《人物志三·国朝》

柳园，在海子池旁李氏延青阁左。邑人陈乔筑。亭台面水，杨柳沿堤，无墙垣障碍，位置天然。郑燮题句云："北迎拱极，西接延青，共分得一池烟水；春步柳堤，秋行蔬圃，最难消六月荷风。"其胜概可想见矣。

——姚文田等《重修扬州府志》卷三十二《古迹志四·兴化县》

江村，在游击署前。张均阳筑。兴化郑板桥尝寓此，与吕凉州辈倡和。今废。

——姚文田等《重修扬州府志》卷三十二《古迹志三·仪征县》

拥绿园，邑人板桥别业，近浮沤馆。浮沤馆未久颓废。嘉庆间，燮从孙銮重就拥绿园修筑，植竹数区，颜其门曰"篠园"。勺田梅岭，略复旧观。又并入浮沤馆遗址，树柳种蔬，栽荷执菊，草亭翼然于其上，萧疏远致，过者犹想见当年名胜云。

——方濬颐《续纂扬州府志》卷五《古迹志·兴化县》

山东潍县知县郑板桥墓在管阮庄。

——方濬颐《续纂扬州府志》卷五《古迹志·兴化县》

郑銮字子砚，兴化人。燮重孙。嘉庆十二年举人，二十二年大挑知县。初任广东，后改河南，所至有声。令鲁山，尤多惠政。葺段店岭，行人便之，称"郑公路"。增置琴台书院膏火，复筹乡试考费，士民感颂。归里后，莳花种竹，不与外事，而周恤故旧，奖掖后进，不遗余力。诗古文词独辟畦径，尤工书翰，寸笺尺楮，人争弆之。著《岭海》《梁园》《鲁山》等集若干卷。咸丰三年……卒，年七十二。鲁人闻之，驰书赗问，于琴台元公祠右，立郑公祠。咸丰九年，入祀鲁山名宦祠。新采

——方濬颐《续纂扬州府志》卷九《人物志一》

郑銮，字子砚，嘉庆丁卯举人，大挑知县分广东，署吴川县。县故瘠，岁科试供学使费以千计，率取偿县试前列者。銮独陈困苦，谢关说，使积例顿除。调仁化，雪怨盗蒙老满案，平反之。以母老改河南，迭署柘城、宜阳诸县。每谳狱，称神明，循誉卓著。补鲁山县，鲁向无粮坊，贫民籴升斗必趁集，阻风雨辄饥。銮特谕辟粮市，俾民得随时购米。置留养局，收恤流民病丐，路殣以绝。葺段店岭，便行人，鲁民立碑道旁，曰郑公路。向例，县试皆各童自携几案，露处县署堂阶。銮谓此非抡才典，集绅耆议，先捐廉为倡，购署西隙地，创试院三十余间，增琴台书院膏火，复筹士子乡试考费，士子争颂之。及告归，鲁人立去思碑，志不忘。返里后，莳花

种草，不与外事，而周恤故旧，奖掖后进，不遗余力。诗古文词，独辟畦径。尤工书翰，寸笺尺楮，人争宝之。著有《古文》上下编、《岭海》《梁园》《鲁山》等集若干卷。咸丰癸丑，郡城陷，愤懑成疾，卒年七十二。鲁山人闻之，驰书赙问，就琴台元公祠右立郑公祠。己未，入祀鲁山名宦祠。

——民国《续修兴化县志》卷十三《人物志列传》

郑銮，字景堂。诸生。口吃耳聋，而读书通大义，孜孜好学，至老不倦。性尤好善，手辑先正格言，身体力行。工画兰竹石，得其伯伯板桥大令法，咸丰六年……死，年七十六。新采

——方濬颐《续纂扬州府志》卷十三《人物志五》

郑銮，字景堂。邑诸生，寄居郡城。口吃耳聋，读书通大义。性好善，手辑先正格言，力行不倦。工画兰竹，得郑板桥法。咸丰丙辰，郡城再陷，骂贼不屈，率孙女萃云投井死。先是癸丑春，贼初陷郡城，銮弟釜与其孙椿林俱绝粒死。釜，字慕堂，邑增生。同治己巳由两江忠义局请恤，同赠盐知事衔。

——民国《续修兴化县志》卷十三《人物志·忠烈》

郑燮，字克柔。兴化人。乾隆丙辰进士。官山东潍县令。燮工诗文词画，在都有盛名。既谢事归，寓城北竹林寺。郡中后学争趋之，又与四方才彦经过者相应和。字多参古隶，作墨竹，风枝露叶，翛然自成蹊径。诙谐玩俗，挥洒淋漓，乞其辞翰者盈户外，无贫富咸得其意以去，风流至今传之。

——范用宾等《增修甘泉县志》卷十五《人物·寓贤》

古板桥。东门外。邑人郑进士燮居此。按：今易版以砖。

——咸丰《重修兴化县志》卷一《舆地志·公署·桥梁》

浮沤馆。顺天翁方纲《记》云：是园在兴化城内升仙里，元柴

默庵飞升故地也。沟渠映带，竹树阴森。李复堂鱓因其地之幽僻，曾构楼阁数椽，缀以花草，以为退休之所。赋诗作画，日与诸名士啸傲其间，号曰浮沤馆。郑燮在山左寄诗云："待买田庄然后归，此生无分到荆扉。借君十亩堪栽秫，赁我三间好下帏。柳线软拖波细细，秧针青惹燕飞飞。梦中长与先生会，草阁南津旧钓矶。"后侍御任大椿读《礼》家居，憩息于此，注书讲学，启发后生，从之游者甚众。因取杜诗"养亲惟小园"之句，题其楣曰"小园"，并赋诗二首："养亲惟小园，江渚已春暄。竹径笋根软，兰陔花蕊繁。庾公岂辞赋，孟氏只盘飧。一幅读书画，烟横水外村。""养亲惟小园，读礼荐频繁。笺疏工夫细，江郊岁月奔。鸟啼新树色，凤恋旧巢痕。仁尔蓬池上，劬劳更报恩。"

拥绿园。国朝邑人郑燮别业，近浮沤馆。浮沤后归于侍御大椿，未久颓废，几为丛葬所。今并拥绿旧址归于板桥从孙銮，植竹数区，颜其门曰"篠园"。勺田梅岭，略复旧观，于浮沤仅存之地，树柳种蔬，栽荷艺菊，草亭翼然于其上，萧疏远致。过者犹想见当年名胜云。

国朝

郑进士墓，管阮庄，葬知县郑燮。

——咸丰《重修兴化县志》卷一《舆地志·古迹宅墓附》

观音庵，平望铺。康熙十六年，知县张可立买地掩骼。十八年，建庵，延僧司其事，购田为经费。邑人于庵西建张公祠。乾隆中，邑人郑燮更名自在庵，《记》曰：兴化无山，其间菜畦瓜圃，雁户渔庄，颇得画家平远之意。一村一落，必有茅庵精舍，为高僧隐流焚修栖息之所。而平望庄自在庵之建，不尽为此也。庵始于邑侯张公蔚生，廉明慈惠，念水乡穷民棺骨无葬地，于城北九里平望东偏买地为义冢，凡一十二亩三分。即于是庄建佛殿，招僧为住持；固以奉佛，实以修护穷民之冢也。张公去后，佛舍荒，冢地荡，过者伤之。慧圆上人毅然以重修为己任，众亦敬其素操，翕然从之。爰造梵宇二十二间。张公置田五十二亩，慧圆置四十亩，晓达置十亩，计田一百二亩。而晓达之师、慧圆之徒祥元者，虽未有所创造，乾隆中叠遭水灾七八载，祥元竭力支持，使此庵不废，则其功亦不可不书也。山田足供僧众，而自在庵永不废矣。有庵有僧，耕渔之暇，持一畚一锸以修冢，而枯骨于兹有托矣。佛舍修、枯骨聚，而张公仁民爱物之心传于千古矣。凡庵有兴有废，而是庵泽及枯骨，深得佛理，当久而弗替也。

——咸丰《重修兴化县志》卷一《舆地志·祠祀寺观附》

郑燮，号板桥。乾隆元年进士，知范县。爱民如子，绝苞苴，无留牍。公余辄与文士觞咏，有忘其为长吏者。调潍县。岁荒，人相食。燮开仓赈贷。或阻之，燮曰："此何时？俟辗转申报，民无孑遗矣。有谴，我任之。"发谷若干石，令民具领券借给，活万余人。上宪嘉其能。秋又歉，捐廉代输，去之日，悉取券焚之。潍人戴德，为立祠。燮生有奇才，性旷达，不拘小节，于民事则纤悉必周。尝夜出，闻书声出茅屋，询知韩生梦周，贫家子也。给薪水助之。韩成进士，有知己之感焉。官东省先后十二载，无留牍，亦无冤民。乞休归，囊橐萧然，卖书画以自给。文宏博雄丽，诗宗范、陆，词尤工妙。书出入汉隶中，而别开生面。以余事写兰竹，随意挥洒，笔趣横生。其需次春明也，慎郡王极敬礼之。一缣一楮，不独海内宝贵，即外服亦争购之。著《板桥诗钞》诸书。

——咸丰《重修兴化县志》卷八《人物志·仕迹》

陆震，字仲子，以字种园，廷抡子。少负才气，傲睨狂放，不为龌龊小谨。宋冢宰荦巡抚江南，期以大器。震淡于名利，厌制艺，攻古文辞及行草书。贫而好饮，辄以笔资酒家，索书者出钱为赎笔。

家无儋石储，顾数急友难。某负官钱，震出其先仪部奉使朝鲜方正学辈赠行诗卷，俾质金以偿，或遂失之。某恧甚，震曰："甑已破矣。"与其人交契如初。诗工截句，诗余妙绝等伦，郑燮从之学词焉。所填甚夥，身后无子，稿半佚。同里刘宗霈搜罗荟萃，属休宁程某锓版行世。家传

——咸丰《重修兴化县志》卷八《人物志·文苑附录》

顾于观：字万峰，一字澥陆。父问，性孝友，工制艺，早殁。问弟言，诗文亦工，刚正不挠，里人缓急赖之。于观性嗜古，不屑攻举子业。书出入魏、晋。杭太史世骏评其诗云："绵邈滂沛，清消凄厉。"居乡惟与李鱓、郑燮友，目无余子。客游四方，公卿大夫及知名士莫不折服，简亲王亦怜其才而下交焉。乾隆七年，张宫詹鹏翀录其诗进呈乙览。十六年，高庙南巡，于观献赋颂，恩赐大缎。数奇不偶，恬然无怨尤意。尝语人曰："吾生平最得意事，惟登泰山绝顶，见云气喷薄有声，俯视大海，茫茫洋洋，此时四顾无俦，作天际真人想，觉尘世富贵，无异鸱得腐鼠耳。"少为庠生，俄弃去，以山人终。著《澥陆诗钞》。

——咸丰《重修兴化县志》卷八《人物志·文苑附录》

陆骖，字白义，一字左轩。庠生。善书，楷法率更，行摹山谷，尤精狂草，有龙蛇夭矫之势。兼工文，世罕知者，尝镌私印云："逸少文章字掩将"。为人谦退和平，书与郑燮、顾于观埒，而性情迥异。郑、顾殁后，赝本纷纷，惟陆书不能伪也。子坤，亦能左怀素体。

——咸丰《重修兴化县志》卷八《人物志·文苑附录》

李培源，字道园，一字蕙亩。乾隆十九年贡，任霍州训导。工书，力追颜平原。尝言："作字须读书数日，方可落笔。"郑燮推为邑中三百年楷书第一，镌印章亦精妙。雍正辛亥，纂修《江南通

志》，应当事聘，参订成编。生平多识前言往行，游四方，交贤士大夫，见闻益广。为人端严，濒笑不苟，乡人望而生敬。学赡才优，能任艰巨事，终老广文，至今文辞书翰，人争宝藏。

——咸丰《重修兴化县志》卷八《人物志·文苑附录》

（赵）九鼎海子，字兰痴。工画兰竹，少与杨进士宗岱入都，索画者踵接，有赵兰之称。杨选井研令时，川中戒严，行者难之，九鼎毅然偕往。杨座师翁宫詹方纲重其义，为下拜。母命归娶，甫逾月，匹马入蜀。及金川奏凯，复赴京师，名公卿争与缔交。乾隆庚戌万寿，献画册，钦取三人，九鼎第一，赐大缎两端。方纲作《六君子诗》，郑燮及九鼎与焉。

——咸丰《重修兴化县志》卷八《人物志·文苑附录》

《自在庵记》。邑人郑燮撰，文见《寺观》。

——咸丰《重修兴化县志》卷九《艺文志·碑目国朝》

《板桥诗钞》《词钞》《题画》《家书》。郑燮著。

——咸丰《重修兴化县志》卷九《艺文志·书目国朝》

刘敬尹，号荔园，住晏公庙松鹤道院，学兰竹于郑进士燮，颇得其秘。

——咸丰《重修兴化县志》卷十《杂类志·仙释国朝》

郑燮，字克柔，号板桥。以楚阳名进士为潍夷长。罢官后，浪游大江南北，寓蒲最久，与镇中诸郑叙谱谊，定称呼，以月以年，流连不忍去，故书画遗墨，莫多于蒲上。法宝寺"藏经楼"三字，其所书也。尝为绘春园主人作春兰两箭、秋兰两箭，题曰："更无佳处，之事春秋之气居多耳！"语亦蕴藉可喜。

——姚鹏春《白蒲镇志》卷六《人物志·流寓》

郑燮，兴化县人。进士。通达事理，作养人才。

——唐晟等《范县志》卷二《官师·国朝知县》

宋纬，字星周，乾陵丁卯举人。事亲孝，家贫并日而食，诵读不辍。性廉介，县令郑板桥深契之，赠以金，不受。郑赋《二生诗》云："腐《史》湘《骚》问几更，衙斋风雨见高情。也知贫病浑无措，不敢分钱恼二生。"谓纬与刘生连登也。其门等第者甚多，至今朝，范两邑之事，犹思宋先生不置云。

刘连登，字献璧，诸生。精易理。善画山水人物，作兰竹，尤为郑板桥所赏。著有《四书图考》《易经图》等书。

——唐晟等《范县志》卷二《人物志·文学·国朝》

郑燮，兴化人。兼署。

——杜子梽等《朝城县续志》卷一《官吏·守令》

吴作璋樟，字文洁，幼即工染翰，长益博涉诸家，皆能得其意。又善画。客从弟作哲杭州府署，与兴化郑燮遇。燮故傲睨，然独善作樟。尝醉后属书擎窠大字，燮甚钦服。作樟又尝书金陵佛寺"大雄宝殿"四字，字径数尺，观者悚然。仍能悬肘作细楷，如米元章书《黼宸箴》。著有《书法》十二卷。诗学陶韦，亦称登堂。子凤书、凤韶、凤祥三多皆能书，有父风。女婿汀州汀州太守滕县张昌师其法，亦以善书鸣。

——潘熔等《萧县志》卷十三《人物二·文苑·国朝》

王为翰，号西园，为屏弟也。性旷逸。少为诸生，即淡名誉。作别墅于冒山之麓，额曰亦足斋。喜吟咏。工画墨竹，每酒酣兴到，辄信手挥写，浓淡疏密，各臻妙境。尝题句云："静对幽篁暑气消，数竿移植上生绡。醉来横抹无章法，错认扬州郑板桥。"味此诗，可以想起高致。

——潘熔等《萧县志》卷十三《人物二·艺术·国朝》

梅熟庵：郑克襄勤诵经别墅。余幼时，亲见堂上有悬凫，供奉观音金像。今屋宇已无寸椽矣。外门犹存额书"梅熟庵"三字，旁署"雍正丁未年，郑勤立"款识。将圮，余劝令后主重修存迹。传闻昔年凡京都外省巨卿名士过蒲者，无不停骖于此，久暂不一。如袁随园、郑板桥、罗两峰、巴慰祖、范十山、蔡松园、李复堂、张研夫，书画名流，山人词客，并不可记忆者甚多。今惟存荒土一区，深可叹也。……同治九年，岁次庚午，重阳前三日，守瓶居士又识。

——陶承煦《白蒲镇志》卷首《图说》

书　事

法坤宏

潍县知县郑板桥燮，扬州人，乾隆丙辰进士，与吾胶南阜老人高凤翰善。余曾于南阜处见正往来笔扎（札），心慕其人。辛未五月，下第归，过潍，招饮友人家。潍俗重贾，二三贾客与焉。语次及板桥，余亟问曰："何如？"群贾答曰："郑令文采风流，施于有政，有所不足。"余曰："岂以其诗酒废事乎？"曰："喜事。丙寅丁卯间，岁连歉，人相食，斗粟值钱千百。令大兴工役，修城凿池，招徕远近饥民就食赴工，籍邑中大户，开厂煮粥，轮饲之。尽封积粟之家，责其平粜。讼事则右窭子而左富商。监生以事上谒，辄廷见，据案大骂：'驼钱驴有何陈乞？此岂不足君所乎？'命皂卒脱其帽，足踏之，或挃头黥面，驱之出。"余曰："令素怜才爱士，此何道也？"曰："惟不与有钱人面作计。"余笑而言曰："贤令此过乃不恶。"群贾相视愕，起坐去。语曰："商贾之言，医匠之心。"录其事以俟采风者。

——民国《续修兴化县志》卷十五《杂类志·杂纪》

四牌坊。

……

才步七子　清郑燮

……

——民国《续修兴化县志》卷一《舆地志·古迹·坊表》

明放案：原"才步七子"匾额已经甄没，我们现在兴化四牌楼上所能看到的是著名书法家费新我先生左笔书写。费新我（1903—1992），学名斯恩，原字省吾，字立千、号立斋，浙江湖州人。中国书法家协会理事、中国美术家协会会员、江苏省书法家协会顾问、江苏省国画院一级美术师、湖州书画院名誉院长。他用左腕运笔，其隶法古拙朴茂，楷书敦厚，行草不受前人羁绊，参以画意，有强烈的节奏感和音乐感。

文九苞，画兰竹，法郑燮，或即题燮名，同仁们不能辨也。居京师最久，公卿礼重之。江南人多藏其画。县人多不知其名。论者以为唐成业、刘本棣不及也。

——陈嘉榆等《湘潭县志》卷八之五《人物第八列传三》第五十一《内传方技》

郑国瑗，……字恩源，字砚孙。光绪乙酉拔贡。性沈静，长诗赋，承其祖板桥法。工墨兰。主昭阳书院讲席，弟子问业者，如坐春风。

——民国《续修兴化县志》卷十三《人物志·文苑》

刘敬尹，精声律，通经史，尤善书画，从学于郑板桥先生，颇得其秘。邑人徐步云与之交甚厚，赠诗云："雅有水墨缘，肯避丹青俗。妙韵倘天成，渊源定有属。板桥大弟子，秘授经一束。岂惟性逼真，字画肖亦酷。"敬尹性淡雅，不慕荣利，有飘然远引之志。

——民国《续修兴化县志》卷十五《杂类志·补遗》

（江村）在游击署前，里人张均阳筑，今废。兴化郑板桥燮尝寓此，与吕凉州辈倡和，有联云："山光扑面因新雨，江水回头为晚潮。"

——刘文淇等《重修仪征县志》卷六《舆地志·名迹·园》

鲍城，字匡溪，号竹门。幼失怙恃。长读书，有隽才。倜傥不羁，与人交，然诺不爽。耽吟咏，爱游名山大川，足迹几遍天下。客蜀时，重庆太守林容斋慕其贤，以礼延诸幕中，有大事辄咨询焉，遭谊相交，十余年如一日。归里后，寄志山林，与郑板桥、方竹楼辈时相唱和。《板桥集》中有"清兴不辜诸酒伴"之句，即招匡溪诸老也。黄慎尝为绘《独立图》，板桥题之，卒年八十有四。节略

——刘文淇等《重修仪征县志》卷三十七《人物志·文学》

吕奂，字凉州，歙诗人吕音子也。工诗，好弈。所居江村，占山水之胜，与兴化郑板桥诸名流歌饮其中。

——刘文淇等《重修仪征县志》卷三十九《人物志·侨寓》

郑燮……《淮海英灵集》按，燮少读书仪征毛家桥，见《板桥家书》。诗集中有《真州杂诗》八首，又叠前韵八首，其中二句云："清兴不辜诸酒伴，令人忘却异乡情。"自注："谓张仲嵒、鲍匡溪、米旧山、方竹楼诸子"，即寓仪征时所作也。以上新增

——刘文淇等《重修仪征县志》卷三十九《人物志·侨寓》

南坨诗钞　张秉彝撰

按府志载《莱园集》一卷、《春草集》一卷、《雪舟集》一卷、《黄杨集》一卷、《清晖堂集》一卷，俱《南坨诗钞》子目，惟《南坨纪游诗》别为一集。……《纪游诗序》为兴化郑板桥撰。

——刘文淇等《重修仪征县志》卷四十五《艺文志·集类》

陈其宽……刘楹……皆以孝称。……楹，诸生。母嫠多疾，恐为庸医误，遂精习岐黄术，汤药必亲尝以进。居丧庐墓三载，养寡

嫂，抚孤侄，皆人所难。案：楷字持正，沁区从子。与弟克承皆能诗。今沙沟人刘深藏郑板桥楷手书，极称其诗得水心先生之传。学术纯正。知县卫哲治式其庐。举孝廉方正。……

——陈玉树等《盐城县志》卷十一《人物志二·国朝》

自然庵，旧在半山观音岩右，明宏（弘）治间移置真武殿之右，高鉴书额，又"天然图画"额，沧江赵祥书。又郑燮书联云："山光扑面因新雨，江水回头为晚朝。"乾隆壬午重建。

海若庵，旧名海神庙。乾隆二十六年，两淮盐政高恒建。沈尚书德潜题联云："境以沧江旷，山因真隐高。"三十七年，分住自然庵僧光治号慧通重修殿宇，起建僧寮，王文治书额，郑板桥题联云："楚尾吴头，一片青山入座；淮南江北，半潭秋水烹茶。"

——吴云《焦山志》卷一《建置》

郑燮，号板桥，兴化人。乾隆元年进士。文宏博雄丽，书法出入汉隶中而别开生面。

微时授徒沙沟，与六楷、刘倬友善，今沙沟六氏家藏燮墨迹甚多，皆与楷往返书牍也。

——陈玉树等《盐城县志》卷十二《人物志三·流寓》

十一年，郑燮，江南兴化人。进士。国朝知县，秩正七品，俸四十五两，养廉一千四百两。朝帽起花金顶。带用素银圆版。鸂鶒补服。敕授文林郎宣德郎。

——张耀璧等《潍县志》卷三《官师志·秩官表》

高凤翰，字南阜。山东人。雍正年，官泰坝盐掣。时缺系新设，凤翰莅任后，多所创建。喜吟咏，暇中与兴化郑燮、邑中王家相，田云鹤辈相倡和。晚年病右臂，以左手作书画，尤精于草隶。续志稿

——曹榐坚等《泰州志》卷二十《名宦》

许珍，字天然，崇祯庚午武举人。授陕西千总。值张献忠乱，左良玉师抵太原，失利，珍阵亡。节录《府志》暨《续泰州志稿》。

《府志》泰州《烈女》载武举许珍甫妻刘氏。案《续志稿》内云："许珍字天然。"又云："刘氏适许珍，甫以载。""甫"字属下句。《府志》删乙原文，乃连"珍甫"两字作复名，甚误，今改正。惟、旧《府志》及《州志·选举》内俱无许珍，而兴化郑燮有《海陵刘烈妇歌》纪其事。则珍当是泰人，旧《志》漏略，录以俟考。

——曹楝坚等《泰州志》卷二十二《人物》

孟传昔，字君重，号云岩。耽书画，以江南卓滋为师，而风雨竹过于卓。行草悉师郑燮。

——曹楝坚等《章邱县志》卷十一《人物志下》《艺术·国朝》

朱奔，字云栽，号公放，又号荑稗老农。邑诸生。书画有奇趣，诗才清隽，性恬淡，不事进取，以笔墨自娱，放浪于沼霅间，有志和之风，善度曲，能叠石为山，并精篆刻，尝镌朱柏庐《家训》全文图章，藏于家。客维扬，与金农、郑燮友善。游幕京师，卒于蕃邸。著有《荑稗集》《倚声杂记》《旗亭集》。《朱氏宗谱》。

——赵定邦等《长兴县志》卷二十三下《人物传·国朝》

《乾隆修城记》

……

《修城记》

……

《修城记》

乾隆戊辰，郭峤修城工六十二尺。

板桥书

《修城记》

赐进士、文林郎、知潍县事兴化郑燮督修。

钦赐九品顶戴陈尚志四十尺。

监生王霖六尺。

候选州同陈世栋十五尺

捐修　于宗召十尺。

监生陈邃六尺。

监生高岳十尺。

韩柱监修。

泥水匠潘永喜、李士林

乾隆十三年仲冬告成立石

《修城记》

乾隆十三年岁在戊辰，谭儴捐修城工六十尺。

《修城记》

文林郎、知潍县事、记录五次郑燮督修。

监生田廷琳、贡生田颖捐修八十尺。

州同谭理捐修十三尺。

　　监工人于渭

　　泥水匠□□□

　　乾隆十三年十二月　吉旦

　　　　——常之英等《潍县志稿》卷八《营缮志·城隍》

潍县城

土城创于汉。明正德七年，莱州府推官刘信重修。崇祯十二年，邑令邢国玺以石甃之，绅民各认丈尺，不用衙役督催，听从民办，不数月而告竣。厥后屡次小修。清乾隆十三年，知县郑燮捐赀大修，不假胥役，修城一千八百余尺，垛齿城楼表里完整。

会邑绅士州同郭峨等二百四十五人共计捐银八千七百八十六两。又各烟店公捐制钱一百二十千文。细册存案。《乾隆志》

——常之英等《潍县志稿》卷八《营缮志·城城隍》

《重修文昌阁记》

……

乾隆十五年修祠时，令邑板桥先生为之记。书而未刻石。闻诸故老云，装悬祠壁上。杨润轩学录曾锓之木。越一百三十三年，光绪壬午再修，始访求墨迹，抚诸石。次年六月，郭恩煌、王宗彝、刘嘉木、嘉颖童立石祠壁。先生不可复作，修文洁行之训犹存，后之读书者，其共勉之。史氏陈介祺记。

季士林、士恒刻字。

——常之英等《潍县志稿》卷九《营缮志·坛庙寺观》

状元桥，城东南角　清乾隆十五年，知县郑燮倡建。……

文昌阁下

——常之英等《潍县志稿》卷十《营缮志·桥梁表》

南园，在县署东南天仙宫东，明嘉庆时刘应节园也。天启时，归郭尚友，增构旧华轩、知鱼亭、松篁阁、来风轩诸胜。其孙饶州府知府一璐复加修葺。一璐侄伟业字质亭，伟勋字芸亭，均能诗工书，与知县郑燮为文字交，时觞咏其中。今园已无迹可寻，而郑之书画犹存人间。

——常之英等《潍县志稿》卷十一《营缮志·园亭》

郑燮，……《山东通志》，《扬州府志》

——常之英等《潍县志稿》卷二十《秩官志·职官列传·清》

郎一鸣，字次生，赋性敦朴，乐施与。郑燮令潍时，修城垣，建桥梁，及邑中一切大工役，慨然出倍资为众倡，以是令重其为人，赠联曰："为善无不报，读书当及时。"《郎氏家乘》。

王俨，字畏之。流饭桥人。性刚直，人有过失，必面折之。顾好施予，遇义举，辄慷慨解囊，无吝色。乾隆初，知县郑燮与友善。每至乡。必造其庐，访问民间疾苦，俨直言不讳，以是郑深器之。及致仕归，书留别诗以赠。

陈尚志，字素贞。捐职州同。北门里人。……前后修补西北隅石城，修学宫，修文昌祠，多赖其倡捐多金。邑令赖光表、郑燮甚器重之。……宋书升《陈公素贞家传》。

田廷琳，字林玉。南屯庄人。家室素封，勇于为义。乾隆十五年，邑城久失修，知县郑燮倡诸绅捐资，重为补筑。廷琳暨侄颖捐修八十尺。郑令素善隶法，为书其事以志之。

——常之英等《潍县志稿》卷二十九《人物志·义行·清》

于适，字肇诜。城里人。监生。以书法名于康熙间。尝书"发育万物"四大字，颜东岳庙，奇古全仿《瘗鹤铭》。其城南先茔诸碑，多半适书。郑令燮莅潍时行部过之，下肩舆，步入其茔，寻视碑刻，及适书，击节曰："大佳大佳。"又剔剥他人书曰："固多常作。"乃上肩舆云。《于氏佳乘》。

韩镐，字西京。为文豪宕有奇气。郑板桥燮令潍时，县试识拔冠其偶。寻游庠食饩，而乡举则屡蹶。乾隆甲午，母亓病殁。又连遭期功丧，坎坷潦倒二十年。胸次牢骚不平之气，一寄之于诗酒，酒酣，与诸友生谈史论文及古今奇士亮节伟行，非常功业，唏嘘感叹，勃勃有壮志。癸卯始登乡荐，而年已老矣。诗散失，多不存稿。年五十九卒。郎泳《韩先生传》。

朱若宾，字敬夫，号草亭。城北流河庄人。性聪慧。五岁入塾，读书过目不忘。九岁学为诗，十岁学为文，皆中矩矱。以家贫，往依姑父昌邑孙元相。元相曰："此子木中櫶也！"甚器重之。康熙中，昆山徐仲章炯提学山左，取入邑庠，时年二十余。与同邑郭芸亭伟勋、裴仲芳善继齐名。宁夏李景隆令潍，延为课子师。不半载而李殁，自是漂泊四方二十余载。四十岁，北游太学，作《石鼓歌》，一时传诵。学使庐陵彭维新按临莱州，科岁试皆置第一。雍正改元，充选拔贡生。次年，中副车。常熟严有禧守莱州，聘为海山书院山长，多所成就。四十八岁，举顺天乡试。乾坤己未，礼闱报罢。主苑平令安邱曹巨源涵署，涵与约为兄弟，旋谢归。徙居固堤镇，以教授生徒终。一时贤令入赖光表、郑燮行部戾止，咸加礼下马。先是，汶上黄德涵与若宾同客曹苑平署，德涵精雕塑术，为造一看剑像，神情毕肖。曹为之赞云："人中龙，文中虎，抚剑疾视何所怒。"既殁无嗣，有女为农人妇。四月十八日，于西阁庙会，以牛车载像，指向游人曰："此先父朱草亭先生像。先生无子，今来与交亲诀别，载归即葬之矣。"移时驱车徐徐而去。若宾文宗欧阳，诗近苏、柳，偃蹇终身，有手订《蝈鸣诗集》一卷，未刊。

郭伟业，字贻昆。九岁丧父，侍母刘以孝闻。与弟伟勋同居六十年，式好无间。所交多知名士，至于嫌隙疑难，每出意见，以为定衡，无不慴服。邑令郑燮素重之，凡有大工役，恒属之董理，人皆服其公正。晚年以医济人，全活甚众。遇老弱贫苦，尤加意焉。郭亭翕《质亭郭公家传》。

——常之英等《潍县志稿》卷三十《人物志·文学·清》

朱士魁，字斗占。流河庄人。工文翰，尤精画理。乾隆间，板桥郑公与友善，尝自谓画不如魁云。采访册

谭云龙，一名化龙。东关木工。幼失学而姿性灵敏，戏摹郑邑令燮书画，几欲乱真。又酷嗜金石，所著印谱若干卷，黄县贾文正公极称之。曲阜桂未谷馥教授莱州时，惊其画神似板桥，因以"子犹"字之。与掖县翟云升交最厚，每至掖，必主其家。其见推重于名流如此。捐职四译正馆教序班。《谭氏家乘》。

——常之英等《潍县志稿》卷三十二《人物志·艺术·清》

于适，书法钟、王，笔力雄健，尝书"发育万物"四字于东岳庙，邑令郑燮因事过庙，众劝其书额，郑曰："余字多逊于君。"终不书。故郑宰潍七年，而东岳庙无郑字。今于字邑中流传殊鲜，或曰"郑爱其书，尽搜集之，而本县因罕见"云。采访册

本邑刘鸿翱故宅门有"大中丞"匾额，系临自安邱东门大街马文炜坊字，原掖县刘重庆书。刘素有"神笔"之称，县令板桥郑燮过安邱时，极称赞之有"'大'、'丞'容或能书，'中'字今生不能"之语。……采访册

恒彻上人，县城东北濠外路北关帝庙住持，有戒行，与邑令郑燮善。其庙中盛栽葡萄，秋风葡萄既熟，郑恒往啖之，岁以为常。郑燮有《留别恒彻上人》诗咏其事，郭麐《潍县竹枝词》之中亦记之。……郭麐《潍县竹枝词》。

——常之英等《潍县志稿》卷四十二《杂稽·清》

隐逸总传

史本，字季屏。前志工部制造库郎中大伦之。性潇洒，工琴，善书，于诗学尤深。年八十余，仿前辈天长令潘公自志墓铭，作《自述》一篇，其略云"予赋性迟钝，惟读书能记忆不忘。随宦京师

时，德州孙子未先生曾以小艺二十篇授之。好临法帖，王虚舟夫子又以倪宽赞太清楼赠之。自是文机稍开，最嗜字学。后历从名师，不敢自弃，亦不敢自懈。遂入国学，肄业崇志堂。自戊午、辛酉、甲子、丁卯四科，未获一第。比年渐大，而襟期无异少年。乃遭时不遇，两遭大故，丧葬幸无忝，又值兄弟析居，家政纷披，遂不复攻举子业，而以其悲愤慷慨者，发之于诗词，著有《竹香斋稿》。从此肆力于琴，以写其悲壮悱恻之怀。托之于酒，以借为遣怀销愁之物。……然性好疏懒，不问家人产。甘淡薄，食无兼味。而胸坦率，耻以机巧待人，人有以机巧待之者，亦不自觉。赴朋友之急，当名简之召，纤细必践其言，期无负而后已。慕娄师德，郝处厚之为人，常以'忍辱蒙耻'为箴铭。凡有拂意之事，从不形于口。晚年家益落，而意趣不衰。所历升沉炎凉之态，恬不屑意。遇知己快谈，遇酒局快饮，遇好风月、佳山水未始不悠然自得。不喜作皱眉事，亦不喜作皱眉语，素性然也。年逾八旬，精力商健。见名人手迹，朝夕临池不倦。好逃禅，焚香静坐，博览释典。壮年与海内名宿笔墨酬应，若金寿门、蒋老人、郑板桥、沈蕉园、盛柚堂、牛空山、傅云樵、颜介子昆仲、陈无轩、张芑堂、朱朗斋、王菊壮、钱大培往来翰札，装为册页，倩黄小松题笺，暇日对晤，如逢故人"云云。

题画像

板桥先生出宰潍县，爱民有政迹。余督学时，潍之士犹感道之不衰。片纸只字，皆珍若圭璧，固知此君非徒以文翰名世也。

己卯夏，乡人阮元识。

——阮元《题板桥先生行吟图》

明放案：阮元《题板桥先生行吟图》，北京荣宝斋藏墨迹。

一庵秋雨雪盈头，粟里归来醉可谋。人爱青藤狂态好，诗教碧玉曼声讴。平生笔墨难抛却，七品官身颇自由。闻道莱芜清德者，至今遗像在齐州。

乙卯长夏，玉辂并书。

——玉辂《题板桥先生行吟图》

明放案：玉辂《题板桥先生行吟图》，北京荣宝斋藏墨迹。

题板桥先生行吟图

周 絜

推到时流入座惊，尝同秋雨竹林行。如箕眼大何劳醒？七品官耳颇自荣。拥绿模糊难有梦，浮鸥迢递更无盟。今朝画里人犹在，仿佛沉吟未发声。

秋雨庵、竹林寺，先生行馆也。

拥绿园，公之园名。园西为李公浮鸥馆。今俱颓圮。同学小弟幔亭周絜题于拱极台。

浮鸥，本属浮沤，予误书之，然"盟"字从鸥生处出，予又不能不遂其过而改其误，其说反碍予诗矣，姑存之，幔亭记。

分明老板髯掀白，仿佛丫头脸带麻。闻道近来欢喜事，尽从画里露些些。

公之子田告予云："画象颇占家事""麻丫头针线""眼大如箕""七品官耳"皆公自用图书中语。君之嗣子葛衣粗，君之爱弟已无居。当时邑宰贤无匹，今日空闻作贩书。

汪邑宰芳藻，余之旧识也。曾于除夕见板桥诗，即大赠金，玉成其进士。邑中之美谈也。近闻取公诗词板，刷书，作归途计，同贩夫矣，可发一咍。

幔仙。

——《艺林旬刊》总第四十八期

明放案：周榘《题板桥先生行吟图》，北京荣宝斋藏墨迹。

题郑板桥先生像

王衍梅

伟哉七品官，而作河朔英。进士不得进，徒遣千载名。先生嵇阮俦，本不慕显荣。虱身县令间，如蓄尺水鲸。文章聊放达，按之实和平。作书犹可喜，一一龙蛇惊。将非李青莲，而岂徐青藤。夫子适自道，笑者冠绝缨。隔靴赞何益，入木骂始精。邻妇妒其艳，区区戛盆瓶。折腰五斗米，吾将事渊明。捋须博一粲，请复鞭背刑。黄鹄乘云翔，长风邈上征。前言戏之耳，拂衣返躬耕。扬州富芍药，结盖摇红旌。引殇坐其下，揽镜相尹邢。兴酣发兰竹，秀叶交纵横。槎枒吐肝肺，掩冉香风生。遂骖青鸾尾，失草新宫铭。循吏不我重，文苑不我轻。斯民食橄榄，齿颊余芳馨。至今三贤祠，高怀栎园并。先生宰潍县，邑人建三贤祠，以祀先生及周公亮工、赖公光表。经纶固未展，遗爱存典型。从孙粤东宰，子砚。一出扬家声。昨夜梦见公，游戏于太清。羽衣拍铜斗，天风韵流铃。醒来闻剥啄，落日光前楹。焚香肃遗像，我歌公开譍。吾师石与丁，矫首芙蓉城。

——《昭阳述旧编》卷三

题郑板桥先生遗像

周继华

戊戌季秋，子砚明府解组归来，出先生图像见示。

万丈才华绣不如，直将天地等蘧庐。寒亭治谱兰亭迹，先生任潍县，治臻上理。又摹《兰亭序》极佳。橄榄枝头得遂初。自建橄榄亭。

四海争传书画名，墨花歌舞气纵横。一官草草真如寄，自向毫端写性情。

家书几纸尽缠绵，循吏儒林两可传。明月二分桥廿四，此翁原是地行仙。

呵护有灵绳祖武，子砚治鲁山，多惠政，又以草书名家。披图惊见古衣冠。一毡愧我如匏系，也做人间七品官。

——民国《续修兴化县志》卷十四《艺文志·诗类》

郑燮，字板桥，乾隆元年进士。知范县，爱民如子。乞休归，囊橐萧然，鬻书画自给。文、诗皆工妙，著有《板桥诗钞》诸书。赞曰：以名进士，现宰官身。饥则赈贷，暇则论文。爱民如子，民奉若神。人视之贵显，先生视之如一尘。历十二载，两袖清风。泼墨自给，远服咸珍。所南、与可，萃于一人。烟云腕底，飘然不群。郑氏三绝，先后同称。高竿比节，素蕊方馨。观先生之尺缣寸楮，不啻自写其真。

——民国《续修兴化县志·名宦乡贤像赞·乡贤郑进士燮遗像》插页

诗词书札

虞美人·郑克柔述梦

陆 震

寻思百二河山壮，更陟莲峰上。那能腷下死句留，恨杀尘缘欲脱、苦无由。 故人一觉荒唐甚，娓娓殊堪听。君还有梦到秦中，我并灞桥驴背、梦俱空。

——陆震《陆仲子遗稿》

赠板桥郑大进士

顾于观

郑生积学晚有名，感念平生意凄恻。深心地底迥星芒，苦节坚冰炼木德。文成亦爱今人赏，宦达仍惭古贤责。遇我扬州风雪天，酒阑相向意茫然。邱陵同寻史阁部，祠庙还过董广川。亦有争奇不可解，狂言欲发愁人骇。下笔无令愧《六经》，立功要使能千载。世人颠连多鲜民，谁其收之唯邑宰。读尔文章天星真，他年可以亲吾民。

——顾于观《澥陆诗抄》卷四

板桥移居口占以赠

顾于观

见说移家室，萧然屋几间。有才终拓落，下笔绝斑斓。境与吾遭迕，天成大器艰。此生无乐事，所得是高贤。

——顾于观《澥陆诗抄》卷五

板 桥

顾于观

百年若个是知音，日观峰高渤海深。到处逢人推贱子，一生惭愧板桥心。

——顾于观《澥陆诗抄》卷九

寻郑板桥诗

傅 雯

设醴贤王为见招，我来不惜马蹄遥。城南城北城东路，到处逢僧问板桥。

——铁保《白山诗介》卷十

题郑燮兰竹图卷

程铎

壬戌载阳月吉,板桥老先生留宿光明寓斋,适值草兰盛开,小酌兴发,图此长卷,并题见赠,即席依韵称谢,兼祈教正。

仆本江干落拓人,金兰投契信天真。何当九畹传湘管,丽句清辞许结邻。偶生郑铎草。

——《中国绘画总合图录》第一卷

题郑明府燮所寄画竹

汪颀

故人远为范县宰,卒岁遗我青琅玕。胸中在昔有成竹,壁上于今增暮寒。南国投书随雁下,西山高节拂云看。调饥向晚苦岑寂,风雨对此还加餐。

——汪颀《东皋诗存》卷四十六

题庭前草本小花为板桥居士作

金农

郑家小婢,草丛一半新栽红紫;老却矣情,爱他容易开花结子。来香分种,看离落墙根,蔓延不已;野香无比,风味是沣兰湘芷。

——金农《冬心先生自度曲》

十年前,卧疾江都,吾友郑进士板桥宰潍县,闻予捐世,服缌麻,设位而哭。沈上舍房仲道赴东莱,乃云冬心先生虽撄二竖,至今无恙也。板桥始破涕改容,千里致书慰问。予感其生死不渝,赋诗报谢之。近板桥解组,予复出游,尝相见广陵僧庐,予仿昔人自为写真寄板桥。板桥擅墨竹,绝似文湖州,乞画以枝,洗我满面尘土可乎?

——金农《冬心先生写真题记》

　　兴化郑进士板桥，风流雅谑，极有书名，狂草古籀，一字一笔，兼众妙之长。十年前，予与先后游广陵，相亲相洽，若鸥鹭之在汀楮也。又善画竹，雨梢风箨，不学而能。广陵故多盐童，巧而黠，俟板桥所欲，每逢酒天花地间，各持枒牋纨扇，求其笑写一竿，板桥不敢不应其索也。若少不称陈蛮子、田顺郎意，则更画，醉墨污渍上襟袖，不惜也。今试吏于齐东潍县矣。便娟之径，可添伎席否？翠娥红靥之围，讵少涤砚按纸之人耶？吾索性爱竹，近颇画此，亦不学而能，恨板桥不见我也。

——金农《冬心先生写真题记》

　　时兴化郑进士板桥曾为七品官，亦擅此长。见一诗云："画竹多于买竹钱，纸高八尺价三千。"予尝对人吟讽不去口，益信吾两人画竹，皆见重于世人也。板桥闻之，能不轹然一笑乎？

　　吾友兴化郑板桥进士，擅写疏篁瘦藻，颇得萧爽之趣。予间写此，亦其流派也。设有人相较吾两人画品，终逊其林下风度耳。辛巳四月，荐举博学鸿词杭郡金农记。

——金农《冬心先生杂画题记》

寄潘桐冈

顾于观

　　桐冈寻山中老竹根，刻书画印章，特奇妙，余屡羡之。复堂命余诗寄桐冈以请，数月矣。昨夜忽梦板桥呼我云："桐冈亟索汝诗。"遽为惊醒，枕上遂成二篇。

　　……昨夜打窗风雪重，板桥大叫入残梦。"桐冈要汝新诗篇"，梦里起来捉寒冻。……

——顾于观《澥陆诗钞》卷四《七言古诗》

此画不知作于何时，雍正甲寅十一月十日，同板桥居士、莲若上人过登李世兄宅，乃泚笔足成之。懊道人记。

——李鱓《题竹菊石图》

明放案：李鱓原题：自在心情盖世狂，开迟开早亦何妨。可怜习染东篱菊，不想凌云也傲霜。复堂　李鱓。

……平生以朋友为性命，顾万峰、郑板桥暨鹰青先生外，又得戴遂堂先生一人，读其诗古文词书法，把玩不能释手，则先生乌可以不识遂堂，而遂堂又乌可以不识先生与万峰、板桥乎？

——李鱓《寄友人书》

明放案：详见《明清画苑尺牍》。

近今好手推郑燮，县堂挥毫苦敏捷。鹅溪百轴供迅扫，快马如风追不及。一洗陋习出新意，不许时人偷笔法。我今作此亦偶然，敢与郑老争后先。

——屠倬《是程堂集》卷一《题画竹赠张少府柴》

题板桥诗后

允　禧

高人妙义不求解，充肠朽腐同鱼蟹。此情今古谁复知，疏瀹混沌惊真宰。振枯伐萌陈厥粗，浸淫渔畋无不无。按拍遥传月殿曲，走盘乱泻蛟宫珠。十载相知皆道路，夜深把卷吟秋屋。明眸不识鸟雌雄，妄与盲人辨乌鹄。

——允禧《花间堂诗钞》

送郑板桥令范县

允　禧

万丈才华绣不如，铜章新拜五云书。朝廷今得鸣琴令，江汉应闲问字居。四廊桃花春雨后，一缸竹叶夜凉初。屋梁落月吟琼树，驿递诗筒莫遣疏。

——允禧《紫琼崖诗钞续刻》

喜得郑板桥书自潍县寄到

　　允　禧

　　二十年前晤郑公，谈谐亲见古人风。东郊系马春芜绿，西墅弹棋夜炬红。浮世相看真落落，长途别去太匆匆。忽看堂上登双鲤，烟水桃花锦浪通。

——允禧《紫琼崖诗钞》卷中

　　明放案：南京徐石桥藏允禧此作品墨迹，末两句作："忽传爽鲤垂佳贶，烟水桃花万里通。"

十咏诗·新范邑宰板桥郑燮

　　允　禧

　　一匹缠头一曲新，风流不省自家贫。无端腰系银鱼佩，闲杀雷塘花柳春。

——允禧《花间堂诗钞》　四川省博物馆藏墨迹

　　与板桥别十余年矣，江乡千里，晤言无因，适程君振凡以其所画兰竹示余，慨然如见故人，岁寒之盟，同心之臭，有不随形迹疏者，因题数语志之，至其笔墨超俊，世所共赏，故不复云。丁丑三月朔，紫琼道人识。

——允禧《题郑燮兰竹图卷》　美国艾里奥特藏墨迹

虞美人·郑板桥述梦

　　陆　震

　　寻思百二河山壮，更陟莲峰上。那能腼下死句留，恨杀尘缘欲脱苦无由。故人一觉荒唐甚，娓娓殊堪听。君还有梦到秦中，我并灞桥驴背梦俱空。

——陆震《陆仲子遗稿》抄本

忆郑板桥

高凤翰

淡如我辈成胶漆，狂到狂奴有性情。便去故乡寻旧迹，断碑犹爱板桥名。胶州为唐之板桥镇，犹有遗刻。

——高凤翰《南阜山人诗集类稿》卷五《鸿雪集》下

郑板桥画兰　陈溉夫画松　南阜山人题诗

卢见曾

溉夫画松松支离，板桥画兰兰离披。兰离披，兰有香，松枝拂之松风长。披风坐，北窗凉，老奴消受太清狂。

——卢见曾《国朝山左诗钞》卷五十四

扬州杂诗

卢见曾

一代清华盛事饶，冶春高宴各分镳。昔渔洋先生同诸名士修禊红桥，各赋《冶春》绝句。风流间歇烟花在，又见诗人郑板桥。郑进士燮有《板桥集》。

——卢见曾《雅雨堂诗集》卷上

扬州竹枝词

董伟业

梦醒扬州一酒瓢，月明何处玉人箫？竹枝词好凭谁赏？绝世风流郑板桥。

——董伟业《扬州竹枝词》

扬州杂咏

　　董伟业

　　湘兰淇竹高人格,写照传神不在奇。法拟石涛能用活,板桥居士是吾师。

——董伟业《扬州杂咏》

题郑板桥赠兰竹画

　　金德瑛

　　画兰不多三五茎,画竹不多三五干。纸宽墨润腕力余,更添古石三五片。微香馥馥清影摇,满堂观者增欣羡。齐东有竹却少兰,玉版尊师唯悟半。板桥家法所南翁,心花无根舒烂漫。平生妙墨懒收拾,偶欲追寻从友案。胸中事即对人言,与弟《家书》刊共看。吟颠字怪剧游嬉,叵耐折腰趋下县。西范东潍十载宽,自怜天鉴超忧患。同心知我称石交,为拂古瓦摅柔翰。别久争讶鬓霜盈,逢稀似类优昙现。径题长句画中间,如使两人长对面。

——金德瑛《金桧门诗存》卷三

十月初八宿潍县,板桥答诗过誉,复惠华二幅,因次来韵

　　金德瑛

　　白狼著霜流愈清,阴云酿雪如有情。未须见画画意得,开缄妙态修而横。诗书挂腹终何以,游戏博弈贤于己。尔我一笑共杼机,兔起鹘落鸟能止。偶然侧匣吟几行,敢言斗实与古量。只容一宿毋多恋,且向官斋看硬黄。板桥署中出示碑版数十种。

——金德瑛《金桧门诗存》卷三

板桥分赠古镜五奁，叠韵谢之

　　金德瑛

　　寒潭秋月涵空青，搜露毛骨酷无情。良工何名铸何代，篆文兽象徒纵横。等闲长物无所以，照胆照妖殊可已。藉将鉴戒白头心，漏尽钟鸣庶行止。一朝分赠拆联行，如人聚散难忖量。君言有故官当罢，不须更照眉间黄"。板桥顷以事干部议，有去志矣。

——金德瑛《金桧门诗存》卷三

题郑燮兰竹图卷

　　朱文震

　　幽兰况幽人，写赠情何已。浥浥墨香浮，似共光风起。会然兴远怀，江南渺烟水。

　　振翁老先生以我板桥夫子兰卷嘱题，敬赋应命。平陵外史朱文震。

——《中国绘画总合目录》　美国艾里奥特藏墨迹

中秋日山左闱中招同事诸公小酌，即席赠郑大尹板桥

　　德　保

　　平分秋色玉轮清，照耀奎垣影倍明。好客深惭孔北海，论诗偏爱郑康成。不因佳节生乡感，惟以冰心见物情。料得三条橡烛尽，几人翘首望蓬瀛。

——德保《乐贤堂诗钞》卷上

朝城却寄范县明府板桥

　　王箴舆

　　六年不见徒劳梦，一日见君犹梦中。语短烛长随夜尽，酒酣剑拔为谁雄？置驿今传旧郑君，曾摄篆朝城。老来方识故交真，多怀

行尽烟霞窟，犹眼留看傲侬人。

——王箴舆《孟亭诗集》卷二《山左吟乙丑》

济南杂诗

王箴舆

板桥为道夷门事，三四年间聚会难。哀痛山阳横笛后，依然屈宋唤衙官。

——王箴舆《孟亭诗集》卷二《山左吟乙丑》

夺画诗

富森泰

山人画竹如画龙，渭川千亩收心胸。兴酣率尔弄笔墨，满堂何事苍烟封。秋浦嗜此世莫比，往往把玩入骨髓。只宜同作淇园人，莫矜独赏潇湘意。君不见，二有堂中声萧萧，孤高势欲凌青霄。凄凄风雨遥相忆，"二十年前旧板桥"。

——《钦定熙朝雅颂集》卷八十二

寄家板桥发尹二首

郑方坤

廿载钦芳誉，披襟愿已盈。赋应征郑志，谊与笃周盟。肝胆轮囷露，诗歌跋扈鸣。匆匆一为别，又早岁峥嵘。

瘦与俗均病，蠲除每未能。识君胸有竹，夸客肉如陵。潍产也，因戏及之。吏散琴鸣阁，官闲砚斫冰。囊沙吊遗烈，意气一飞腾。

——郑方坤《蔗尾诗集》卷十三《杞菊轩稿》

诗

伊福纳

故友音布字闻远，又自号双峰居士。工书嗜酒，往往不与人画。其所善，虽弗请，亦与也。以故多所不合，竟以诸生老。板桥郑燮为长歌以哀之，词旨悲怆。余深慨夫故旧之沦亡也，为作是歌。

吾乡书法双峰豪，藏帖千本如屋高。摩挲寝食四十载，熔铸昔喆神嚣嚣。平生爱友兼爱酒，酒酣始肯挥霜毫。笔圆摩润腕肘活，往来如运庖丁刀。楷法端庄杂流丽，九华春殿金环摇。草书怪变莫方物，规矩巧随风雨交。云垂海立露蛟蜃，巨石大木趋波涛。观者平屏息不得语，甫道九绝神兵鏖。欻然却立更呼酒，纸上余力犹腾跳。长安城中贵介子，高车达马行相邀。等闲之字未易得，笑谓卿辈非吾曹。琳功梵宇偶独往，要寻前碣窥前朝，沙弥衲子喜一至，争煎佳茗沽春醪。解衣磅礴数十纸，戏拍僧顶听空瓢。晚游西园号老友，葛衣竹杖从逍遥。西园宾客多隽雅，一一心折同下僚。相赏独有板桥郑，酒场棋墅恒连镳。歌呼尔汝任所适，非云名士矜高标，板桥作字自奇古，画被画破多吴绡。章草篆籀随手掇，赖同时辈为推敲。喜共双峰遇都下，韩陵片石尊琼瑶。戏鸿霓海互倾倒，家鸡野鹜由低嘲。即今双峰墓木拱，荒原冷落迷蓬蒿。犹复长歌致深慨，凄音激越兼风骚。寄我一篇寒月夕，烛花如豆荧虚寮。命儿细读再三听，涔涔老泪垂青袍。独鹤无声斗杓转，百灵下集云旗飘。怀人感旧渺何极，有酒难向霜空浇。嗟乎！双峰已矣板桥远，使我白发空萧萧。

——《钦定熙朝雅颂集》卷四十

与郑板桥书

陶元藻

数旬不接謦欬，怅何可言。俾来，知足下于今晨已卸装杏园旧寓，欢喜无量。亟欲走访，苦为雨阻，不能步屦而西。前月于金寿门斋头，见足下所画残荷一朵，败荷叶一片，插在缺口磁瓶内，墨汁模糊，如有烟光月晕，淡中自带野趣。夫画，枯不可，淡则所贵；俗宜避，野则弥佳。大似吾乡青藤居士醉后之笔，寿世何疑。迩日可又得数幅否？想携笈中，俟檐溜稍停，即当造谒畅观，先问起居不一。

——陶元藻《泊鸥山房集》卷十一

过郑板桥寓斋索句偶成

陶元藻

萧萧竹色映疏帘，沈水香清手自添。谁道竹鱼茶板外，有人闭户读《楞严》。

——陶元藻《泊鸥山房集》卷二十一《诗》七

简郑板桥

陶元藻

出山多浊流，俗吏面可唾。荥阳耻卑官，言放迎候惰。白眼醒而狂，直夺次公座。既受五斗欺，能免一毫挫。归栖屋打头，烟萝补篱破。书画自忘疲，深巷慰寒饿。我亦懒散人，无由学新懦。卖文三十年，空箧无可驮。蛮花照吟笺，竞病谁与？江南怀故人，天阔风雨大。将订竹西游，重理击钵课。

——陶元藻《泊鸥山房集》卷二十四

题郑板桥画兰送陈望亭太守

蒋士铨

板桥作字如写兰，波磔奇古形翩翻。板桥写兰如作字，秀叶疏花见姿致。下笔别自成一家，书画不愿常人夸。颓唐偃仰各有态，常人尽笑板桥怪。花十一朵叶卅枝，写于何年我不知。丛兰荆棘忽相傍，作诗题画长言之。板桥当初弄烟墨，似感人情多反侧。举以赠君心地直，花叶中间有消息。君生兰渚旁，熟精种艺方。叶虽欹斜具劲力，花却静好含幽香。君今一麾仍出守，长挹清芬怀旧友。板桥不作花不言，题送君行当折柳。

——蒋士铨《忠雅堂诗集》卷十八

题杂家书画册子七首之一

蒋士铨

未识顽仙郑板桥，非人非佛亦非妖。晚摹《瘗鹤》兼山谷，别辟临池路一条。

——蒋士铨《忠雅堂诗集》二十三

题郑燮兰竹图卷

顾元揆

书法作兰竹，意在笔墨先。下手快风雨，蕴真合自然。画师虚想象，那得穷清妍？板桥好奇者，书法无取焉。独写兰竹照，往往全其天。位置间瘦石，幽峭纷目前。得非稽山曲，无乃楚江边。卷末看题字，结习并洗湔。仙灵辟魔障，美人谢朱铅。真趣有相感，高怀得所宣。莫令俗客市，车马声喧阗。竹以虚心著，兰因空谷传。

己卯秋日，振凡老先生以板桥道人画命题，因请教正。梅坡后学顾元揆。

——《中国绘画总合图录》第一卷

投郑板桥明府

袁　枚

郑虔三绝闻名久，相见邗江意倍欢。遇晚共怜双鬓短，才难不觉九州宽。君云"天下之大，人才有数。"红桥酒影风灯乱，山左官声竹马寒。底事误传坡老死，费君老泪竟虚弹。有误传余死者，板桥大恸。

——袁枚《小仓山房诗集》卷十四戊寅

留别郑板桥

  沈　心

  小于河畔柳依依，沙际春归客亦归。八载清风飘墨绶，几回幽梦绕柴扉。惟君白首豪吟健，赠我青山逸兴飞。时见贻手画山水。明日相思今共饮，将离花落怅征衣。

——沈心《孤石山房诗集》卷四

答郑板桥柬

  丁有煜

  虫鱼蚊虱，各托以命。刻生刻杀，变态须臾。疾痛之忧，造物亦不顾也。而漠然视之，如人心何。君子以素位出之，儒者取譬，释氏普济，均小补焉。

——丁有煜《个道人遗墨》

题郑板桥兰竹图卷

  陆　恢

  熙伯先生得板桥道人兰竹长卷，甚精。示恢，恢读而善之，因作长歌赞叹焉，其辞曰：

  郑板桥，郑板桥，原是人中豪。一麾出守制百里，归来依旧安蓬茆。觉世文章尽情说，说敝澜翻广长吞。乐府盲词播管弦，铜琶铁板冰壶裂。论书知古不知今，汉刻秦碑僻处寻。饕餮穷奇画变相，依然不失先民心。以其余力事图画，墨汁淋漓恣荒怪。犹是龙蛇太古书，不徒专守青藤派。此图修竹与幽兰，数笔萧萧着意寒。扫地焚香一展对，恍如坐我潇湘滩。板桥板桥荥阳郑，姿态丰神出生硬。

只有冬心一片心，江南江北相辉映。人皆以怪病，我独以怪敬。无盐丑女列贞贤，怀中别有光明镜。辛丑十月，廉夫恢未是稿。

——《中国绘画总合图录》第一卷

扬州八怪歌

凌　霞

板桥落拓诗中豪，辞官卖画谋泉刀，画竹挥尽秋兔毫，时人雅谑常呼猫。郑燮。冬心品诣殊孤高，荐举鸿博轻鸿毛，漆书有如金错刀，诗格画旨皆清超，六十不出仍游遨。尝有"六十不出翁"小印。金农。西园砚癖夸石交，左手握管疑持螯，涉笔诡异别趣饶。高凤翰。复堂作画真粗豪，大胆落墨气不挠。东涂西抹皆坚牢，砚池滚滚惊飞涛。李鱓。晴江五斗曾折腰，拜梅与梅为朋曹，画梅倔强犹腾蛟，腕底飒飒风雨号，金刚怒目来献嘲。将苕生论晴江画诗有云："怒目撑眉气力强，不成菩萨是金刚。"李方膺。闽中画师有癭瓢，曹衣吴带皆溶陶，点睛活泼同秋猱。黄慎。苇间居士寄兴遥，老笔气狭霜天高。平沙落雁秋萧骚。边寿民。已军篆法能兼包，诗情古淡惟白描，泰羹玄酒非官庖。杨法。

——凌霞《天隐堂集》

明放案：黄宾虹《扬州八怪之变体》云："自僧石涛客居维扬，画法大变，多尚简易。杭人金农字寿门，号冬心；闽人华嵒字秋岳，号新罗山人，相继而来，画山水人物花卉，脱去时习，力追古法，学者因师其意。李方膺字虬仲，号晴江，画松竹墨兰。汪士慎字近人，号巢林，善墨梅。高翔字凤冈，号西唐，甘泉人，善山水。边寿民字颐公，淮安人，写芦雁。郑燮号板桥，善书画，长于兰竹。李鱓字宗扬，号复堂，兴化人，善花鸟。陈撰字楞山，号玉几，仪真人，善写生。罗聘号两峰，善人物，画《鬼趣图》；时有"扬州八怪"之目。要多纵横驰骋，不拘绳墨，得于天趣为多。"俞建华

《中国绘画史》下册："按扬州八怪之名不甚一律，郑著《中国画学全史》为金农、罗聘、郑燮、闵贞、汪士慎、高凤翰、黄慎、李鱓。秦著《中国绘画学史》去闵贞改为李方膺，移高凤翰为高翔。而陈著《中国绘画史》则并列闵贞、李方膺、金农、罗聘、郑燮、汪士慎、黄慎、高翔、李鱓而成九人。愚以为是诸人者均曾树帜于维扬之画坛，当时虽有八怪之名，而其实人数不至于八人，并无固定之人名，后人遂不免稍有出入。"他们都未见凌霞《扬州八怪歌》等。（《古画微》）

郑板桥画兰见贻

丁　御

两地关情臭味同，生绡一幅寄春风。美人哀怨才人笔，都在《离骚》一卷中。

——丁御《江上草堂集》

旬日间瘦铜数来论诗，又贡夫以其乡人顾万峰诗轴见赠，未得报也，怀柔道中各怀一诗寄酬

翁方纲

高人与我疏，手笔日苦僵。睹滋题画竹，顿觉神飞扬。昔读板桥诗，词旨郁雷琅。顾侯破余地，洒翰未能忘。世儒评郑君，行迹类颠狂。吾但论其书，体已得钟王。顾也臭味同，名与南阜翔。笔墨关人品，逸气飒轩昂。当其运腕时，古隶参汉唐。呜呼知音难，识者为惋伤。不合貂组宴，文锦张华堂。冷然抚一笑，来挂苏斋旁。

——翁方纲《复初斋集外诗》卷十八

秋日题郑板桥墨竹画幅

马曰琯

如君落落似晨星，相见时当清露零。赠我修篁何限意，两竿秋

节一窗青。

——马曰琯《沙河逸老小稿》卷三

题李渔川垂钓图

沈廷芳

……披图忽忆古人句，郑板桥有题句。缥缈如对江边峰。

——沈廷芳《隐拙斋续集》卷一

题郑板桥画

沈廷芳

兰芬竹劲石峭岩，点缀幽姿总不凡。题赠王郎莫轻出，世多寒具漫开缄。二十年前旧板桥，相逢读画坐昏朝。笔床茶竈人何在？剩有图中逸兴飘。

——沈廷芳《隐拙斋续集》卷三

过潍县，郑令板桥进士招同朱天门孝廉、家房仲兄纳凉郭氏园

沈廷芳

乾隆己巳月夏五，郑君邀我过花圃。是时炎暑气郁蒸，连日川途走澍雨。汗脚不袜衣不船，喜得凉泾觏贤主。入门一围青雪林，森然迤地多嘉树。苍苔小径蜗庐盘，绀石幽洞董楥堵。高高亭子冷冷风，漱玉麓台近堪睹。缅维尚书昔构此，郭尚书尚友，万历进士，善居乡。告归娱老门尝杜。即今云初能世家，百年东第存堂庑。我来消夏兴独豪，朗吟恍梦游天姥。请君图书发秘藏，少连康乐争摩拊。老砚名印钿匣罗，岐鼓秦碑墨香吐。最后触鼻还流胪，禹书神迹传岣嵝。况君三绝过台州，草圣仙芝得□□。诗题剡纸点筠兰，先辈青藤安足数？郑君郑君尔才奇特风义古，为政岂在守文簿？一官樗散鬓如丝，万事苍茫心独苦。人生作达在当前，惟有清游豁灵

府。酒酬勿起商瞿悲，生子还应胜贾虎。板桥方抱西河之痛。

——沈廷芳《隐拙斋集》卷十六

怀郑板桥二首

沈廷芳

寄讯潍夷长，秋来病若何？熊罴应早却，药石莫投讹。莱土寒暄杂，萧晨风雨多。几时诗骨健，同眺白狼河。

邑雄北海郡，人说小苏州。估舶如云集，名园逭暑游。居民歌五袴，仙吏署三休。好儃中丞意，维摩善散愁。

——沈廷芳《隐拙斋集》卷十七

映碧研铭并序

沈廷芳

高征士凤翰所制，行如半月出波，郑潍县燮以贻余，铭曰：南阜斫，板桥赠。勘我书，同月印。

——沈廷芳《隐拙斋集》卷四十

送颜运生之任兴化

法式善

维扬好烟水，君去玉琴携。饱看郑生燮画，苦吟任子大椿诗。……

——法式善《存素堂诗初集录存》卷六

为吴香亭题郑板桥画竹

王文治

板桥道人老更狂，弃官落拓游淮阳。兴来散笔挥筼筜，风枝露叶相低昂。吴君何从得此本，尺幅之势千寻强。瘦干欲上转欹侧，如敲水槛送昼凉。却忆板桥始识我，竹西古寺园池荒。便命深缸共斟酌，月移邻簌来破墙。平生结交几老苍，江湖阻深道里长，抚君此卷心徬徨。

——王文治《梦楼诗集》卷五

为王晴崖题墨竹帐额
朱孝纯

古寺何年载酒瓢，竹林寒翠晚萧萧。相期禅榻听秋雨，只忆扬州郑板桥。

——朱孝纯《海愚诗钞》卷十一

寄潍县令郑燮
胡天游

一县持团扇，争来乞草书。风流看似此，为政果何如？每叹清才少，能容傲吏疏。十年怜鬓发，闻到亦非初。

——胡天游《石笥山房集》卷五

喜晤郑板桥
李霁

手捧虬藤杖一条，追随几日伴松寮。为君小篆书田印，"二十年前旧板桥"。

——李霁《岑村集》

江上怀人绝句十五首
罗聘

一官轻弃返初心，游戏人间岁月深。曾到蓬莱看东海，题诗笑付老龙吟。郑板桥

——罗聘《香叶草堂诗存》

甲戌杪秋小尽日，招同郑板桥、缪客船、黄北垞、萧邓林、张煦斋、陶韵亭、金麟洲、廖禹门、沈玉崖、方竹楼、方介亭、徐荔村、药根上人集百尺楼，以赵嘏"残星几点雁横塞，长笛一声人倚楼"句分韵，得"人"字。

汪　堂

元英岁已近，白帝行别人。倚楼心杳渺，年光空逡巡。西风吹不歇，落叶声频频。大江横树杪，匹练光如银。远山起寒色，瘦削青嶙峋。醉吟勿归去，此夜犹萧辰。

——李福祚《昭阳述旧编》卷三

板桥先生墨竹

韩梦周

晚风萧萧云堕地，湘妃独立野宫闉。苔花初冷透山根，老篁惨淡啸魑魅。板桥好奇爱画竹，一枝两枝压山麓。试携鸱夷读《离骚》，桂旗窈窕森在目。忆昔挝鼓初放衙，官斋开遍樱桃花。对客挥毫写屏幛，画成一缕日痕斜。我官淮南思一见，仙人已去凌霄殿。公子重逢面无光，一缣相赠愁思乱。时余种竹斋南北，对竹看画凌秋色。白发门生感旧事，楚江浪泣龙吟笛。

——张彤《潍诗采录》卷三

和郑板桥为黄陵庙女道士画竹

韩梦周

皇娥有恨泪成血，六月幽篁夏飞雪。九嶷明灭隔苍烟，洞庭浪泣君山裂。千枝万枝压宫墙，杜宇无声秋草黄。西风欲下行人绝，参差哀怨满三湘。貌作荒江悲帝子，老筠惨淡凌风起。婵娟太息空扬灵，一幅《离骚》照秋水。

——张彤《潍诗采录》卷三

舟泊广陵，怀板桥郑明府，万峰顾明经，二公时客广陵

良宵怀故人，迢递隔城闉。披衣坐不眠，霜钟来夜半。

——成岳《石根集》

明放案：此诗详见汪之珩编纂《东皋诗存》卷四十一。

赵兰隐，名九鼎。泰州人。工于画兰，深得板桥妙笔

美人香草最多情，沅芷湘蘅总旧盟。解得画兰如画竹，风枝雨叶笔端生。

——赵文述《画林》卷上

董竹枝自京师至范县，口占奉送

石　需

寄语昭阳郑克柔，栽花范县阅三秋。怜予久滞燕山下，只要恐云泥两白头。

——汪之珩《东皋诗存》卷二十九

怀　友

汪之珩

破家何用苦思归，楚尾吴头空落晖。江上年年看花客，僧厨乞食妓缝衣。兴化郑板桥燮。

——汪之珩《东皋诗存》卷三十三

题郑明府燮所寄画竹

汪　颀

故人远为范县宰，卒岁遗我青琅玕。胸中在昔有成竹，壁上于

今增暮寒。南国投书随雁下,西山高节拂云看。调饥向晚苦岑寂,风雨对此还加餐。

——汪之珩《东皋诗存》卷四十六

论词绝句一百首又四十首专论国朝人

苍茫放笔转唏嘘,诗画书名却未如。文到入情端不朽,直将词集当家书。郑燮。

——谭莹《乐志堂诗集》卷六

七山人歌

潘呈雅

板桥道人工兰花,破盆带土叶参差,横扫草隶如飞麻。郑燮。石屏老李画篱笆,柴门古树倒人家,时垂红颗枝头斜。李鱓。南阜山人写寒鸦,荒烟落寞木杈桠,月影昏黄鸣哑哑。高凤翰。苇间居士扫澄葭,绿天白雁栖晴沙,瑟瑟夜过江田赊。边维祺。闽中张二驰龙蛇,醉后涂抹无梳爬,不知头顶是乌纱。张士英。渔村杜十居河叉,脂头戏落小鱼虾,近来卖画何如耶?杜元音。柳泉吟客烘粉葩,蝶走红霜压酒家,飘断翠袖弹琵琶。黄孙辐。

——咸丰《济宁直隶州续志》卷二十二

题画兰为郑板桥作

高　朋

芳菲香气动吟毫,疑是湘君下汉皋。争奈幽芳多惹怨,于今不忍读《离骚》。

——阮亨《淮海英灵续集》卷三

板桥题画

郑板桥先生燮,兴化进土,以庶常改山东潍县令尹。晚年乞休归里，往来扬郡，字画易钱。时人但以字之怪，画之随意，不惜分金而换易之，而不知所擅长者，则在闲言戏语，题幅中多妙趣耳。

郑公行世之字，皆尚古怪。余闻其中年学欧，因不能取炫于世，改而自成一家。小斋现藏"竹疏烟补密，梅瘦雪添肥"一联，板桥楷书真迹，笔笔中锋，迥非行世一路，可以证矣。

"绝世风流郑板桥"，勇董耻夫《竹枝词》句。曾将金粉卖南朝。扬州记许来骑鹤，字字如帘画上超。

"瓦壶天水菊花茶"，用板桥题句。风趣都从别味夸。自是江南写生手，知君从不傍人家。

——林苏门《邗江三百吟》卷七

画 兰

每忆扬州郑板桥，纵横笔墨兴何饶？湘江春色骚人意，闲写幽思颇寂寥。

——沈宏远《拈瓢诗钞》

庚辰七夕，同王竹楼、郑板桥、郭琅亭、黄瘦石

汪之珩

儿女无端笑口开，跪陈瓜果满凉台。明朝捡取蜘蛛网，笑语姑姑得巧来。

——汪之珩《东皋诗存》卷四十七

题郑板桥悬崖兰竹

徐世昌

修竹宜近水，丛兰宜在山。倪移城市中，便失好容颜。君子坚多节，没惹你必悠闲。板桥信可人，妙笔不裔闲。悬崖写兰蕙，夐绝不可攀。间作数枝竹，下拂泉潺潺。幽意无断绝，长揖谢尘寰。

巨幅挂我壁，弄墨衫袖斑。欲结兰竹契，柴门镇日关。

——徐世昌《归云楼题画诗》

题郑板桥画兰竹

徐世昌

童年我读《板桥集》，却板桥用笔奇。板桥童年亦坎壈，胸有奇气人不知。发为文章露光怪，余事犹能称画师。饮墨数斗如饮酒，纵笔挥洒有神思。一竿两竿竹作态，三朵五朵兰弄姿。春风拂拂入幽谷，秋雨潇湘洗深绿。人间富贵不挂眼，骨瘦神清无由俗。君子劲节自可风，美人香草动遐瞩。等闲抛却七品官，卖画扬州殊不辱。

——徐世昌《水竹村人集》卷十二

板桥画书诗号称三绝，自出手眼，实皆胎息于古诗，多见性情，荒率处弥真挚有味，世乃以狂怪目之，浅矣！《道情十首》，乃乐府变格，豪情逸韵，与熊鱼山《万古愁曲》相颉颃，亦可传之作。

——徐世昌《晚晴簃诗汇》卷七十四

潍县竹枝词

郭 麐

郑公为政美谁入？三绝不专诗书画。无奈一时骄吝者，渐他呼作"驼钱驴"。郑燮于乾隆十一年宰潍，凡讼事，右窭子而左富商，监生有事上谒，辄庭见，呼为"驼钱驴"。载《海上庐集》。关庙宽闲濠北隈，当年常迓郑公来。于今一半开为店，空忆葡萄满院栽。

——《潍县志稿》卷四十二

题 画

打破乌盆得自然，鹧鸪词客笔疑仙。青霞逸韵今何许？认取丛兰瘦石边。郑板桥燮破盆兰。

——徐嘉《味静斋诗存》卷四

题张笕谷　何予之画竹

　　板桥画竹如作书，篆籀龙蛇意起伏。豪情逸致师青霞，出手秋风满林麓。吾乡继者张笕谷，复申老人亦非俗。醉来泼墨湘江波，捷若悬崖下飞瀑。新笋出林日三尺，两君挥毫且百幅。残帘断简存精英，露叶露稍缀丛绿。……

——徐嘉《味静斋诗存》卷四

题板桥家书

　　赵玉森

　　功名风水有何关？何况么么只一官。笑煞书生多鼠眼，谬谈因果不知惭。

　　片语知君俗骨多，君书亦尔敢轻阿。小家碧玉浑无奈，坠马妆成蹙翠娥。

　　君竹君兰最擅奇，商量仿佛在诗词。大都俗韵宜删去，万疾无如最忌医。

——赵玉森《醉侯诗稿》

题画竹赠张少府槃

　　屠　倬

　　……我思画竹如画风，大块噫气相交融。湿云乱洒不着纸，要使森张叶叶开玲珑。古之作者夸文同，后来小儿弄笔墨，惨淡枯涩如飞蓬。近今好手推郑燮，县堂挥毫苦敏捷。鹅溪百轴供迅扫，快马如风追不及。一洗陋习出新意，不许时人偷笔法。我今作此亦偶然，敢与郑老争后先。会须更买十丈好东绢，放笔如椽目如电，却与此君写生面。夜来风雨满虚堂，图成安得郑老见。

——屠倬《是程堂集》卷一

题画竹三首并引

屠　倬

郑板桥工兰竹，余亦稍稍学之。余官真州，板桥亦尝读书真州。其题画云："余少时读书真州之毛家桥，日在竹中闲步。潮去则湿泥软沙，潮来则溶溶漾漾。""时有鱥鱼数十头，自池中溢出，游戏于竹根短草间，与余乐也。"板桥不可作矣，余得读其诗与画，而游其所尝游之地，以想见其人，甚幸。顾余画竹不逮板桥，又甚愧。系之以诗，以识余幸且愧可乎。彼鱥鱼游戏以乐其乐，余则与板桥既同其乐矣。

水纹如縠沙如篆，竹叶还成金错刀。腊雪初晴朝旭暖，湘帘不卷自拈毫。

六十年来板桥死，真州风月台无聊。粗枝大叶依然好，一派秋声学板桥。

江干苦竹太离披，竹实无多老凤饥。民则已肥吾竹瘦，此心只有板桥知。

——屠倬《是程堂集》卷四十

书觉生詹事题郑板桥画兰诗后

吴嵩梁

静室空山气味长，百年荣悴只寻常。人间何地无荆棘，不碍幽兰自在香。

——吴嵩梁《香苏山馆今体诗钞》卷十五

论清朝画家郑燮

峥嵘笔势出涪皤,写集精工劫不磨。中岁好奇搀隶体,转教作赝效颦多。

——沈汲民《蒙庐诗存外集》

自　咏

王天培

潍范更番步后尘,板桥仿佛是前身。慕公安静循良吏,顾我艰危困苦人。强项一官来物议,折腰五斗为家贫。闲情画竹吾甘让,多难生逢敢并论。

——《潍县志续编》

浪淘沙·闻潍人颂吾乡郑板桥先生遗政有感而作

刘熙载

孤抱出风尘,兀傲嶙峋,拈来俚语也精神,书画是雄还是逸,只写天真。北海吏称循,别有奇勋,蹇驴破帽起人文。听说文翁亲教授,恐系前身。

——《刘熙载集》

题郑燮兰竹图卷

程　铎

壬戌载阳月吉,板桥老先生留宿光明寓斋,适值草兰盛开,小酌兴发,图此长卷,并题见赠,即席依韵称谢,兼祈教正。

仆本江干落拓人,金兰投契信天真。何当九畹传湘管,丽句清辞许结邻。偶生程铎草。

——美国艾里奥特藏墨迹

书板桥集后

四留后人

狂狷真名士,孑孓怪县令。画法参书法,竹情见人情。断狱坦寒士,求赈忤大公。怒掷乌纱去,一笑两袖清。

——郑炳纯《郑板桥外集》

序 跋

郑板桥四子书眞迹序

张锡銮

秘书谈子铁隍,诚笃士也。一日,欣欣告余,谓有故家出板桥四书墨迹待价。

余意郑子旷逸,其在少年,与许宗于、陆白义辈,以四书五经相切劘,要在阐剔讲贯而已,岂遽手抄成帙哉。无何,谈子竟以书来,婀娜遒劲,灿若列星,真迹也。传之子孙,可以永宝矣。

若板桥之书法,固人人知所宝贵而先睹为快者也。藏之家,不如公之世,俾我国学子,得以及时繙阅,奉扬洙泗休风也。于是,用珂罗版印之,都若干部,冀收涓滴名教之助。抑有进者,业精于勤,荒于嬉,旷逸如郑子,于此书之外,尚有手抄五经一部。其孳孳矻矻,有如此者,则其他之沈浸于学者可知。

民国三年春季,督兵使者张锡銮书于奉天节署之寄园,时年七十有三。

——《郑板桥四子书真迹》卷首

郑板桥四子书眞迹序

谈国垣

郑子板桥，以不羁才，隐于为宰。其磊落瑰奇之气，一寄之书画间。人第见其洒落多姿，风流自赏，而不知下帷攻苦，纯而后肆，其兴酣落笔，蔚然经籍之光，皆自读破万卷来也。此编，垣初得之于裘君，昕夕展览，藉以自束身心而已。观复将军知之。……乃索取是书，付之石印，俾广流传。

乙卯寒食前三日，谈国垣叙，戴章勋书。

——《郑板桥四子书真迹》卷首

板桥世大父临兰亭序跋

郑銮

板桥世大父生于康熙癸酉十月廿又五日，殁于乾隆乙酉十二月十有二日。此书在乾隆八年七月合诸家而成一体，正公学力精到时也。公少习怀素，笔势奇妙，惜不可多见。中年始以篆隶之法阑入行楷，蹊径一新，卓然名家，而不知者或以野狐禅目之，妄矣。嘉庆十二年冬，叔父田举是书以付余。余藏行簏中，物色梨枣者十数年。兹闻于常熟宗赞府怀懋，称其友人袁君存烈之能，乃以钩摹剞劂之事咸托之。余喜其事之成，而天下之爱公书者可以知所自来，更愿天下学公书者，勿仅求诸面貌也。

嘉庆庚申冬至后二日，从孙銮谨识于羊城行馆。

——南京许莘农藏拓本

板桥集跋

茶坨子

自古名人著述流传海内外夥矣，然欲汇平生之精构，手录成编，俾吟揽之余，即为临池之助者，致不多觏。板桥先生以风流倜傥之性纵情翰墨间，其为诗词书画，酝酿古人，自开面目，海内争宝藏之，而衣钵真传，不逾是集。予偶购诸贾人，窃喜得窥全豹，又字画皆出其手,恐传刻无多,积久就湮,因重付剞劂,以供同好。

岁昭阳单于如月之望,延陵茶坨子识于清晖书屋。

——清晖书屋《板桥集》卷首

板桥竹枝词小叙

丁锡田

郑板桥先生诗集,出自手订。镌版竣,誓不许后人妄行增续。然其宰吾潍时,零缣断句,其集中所无者,多为世所传颂,而《竹枝词》尤脍炙人口。曩读郭少垞先生《榆园杂录》,见其载有数首,每恨不得全什读之。今年夏,与仙坡孙兄,共事县志局,出以相示,并许刊印,以广流传。其间深刻之语,游戏之词,谅非先生报最之作,然藉考一时社会之风俗,亦不无裨益云尔。

民国二十年九月九日丁锡田识。

——《潍县文献丛刊》第一辑

板桥题画跋

管庭芬

郑板桥作画,横逸处直逼徐青藤,惟才差逊耳。杭城陷后,语溪倪处士稻荪耘过访谈画尽日而去。生沐并出观板桥兰竹卷,随笔所书,颇涉天趣,因检其题跋录之。

时咸丰庚申三月十三日记,庭芬。

板桥笔榜跋

周闲　吴云

板桥道人此书,为吴山尊学士所刻。岁己巳夏四月,范湖居士、退楼主人重刻于沪上。此后范湖、退楼书画润笔,皆准板桥所定,即以此帖为仿单,不复增减,诸公先送润资,书画约日准有。

附白。

——日本《书苑》第一卷第四号

　　《板桥竹谱》，向无传者。谢方塘藏其墨迹廿四幅，珍若拱璧。尝择录明清诸贤咏竹之什，取其与画意近似者，各题一首于每幅之后。方塘以墨竹名于时，尝刻《蚓篆斋画谱》以行世者也。其素所宝蓄之迹，固当不谬。今宝华宅主人李氏，借得原本，刻以为谱，诚足以增重艺林，有功郑氏矣。刻成嘱志缘起，为书此以归之。

　　民国戊午正月，佩卿贾恩绂题。

——贾恩绂《板桥竹谱缘起》

瞿应绍自题《竹石图》

　　萧散一格，板桥先生喜为之，此其小品也。丙午三月谷雨，子治作于石鸥池馆。

——《支那南画大成》卷二影印

张焕棠自题《竹》册

　　淡处有烟痕如影，板桥先生笔意如此，棣香写。

——《支那南画大成》卷二影印

　　《板桥竹谱》，向无传者。谢方塘藏其墨迹廿四幅，珍若拱璧。尝选录明清诸贤咏竹之什，取其与画意近似者，各题一首于每幅之后。方塘以墨竹名于世，尝刻《蚓篆斋画谱》以行世者也。其素所宝蓄之迹，固当不谬。今宝华斋主人李氏，截得原本，刻以为谱，诚足以增重艺林，有功郑氏矣。刻成嘱志缘起，为书此以归之。民国戊午正月，佩青贾恩绂题。

——夏恩绂《板桥竹谱缘起》

书 目

《板桥全集》四卷。郑燮撰。

——赵尔巽《清史稿》卷一百四十八《艺文志四·别集类》

《板桥诗钞》三卷、《词钞》一卷、《小唱》一卷、《题画》一卷、《家书》一卷兴化郑燮撰。乾隆己巳上元司徒文膏精刊。

——孙殿起《贩书偶记》卷十五《别集类雍正至乾隆》

《板桥诗钞》二卷、《道情》一卷、《词》一卷、《家书》一卷、《题画》一卷。兴化郑燮。四本一函。

——吴引孙《扬州吴氏测海楼书目》卷七《别裁类》

《板桥诗钞》六卷。郑燮撰。

——徐世昌《书髓楼藏书目》卷四《集部·别集类》

《板桥诗钞》三卷、《道情》一卷、《家书》一卷、《题画》一卷。清郑燮撰。清晖书屋刻本。

——甘鹏云《崇雅堂书录》卷十三《集部四·别集类下》

《板桥集》：《诗钞》四卷、《词钞》一卷、《道情》一卷、《家书》一卷、《题画》一卷。郑燮撰。手书精刻初印本。无刻书年月。

——叶德辉《观古堂藏书目》卷四《集部·别集类》

《板桥全集》四卷。国朝郑燮撰。刊本。

——丁丙《八千卷楼书目》卷十七《集部·别集类》

酉山堂刻《板桥集》目录

一编　古今体诗一百八十八首
二编　古今体诗一百五十一首
三编　词七十七首

四编　道情十首
五编　题画六十五则
六编　家书一十六通

板桥题画一卷　翠琅玕馆丛书本

清郑燮撰。燮字克柔，号板桥。江南兴化人。乾隆丙辰进士，官山东潍县知县。详见《宋元以来画人姓氏录》卷三十一、《国朝画识》卷十一、《国朝书人辑略》卷四、《国朝书画家笔录》卷二、《清画家诗史》丙下。参见《支那画学书解题·题跋类》二百八十一页。

板桥题画一卷，清郑燮撰。板桥每画必题，……

——丁福保、周云青《四部总录》第三册

板桥题画一卷　翠琅玕馆丛书本

清郑燮撰。燮，字克柔，号板桥。江南兴化人。乾隆丙辰进士。官山东潍县知县。板桥每画必题，平生题画之作当甚富。此编寥寥，并诗词不过六十首，必非全稿，当是后人由其画幅中抄存者。何人所抄，亦未著编中。题兰竹之作最多，题菊石者一二首而已。板桥狂放不羁，其论画亦云："不奋苦而求速效，只落得少自浮夸，老来窘隘。"又云："写意二字，误多少事。欺人瞒自己，再不求进，皆坐此病。必极工而后能写意，非不工而遂能写意也。"因知板桥之画，亦从奋苦工细得来。世之托于奔放，以欺世盗名者，夫亦可以废然反矣。

——余绍宋《书画书录解题》卷五《题赞四·题自作》

郑燮字克柔，号板桥。兴化人。乾隆丙辰进士。知山东潍县及范县。岁饥，为民请赈，大吏忤之，罢归。其诗有云："长官豪善民已愁，况以不善司民牧。"真至言也。工画兰竹，书法以隶楷行三体相参，古秀独绝。潍县人感其政治，至今宝其书画，多有效其体者。性疏宕，尝置一囊，银钱果食之类，皆贮于内，遇故人子，或乡邻之贫穷者，遂所取而赠之。作诗不拘体格，兴至则成，颇近香山、放翁。著《板桥诗钞》二卷、《词》一卷、《家书》一卷。

——阮元《淮海英灵集丙集》卷四

诗　话

朱文震字去羡，号青雷，又号青畾。山东历城人。官詹事府主簿。早岁究心篆隶，独游曲阜观碑，入太学摹石鼓文，师事郑板桥。为紫琼崖主人所赏识，始从学花鸟，后专精山水，几夺麓台石谷之席。喜搜集古印，工篆刻，尝自镌印曰"紫璃弟子"。

——李濬之《清画家诗史》丁上

吴于宣字浚明，号南屿。石门人。乾隆丁未进士。官扬州知府。善写兰，得板桥神髓。有《楚游吟稿》。

——李濬之《清画家诗史》戊上

周封字于邰，自号太平里农。嘉兴人。山水师吴仲圭，善于用墨。兼长画梅，老干疏花，具洒落之致。书有板桥风格。

郑抡逵字兰坡，号铁兰道人。昭文人。书学板桥，善山水墨梅。精鉴赏。尝手辑《虞山画志》。诗有别才，有《白云山房集》。

——李濬之《清画家诗史》庚上

招铭山字子庸。南海人。以孝廉官潍县知县。工墨竹，每藉判牍余纸，恣意挥洒。又尝于扃门试士时，购扇画竹，分赠学童，有前令邑板桥风趣。

何绍基字子贞，别号东洲居士，晚年执笔悬腕，取猿臂弯弓之义，又号蝯叟。湖南道州人。文安公凌汉长子。道光丙辰翰林，官洗马。书法平原，兼工篆隶。写兰竹，天趣横溢，似板桥道人。与弟绍业、绍祺、绍京，时称"何氏四杰"。有《东洲草堂诗钞》。

——李濬之《清画家诗史》庚下

郑煜字昼人。仁和人。家居以教授奉母。年十九丧偶，终身不再娶。善画兰竹，入板桥之室。杨嘉淦，原名朝鉁，号吟溪，一号梦湘。直隶卢龙人。由功臣馆议叙府经历。写兰竹，师石涛、板桥两家。

——李濬之《清画家诗史》辛上

吴凤喈字霞轩。仁和人。咸丰己未举人。官工部员外郎。工兰竹，神似板桥。有《味兰室诗钞》。

——李濬之《清画家诗史》辛下

陆钢字紫英。萧山人。原籍山阴，为渭南伯放翁后裔。善山水，尤精临摹。兼工花卉。性通脱，慕郑板桥之为人，因镌"板桥门下牛马走"小印。

——李濬之《清画家诗史》壬上

郑板桥燮令潍县，后调范县。以岁饥为民请贩，以是忤大吏罢归。元在山东过潍县，见邑人宝其书画，多能仿效其体，其流风余韵，入人深矣。板桥尝有诗云："长官好善民已愁，况以不善司民牧。"盖板桥实不愧古良吏，或以山人游客目之，非也。

——阮元《广陵诗事》卷一

明放案：乾隆七年（1742）春，板桥为范县令，兼署朝城县。板桥在赴任前，作《将之范县拜辞紫琼崖主人》诗，紫琼崖主人，即清宗室大臣爱新觉罗·允禧（1711—1758），系康熙第二十一子、雍正之弟、乾隆叔父。乾隆即位后，封允禧为慎郡王。能诗善赋，书画兼长，著有《花间堂诗抄》《紫琼岩诗抄》，诗词气韵高古，王室罕可匹俦。恭亲王府"天香庭院"匾额，出其手笔。慎郡王作《紫琼崖主人送板桥郑燮为范县令》及《十咏诗·新范邑宰板桥郑燮》诗。乾隆十一年（1746）春，板桥自范县调署潍县，并寄慎郡王书，慎郡王作《喜得板桥书自潍县寄到》诗。

兴化郑明府燮幼失母，乳母费氏育之。费本明府祖母婢也。值岁饥，费自食于外，服劳于内。每晨起，负明府入市中，以一钱市一饼置诸手，然后治他事。间有鱼飧瓜果，必先食明府，然后夫妻子母可得食也。数年，费益不支，其夫谋去，费泣不敢言，日取旧衣湔洗补缀，汲水盈瓮，买薪数十束积灶下，不数日竟去。其屋中釜内，尚存菜一盂，饭一盏，以待明府。越三年复来，其子俊得操江提塘官，屡迎养不去。及明府成进士，乃喜曰："吾抚幼主成名，儿子做八品官，复何恨！"年七十六无疾终。明府哭以诗云："平生所负恩，不独一乳母。长恨富贵迟，遂令惭恧久。黄泉路迂阔，白发人老丑。食禄千万钟，不如饼在手。"

郑板桥燮置一大布囊，所得银钱实物，杂贮于内，每归，则凡经过亲戚族友家，度其贫否而与之，囊空乃止。

——阮元《广陵诗事》卷二

董耻夫伟业一字爱江，江都人。狂简自喜，嫉世俗之薄，作《扬州竹枝词》九十九首，郑板桥为之序。时江都令某，耳其名，欲一见不可得，强致之，爱江则衣短衫，不言而便溺，令深衔之。适新商资宦交结官吏者诉之，竟遭笞。笞时，令谓之曰："耻夫遭耻辱"，董仰视笑曰："竹板打竹子。"时人传之，令亦愧悔。

——阮元《广陵诗事》卷四

板桥大令有三绝：曰画、曰诗、曰书。三绝之中有三真：曰真气、曰真意、曰真趣。

——张维屏《松轩随笔》

竹易于密而难于疏,惟板桥能密亦能疏,此专师其疏处。板桥意最阔,吉金气亦豪:两君取神似,俱是九方皋。

——戴熙《赐砚斋题画偶录》

此仿板桥道人,力求其韵,转失其气,难学难学。

竹自板桥、寿门,力振宗风,文、苏真面目方出,下视诸日如、沈左臣辈,不啻偭官屈、宋耳。

——戴熙《习苦斋画絮》卷十

田云鹤爱耽山水,尝味仙霞、武夷之游。高西园凤翰为作《烟霞泉石图》。当时,雅雨山人及皇彤、章炜、郑兄克柔皆为之题。华阳史梧冈震林题云:"皓月心胸自雪才,敝裘难换岁寒杯。诗人愿化山头石,知是狂星坠地来。"郑板桥明府燮答泰州田上舍云鹤云:"昨买一小园,在水中央。又得铜菩萨像五枚,意欲改此园为铜菩萨庵。"

板桥少为楷书极工,自谓世人好奇,因以正书杂篆隶,又间以画法,故波磔之中,往往有石纹兰叶。

——阮元《广陵诗事》卷八

郑板桥图章,皆出沈凡民凤、高西园凤翰之手。如"板桥道人",如"十年县令",如"雪浪斋",如"郑大",如"爽鸠氏之官",如"所南翁后",如"心血为炉熔铸今古",如"然黎阁",如"游好在六经",如"畏人嫌我真",如"恨不得填漫了普天饥债",如"直心道场",如"思贻父母令名",如"乾隆东封书画史",如"潍夷长",如"鹧鸪",如"无数青山拜草庐",如"私心有所不尽鄙陋",如"扬州兴化人",如"燮何力之有焉",如"樗散",如"以天得古",如"老画师",如"敢征兰乎",如

"七品官耳",皆切姓、切地、切官、切事。又有云:"康熙秀才雍正举人乾隆进士"。至有一印云"麻丫头针线",则太涉习气矣。

——阮元《广陵诗事》卷九

明放案:孙静庵《栖霞阁野乘》卷六《板桥图章》,小横香室主人《清朝野史大观》卷十《郑板桥图章》及马宗霍《书林纪事》卷二《公卿士庶·郑燮》俱载此事。

郑板桥大令燮有《怀人》绝句二十三首,同郡者四人:兴化李复堂鱓,江都郭南江沅,甘泉董耻夫伟业,申笏山甫。其叙复堂云:"孝廉,供奉内廷,后为滕县令。画笔工绝。"诗云:"两革科名一贬官,萧萧华发镜中寒。回头痛哭仁皇帝,长把灵和柳色看。"怀申笏山云:"男儿须斗百千期,眼底微名岂足奇。料得水枯青石烂,天涯满诵笏山诗。"但笏山江都人,少寓浙之西安县,板桥叙之以为关中人,盖误以为陕西之西安耳。

黄北垞交游极广,每一友没,则录其诗句为《黄垆集》。自叙云:故友云亡,新诗犹在。感生存之片语,剩白首之老人。若不急为流传,恐至遂成泯没。丰干饶舌,请易当年《旧雨》之名;自注云:原名《旧雨集》,闻野蠶上人言改之。中散有知,定增此日黄垆之恸。所载扬州人凡八十七,今录其小序云:郑燮,字克柔一字板桥。兴化人。乾隆丙辰进士。潍县知县。……

——阮元《广陵诗事》卷十

扬州为盐贾所居,风尚侈靡。崔尚书应阶诗云:"青山也厌扬州俗,多少峰峦不过江。"郑板桥诗云:"千家生女先教曲,十里栽花当种田。"

——袁枚《随园诗话》卷五

郑板桥爱徐青藤诗,尝刻一印云:"徐青藤门下走狗郑燮"。

童二树亦重青藤,题青藤小像云:"抵死目中无七子,岂知身后得中郎。"又曰:"尚有一灯传郑燮,甘心走狗列门墙。"

——袁枚《随园诗话》卷六

明放案:事实上,板桥印文内容是"青藤门下牛马走",扬州道士吴于河刻。而非"徐青藤门下走狗郑燮"。吴道士先后为板桥刻制了十四枚书画印章,诸如:"郑兰""橄榄轩""十年县令""潍夷长""六分半书""诗绝字绝画绝""无数青山拜草庐""恨不得填漫了普天饥债"等。

兴化郑板桥作宰山东,与余从未识面。有误传余死者,板桥大哭,以足蹋地。余闻而感焉。后廿年,与余相见于卢雅雨席间。板桥言:"天下虽大,人才屈指不过数人。"余故赠诗云:"闻死误抛千点泪,论才不觉九州宽。"板桥深于时文,工画,诗非所长。佳句云:"月来满地水,云起一天山。""五更上马披风露,晓月随人出树林。""奴藏去志神先沮,鹤有饥容羽不修。"皆可诵也。板桥多外宠,常言:欲改律文笞臀为笞背。闻者笑之。

——袁枚《随园诗话》卷九

郑板桥"看月不妨人去尽"句,非绝顶性灵说不出。此公诗,虽学浅,而气清神爽。随园谓诗非其所长,殊不尽然。

——钱振锽《诗话》卷上

章字授衣,号竹町。钱塘布衣。著有《孟晋斋集》。

按,诗以清深淡远为上,雄健豪迈次之,妍丽雕镂为下。余向持此论,自樊榭、竹田以外,罕有知者。乾隆戊寅,客邗江,得遇授衣,欣然有针芥之投。维时秀水蒋秋泾亦痛辟铅华,力追古淡。授衣馆马氏玲珑山房,秋泾主张渔川家。余遂与郑板桥、金寿门、张轶青、闵莲峰、陈对鸥暨授衣、秋泾,每月联吟数次,以渔川为东道主，极觞咏流连之乐。数年后，授衣、秋泾相继云逝，诸君亦凋谢殆尽，不胜旧雨晨星之戚。授衣曾有句云："古淡无华始是诗"，其好尚可知矣。邵叔也言秋泾于诗，锐意磨炼，得咯血病，而诗境益清深，亦宝录也。

——陶元藻《全浙诗话》卷四十九

胡云持《寄潍县令郑燮》云："一县持团扇，争来乞草书。风流看似此，为政果何如！每叹清才少，能容傲吏疏？十年怜鬒发，闻道亦非初。"燮，丙辰进士，与牧山太守图清格有车笠之好。宰朝城时，尚画石三幅，一寄胶州高凤翰西园，一寄江南李鱓复堂，一寄牧山。牧山以草书法写菊花，亲丧庐墓，筑丙舍于西山，其题画诗云："昨夜西风下洞庭，猿声哀怨不堪听。老僧七十头全白，红日半窗犹未醒。"……

——杨钟羲《雪桥诗话》卷六

词　话

刘改之、蒋竹山皆学稼轩者，然仅得稼轩糟粕，既不沉郁，又多枝蔓，词之衰，刘、蒋为之也。板桥论词云："少年学秦柳，中年学苏辛，老年学刘蒋。"真是盲人道黑白，令我捧腹不禁。竹山词，多不接处。如《贺新郎》云"竹几一灯人做梦"，可称警句。下接云"嘶马谁行古道"，合上下文观之，不解所谓。即云托诸梦境，无缘可寻，亦似接不接。下云"起搔首窥星多少"，盖言梦醒。下云"月有微黄篱无影"，又是警句。下接云"挂牵牛，数朵青花小。秋太淡，添红枣。"此三句无味之极，与通首词意均不融洽，所谓外强中干也。古人脱接处，不接而接也。竹山不接处，乃真不接也。大抵刘、蒋之词，未尝无笔力，而理法气度，全不讲究，是

板桥、心余辈所祖,乃词中左道。(《词衰于刘蒋》)

——陈廷焯《白雨斋词话》卷一

板桥词,颇多握拳透爪之处,然却有魄力,惜乎其未纯也。若再加以浩瀚之气,便可亚于迦陵。(《板桥词有魄力》)

板桥贺新郎《徐青藤草书》云:"半生未挂朝衫领。狠秋风青衿剥去,秃头光颈。只有文章书画笔,无古无今独逞。并无复自家门径。拔取金刀眉目割,破头颅血迸苔花冷。亦不是,人间病。"痛快之极,不免张眉努目。(《板桥贺新郎》)

板桥金陵十二首,瑕瑜互见。惟胭脂井一篇,用笔最胜。余独爱其《满江红》二句:"碧叶伤心亡国柳,红墙堕泪南朝庙。"凄凉哀怨,为《金陵怀古》佳句。(《板桥金陵十二首》)

其年词沉雄悲壮,是本来力量如此。又如以身世之感,故涉笔便作惊雷怒涛,所少者,深厚之致耳。板桥、心余,未落笔时,先有意为刘、蒋,金刚努目,正是力量歉处。(《板桥心余有意为刘蒋》)

板桥诗境颇高,间有与杜陵暗合处,词则已落下乘矣。然毕竟尚有气魄,尚可支持。心余则力弱气粗,竟有支撑不住之势。后人为词,学板桥不已,复学心余,愈趋愈下,弊将何极耶。(《心余力弱气粗》)

……

张哲士当时颇以诗词名,然其于诗太浅太薄,直似门外汉。词则规模乐笑翁,间有合处。板桥诗胜于词,四科则词胜于诗,各取其长可也。(《张哲士词规模乐笑翁》)

……

蒋心余词,气粗力弱,每有支撑不来处。匪独不及迦陵,亦去

板桥甚远。(《蒋心余词不及迦陵板桥》)

　　铜弦词,惟浮香舍小饮四章,廿八岁初度两章,为全集完善之作。虽不免于叫嚣,精神却团聚,意境又极沉痛,可以步武板桥。如云:"越霰吴霜篷背饱,奈年来、王事都靡监。藉竿木,尚能舞。"又:"十载中钩吞不下,趁波涛、忍住喉间鲠。呕不出、渐成瘿。"激昂呜咽,天地为之变色。(《铜弦词中完善之作》)

——陈廷焯《白雨斋词话》卷四

　　激昂慷慨,原非正声。然果能精神团聚,辟易万夫,亦非强有力者未易臻此。国朝为此调者,迦陵尚矣。后来之隽,必不得已,仍推板桥。若蒋心余、黄仲则辈,丑态百出矣。(《后来之隽推板桥》)

　　……

　　吾乡唐少白煜与余为中表兄弟。年少工词,后因于衣食,未能充其学力之所至。年未五十下世,可叹也。犹记其《金缕曲·登岱》二章云:"此是擎天柱,峙崖崖,青连不断,平分齐鲁。老柏苍松高十丈,对著罡风絮语,犹自说、秦皇汉武。欲识前朝兴废事,把山灵、唤起谈今古。哭还笑,歌复舞。　望中遥见金阊路。人道是、孔颜师弟,登临之处。白马当时疑匹练,只今变为烽火。忍细认、江南故土。天谓(设)此山南北限,为神京、万古撑门户。愁飞鸟,尚难度。"次章云:"万仞丹梯路。其中有、神房阿阁,秦碑汉树。下视齐州烟九点,上接青天尺五。占膏壤、中居于鲁。西望长安东瞰海,更北连燕赵南吴楚。小天下,空寰宇。　一声长啸千山暮。却杂入、村夫樵唱,牧童笛谱。峭壁巉崖云乱涌,怪石嵯峨如虎。有松柏、凌风而舞。问有仙缘能遇否?已石闾、烟锁无仙住。收胜境,付金缕。"笔意豪迈,亦板桥之流亚。(《唐少白金缕曲》)

——陈廷焯《白雨斋词话》卷五

宋无名氏《题项羽庙·念奴娇》一阕，魄力雄大，劲气直前，更不作一浑厚语。开其年、板桥一派。此学稼轩而有流弊者，稼轩不任其咎也。（《题项羽庙词》）

……

赵瑞行〈满江红〉云："三十年前，爱买剑买书买画。凡几度诗坛争敌，酒兵争霸。春色秋光如可买，钱悭也、不曾论价。任精豪、争肯放头低，诸公下。今老大，空嗟讶。思往事，还惊诧。是和非未说，此心先怕。万事全将飞雪看，一闲且向贫中借。乐余龄、泉石在豪肓，吾非诈。"粗豪中有劲直之气。袭稼轩皮毛，亦蒋竹山流亚，宋词之最低者。（周公谨浩然斋雅谈内载此词）然词品虽不高，而笔趣尚足，不过恶劣。至陆种园《满江红》云：《赠王正子》："同是客，君尤苦；两人恨，凭谁诉？看囊中罄矣，酒钱何处？吾辈无端寒至此，富儿何物肥如许！脱敝裘付与酒家娘，摇头去。"暴言竭辞，何无含蓄至此。板桥幼从种园学词，故笔墨亦与之化。（赵瑞行〈满江红〉）

……

板桥论诗，以"沉着痛快"为第一。论词，取刘、蒋，亦是此意。然彼所谓"沉着痛快"者，以奇警为"沉着"，以豁露为"痛快"耳。吾所谓"沉着痛快"者，必先能沉郁顿挫，而后可以沉着痛快。若以奇警豁露为沉着痛快，则病在浅显，何有于"沉"？病在轻浮，何有于"着"。病在卤莽灭裂，何有于"痛"与"快"也？（《板桥论词取刘蒋》）

……

板桥词，如"把夭桃斫断，煞他风景，鹦哥煮熟，佐我杯羹。焚砚烧书，椎琴裂画，毁书文章抹尽名。荥阳郑，有慕歌家世，乞食风情。"似此恶劣不堪语，想彼亦自以为沉着痛快也。蒋竹山词，

如"春晴也好,春阴也好,着些儿春雨越好。"同此恶劣。(《板桥词》)

——陈廷焯《白雨斋词话》卷六

东坡词,全是王道。稼轩则兼有霸气,然犹不悖于王也。其年则竟似老瞒、石勒一流人物。板桥、心余辈,不过赤眉、黄巾之流亚耳。后之学词者,不究本原,好作壮语,复向板桥、心余词求生活,则是鼠窃狗偷,益卑卑不足道矣。(《东坡词全是王道》)

……

东坡一派,无人能继。稼轩同时,则有张、陆、刘、蒋辈,后起则有遗山、迦陵、板桥、心余辈。然愈学稼轩,去稼轩愈远,稼轩自有真耳。不得其本,徒逐其末,以狂呼叫嚣为稼轩,亦诬稼轩甚矣。(《东坡一派无人能继》)

……

余拟辑古今二十九家词选,(附四十二家),约二十卷。有唐一家,(附一家)温飞卿(附皇甫子奇)。五代三家,(附四家)李后主(附中宗)、韦端己(附牛松卿、孙光宪)、冯延巳(附李□)。北宋七家(附六家),欧阳永叔(附晏元献)晏小山、张子野、苏东坡、秦少游(附柳耆卿、毛泽民、赵长卿)、贺方回、周美成(附陈子高、晁具茨)。南宋九家(附八家),辛稼轩(附朱敦儒、黄公度、刘克庄、张元□)、张孝祥、刘改子、陆放翁、蒋竹山)、姜白石、高竹屋、史梅溪、吴梦窗、陈西麓、周草窗、王碧山、张玉田。元代一家(附二家),张仲举(附彭元孙、末附金之元遗山)。国朝八家(附二十一家),陈其年(附吴梅村、曹洁躬、尤悔庵、郑板桥)、曹珂雪(附彭骏孙、徐电发、严藕渔)、朱竹□(附李分虎、李符曾、王阮亭、董文友)、厉太鸿(附黄石牧)、史位存(附王小山、王香雪)、赵璞函(附过湘云、吴竹屿)张皋文（附张翰风、李申耆、郑善长）、庄中白（附蒋鹿潭、谭仲修）。此选大意，务在穷源竟委，故取其正，兼收其变，为利于初学耳。非谓词之本原即在二十九家中，漫无低昂也。惟殿以皋文、中白，却寓深意。（《古今二十九家词选》）

——陈廷焯《白雨斋词话》卷八

郑燮，字克柔，号板桥，扬州兴化人。乾隆丙辰进士，除山左潍县令。才识放浪，磊落不羁。能诗、古文，长短句别有意趣。未遇时曾谱《沁园春·书怀》一阕云："花亦无知，月亦无聊，酒亦无灵。把夭桃斫断，煞他风景，鹦哥煮熟，佐我杯羹。焚砚烧书，椎琴裂画，毁尽文章抹尽名。荥阳郑，有慕歌家世，乞食风情。单寒骨相难更，笑席帽青衫太瘦生。看蓬门秋草，年年破巷；疏窗细雨，夜夜孤灯。难道天公，还箝恨口，不许长吁一两声？颠狂甚，取乌丝百幅，细写凄清。"其风神豪迈，气势空灵，直逼古人。板桥工书，行楷中笔多隶法，意之所之，随笔挥洒，遒劲古拙，另具高致。善画兰竹，不离不接，每见疏淡超脱。画幅间常用一印曰："七品官耳"，又一印曰："康熙秀才、雍正举人、乾隆进士。"

——查礼《铜鼓书堂遗稿·》卷三十二《词话》

郑板桥云：陈孟周，瞽人也。闻予填词，问其调，予为诵太白萨蛮、忆秦娥二首。不数日，即为其友人填二词，亦用忆秦娥调。其词曰："光阴泻。春风记得花开夜。花开夜。明珠双赠，相逢未嫁。旧时明月如钩挂。只今提起心还怕。心还怕。漏声初定，玉楼人下。""何时了。有缘不若无缘好。无缘好，怎生禁得，多情自小。重逢那觅回生草。相思未创招魂稿。招魂稿，月虽无恨，天何不老。"予闻而惊叹，逢人便诵。咸曰：青莲自不可及，李后主、辛稼轩，何多让也。拙词近数百首，因愧陈作，遂不复存。乃题二绝于后云："圆峤仙人海上飞，吸风饮露不曾归。偶然唾墨成涓滴，化作灵云入沙微。""世间处处可怜情。冷雨凄风作怨声。此调再传黄壤去,痴魂何日出愁城。"

——毛大瀛《戏鸥居词话》

扬州郑板桥燮大令,书画步武青藤山人,自称其书为"六分半",又有"徐文长门下走狗郑燮"私印。诗文琐亵不入格,词独胜。《自叙》云,"燮年三十至四十,气盛而学勤,阅前作,辄欲焚去。至四十五六,便觉得前作好。至五十外,读一过便大得意。""忘己丑而信前是""可知其心力日浅"。又云:"为文再三更改,无伤也。然改而善者十之七,改而谬者亦十之三。乖隔晦拙,反走入荆棘丛中去,要不可以废改,是学人一片苦心也。"又云:"少年游冶学秦、柳,中年感慨学苏、辛,老年淡忘学刘、蒋,皆与时推移而不自知者。人亦何能逃气数也!"此皆身历艰苦之言,不止长短句一道为然也。《唐多令·寄怀刘道士并示酒家徐郎》云:"一抹晚天霞,微红透碧纱,飐西风凉叶些些。正是客愁不稳,杨柳外,又惊鸦。 桃李别君家,霜凄菊已花,数归期雪满天涯。分付河桥多酿酒,须留待,故人赊。"《金缕曲·赠王一姐》云:"竹马相过日,还记汝云鬟覆颈,胭脂点额。阿母扶携翁负背,幻作儿郎妆饰,小则小寸心怜惜。放学归来犹未晚,向红楼存问春消息,问我索,画眉笔。 廿年湖海长为客,都付与风吹梦杳,雨荒云隔。今日重逢深院里,一种温存犹昔,添多少周旋形迹!回首当年娇小态,但片言微忤容颜赤,只此意,最难得。"《满江红·思家》云:"我梦扬州,便想到扬州梦我。第一是隋堤绿柳,不堪烟锁。潮打三更瓜步月,雨荒十里红桥火。更红鲜冷淡不成圆,樱桃颗。 何日向,江村躲。何日上,江楼卧。有诗人某某,酒人个个。花径不无新点缀,沙鸥颇有闲功课。将白头供作折腰人,将毋左。"其余《菩萨蛮·晚景》云:"流水远天波似乳,断烟飞上斜阳去。"《金缕曲·赠陈周京》云:"莫向人前谈往事,恐道傍屠贩疑虚假,勉强去,妆聋哑。"《有赠》云:"嚼花心红蕊相思汁,共染得,肝肠赤。"《菩萨蛮·留春》云:"雪消春又到,春到人偏老。切莫怨东风,东风正怨侬。"《留秋》云:"江上山无数,何处登高去?松径小山头,夕阳新酒楼。"《沁园春·恨》:"难道天公,还箝恨口,不许长吁一两声?"《落梅》云:"昨夜三更,灯昏月淡,铁马檐前说是非。"《踏莎行》云:"分明一见怕销魂,却愁不到销魂处。"《虞美人》云:"撩他花下去围棋,故意推他劲敌让他欺。"莫不谢华启秀,新意宜人。《满江红》旧有平仄二体,板桥填《田家四时苦乐歌》,一阕前后苦乐合押,目为"过桥新格",亦词苑别调也。板桥少失恃,受抚于乳母费氏,集中有《乳母诗》,言之极沉痛。又有绝句云:"小印青田寸许长,抄书留得旧文章。纵然面上三分似,岂有胸中百卷藏!"题曰《县中小皂隶有似故仆王凤者见之辄黯然》,相传板桥多外宠,尝欲改律文答臀为答背,闻者笑之。

宋李之仪《姑溪词》附录黄鲁直、贺方回和作。近《曝书亭集》并载联句,板桥学词于陆种园震,集中特刊二阕,以见渊源,虽非通例,亦可知其在三谊重矣。

——谢章铤《赌棋山庄集》卷九《词话》

明放案:《金缕曲·赠陈周京》,《板桥集》作《贺新郎·赠陈周京》;《金缕曲·赠王一姐》,《板桥集》作《贺新郎·赠王一姐》;《有赠》系《贺新郎·有赠》;《留秋》的词牌名是菩萨蛮;《落梅》的词牌名是沁园春;《踏莎行》,《板桥集》作《踏莎行·无题》;《虞美人》,《板桥集》作《虞美人·无题》。

江左郑板桥大令燮兀奡自喜,书法如其人,尤善画兰,至今片纸只字,争相什袭。所著诗词,皆自选自刻,世人也多称之。然如《满江红》云:"我梦扬州,便想到扬州梦我。第一是隋堤绿柳,不堪烟锁。潮打三更瓜步月,雨荒十里红桥火。更红鲜冷淡不成圆,樱桃颗。　何日向,江村躲。何日上,江楼卧。有诗人某某,酒人个个。花径不无新点缀,沙鸥颇有闲功课。将白头供作折腰人,将毋左。"语虽俊迈,终非词苑正中。其治行则颇可称,顾鲜有知者。仪征李艾塘斗《扬州画舫录》言其官山左时。……

——丁绍仪《听秋声馆词话》卷二十

诗选词选

邺　城

划破寒云漳水流,残星画角动谯楼。孤城旭日牛羊出,万里新霜草木秋。铜雀荒凉遗瓦在,西陵风雨石人愁。分香一夕雄心尽,碑版仍题汉彻侯。

寄许衡山

江淮韵士许衡州,近日萧疏似昔不?好事春泥修茗灶,多情小碗覆诗阄。食眠消减缘花瘦,莺燕商量怨水流。我有无题新脱稿,寄君吟向小朱楼。

悍　吏

县官编丁著图甲,悍吏入村捉鹅鸭。县官养老赐帛肉,悍吏沿村括稻谷。豺狼到处无虚过,不断人喉抉人目。长官好善民已愁,况以不善司民牧。山田苦旱生草菅,水田浪阔声潺潺。圣主深仁发天庾,悍吏贪勒为刁奸。索逋汹汹虎而翼,叫呼楚挞无宁刻。村中杀鸡忙作食,前村后村已屏息。呜呼长吏定不知,知而故纵非人为。

除夕前一日上中尊汪夫子

琐事贫家日万端,破裘虽补不禁寒。瓶中白水供先祀,窗外梅花当早餐。结网纵勤河又冱，卖书无主岁偏阑。明年又值抡才会，愿向秋风借羽翰。

由兴化迂曲至高邮

百六十里荷花田，几千万家鱼鸭边。舟子搦篙撑不得，红粉照人娇可怜。

烟蓑雨笠水云居，鞋样船儿蜗样庐。卖取青钱沽酒得，乱摊荷叶摆鲜鱼。

湖上买鱼鱼最美，煮鱼便是湖中水。打桨十年天地间，鹭鸶认我为渔子。

买得鲈鱼四片腮，莼羹点豉一尊开。近来张翰无心出，不待秋风始却回。

柳坞瓜乡老绿多，幺红一点是秋荷。暮云卷尽夕阳出，天末冷风吹细波。

一塘蒲过一塘莲，荇叶菱丝满稻田。最是江南秋八月，鸡头米赛蚌珠圆。

船窗无事哺秋虫，容易年光又冷风。绣被无情团扇薄，任他霜打柿园红。

送都转运卢公

扬州自古风流地，惟有当官不自怡。盐筴米囊销岁月，崖花涧鸟避旌旗。一从吏议三年谪，得赋淮南百首诗。昨把青鞋踏隋苑，壶浆献出野田儿。

清词颇似王摩诘，复以精华学杜陵。吟撼夜窗秋纸破，思凝寒涧晓星澄。楼头古瓦疏桐雨，墙外清歌画舫灯。历尽悲欢并喧寂，心丝袅入碧云层。

尘埃吹去又生尘，汨尽英雄为要津。世外烟霞负渔钓；胸中宠利愧君臣。去毛折项葫芦熟，豁齿蓬头婢仆真。两世君家有清德，即今风雅继先民。

何限鹓鸾供奉班，惭予引对又空还。旧诗烧尽重誊藁，破屋修成好住山。自写簪花教幼妇，闲拈玉笛引双鬟。吹嘘更不劳前辈，从此江南一梗顽。

骨　董

末世好骨董，甘为人所欺。千金买书画，百金为装池。缺角古玉印，铜章盘龟螭。乌几研铜雀，象床烧金猊。一杯一尊罍，按图辨款仪。钩深索远求，到老如狂痴。骨肉起讼狱，朋友生猜疑。方其富贵日，价直千万奇；及其贫贱来，不足换饼糍。我有大古器，世人苦不知，伏羲画八卦，文周孔《系辞》，《洛书》著《洪范》，夏禹传商箕；《东山》《七月》篇，斑驳何陆离；是皆上古物，三代即次之。不用一钱买，满架堆离披。乃其最下者，韩文李杜诗。用以养德行，寿考百岁期；用以治天下，百族归淳熙。大古不肯好，逐逐流俗为？东家宣德炉，西家成化瓷，盲人宝陋物，惟下愚不移。

贫　士

贫士多窘艰，夜起披罗帏；徘徊立庭树，皎月堕晨辉。念我故人好，谋告当无违。出门气颇壮。半道神已微。相遇作冷语，吞话还来归。归来对妻子，局促无仪威。谁知相慰藉，脱簪典旧衣。入厨燃破釜，烟光凝朝晖；盘中宿果饼，分饷诸儿饥。待我富贵来，鬓发短且稀；莫以新花枝，诮此蘼芜非。

广陵曲

隋皇只爱江都死，袁娘泪断红珠子。玉勾斜土化为烟，散入东风艳桃李。楼上摘星攀夜天，斗珠灼灼齐人肩。雷塘水光四更白，月痕斜出吴山尖。晓阁凉云笛声瘦,碎鼓点花撒秋豆,长夜欢娱日出眠,扬州自古无清昼。

乳母诗

平生所负恩,不独一乳母。长恨富贵迟,遂令惭恧久。黄泉路迂阔,白发人老丑。食禄千万钟,不如饼在手。

怀扬州旧居

楼上佳人架上书,烛光微冷月来初。偷开绣帐看云鬟,擘断牙签拂蠹鱼。谢傅青山为院落,隋家芳草入院蔬。思乡怀古兼伤暮,江雨江花尔自如。

范县诗

十亩种枣,五亩种梨,胡桃频婆,沙果柿榅。春花淡寂,秋实离离,十月霜红,劲果垂枝。争荣谢拙,韫采于斯,消烦解渴,拯疾疗饥。

桑下有梯,桑上有女,不见其人,叶纷如雨。小妹提笼,小弟趋风,掇彼桑葚,青涩未红。既养我蚕,无市我茧,杼轴在堂,丝絮在拈。暖老怜童,秋风裁剪。

臭麦一区,饥鸡弗顾,甜瓜五色,美于甘瓠。结草为庵,扶翳远树,苜蓿绵芊,荞花锦互。三豆为上,小豆斯附,绿质黑皮,匀圆如注。范有臭麦,成熟后则不臭。黄、黑、绿为三豆,为大豆,余俱小豆。黑豆而骨青者最贵。

鹅为鸭长,率游于池,悠悠远岸,漠漠杨丝。人牛昼卧,高树荫之,赤日不到,清风来吹。

斗斯巨矣,三登其一;尺斯广矣,十加其七。豆区权衡,不官而质。田无埂陇,亩无侵轶。尔种尔黍,我稷我稷。丈之以弓,岔之以尺。

黍稷翼翼，以葱以郁，黍稷栗栗，以实以积。九月霜花，雇役还家；腰镰背谷，脚露肩霞。遥指我屋，思见我妇，一缕晨烟，隔于深树。牵衣献果，幼儿识父。

钱十其贯，布两其端，四十聘妇，我家实寒。亦有胜村，童儿女孙，十五而聘，十七而婚。菀枯异势，造化无根。我欲望天，我实戴贫。六十者佣，不识妻门，笼灯昇彩，终身为走奔。

驴骡马牛羊，汇费斯为集；或用二五八，或以一四七。期日。长吏出收租，借问民苦疾；老人不识官，扶杖拜且泣。官差分所应，吏扰竟何极；最畏朱标签，请君慎点笔。贪者三其租，廉者五其息。即此悟官箴，恬退亦多得。

朝歌在北，濮水在南；维兹范邑，匪淫匪婪。陶尧孙子，刘累庶枝，鼻祖于会，衍世于兹。妮妮斤斤，《唐风》所吹；垦垦力力，物土之宜。

破　屋

靡破墙仍缺，邻鸡喔喔来。庭花开扁豆，门子卧秋苔。画鼓斜阳冷，虚廊落叶回。扫阶缘宴客，翻惹燕鸦猜。

思归行

山东遇荒岁，牛马先受殃；人食十之三，畜食何可量。杀畜食其肉，畜尽人亦亡。帝心轸念之，布德回穹苍。东转辽海粟，西截湘汉粮；云帆下天津，艨艟竭太仓。金钱数百万，便宜为赈方。何以未赈前，不能为周防？何以既赈后，不能使乐康？何以方赈时，冒滥兼遗忘？臣也实不材，吾君非不良。臣幼读书史，散漫无主张：如收败贯钱，如撑断港航；所以遇烦剧，束手徒周章。臣家江淮间，虾螺鱼藕乡；破书犹在架，破毡犹在床。待罪已十年，素餐何久长。秋云雁为伴，春雨鹤谋梁；去去好藏拙，满湖蓴菜香。

和雅雨山人红桥修禊

年来修禊让今年，太液昆池在眼前。迴起楼台回水曲，直铺金翠到山巅。花因露重留蝴蝶，笛怕春归恋画船。多谢西南新月挂，一钩清影暗中圆。

十里亭池一水通，严开银钥日华东。逶迤碧草长杨道，静悄朱帘上苑风。天净有云皆锦绣，树深无雨亦溟蒙。《甘泉》《羽猎》应须赋，雅什先排禊帖中。

草头初日露华明，已有游船歌板声。词客关河千里至，使君风度百年清。青山骏马旌旗队，翠袖香车绣画城。十二红楼都倚醉，夜归疑听景阳更。

自题画柱石图　华亭陈古华太守，以此画赠元，因录此诗。

一拳（《板桥题画》作"卷"）柱石欲擎天，体自尊崇势自偏。却似武乡侯气象，侧身谨慎几多年。

——阮元《淮海英灵集丙集》卷四

郑燮　字克柔，号板桥。江苏兴化县人。乾隆丙辰进士。官山东潍县知县。著有《板桥诗钞》。

《淮海英灵集》：板桥以"岁饥，为民请赈，大吏忤之，罢归。其诗有云：'长官好善民已愁，况以不善司民牧。'真至言也。"

《随园诗话》：郑板桥爱徐青藤诗，尝刻一印云："徐青藤门下走狗郑燮"。童二树亦重青藤，《题青藤小像》云："抵死目中无七子，岂知身后得中郎？"又曰："尚有一灯传郑燮，甘心走狗列门墙。"

《广陵诗事》："少为楷法极工，自谓世人好奇，因以正书杂篆隶，又间以画法，故波磔之中往往有石文兰叶。"

《墨林韵语》：板桥工画兰竹，亦善画石，其宰朝城时，尝画石三幅，一寄胶州高凤翰西园，一寄燕京图清格牧山，一寄江南里鱓复堂。此三人者，皆板桥石交也。

《寄心庵诗话》：先生少孤贫，读书成甲科，授邑宰，现身说法，民皆安堵息讼，尝于公庭步月，作诗写画，六房如水，吏去无人，真循吏中之仅见也。晚年置田百亩，归老穷耕，时往来郡城，与友人联诗酒之歌。所作诗词文，皆手书付刊。先生不以诗鸣，然述事言情，无不恻恻动人，诵先生诗者，可以知其志矣，与袁简斋太史未识面，闻有人传太史卒者，先生顿足痛哭，不能自己，今之奇人也。其赠太史诗，有"君有奇才我不贫"之句。

诗四言

仁义之言，出于圣口；奸邪窃似，济欲忘丑。播谈忠孝，声凄泪痛；哈诳贤明，况汝愚众。

当春不华，蓄意待秋；秋又不实，行将谁尤？茸蔓藏蛇，梧桐唠风；象分性别，各以类贡。况汝棘刺，鸱鸮避之；乃思鸾凤，枯死不知。

李氏小园

小园十亩宽，落落数间屋。春草无秽滋，寒花有余馥。闭户养老母，拮据市粱肉。大儿执鸾刀，缕缕切红玉；次儿拾柴薪，细火煨陆续。烟飘豆架青，香透疏篱竹。贫家滋味薄，得此当鼎餗。弟兄何所餐，宵来母剩粥。

晨起缝破衣，针线不成行。母年七十四，眼昏手又僵。装绵苦欲厚，用线苦欲长；线长衣缝紧，绵厚耐雪霜。装成令儿暖，母衣单薄凉。不衣逆母怀，衣之情内伤。

悍　吏

县官编丁著图甲，悍吏入村捉鹅鸭。县官养老赐帛肉，悍吏沿村括稻谷。豺狼到处无虚过，不断人喉抉人目。长官好善民已愁，况以不善司民牧。山田苦旱生草菅，水田浪阔声潺潺。圣主深仁发天庾，悍吏贪勒为刁奸。索逋汹汹虎而翼，叫呼楚挞无宁刻。村中杀鸡忙作食，前村后村已屏息。呜呼长吏定不知，知而故纵非人为。

抚孤行

十年夫殁局书簏，岁岁晒书抱书哭。缥缃破裂方锦纹，玉轴牙签断湘竹。孀妇义不卖藏书，况有孤雏是遗腹。四壁涂鸦嗔不止，十日索墨五日纸；学俸无钱愧塾师，线脚针头劳十指。灯昏焰短空房黑，儿读无多母长织。败叶走地风沙沙，检点儿眠听晓鸦。

邺　城

划破寒云漳水流，残星画角动谯楼。孤城旭日牛羊出，万里新霜草木秋。铜雀荒凉遗瓦在，西陵风雨石人愁。分香一夕雄心尽，碑版仍题汉彻侯。

莫　为

莫为甄妃感寂寥，袁曹宠幸旧曾饶。周郎早世孙郎夭，肠断江东大小乔。

——符葆森《国朝正雅集》卷五

郑燮，字克柔，号板桥。江南兴化人。乾隆元年进士，官知县。有《板桥诗钞》。

板桥以岁饥……《淮海英灵集》

板桥幼失恃……《珠湖草堂笔记》

板桥大令有三绝：曰画，曰诗，曰书。三绝之中有三真：曰真气，曰真意，曰真趣。《松轩随笔》

板桥诗云："四十科名，五十旌旐；""妻孥绮縠，童仆鼎羹；

何功何德，以安以荣？"其家书又云："凡人于文章学问，辄自谓已长，科名唾手而得，不知俱是侥幸。设我至今不第，又何处叫屈来。"余谓世人藉几篇时文，弋取科第，一旦身为民上，安富尊荣，时诵板桥此言，庶几不忘本来面目，稍免罪戾。《听松庐诗话》。

板桥先生疏旷洒脱，然见地极高。天性极厚。其生平词胜于诗，吊古摅怀，激昂慷慨。与集中家书数篇，皆世间不可磨灭文字。余尝谓蒋心余、郑板桥之词，皆词中之大文，不得于小技目之。《松轩随笔》。

标题：《海陵刘烈妇歌》七古。《七歌》七古。《骨董》五古。《孤儿行》长短句。《贫士》五古。

摘句：天地不能言，圣贤为喉咙。

官差分所应，吏扰竟何极。最畏唻标签，请君慎点笔。凡百有司敬而听之。

五更上马披风露；晓月随人出树林。

荆妻试砚磨新墨，弱女持笺索楷书。

满阶蕉叶兼梧叶，一夜风声似雨声。

山茗未赊将菊代，学钱无措唤儿回。

秋风白粉新泥壁，细贴群贤断句诗。

——张维屏《国朝诗人征略》卷二十八

郑燮字克柔，号板桥，兴化人。乾隆丙辰进士。官山东潍县、范县，著《板桥诗钞》。

《淮海英灵集》：板桥以岁饥……颇似香山、放翁。

《珠湖草堂笔记》：板桥幼失恃，赖乳母费氏教养，得成进士。初岁饥，费负大令入市，以一钱易一饼，置其手，始治他事。数年，费益不支,其夫谋去,费不敢言,常带泣容,汲水盈瓮,置薪数日而去。大令入室,兼灶犹有饭一盏,菜一盂。未几,复来。其子俊,已得提塘官,屡迎养不去。大令诗曰:"平生所负恩。不独一乳母。"又云:"食禄千万钟。不如饼在手。"读之令人流涕。

海陵刘烈妇歌

湿云压窗灯欲死,少妇停梭拂衣起;夜惨心孤倦欹卧,沙场梦入深闺里。破甲残旗裹血痕,手提败鼓号冤魂;自云转战身陷没,断骸漂骨黄河奔。仓皇踯躅妇惊觉,群犬乱吠秋篱根。深夜欲啼啼不得,泪珠迸落罗衾湿。抹去胭脂罢晓妆,翠翘云鬓无颜色。凶问传来败散军,果然与梦无差分。温言绪语慰翁媪,幽闺裂破绣罗裙;椎心一哭数斗血,纸钱飘去回秋云。柴门寂寞氍氀斗,病妇把家门户瘦;夜夜寒机达曙光,朝朝破井提鸳鸯。十亩荒田岁不收,一园花柳空如绣。翁殁媪殁妇即殁,宗祀无人妾何立?拚将皓颈委红罗,要使芳魂觅沙碛。丈夫死国妻死夫,忠义不得转呼吸;一念徘徊事则败,包羞泉壤何嗟及。至今坟树晚悲号,荒河白草秋原高;寒鸦孤栖夜不定,哀鸣向月求其曹。

邺 城

划破寒云漳水流,残星画角动谯楼。孤城旭日牛羊出,万里新霜草木秋。铜雀荒凉遗瓦在,西陵风雨石人愁。分香一夕雄心尽,碑版仍题汉彻侯。

悍 吏

县官编丁著图甲,悍吏入村捉鹅鸭。县官养老赐帛肉,悍吏沿村括稻谷。豺狼到处无虚过,不断人喉抉人目。长官好善民已愁,况以不善司民牧。山田苦旱生草菅,水田浪阔声潺潺。圣主深仁发天庾,悍吏贪勒为刁奸。索逋汹汹虎而翼,叫呼楚挞无宁刻。村中杀鸡忙作食,前村后村已屏息。呜呼长吏定不知,知而故纵非人为。

贫 士

贫士多窘艰,夜起披罗帏;徘徊立庭树,皎月堕晨辉。念我故人好,谋告当无违。出门气颇壮。半道神已微。相遇作冷语,吞话还来归。归来对妻子,局促无仪威。谁知相慰藉,脱簪典旧衣。入厨燃破釜,烟光凝朝晖;盘中宿果饼,分饷诸儿饥。待我富贵来,鬓发短且稀;莫以新花枝,诮此靡芜非。

广陵曲

隋皇只爱江都死,袁娘泪断红珠子。玉勾斜土化为烟,散入东风艳桃李。楼上摘星攀夜天,斗珠灼灼齐人肩。雷塘水光四更白,月痕斜出吴山尖。晓阁凉云笛声瘦,碎鼓点花撒秋豆,长夜欢娱日出眠,扬州自古无清昼。

范县诗

十亩种枣,五亩种梨;胡桃频婆,沙果柿楂。春花淡寂,秋实离离;十月霜红,劲果垂枝。争荣谢拙,韫采于斯;消烦解渴,拯疾疗饥。

桑下有梯,桑上有女;不见其人,叶纷如雨。小妹提笼,小弟趋风;掇彼桑葚,青涩未红。既养我蚕,无市我茧;杼轴在堂,丝絮在拈。暖老怜童,秋风裁翦。

维蒿维蕨,蔬百其名;维筐维梜,百献其情。蒲桃在井,萱草在坪;枣花侵县,麦浪平城。小虫未翅,窈窕厥声;哀呼老赵,望食延颈。范以黄口为小虫,以衔食哺雏者为老赵。

臭麦一区,饥鸡弗顾;甜瓜五色,美于甘瓠。结草为庵,扶翳远树,苜蓿绵芊,荞花锦互。三豆为上,小豆斯附;绿质黑皮,匀圆如注。范有臭麦,成熟后则不臭。黄、黑、绿为三豆,为大豆,余俱小豆。

黑豆而骨青者最贵。

鹅为鸭长，率游于池；悠悠远岸，漠漠杨丝。人牛昼卧，高树荫之；赤日不到，清风来吹。斗斯巨矣，三登其一；尺斯广矣，十加其七。豆区权衡，不官而质。田无埂陇，亩无侵轶。尔种尔黍，我稷我稷。丈之以弓，岔之以尺。

黍稷翼翼，以葱以郁；黍稷栗栗，以实以积。九月霜花，雇役还家；腰镰背谷，脚露肩霞。遥指我屋，思见我妇；一缕晨烟，隔于深树。牵衣献果，幼儿识父。

钱十其贯，布两其端；四十聘妇，我家实寒。亦有胜村，童儿女孙；十五而聘，十七而婚。菀枯异势，造化无根。我欲望天，我实戴盆。六十者佣，不识妻门；笼灯异彩，终身为走奔。

驴骡马牛羊，汇卖斯为集；或用二五八，或以一四七。期日。长吏出收租，借问民苦疾；老人不识官，扶杖拜且泣。官差分所应，吏扰竟何极；最畏朱标签，请君慎点笔。贪者三其租，廉者五其息。即此悟官箴，恬退亦多得。

朝歌在北，濮水在南；维兹范邑，匪淫匪楚。陶尧孙子，刘累庶枝，鼻祖于会，衍世于兹。娓娓斤斤，《唐风》所吹；垦垦力力，物土之宜。

自题画柱石图

一拳柱石欲擎天，体自尊崇势自偏。却似武乡侯气象，侧身谨慎几多年。

《淮海英灵集》：华亭陈古华太守……因录此诗。

——王豫《江苏诗征》卷一百五十

诗人名氏爵里著作目

兴化郑燮克柔　号板桥。乾隆丙辰进士。官山东潍县知县。有《板桥诗钞》。

——张应昌《国朝诗铎》

私刑恶

　　官刑不敌私刑恶,椽吏搏人如豕搏;斩筋抉髓剔毛发,督盗搜赃例苛虐。吼声突地无人色,忽漫无声四肢直;游魂荡漾不得死,婉转回苏天地黑。本因冻馁迫为非,又值奸刁取自肥;一丝一粒尽搜索,但凭皮骨当严威。累累妻女小儿童,拘囚系械网一空;牵累无辜十七八,夜来锁得邻家翁。邻家老翁年七十,白梃长樵敲更急。雷霆收声怯吏威,云昏雨黑苍天泣。

——张应昌《国朝诗铎》卷十《刑狱》

悍　吏

　　县官编丁著图甲,悍吏入村捉鹅鸭。县官养老赐帛肉,悍吏沿村括稻谷。豺狼到处无虚过,不断人喉抉人目。长官好善民已愁,况以不善司民牧。山田苦旱生草菅,水田浪阔声潺潺。圣主深仁发天庾,悍吏贪勒为刁奸。索逋汹汹虎而翼,叫呼楚挞无宁刻。村中杀鸡忙作食,前村后村已屏息。呜呼长吏定不知,知而故纵非人为。

——张应昌《国朝诗铎》卷十八《胥吏差役》

骨　董

　　末世好骨董,甘为人所欺。千金买书画,百金为装池。缺角古玉印,铜章盘龟螭。乌几研铜雀,象床烧金猊。一杯一尊彝,按图辨款仪。钩深索远求,到老如狂痴。骨肉起讼狱,朋友生猜疑。方其富贵日,价直千万奇;及其贫贱来,不足换饼糍。我有大古器,世人苦不知,伏羲画八卦,文周孔《系辞》,《洛书》著《洪范》,夏禹传商箕;《东山》《七月》篇,斑驳何陆离;是皆上古物,三代即次之。不用一钱买,满架堆离披。乃其最下者,韩文李杜诗。

用以养德行，寿考百岁期；用以治天下，百族归淳熙。大古不肯好，逐逐流俗为？东家宣德炉，西家成化瓷，盲人宝陋物，惟下愚不移。

——张应昌《国朝诗铎》卷二十二《嗜古》

姑恶篇

小妇年十二，辞家事翁姑。未知伉俪情，以哥呼阿夫。两小各羞态，欲言先嗫嚅。翁令处闺阁，织作新流苏。姑令杂作苦，持刀入中厨。切肉不成块，礧魄登盘簋；作羹不成味，酸辣无别殊；析薪纤手破，执热十指枯。翁曰："是幼小，教导当徐徐。"姑曰："幼不教，长大谁管拘？恃其桀傲性，将欺颓老躯；恃其骄纵资，吾儿将伏蒲。"今日肆詈辱，明日鞭挞俱。五日无完衣，十日无完肤。吞声向暗壁，啾唧微叹吁。姑云是诅咒，执杖持刀锯："汝肉尚可切，颇肥未为癯；汝头尚有发，薙尽为秋壶。与汝不同生，汝活吾命殂。"鸠盘老形貌，努目真凶屠。阿夫略顾视，便嗔羞耻无！阿翁略劝慰，便嗔昏老奴。邻舍略探问，便嗔何与渠？嗟嗟贫家女，何不投江湖？江湖饱鱼鳖，免受此毒荼。嗟哉天听卑，岂不闻怨呼？人间为小妇，沉痛结冤诬。饱食偿一刀，愿作牛羊猪。岂无父母来？洗泪饰欢娱。岂无兄弟问？忍痛称姑劬。疤痕掩破襟，秃发云病疏，一言及姑恶，生命无须臾！

——张应昌《国朝诗铎》卷二十五《妇女》

孤儿行

孤儿踽踽行，低头屏息，不敢扬声。阿叔坐堂上，叔母脸厉秋铮铮。　阿叔不念兄，叔母不念嫂。不记瘦嫂病危笃，枕上叩头，孤儿幼小；立唤孤儿跪，床前拜倒。拭泪诺诺，孤儿是保。　娇儿坐堂上，孤儿走堂下；娇儿食粱肉，孤儿兢兢捧盘盂，恐倾跌，受笞骂。朝出汲水，暮莝刍养马。莝刍伤指，血流泻泻。孤儿不敢言痛，阿叔不顾视，但詈死去兄嫂，生此无能者。　娇儿著紫裘，孤儿著破衣；娇儿骑马出，孤儿倚门扉。举头望望，掩泪来归。　昼食厨下，夜卧薪草房。豪奴丽仆，食余弃骨，孤儿拾啮，并遗剩羹汤。食罢濯盘浴釜，诸奴树下卧凉。　老仆不分涕泣，骂诸奴骨轻肉重，乃敢凌幼主，高贱躯。阿叔阿姆闻知，闭房悄坐，气不得苏，终然不念茕茕孤。　老仆携纸钱，出哭孤儿父母，头触坟树，泪滴坟土。当初一块肉，罗绮包裹，今日受煎苦。墓树萧萧，夕阳黄瘦，西风夜雨。

——张应昌《国朝诗铎》卷二十六《悯孤儿》

郑燮字克柔，号板桥，扬州兴化人。乾隆丙辰进士。官潍县知县，为人慷慨啸傲，有"郑虔三绝"之目。书法《瘗鹤铭》兼黄山谷，合其意为分书，通其意写竹兰，脱尽时习，超众绝尘，中年间作花木。著《板桥集》，手书诗词刻之。

范　县

四五十家负郭民，落花厅事净无尘。苦蒿菜把邻僧送，秃袖鹑衣小吏贫。尚有隐幽难尽烛，何曾顽梗竟能驯！县门一尺情犹隔，况是君门隔紫宸。

感旧诗

西园左笔高西园风翰寿门书……

长作诸王傅凯亭雯座上宾……

画雁分明见边颐公维祺雁鸣……

怀李三鱓

待买田庄然后归，此生无分到荆扉。借君十亩堪栽秫，赁我三间好下帏。柳线软拖波细细，秧针青惹燕飞飞。梦中长与先生会，草阁南津旧钓矶。

题姚太守与滇家藏南天菊梅

今日方知恽寿平,石田笔墨十洲情。廿年赝本相疑信,徒使前贤笑后生。

画盆兰送大中丞孙峨山丈予告归里

宿草栽培数十年,根深叶老倍鲜妍;而今归到山中去,满眼名葩是后贤。栽得盆兰返故乡,天家雨露郁苍苍。今朝满把兰芽茁,又喜山中气候长。

自题墨竹

衙斋卧听萧萧竹,疑是民间疾苦声。些小吾曹州县吏,一枝一叶总关情。

咬定青山不放松,立根原在乱崖中;千磨万击还坚劲,任尔东西南北风。

乌纱掷去不为官,囊橐萧萧两袖寒。写取一枝清瘦竹,秋风江上作渔竿。

郑燮字克柔,号板桥,兴化人。乾隆丙辰进士。官潍县知县。有《板桥诗钞》。

阮云台曰:板桥以岁饥⋯⋯

符南樵曰:先生少孤贫⋯⋯

诗话:板桥画书诗号称"三绝",自出手眼,实皆胎息于古诗,多见性情,荒率处弥真挚有味,世乃以狂怪目之。浅矣!《道情十首》,乃乐府变格,豪情逸韵,与熊鱼山《万古愁区》相颉颃,亦可传之作。

扬　州

画舫乘春破晓烟,满城丝管拂榆钱。千家养女先教曲,十里栽花算种田。雨过隋堤原不湿,风吹红袖欲登仙。词人久已伤头白,酒暖香温倍悄然。

廿四桥边草径荒,新开小港透雷塘。画楼隐隐烟霞远,铁板铮铮树木凉。文字岂能传太守,风流原不碍隋皇。量今酌古情何限,愿借东风作小狂。

西风又到洗妆楼,衰草连天落日愁。瓦砾数堆樵唱晚,凉云几片燕惊秋。繁华一刻人偏恋,呜咽千年水不流。借问累累荒冢畔,几人耕出玉搔头?

江上澄鲜秋水新,邗沟几日雪迷津。千年战伐百余次,一岁变更何限人。尽把黄金通显要,惟余白眼到清贫。可怜道上饥寒子,昨日华堂卧锦茵。

邺 城

划破寒云漳水流,残星画角动谯楼。孤城旭日牛羊出,万里新霜草木秋。铜雀荒凉遗瓦在,西陵风雨石人愁。分香一夕雄心尽,碑版仍题汉彻侯。

悍 吏

县官编丁著图甲,悍吏入村捉鹅鸭。县官养老赐帛肉,悍吏沿村括稻谷。豺狼到处无虚过,不断人喉抉人目。长官好善民已愁,况以不善司民牧。山田苦旱生草菅,水田浪阔声潺潺。圣主深仁发天庾,悍吏贪勒为刁奸。索逋汹汹虎而翼,叫呼楚挞无宁刻。村中杀鸡忙作食,前村后村已屏息。呜呼长吏定不知,知而故纵非人为。

抚孤行

十年夫殁局书簏,岁岁晒书抱书哭。缥缃破裂方锦纹,玉轴牙签断湘竹。孀妇义不卖藏书,况有孤雏是遗腹。四壁涂鸦嗔不止,十日索墨五日纸;学俸无钱愧塾师,线脚针头劳十指。灯昏焰短空房黑,儿读无多母长织。败叶走地风沙沙,检点儿眠听晓鸦。

小　廊

小廊茶熟已无烟,折取寒花瘦可怜。寂寂柴门秋水阔,乱鸦揉碎夕阳天。

题游侠图

大雪满天地,胡为仗剑游?欲谈心里事,同上酒家楼。

李氏小园

小园十亩宽,落落数间屋。春草无秽滋,寒花有余馥。闭户养老母,拮据市粱肉。大儿执鸾刀,缕缕切红玉;次儿拾柴薪,细火煨陆续。烟飘豆架青,香透疏篱竹。贫家滋味薄,得此当鼎铼。弟兄何所餐,宵来母剩粥。

晨起缝破衣,针线不成行。母年七十四,眼昏手又僵。装绵苦欲厚,用线苦欲长;线长衣缝紧,绵厚耐雪霜。装成令儿暖,母衣单薄凉。不衣逆母怀,衣之情内伤。

儿病母煮药,老泪滴炉灰。几死复得活,为母而再来。终养理之顺,哭儿情至哀。老天有矜怜,复使归母怀。

兄起扫黄叶,弟起烹秋茶。明星犹在树,烂烂天东霞。杯用宣德瓷,壶用宜兴砂。器物非金玉,品洁自生华。虫游满院凉,露浓败蒂瓜。秋花发冷艳,点缀枯篱笆。闭户成羲皇,古意何其赊!

范　县

四五十家负郭民,落花厅事净无尘。苦蒿菜把邻僧送,秃袖鹑衣小吏贫。尚有隐幽难尽烛,何曾顽梗竟能驯!县门一尺情犹隔,况是君门隔紫宸。

登范县城东楼

　　独上秋城望，高楼出晓烟。西风漳邺水，旭日鲁邹天。过客荒无馆，供官薄有田。时平兼地僻，何况又丰年。

逃荒行

　　十日卖一儿，百日卖一妇，来日剩一身，茫茫即长路。长路迂以远，矢山杂豺虎；天荒虎不饥，肝人伺岩阻。豺狼白昼出，诸村乱击鼓。嗟予皮发焦，骨断折腰膂。见人目先瞪，得食咽反吐。不堪充虎饿，虎亦弃不取。道帝见遗婴，怜拾置担釜；卖尽自家儿，反为他人抚。路妇有同伴，怜而与之乳。咽咽怀中声，咿咿口中语；似欲呼爷娘，言笑令人楚。千里山海关，万里辽阳戍。严城啮夜星，村灯照秋浒；长桥浮水面，风号浪偏怒。欲渡不敢撄，桥滑足无履；前牵复后曳，一跌不复举。过桥歇古庙，聒耳闻乡语。妇人叙亲姻，男儿说门户；欢言夜不眠，似欲忘愁苦。未明复起行，霞光影踽踽。边墙渐以南，黄沙浩无宇。或云薛白衣，征辽从此去；或云隋炀皇，高丽拜雄武。初到若夙经，艰辛更谈古。幸遇新主人，区脱与眠处。长犁开古碛，春田耕细雨；字牧马牛羊，斜阳谷量数。身安心转悲，天南渺何许。万事不可言，临风泪中注。

还家行

　　死者葬沙漠，生者还旧乡；遥闻齐鲁郊，谷黍等人长。目营青岱云，足辞辽海霜；拜坟一痛哭，永别无相望。春秋社燕雁，封泪远寄将。归来何所有，兀然空四墙；井蛙跳我灶，狐狸据我床。驱狐窒鼯鼠，扫径开堂皇；湿泥涂旧壁，嫩草覆新黄。桃花知我至，屋角舒红芳；旧燕喜我归，呢喃话空梁；蒲塘春水暖，飞出双鸳鸯。念我故妻子，羁卖东南庄；圣恩许归赎，携钱负橐囊。其妻闻夫至，且喜且彷徨；大义归故夫，新夫非不良。摘去乳下儿，抽刀割我肠。其儿知永绝，抱颈索阿娘；堕地几翻覆，泪面涂泥浆。上堂辞舅姑，舅姑泪浪浪。赠我菱花镜，遗我泥金箱；赐我旧簪珥，包并罗衣裳。"好好作家去，永永无相忘。"后夫年正少，惭悴难禁当，潜身匿邻舍，背树倚斜阳。其妻径以去，绕陇过林塘。后夫携儿归，独夜卧空房；儿啼父不寐，灯短夜何长！

——徐世昌《晚晴簃诗汇》卷七十四

焦山自然庵画竹

静室焦山十五家，家家有竹有篱笆。画来出纸飞腾上，欲向天边扫暮霞。

——李濬之《清画家诗史》丙下

怀扬州旧居　李氏小园，买花翁汪髯所筑。

楼上佳人架上书，烛光微冷月来初。偷开绣帐看云鬟，擘断牙签拂蠹鱼。谢傅青山为院落，隋家芳草入院蔬。思乡怀古兼伤暮，江雨江花尔自如。

——李濬之《清画家诗史》丙下

郑燮　见《放歌集》。

浪淘沙·潇湘夜雨

风雨夜江寒，篷背声喧，渔人稳卧客人叹。明日不知晴也未？红蓼花残。　晨起望沙滩，一片波澜，乱流飞瀑洞庭宽。何处雨晴还是旧？只有君山。眉批：一忙一闲，对写好。

又　平沙落雁

秋水漾平沙，天末澄霞，雁行栖定又喧哗。怕见洲边灯火焰，怕近芦花。　是处网罗赊，何苦天涯，劝伊早早北还家。江上风光留不得，请问飞鸦。眉批：神在个中，意在言外。

唐多令寄怀刘道士，并示酒家徐郎

一抹晚天霞，微红透碧纱，颤西风凉叶些些。正是客愁不稳，杨柳外，又惊鸦。　桃李别君家，霜凄菊已花，数归期雪满天涯。分付河桥多酿酒，须留待，故人赊。眉批：此词绝类西麓短调，板桥集中最平正者。

——陈廷焯《词则》卷五《别调集·国朝词》

郑　燮

字柔克（当为"克柔"），兴化人。乾隆元年进士。官潍县知县。有《板桥词》一卷。

贺新郎·徐青藤草书一卷　眉批：板桥词最为直捷痛快，魄力自不可及。若再加以浩瀚之气，便可亚于迦陵。

墨沉余香剩，扫长笺、狂花扑水，破云堆岭。云尽花空无一物，荡荡银河泻影，又略点箕张鬼井。未敢披图容易玩，拨烟霞直上嵩华顶，与帝座，呼相近。

半生未挂朝衫领，狠秋风、青衿剥去，秃头光颈。只有文章书画笔，无古无今独逞，并无复自家门径。拔取金刀眉目割，破头颅血迸苔花冷，亦不是。人间病。眉批：淋漓痛快。

又　西村感旧

抚景伤飘泊，对西风、怀人忆地。年年担搁。最是江村读书处，流水板桥篱落，绕一带烟波杜若。密树连云藤盖瓦，穿绿阴折入闲情阁，一静坐，思量着。

今朝重践山中约，画墙边、朱门欹倒，名花寂寞。瓜圃豆棚虚点缀，衰草斜阳暮雀，村犬吠故人偏恶。只有青山还是旧，恐青山笑我今非昨，双鬓减，壮心弱。

又　送顾万峰之山东常使君幕

掷帽悲歌起，叹当年、父母生我，悬弧射矢。半世销沉儿女态，羁绊难逾乡里。健羡尔萧然揽辔，首路春风冰冻释，泊马头浩渺黄河水，望不尽，汹汹势。

到看泰岱从天坠，矗空青千岩万嶂，云揉月洗。封禅碑铭今在否？鸟迹虫鱼怪异，为我吊秦皇汉帝。夜半更须陵日观，紫金球涌出沧溟底，尽海内，奇观矣。眉批：笔力雄浑。

又　眉批：跟上章折人，情真语至，远游子何堪碎读！"不为"二句式无聊解说，不是故作状语。

独有难忘者，宁不见、慈亲黑发，于今雪洒。检点装囊针线密，老泪潺湲而泻，知多少梦魂牵惹。不为深情酬国士，肯孤踪独骑天边跨？游子叹，矣山夜。

颇闻东道兼骚雅，最羡是、峰峦十万，青排脚下。此去唱酬官阁里，酒在冰壶共把，须勖以仁风遍野。如此清时宜树立，况鲁邹旧俗非难化，休沉溺，篇章也！眉批：规勉得体。

又　赠陈周京　眉批：一气旋转，笔力横绝。其年赠何生铁一篇后有嗣音矣。

咄汝陈生者，试问汝天南地北，游踪遍也。十五年前广陵道，马上翩翩游冶，曾几日髭须盈把。落拓东归寻旧梦，剔寒灯絮尽凄凉夜，浑不似，无羁马。

君家先世丹青亚，令祖射闯贼中目。炳千秋凌烟褎鄂，云台耿贾。谁料矣西将家子，乱草飘蓬四野，还一任雨淋霜打。莫向人前谈往事，恐道傍屠贩疑虚假，勉强去，妆聋哑。眉批：何意百炼钢，化为绕指柔，同时浩叹，几于痛哭。

浣溪沙·老兵

万里金风病骨秋,创瘢血渍陇西头,戍楼闲补破羊裘。 少壮爱传京国信,老年只话故乡愁,近来乡思也悠悠。眉批:结更进一层,意极悲郁。

又

陇雨萧萧陇草长,夕阳惨淡下边墙,敌楼凤起暮鸦翔。 册上有名还点队,军中无事不归行,替人磨洗旧刀枪。眉批:塞外风景之异,直似唐贤乐府。

念奴娇·莫愁湖 眉批:板桥《金陵怀古》十二首,圣哲、英豪、美人、名士,苍茫感喟,笔现毫端,惟不免稍涉叫嚣。兹择其稍纯者六章,可见大概。

鸳鸯二字,是红闺佳话,然乎否否?多少英雄儿女态,酿出祸胎冤薮。前殿金莲,《后庭玉树》,风雨摧残骤。卢家何幸,一歌一曲长久。 即今湖柳如烟,湖云似梦,湖浪浓于酒。山下藤萝飘翠带,隔水残霞舞袖。桃叶身微,莫愁家小,翻借词人口。风流何罪,无荣无辱无咎。眉批:前半嫌有腐语,后半洒脱自如。

又 台城

秋之为气,正一番风雨,一番萧瑟。落日鸡鸣山下路,为问台城旧迹。老蔓藏蛇,幽花溅血,坏堞零烟碧。有人牧马,城头吹起觱栗。 当初面代牺牲,食惟菜果,恪守沙门律。何事饿来翻掘鼠,雀卵攀巢而吸?再曰"荷荷",趺跏竟逝,得亦何妨失。酸心硬语,英雄泪在胸臆。眉批:结振作。虽是人云亦云,然措语却老横。

又 高座寺 眉批:写废寺惨淡可畏。

暮云明灭,望破楼隐隐,卧钟残院。院外青山千万叠,阶下流泉清浅。鸦噪松廊,鼠翻经匣,僧与孤云远。空梁蛇脱,旧巢无复归燕。　可怜六代兴亡，生公宝志，绝不关恩怨。手种菩提心剑戟，先堕释迦轮转。青史讥弹，传灯笑柄，枉作骑墙汉。恒沙无量，人间劫数自短。

又　胭脂井　眉批：此词精绝，为诸篇之冠。

　　辘轳转转，把繁华旧梦，转归何许？只有青山围故国，黄叶西风菜圃。拾橡瑶阶，打鱼宫沼，薄暮人归去。铜瓶百丈，哀音历历如诉。　过江咫尺迷楼，宇文化及，便是韩擒虎。井底胭脂联臂出，问尔萧娘何处？《清夜游》词，《后庭花》曲，唱彻江关女。词场本色，帝王家数然否？眉批：妙语解颐。

又　方景两先生祠　眉批：此阕未免粗野，然语极雄奇，足为毅魄忠魂生色，故终不忍置也。"信心"十字刺骨。孔曰"成仁"，孟曰"取义"，原非勉强得来。

　　乾坤欹侧，借豪英几辈，半空撑住。千古龙逄原不死，七窍比干肺腑。竹杖麻衣，朱袍白刃，朴拙为艰苦。信心而出，自家不解何故。　也知稷、契、皋、夔、闳、颠、散、适，岳降维申甫。彼自承平吾破裂，题目原非一路。十族全诛，皮囊万段，魂魄雄而武。世间鼠辈，如何妆得老虎！眉批：结更恣肆。

又　孝陵　眉批：感慨不尽。

　　东南王气，扫偏安旧习，江山整肃。老桧苍松盘寝殿，夜夜蛟龙来宿。翁仲衣冠，狮麟头角，静锁苔痕绿。斜阳断碣，几人系马而读。　闻说物换星移，神山风雨，夜半幽灵哭。不记当年开国日，元主泥人泪簌。蛋壳乾坤，丸泥世界，疾卷如风烛。老僧山畔，烹泉只取一掬。眉批：虎门、龙争，读至结二语，正如冰水浇背，令我有遁世之想。

满江红·金陵怀古　眉批：上下千年，流连凭吊，遣词琢句，俱极凄境。

　　淮水东头，问夜月何时是了。空照彻飘零宫殿，凄凉华表。才子总缘杯酒误，英雄只向棋盘闹。问几家输局几家赢，都秋草。　流不断，长江淼；拔不倒，锺山峭。剩古碑荒冢，淡鸦残照。碧叶伤心亡国柳，红墙堕泪南朝庙。问孝陵松柏几多存？年年少。

又　思家　眉批：命意措语，全以神行。情词双绝，令人不能释手。一气卷舒，却字字妥帖，精神团聚故也。故非心余所及。

　　我梦扬州，便想到扬州梦我。第一是隋堤绿柳，不堪烟锁。潮打三更瓜步月，雨荒十里红桥火。更红鲜冷淡不成圆，樱桃颗。　何日向，江村躲；何日上，江楼卧。有诗人某某，酒人个个。花径不无新点缀，沙鸥颇有闲功课。将白头供作折腰人，将毋左。

太常引·听噶将军说边外风景

　　满天星露压长城，夜黑月初生；万障马嘶鸣，还夹杂风声雁声。眉批：笔力雄苍。　红霞乍起，朝光满地，飞鸟立辕门；边塞静无尘，须检点中原太平。眉批：收束亦壮雅。

——陈廷焯《词则》卷六《放歌集·国朝词》

贺新郎·赠王一姐

　　竹马相过日，还记汝云鬟覆颈，胭脂点额。阿母扶携翁负背，幻作儿郎妆饰，小则小寸心怜惜。放学归来犹未晚，向红楼存问春消息，问我索，画眉笔。　廿年湖海长为客，都付与风吹梦杳，雨荒云隔。今日重逢深院里，一种温存犹昔，添多少周旋形迹！回首当年娇小态，但片言微忤容颜赤，只此意，最难得。眉批：意芊婉而语俊爽，是板桥本色。

又　有赠

　　旧作吴陵客，镇日向、小西湖上，临流弄石。雨洗梨花春梦冷，颤断燕魂莺魄。倩一片、柳烟遮幕。闻说个人家不远,转画桥、西去萝门碧。时听见,高楼笛。　缘悭觌面还相失。谁知向、海云深处,殷勤款惜。一夜尊前知己泪,背着短檠偷滴。又互把、罗衫扱湿。相约明年春事早,嚼花心、红蕊相思汁,共染得,肝肠赤。眉批:情深似海,血泪淋漓,不谓艳词有如许笔力,真正神勇。

虞美人·无题

盈盈十五人儿小,惯是将人恼。撩他花下去围棋,故意推他劲敌让他欺。　而今春去花枝老,别馆斜阳早。还将旧态作娇痴,也要数番怜惜忆当时。眉批:情态可哂,亦可怜。

酷相思·本意

杏花深院红如许,一线画墙拦住。叹人间咫尺千山路,不见也相思苦,便见也相思苦。　分明背地情千缕,翻口恼从教诉。奈花间乍遇言辞阻,半句也何曾吐,一字也何曾吐!眉批:惟其情真,故言之亲切有味,不着力而自胜。

——陈廷焯《词则》卷六《闲情集·国朝词》

郑燮,字克柔,号板桥,江苏兴化人。乾隆元年进士。官山东潍县知县。有《板桥词钞》一卷。

浪淘沙·暮春

春气晚来晴,天澹云轻,小楼忽洒夜窗声。卧听萧萧还淅淅,湿了清明。　节序太无情,不肯留停,留春不住送春行。忘却罗衣都湿透,花下吹笙。

——叶恭绰《全清词钞》第九卷

舒位《乾嘉诗坛点将录》

险道神郑板桥　燮,字克柔,兴化人,乾隆丙辰恩科进士。官潍县知县。著《板桥诗钞》。

——叶德辉《双楳景闇丛书》

板桥道人图章，多出凡民手。时有《四凤楼印谱》，凡民而外，则胶州高西园凤翰、天台潘桐冈西凤、江都高翔凤岗也。竹木交错，石章亦少，晶玉皆无。不过十余页。圯幼时曾见之维扬市中。

——黄学圯《东皋印人传》卷下

郑板桥图章，皆出沈凡民凤、高西园凤翰之手。如：板桥道人、如十年县令，如雪浪斋，如郑大，如爽鸠氏之官，如所南翁后，如心血为炉熔铸今古，如然黎阁，如游好在六经，如畏人嫌我真，如恨不得填漫了普天饥债，如直心道场，如思贻父母令名，如乾隆东封书画史，如潍夷长，如鹧鸪，如无数青山拜草庐，如私心有所不尽鄙陋，如扬州兴化人，如夒何力之有焉，如樗散，如以天得古，如老画师，如敢征兰乎，如七品官耳，皆切姓切地切官切事。又有云：康熙秀才雍正举人乾隆进士，至有一印云麻丫头针线，则太涉习气矣。

——阮元《广陵诗事》卷九

教几个小小蒙童

郑板桥先生所作《道情》，虽似浅俚，然点醒痴顽，正复不少，果能随遇而安，亦省却多少怨尤，况蒙以养正，圣功之始，未可以其幼小而忽之也。

嘉庆己未岁，戏作此印。我辈措大，忽视训蒙为随身竿木，则于世道人心，未必无小补也。曼生并寄。

——陈鸿寿《印跋》

篠衫，扬州老衲。写竹得郑板桥法，亦善花卉。

——冯金伯《墨香居画识》卷六《释篠衫》

理昌凤，字南桥，兴化人。为郑板桥弟子。善写兰竹，诗词亦工，多于题款中见之。使酒佯狂，忽然儒服，忽然黄冠。兴化令祈雨，檄取之，即与众击饶伐鼓，随众起倒，徐察其仪表非俗，使礼而遣之。或云：即李文定公侯人。

——冯金伯《墨香居画识》卷七《理昌凤》

萧散一格，板桥先生喜为之，此其小品也。丙午三月谷雨，子冶作于石鸥池馆。

——瞿应绍《竹石图》

联　话

郑板桥燮题焦山自然庵联云："山光扑面经新雨，江水回头为晚潮。"又云："汲来江水烹新茗，买尽青山当画屏。"

——梁章钜《楹联丛话》卷之六《胜迹上》

郑板桥六十自寿联句云："常如作客，何问康宁，但使囊有余钱，瓮有余酿，釜有余粮，取数叶赏心旧纸，放浪吟哦，兴要阔，皮要顽，五官灵动胜千官，过到六旬犹少；　定欲成仙，空生烦恼，只令耳无俗声，眼无俗物，胸无俗事，将几枝随意新花，纵横穿插，睡得迟，起得早，一日清闲似两日，算来百岁已多。"

——梁章钜《楹联丛话》卷之十二《杂缀　谐语附》

板桥解组归田日，有李啸村者，赠之以联。板桥方宴客，曰："啸村韵士，必有佳语。"先观其出联云："三绝诗书画"，板桥曰："此难对。昔契丹使者以'三才天地人'属语，东坡对以'四诗风雅颂'，称为绝对。吾辈且共思之，限对就而后食。"久之不属，启视之，则"一官归去来"也，感叹其工妙。

——梁章钜《楹联丛话》卷之十二《杂缀　谐语附》

扬州马氏小玲珑山馆中有郑板桥所撰楹帖,云:"咬定几句有用书,可忘饮食;养成数竿新生竹,直似儿孙。"以八分书之,极奇伟。后归淮商黄姓,始拟撤去,复有爱其文义者,乃力劝留存。

——梁章钜《楹联续话》卷二《格言》

郑板桥有赠焦山长老联云:"花开花落僧贫富,云去云来客往还。"今此联墨迹犹存山中。

——梁章钜《楹联续话》卷四《杂缀　谐语附》

仁和马庆孙者,秋药太常之犹子也。襆被来粤,舟出豫章,夜泊生米潭,遂为盗劫,行李一空。时刘兰翎方建臬南昌,马趋控之,所呈失单,不过书画玩物。刘嗤之,马作色曰:"失单中有郑板桥楹联,先人性命宝也。务乞追偿。他则惟命是听。"刘悯其愚,檄县严缉。未三日,果于货担间得之。其联曰:"飘风作态来梳柳;细雨瞒人去润花。"刘流连观之,笑曰:"无怪此老之龂龂也。"

——梁恭辰《楹联四话》卷五《杂缀》

明放案:此副楹联墨迹或拓片尚未看到,而常常看到的楹联是:"春风放胆来梳柳;夜雨瞒人去润花。"

《板桥集》五家评

家书评

《十六通家书小引》:"板桥诗文,最不喜求人作叙。求之王公大人,既以借光为可耻;求之湖海名流,必至含讥带讪,遭其荼毒而无可如何,总不如不叙为得也。"

知言。

《雍正十年杭州韬光庵中寄舍弟墨》:"谁非皇帝、尧舜之子孙，而至于今日，其不幸而未藏获、为婢妾、为舆台、皂隶，窘穷迫逼，无可奈何。……"

破空而来，黄河之水。

"得前代家奴契券，即于灯下焚去，并不返诸其人。恐明与之，反多一番形迹，增一番愧恶。自我用人，从不书券，合则留，不合则去。何苦存此一纸，使吾后世子孙，借为口实，以便苛求抑勒乎！如此存心，是为人处，即是为己处。若事事预留把柄，使人其网罗，无能逃脱，其穷愈速，其祸即来，其子孙即有不可问之事、不可测之忧。"

先辈存心之厚，于此可见。

"试看世间会打算的，何曾打算得别人一点，直是算尽自家耳！"

名言至理。

《仪真县江村茶社寄舍弟》："江雨初晴，宿烟收尽，林花碧柳，皆洗沐以待朝暾；而又娇鸟唤人，微风叠浪，吴、楚诸山，青葱明秀，几欲渡江而来。此时坐水阁上，烹龙凤茶，烧夹剪香，令友人吹笛，作落梅花一弄，真是人间仙境也。"

一派清景，妩润宜人，令我神往白沙村舍矣。

《焦山读书寄四弟墨》："秀才亦是孔子罪人，不仁不智，无礼无义，无复守先待后之意。秀才骂和尚，和上亦骂秀才。语云：'各人自扫阶前雪，莫管他家屋瓦霜。'"

为和尚秀才排难解纷，奇极趣极。

《焦山别峰庵雨中无事书寄舍弟墨》："秦始皇烧书，孔子亦烧书。删书断自唐、虞，则唐、虞以前，孔子得而烧之矣。《诗》三千篇，存三百十一篇，则二千六百八十九篇，孔子亦得而烧之矣。孔子烧其可烧，故灰灭无所复存，而存者为经，身尊道隆，为天下后世法。始皇虎狼其心，蜂虿其性，烧经灭圣，欲剚天眼而浊人心，故身死宗亡国灭，而遗经复出。始皇之烧，正不如孔子之烧也。……"

奇思横论。

《焦山双峰阁寄舍弟墨》："郝家庄有墓田一块，价十二两，先君曾欲买置，因有无主孤坟一座，必须刨去。先君曰：'嗟乎！岂有掘人之塚以自立其塚者乎！'遂去之。但吾家不买，必有他人买者，此塚仍然不保。吾意欲致书郝表弟，问此地不落，若未售，则封去十二金，买以葬吾夫妇。即留此孤坟，以为牛眠一伴，刻石示子孙，永永不废，岂非先君忠厚之义而又深之乎！夫堪舆家言，亦何足信。吾辈存心，须刻刻去浇存厚，虽有恶风水，必变为善地，此理断可信也。后世子孙，清明上塚。……"

忠厚之至。

《范县署中寄舍弟墨》："徐宗于、陆白义辈，是旧时同学，日夕相征逐者也。犹忆谈文古庙中，破廊败叶飕飕，至二三鼓不去；或又骑石狮子脊背上，论兵起舞，纵言天下事。今皆落落未遇，亦当分俸以敦夙好。"

使世人尽存此想，安得有"同学少年"之感耶！

"务在金尽而止。"

妙语。

"……汝持俸钱南归，可挨家比户，逐一散给。……"

素好谩骂之板桥，居心行事乃如此，可以鉴矣。

《范县署中寄舍弟墨第二书》："见一片荒城，半堤衰柳，断桥流水，破屋丛花，心窃乐之。若得制钱五十千，便可买地一大段，他日结茅有在矣。吾意欲筑一土墙院子,门内多栽竹树草花,用碎砖铺曲径一条,以达二门。"

写村景入妙。

"其内茅屋二间,一间坐客,一间作房,贮图书史籍笔墨砚瓦酒壶茶具其中,为良朋好友后生小子论文赋诗之所。其后住家主屋三间,厨屋二间,奴子屋一间,共八间。俱用草苫,如此足矣。清晨日尚未出,望东海一片红霞,薄暮斜阳满树。立院中高处,便见烟水平桥。家中宴客,墙外人亦望见灯火。南至汝家百三十步,东至小园仅一水,实为恒便。"

位置楚楚,名士家风。

《范县署中寄舍弟墨第四书》:"今则不然,一捧书本,便想中举、中进士、作官,如何攫取金钱、造大房屋、置多田产。起手便错走了路头,后来越做越坏,总没有个好结果。"

转笔。

《范县署中寄舍弟墨第五书》:"近世诗家题目,非赏花即讌集,非喜晤即赠行,满纸人名,某轩某园,某亭某斋,某楼某岩,某村某墅,皆市井流俗不堪⑥之子,今日才立别号,明日便上诗笺。其题如此,其诗可知,其诗如此,其人品又可知。"

说得高兴,便要骂人,此时又忘却"年老身孤,当慎口过"之言矣。

《潍县寄舍弟墨第三书》:"每见贫家之子,寡妇之儿,求十数钱,买川连纸钉仿字簿,而十日不得者。当察其故而无意之中与之。至阴雨不能即归,辄留饭;薄暮,以旧鞋与穿而去。彼父母之爱子,虽无佳好衣服,必制新鞋袜来上学堂,一遭泥泞,复制为难矣。"

体恤寒家子弟,真入细微。

《潍县署中与舍弟墨第五书》:"若王摩诘、赵子昂辈,不过唐、宋间两画师耳!试看其平生诗文,可曾一句道着民间痛痒?设以房、杜、姚、宋在前,韩、范、富、欧阳在后,而以二子厕乎其间,吾不知其居何等而立何地矣!门馆才情,游客伎俩,只合剪树枝、造亭榭、辨古玩、斗茗茶,为扫除小吏作头目而已,何足数哉!何足数哉!愚兄少而无业,长而无成,老而穷窘,不得已亦借此笔墨为糊口觅食之资,其实可羞可贱。愿吾弟发愤自雄,勿蹈乃兄故辙也。古人云:'诸葛君真名士。'名士二字,是诸葛才当受得起。近日写字作画,满街都是名士,岂不令诸葛怀羞,高人齿冷?"

不骂今人,便骂古人,此老总是爱骂人。

明放案:见酉山堂刻本《板桥集》,中国科学院图书馆馆藏。

诗词评

《闲居》:"荆妻试砚磨新墨,弱女持笺索楷书。"

二语出工部"老妻画纸""稚子敲针"诗句。

《赠博也上人》:"闭门何处不深山,蜗舍无多八九间。人迹到稀春草绿,燕巢营定画梁闲。黄泥小灶茶烹陆,白雨幽窗字学颜。独有老僧无一事,水禽沙鸟听关关。"

神似放翁。

明放案:见《板桥集》,清晖书屋刻本,扬州图书馆藏。

《海陵刘烈妇歌》:"夜惨心孤倦欹卧,沙场梦入深闺里。破甲残旗裹血痕,手提败鼓号冤魂;自云转战身陷没,断骸漂骨黄河奔。仓皇踯躅妇惊觉,群犬乱吠秋篱根。深夜欲啼啼不得,泪珠迸落罗衾湿。抹去胭脂罢晓妆,翠翘云鬓无颜色。凶问传来败散军,果然与梦无差分。温言绪语慰翁姁,幽闺裂破绣罗裙;椎心一哭数斗血,纸钱飘去回秋云。柴门寂寞甑甌斗,病妇把家门户瘦;夜夜寒机达曙光,朝朝破井提鸳甃。十亩荒田岁不收,一园花柳空如绣。翁殁媪殁妇即殁,宗祀无人妾何立?拚将皓颈委红罗,要使芳魂觅沙碛。丈夫死国妻死夫,忠义不得转呼吸;一念徘徊事则败,包羞泉壤何嗟及。至今坟树晚悲号,荒河白草秋原高;寒鸦孤栖夜不定,哀鸣向月求其曹。"

设为妙幻,作惊人悟,究无甚深意。

《寄许生雪江三首》:"诗去将吾意,书来见尔情。三年俄梦寐,数语若平生。雨细窗明火,鸦栖柳暗城。小楼良夜静,还忆读书声。"

板桥诗,苦于说得太尽,令人有一览无余之憾。此诗较含蓄有味。先生以沉着痛快为主,若以无含蓄少之,必为先生所骂。要知说得尽,却有不尽,说不尽,却有尽处。若《三百篇》中"投畀豺虎"云之,可谓说煞,然有一种浑朴之味,溢于言表,知味者当领略于酸咸之外也。

"闲吟聊免俗,极贱到为儒。"

狂态忍俊不禁矣。

《泜水》:"韩信购左车,张耳陋肺腑。何不赦陈余,与之归汉主?"

刎颈终隙,自是千古恨事。

《徐君墓》:"湛卢夜哭坟头树,天神百怪精灵聚。"

起似奇崛,然也就挂剑敷衍故实,杂沓殊无真气。

《悍吏》:"呜呼长吏定不知,知而故纵非人为。"

忠厚恻怛中有严毅之气。

《私刑恶》:"游魂荡漾不得死,婉转回苏天地黑。本因冻馁迫为非,又值奸刁取自肥;一丝一粒尽搜索,但凭皮骨当严威。累累妻女小儿童,拘囚系械网一空;牵累无辜十七八,夜来锁得邻家翁。邻家老翁年七十,白梃长樵敲更急。雷霆收声怯吏威,云昏雨黑苍天泣。"

末句与第八句究嫌犯复。

《抚孤行》:"十年夫殁局书簏,岁岁晒书抱书哭。"

起便沉痛。

《赠巨潭上人三首》:"山骨苍寒压古墙,坏廊拳曲入僧房。"

先生词好于诗,然往往词中字眼阑入诗句,识者自能辨之也。

《再到西村》:"青山问我几时归,春雨山中长蕨薇。分付白云留倦客,依然松竹满柴扉。送花邻女看都嫁,卖酒村翁兴不违。好待秋风禾稼熟,更修老屋补斜晖。"

一气直注到底,更不必求工字句。

《南内》:"南内凄清西内荒,淡云秋树满宫墙。"

有慨乎言。

《题程羽宸黄山诗卷》:"黄山擘空青,造化何技痒?阴阳未判割,精气互溟漾。团结势绵迤,抽拔骨撑掌。日月始明白,云龙渐来往。轩成末苗裔,炼丹破幽厂。"

硬语盘空,是学昌黎者。

《读昌黎上宰相书因呈执政》:"也应不肯他途进,惟有修书谒相公。"

此意发前人所未发,足为韩公解嘲。

《瓮山示无方上人》:"松梢雁影度清秋,云淡山空古寺幽。……"

全似剑南矣。

《山中夜坐再陪起上人作》:"墨云横亘天,稚霞敛颜色。"

"稚"字彩。

《乳母诗》:"乳母费氏。……遂以无疾终。平生所负恩,不独一乳母。长恨富贵迟,遂令惭恧久。黄泉路迂阔,白发人老丑。食禄千万钟,不如饼在手。"

语语真挚,无凑泊痕,一序亦佳,足与诗称。

《音布》:"。……世上才华亦不尽,慎勿咤叱为幺魔。此等自非公辅器,山林点缀云霞窝。"

分际较然不讳,自非一味贡谀者。

《长干女儿》:"长干女儿年十四,春游偶过南朝寺。鬓发纤松拜佛迟,低头堕下金钗翠。寺里游人最少年,闲行拾得翠花钿。送还不识谁家物,几嗅香风立怅然。"

寄托于言外得之。

《孤儿行》:"孤儿踯躅行。……叔母脸厉秋铮铮。……"此种诗,风世厉俗,有功名教,当与《姑恶》一首,并传不朽。"娇儿坐堂上。……受笞骂。"古意盎然,此老擅场之作。"茎刍伤指。……生此无能者"。愈说得尽,愈足垂戒。"豪奴丽仆。……诸奴树下卧凉。"世果有此等人,恨吾剑不快也。"老仆不分涕泣,骂诸奴骨轻肉重。……老仆携纸钱,出哭孤儿父母。……"《姑恶》篇以翁作衬,此借老仆作衬,同一机杼。"墓树萧萧,夕阳黄瘦,西风夜雨。"结得沉痛,苍茫无际。

《后孤儿行》:"绿林君子,勒令把火随行。孤儿不敢不听从强梁。"仿古诗《孤儿》篇,极琐碎,极古朴,所谓血泪结掇而成者。"西日惨惨,群盗就戮。顾此孤儿,肌如莹玉。不恨已死,痛孤冤毒。行刑人泪相续。"想当日真有此人此事，是亦民牧之责也。读之发冲一尺，泪堕一斗。

《姑恶》："未知伉俪情，以哥呼阿夫。两小各羞态，欲言先嗫嚅。"质朴有味。"翁令处闺阁，织作新流苏。姑令杂作苦，持刀入中厨。"极有古乐府遗意。"姑曰：'姑曰："幼不教，长大谁管拘？恃其桀傲性，将欺颓老躯；恃其骄纵资，吾儿将伏蒲。"今日肆詈辱，明日鞭挞俱。五日无完衣，十日无完肤。吞声向暗壁，啾唧微叹吁。姑云是诅咒，执杖持刀锯："汝肉尚可切，颇肥未为癯；汝头尚有发，薙尽为秋壶。与汝不同生，汝活吾命殂。"鸠盘老形貌，努目真凶屠。阿夫略顾视，便嗔羞耻无！阿翁略劝慰，便嗔昏老奴。邻舍略探问，便嗔何与渠？嗟嗟贫家女，何不投江湖？江湖饱鱼鳖，免受此毒荼。嗟哉天听卑，岂不闻怨呼？人间为小妇，沉痛结冤诬。饱食偿一刀，愿作牛羊猪。岂无父母来？洗泪饰欢娱。岂无兄弟问？忍痛称姑劬。疤痕掩破襟，秃发云病疏。"读之颇不耐，能描画悍狠之状，口吻逼真，可以垂戒。

"一言及姑恶，生命无须臾！"题是《姑恶》，而以不敢言"姑恶"作收，妙。

《题陈孟周词后》："陈孟周，瞽人也。闻予填词，问其调。予为诵太白菩萨蛮、忆秦娥二首。不数日，即为其友人填二词，亦用忆秦娥调。其词曰："光阴泻，春风记得花开夜。花开夜，明珠双赠，相逢未嫁。旧时明月如钩挂，只今提起心还怕。心还怕，漏声初定，玉楼人下。""何时了，有缘不若无缘好。无缘好，怎生禁得，多情自小。重逢那觅回生草，相思未创招魂稿。招魂稿，月虽无恨，天何不老！"予闻而惊叹，逢人便诵。咸曰青莲自不可及，李后主、辛稼轩何多让矣。拙词近数百首，因愧陈作，遂不复存。……"

有此奇人，有此奇事，益见天地之大。

《署中示舍弟墨》："……诗学三人，老瞒与焉；少陵为后，姬旦为先。字学汉魏，崔蔡钟繇；古碑断碣，刻意搜求。维兹三事，屋舍田畴。宦贫何畏，宦富可惴；即此言归，有赢不匮。……"

虽不逮所言，自命足千古矣。

《江七姜七》："扬州江七无书名，予独爱其神骨清；欧阳体质褚性情，藐姑冰雪光莹莹。如皋姜七无画名，予独爱其坚秀时；梧桐月夜仙娥娙，如闻叹息微微声。"

工于写照。

《项羽》："玉帐深宵悲骏马，楚歌四面促红妆。"

英雄气短。

《骨董》："末世好骨董，甘为人所欺。……方其富贵日，价直千万奇；及其贫贱来，不足换饼糍。"

唤醒多少痴汉。

《将之范县拜辞紫琼崖主人》："红杏花开应教濒，东风吹动马头尘。阑干首蓿尝来少，琬琰诗篇捧去新。莫以梁园留赋客，须教七月课豳民。我朝开国于今烈，文武成康四圣人。"

得酬和王公体裁。

《赠博也上人》："闭门何处不深山。……"

神似放翁。

《寄许生雪江三首》："诗去将吾意。……还忆读书声。"

板桥诗，苦于说得太尽，令人有一览无余之憾。此首较含蓄有味。先生以沉著痛快为主，若以无含蓄少之，必为先生所骂。要知说得尽，却有不尽，说不尽，却有尽处。若《三百篇》中，"报畀豺虎"云之,可谓说煞,然有一种浑朴之味,溢于言表,知味者当领略于酸咸之外也。"闲吟聊免俗,极贱到为儒。"狂态忍俊不禁矣。

《蝶恋花·晚景》:"断烟飞上斜阳去。……"与白石翁"冷香飞上"

诗句同一峭拔。

《贺新郎·徐青藤草书一卷》:"墨沉余香剩,扫长笺狂花扑水,破云堆岭。……"

袁宏道《徐文长传》谓其不得志于时,遂为狂疾。尝持斧击破其头,血流被面,头骨皆折,揉之有声。或槌其囊,或以利锥锥其两耳,深入寸余,竟不得死。然则文长之不遇于时,抱愤而卒,亦深可悲矣。非石公之笔不能为之传;亦非板桥之笔,不能题其书。

《贺新郎·落花》:"念海棠春老谁能嫁?泪暗湿,香罗帕。"

一种幽秀之气,不让白石翁矣。

《贺新郎·西村感旧》:"抚景伤飘泊,对西风怀人忆地。……"

全从"抚景伤飘泊"一句,写出无限抚今思昔之感。上阕写未归时之追念,下阕写既归后之感慨。"朝重践山中约。……"三泾就荒,松菊犹存,最是乐事,也最是可慨事。

《贺新郎·送顾万峰之山东常使君幕》:"勖以仁风遍野。"

钟爱之忱,可通诗教,继《三百篇》之遗。

《贺新郎·赠陈周京》:"莫向人前谈往事,恐道傍屠贩疑虚假,勉强去,妆聋哑。"

白发才人,青衫公子,同此一喟。

《贺新郎·有赠》:"相约明年春事早,嚼花心红蕊相思汁,共染得,肝肠赤。"

方之诗句,在长吉、义山之间。

《满江红·思家》:"我梦扬州,便想到扬州梦我。"

寻常语拈来偏觉新警。

《瑞鹤仙·田家》:"匏尊瓦缶,村酿熟,拉邻叟。每长吁稚女、童孙长大,婚嫁也须成就。到冬来、新妇家家,情亲姑舅。"

摹情入画。

《念奴娇·金陵怀古十二首》 劳劳亭:"半生图利图名,闲中细算,十件长输九。跳尽猢狲妆尽戏,总被他家哄诱。马上旌旆,街头乞叫,一样归乌有。"

一生荣辱归乌有,何必劳劳问名利。

《念奴娇·金陵怀古十二首》 方景两先生祠:"千古龙逢原不死,七窍比干肺腑。"

人生自古谁无死,留取英名照汗青。

《满江红·金陵怀古》:"才子总缘杯酒误,英雄只向棋盘①闹。问几家输局几家赢,都秋草。"

感慨系之。

道情评

《道情十首》。

板桥《道情》,千古绝调,近吾同里胡铁庵兵部,亦有《道情》之作,摹拟入妙,并堪绝倒。

书画评

胶州高西园凤翰，晚号南阜。雍正间，以诸生举贤良一等，分发安徽，署歙县丞、绩溪令，均有政声。后以谗被劾去官。画山水，纵逸不足以法，纯以气胜。草书圆劲飞动。俱用左手。善篆刻，全法秦汉，性嗜研（砚），收藏至千余枚，大半皆自铭手琢，著有《研（砚）史》。隶法汉人。花卉尤奇逸得天趣。余曾于虞山得其墨笔焦菊一帧，极似徐青藤。郑板桥诗云："西园左笔寿门书，海内朋交索问余。短札长笺都去尽，老夫赝作亦无余。"其当时名重可知矣。……

满洲图牧山太守清格，善逸笔花卉，尝以草书法写菊花，盖不屑随人步趋而自辟一径者也。板桥赠其诗云："十日不能下一笔，闭门静坐秋萧瑟。忽然兴至风雨来，笔飞墨走精灵出。小草小虫意微妙，古石古云气奔轶。字作神禹钟鼎文，杂以蝌蚪点浓漆。怪迂荒幻性所钟，妥贴细腻学之谧。访君古树荒坟旁，叶凋草硬霜凛栗。一醉十日亦不辞，卢沟归马催人疾。扬州老僧文思最念君，一纸寄之胜千镒。"

闾阳布衣傅雯，字凯亭。工指头画，得高且园司寇法，尤工画鹰。为人广颡阔眉，有岩岩气象。板桥赠诗云："长作诸王座上宾，依然委巷一穷民。年年卖画东风冷，冻手胭脂染不匀。"

板桥道人郑燮，兴化人。诗词书画皆旷世独立，自成一家。其视古人，亦罕所心服，惟徐青藤笔墨真趣横逸，不得不俯首耳。道人兰竹之妙，张瓜田论之已详。其随意所写花卉杂品，天资奇纵，亦非凡手所能，正与青藤相似。书隶楷参半，自称"六分半书"，极瘦硬之致，亦间以画法行之。故心余太史诗有云："板桥作字如写兰，波磔奇古形翩翻。板桥写兰如作字，秀叶疏花见姿致。"又一绝云："未识顽仙郑板桥，其人非佛亦非妖。晚摹《瘗鹤》兼山谷，别辟临池路一条。"可谓抉其髓矣。板桥性疏放不羁，以进士选范县令，日事诗酒。及调潍县，又如故，为上官所斥。于是恣情山水，与骚人野衲作醉乡游。时写丛兰瘦石于酒廊僧壁，随手题句，观者叹绝。豪贵家虽踵门请乞，寸笺尺幅，未易得也。家酷贫，不废声色。所入润笔钱，随手辄尽。晚年竟无立锥，寄居同乡李三鱓宅，因豪气不减。卢雅雨转运扬州，寄诗云："一代清华盛事饶，冶春高宴各方镳。风流暂显烟花在，又见诗人郑板桥。"

郑板桥题画之作，与其书画悉称，故觉妙绝，他人不宜学也。略钞（抄）数首，以存别调。题《破盆兰》云："春雨春风洗妙颜，一辞琼岛到人间，而今究竟无知己，打破乌盆更入山。"渔隐图云："从今不复画芳兰，但写萧萧竹韵寒。短节零枝千万个，凭君拣取钓鱼竿。"

南汇吴古心世贤，乾隆丙辰进士，与板桥为同年友。官广东乐昌县。善兰竹，沉郁渊茂，不拘古法，亦不落时蹊。著有《古心堂诗文稿》，《钓竿》句云："风雪寒江应忆我，英雄末路悔抛伊。"袁简斋极称之。

——蒋宝龄《墨林今话》卷一

莲巢同里黄石屏鹤，工花卉翎毛，皆生动有致。严问樵尝为余述其先大父时，石屏与郑板桥、蔡松原诸公，尝主其家，遗墨甚多。今尚存一册，画鱼数种，游泳如生，展卷者无不知鱼之乐也。《墨香画识》又载：吴郡张石公跋其画册云："石屏为梦楼太守妹婿。梦楼故贫，南宫报捷，其妹脱银钗一股与报人去。梦楼既贵，官滇南，石屏夫妇能安贫，卖画自给，无所干求。"时人尤高之。

——蒋宝龄《墨林今话》卷四

鲁璋，字近人，号半舫，吴门人。书学郑谷口，间参板桥法。写意花卉，疏老有致，尤工枇杷，识者颇许之。隐于市廛，喜结纳，往来多名流。年五十余殁。两子先后为黄冠。

——蒋宝龄《墨林今话》卷六

嘉禾周于邰封，自号太平里农。山水师吴仲圭，善于用墨，兼长画梅，老干疏花，具历落之致。生平游迹颇广，所至皆有名，垂老始返。余见其迹甚多，□氏玉壶山房所悬墨梅一帧，乃其杰作，并系诗云："倚墙老绿卷秋声，孤负盈盈驿使情。寄语罗浮好明月，断霞雪霁看春生。"书有板桥风格。子□，号云巢，亦工画，尝客吴门。

如皋徐湘浦观政，诗画清逸，不下板桥道人。在浙官盐运副使，与北郭沈笠人、南屏释心舟相唱和，后引病归。《入山别心公不值留题》云："僧出山空草色黄，客来趺坐懒云堂。八年公案无人断，独上孤亭问夕阳。"

——蒋宝龄《墨林今话》卷十

赵兰隐九鼎，泰州人。工画兰，深得板桥笔妙。

——蒋宝龄《墨林今话》卷十一

同邑郏兰坡明经抡逵。自号铁兰道人。诗有别才，书学郑板桥，善画山水及墨梅。辑《虞山画志》若干卷，搜考古今颇详备，书成自题，有"老我故山游艺苑，不须高隐问终南"之句。卜生圹于虞山北麓，地仅半亩，环植梅花，作七律二首极工。其题画绝句云："飞来兔魄瘦精神，万象茫茫各显身。吹罢洞箫蓬底睡，蓬莱宫阙梦如尘。"著有《白雪山房诗》及《兰坡外集》。

——蒋宝龄《墨林今话》卷十三

杨嘉淦，原名朝鉁，号吟溪，一号梦湘，直隶卢龙县人，祖籍浙江。由功臣馆议叙府经历。年裁及壮，足迹半天下，所至与名公卿游，跌宕诗酒，诗工登览之作，裒然成集。间写兰竹，师石涛、板桥两家，亦有意趣。《病中绝句》云："满庭红雨落纷纷，迎月楼前日正曛。帘内无人春不扫，松阴低护一窗云。"《汶上有感》云："年来南北苦奔驰，回首文园泪暗垂。怕庭琵琶添懊恼，月明不敢立多时。"《寄怀邓琢堂观察》句云："世事分明双眼白，酒怀斟酌一灯红。"《白鱼岐夜泊有怀》云："此身有母终宜惜，故里无家转怯归。"皆可传诵。

——蒋宝龄《墨林今话》卷十六

招子庸铭山，南海孝廉。喜画竹，与□羽可同癖。官山东潍县令，尝于牍尾画竹，有板桥道人风。又届试童子时，购扇数百柄，堆积案头，竟日挥洒，各分赠一握而去，亦艺苑中佳话也。子光岐，号小铭，亦画竹，兼喜画蟹。

——蒋宝龄《墨林今话》卷十七

曹花尹溶，嘉兴人。貌朴野，善谭辩。倦翁后裔也。家贫，酷好古书画。喜作写意花卉，尤擅长者梅兰竹菊，有李复堂、郑板桥逸趣。初不署款，伪其乡钱宗伯名，图章题款皆极似，赏鉴家勿能辨。后射利者请索日繁，厌弃之，始自署名云。

——蒋宝龄《墨林今话》卷十八

论画兰　　湘潭马棪鸥盟

诗古文词书画，皆艺也。欲艺之精，必先自临摹中来。即如画兰，入手不临摹古人，非俗即薄。然临摹先不可专注一家，必兼取众长，以自成一种意境，自写一己性灵。要如蜂之采密（蜜），然所采固不止一花，及其成密（蜜），绝无花之味可言，善临摹者亦若是焉。否则百病丛生。如吴小道之学郑板桥，周云峰之学蒋矩亭，因人俯仰，无复发抒自家性灵处，千篇一律，画外无物。佛云学我者死，不信然欤。

元明人写兰，专尚风韵，愈淡愈妍。吴梅村《画兰曲》"似能不能得花意"，此一语能状元明人用笔之妙，正如倪迂山水，无意为佳。今所见吴兴二赵石刻及文衡山、陈古白辈墨迹，皆此类也。至徐天池、蓝田叔、石涛诸公，或以豪放古茂见长，或以静逸苍劲擅胜，乱头粗服，雄深秀发，大变元明宗派，实亦各写其胸中逸气，发抒自家性灵，而其不谬风雅，不戾物情，与宋明则一也。厥后学者，或失犷悍，或病直率。能矫弊救失，改弦而更张之者，厥惟两家，郑板桥专意写生，资以书卷，丰致古逸，几复元明之旧，是欲以秀逸救犷悍者；蒋矩亭纵横雅健，秀绝人寰，正如簪花美女，援镜笑春，又如二（三）河年少，风流自赏，是欲以遒婉救直率也。余尝谓墨兰之有矩亭，犹汉隶之有《曹全》，真行之有松雪，披靡一世，不亦宜乎！……

今人写兰，有所谓铁线者，笔笔匀瘦，此不足为训，且大戾物理。王石谷论画山水云："凡作一图，用笔有粗有细、有浓有淡、有干有湿，方称妙手，若出一律，则光矣。"画兰何独不然。然余尤重随浓随淡随干随湿，一气呵成，淋漓融洽，愈见有生气。青藤、石涛、板桥、箨石皆然，即古人亦无不然。惟矩亭则多于写浓叶后，另以淡墨补二三叶，转觉浓淡太分明耳。

近今学者，多宗矩亭、板桥两家，缘两家最近，真迹流传尚多。然两家异法：郑氏兰叶尚古健，不尚转折，用笔直来直去，却逐步顿挫，留得笔住，否则便直率无余味矣；蒋氏叶尚纵横、尚转折，而用笔却极挺劲流利，不复逐步顿挫，以顿挫则软弱无力矣。郑叶转处用笔蹲；蒋叶转处用笔提。郑氏体劲而用婉；蒋氏体婉而用劲。此余悉心体验而得者。郑氏写花，雄浑挺拔；蒋氏则超逸如作草书，纯有笔尖为之，较有风趣，蕙花尤喜疏疏密密不匀排，尤有致也。其能以造化为师，深合古法，不涉纤毫习气者，纵观近代，吾尤服

鹰钱箨石。而玉幾山人陈撰，疏逸绝尘，或其流亚乎！然操此以过斋门，恐赏音杳矣。马鸥盟《论画兰》

画兰最妙在生熟之间，宁生毋熟，生要拙，熟忌俗也。陈曼生鸿寿为某画兰自跋云："明人如文衡山、李长蘅、唐子畏、沈石田、董思翁，皆工山水，兼工写兰，不必专门也。本朝山水推四王，而写意兰竹，殊不概见。郑板桥、高西园善写兰，尚有习气。以书卷酝酿，流露于兰石间者，惟箨石宗伯一人而已。"古人虽作画亦讲运腕之法，近人以短笔作山水，宜其窘于写兰耳。曼生书画，笔用长锋，故能画兰，此诚有然者。但恐不免于生。谓板桥、西园写兰有习气，虽系自护其短语，板桥或不免于熟，在生熟之间者，其惟睢州一老乎！陈曼生画兰自跋。

画兰故实有兴趣者，如。……板桥曰："索我画偏不画，不索偏要画。"此类恒少。……画兰故实。

昔东坡以党祸被谪岭表，画兰常带荆棘，谓惟君子能容小人。所南为宋遗老，画兰不画荆棘，谓纯是君子绝无小人。板桥则躬际隆平，每兰棘相参，谓"荆棘不当尽以小人目之，如国之爪牙、王之虎臣，自不可废"。并谓宋代幽并十六州之痛，以无荆棘故。画小道耳，而文人寄兴，亦随身之安危、世之隆替为转移。区区荆棘，其不苟作有如此。荆棘兰。

《绘事微言》又曰："画要天资带来，非蹈常袭故，依样葫芦谓之画。即天资聪明，亦各有别，大抵聪明近庄重边便不佻，近磊落边便不俗，近豪旷边便不拘，近秀媚边便不粗。"余谓其他绘事不及知，历观古今画兰，如吴兴二赵之雅健，姑苏文氏父子之秀特，板桥、矩亭二氏之纤余卓荦，孰非自天资带来，摩诘所谓"前身老画师"是也。画非有天资不可，画兰有天资。尤非襟怀纯清不可，此又验诸古今画兰者可知也。画兰要有天资人品。

（段）扶青一日谓余曰："箨石作画，谓'胸中空洞无一物，笔与造化相淋漓'，板桥兴到挥毫，谓未画之前不立一格，既画之后不留一格'。然则画兰不必胸有成竹，尽可信手挥洒耶？"余曰："是不然。钱曰'胸中空洞无一物'，郑曰'未画不立一格'，谓画意无执滞也。未有胸无成竹而能作画者。"笔与造化相淋漓"是何气象，是何胸襟！"既画不留一格"，则俯仰反正，各极其致，岂胸无成竹而能之耶！画兰以命意为第一步，命意高则自臻超妙，命意深则自具层次，成竹在胸，乃有下笔处，东坡早传其秘矣。"与扶青论画。

友人中画兰师板桥而兼法矩亭者，前有孝感程厚之、兴化成兰荪，后有高甘来、马鸥盟诸公皆是也。近见固始易梦康晋，画法清挺，其矫健处直摩蒋睢州之垒，盖梦康本睢州之乡后学而有戚谊者也。……闻其论画曰："近今画兰，既不能外郑、蒋两先生独树一帜，当各师其所长，则两美适合。若元明人画兰，专尚简淡，愈简逾贵，愈淡愈妍，必不能作大幅，终成小品。且多兼画竹，非以画兰为专长，甚无取也。"此与鸥盟所论各有异同，然吾道不孤矣。易梦康论画。

画兰之法，贵秀逸而非柔媚，贵奔放而非粗野，贵峭健而非生硬，贵朴茂而非拙塞，然总宜有春夏气，乃为可贵耳。昔板桥老人作折枝兰蕙，自题云："非有他巧，不过春夏气为多耳。"此语妙双矣，能明画法而得春夏气，无论娟娟烟痕，萧萧雨影有之，即纵横驰骤，破笔焦墨，亦自有蓬勃之致。惟画法端由积学而成，而画兰尤以立品为要。彝斋高逸，故萧疏闲淡；衡山清远，故洒落风流；所南本穴之花，乃天人姿泽。此又不可仅以画法论，而画法实自三公以传。偶论画法，特于此一泄其秘。画法。

——杨鹿鸣《兰言四种·画兰锁言》第一

书蒋矩亭兰册后　　宾山袁翼谷廉

同年友蒋君矩亭，以画兰名当世。贵贱贤愚，求无不应。予往来吴门、维扬，所见白阳、石涛、板桥诸公墨迹甚多，各有宗派，伪者不能乱真。矩亭游戏模拟，宛尔神似。由目中无此数人，腕下有此数人，迨目腕两忘，变化在心，则自成乎矩亭之兰也。……

——杨鹿鸣《兰言四种·画兰琐言》第一

吾乡画兰，自郑板桥流风所被，煽及大江南北。嘉庆时，莫愁湖有金陵画社，马掬村有《画社丹青引》一篇，后附《姓名录》，约九十人，而画兰者有十五人，即朱鲁南、张寿民、吴兰坪、周祺五、韩奕山、方龙眠、董松门、司马秀谷、朱补堂、张虎儿、孙莲亭等，释者有竹居、梵果，道士则有沈兰皋、许淡居也。或专门，或兼长，可谓盛矣。兴化友人高甘来谓余曰："兴化画兰，自板桥外，如李复堂、赵九鼎，固震耀一世。其后理昌凤朴实雄伟，吴贯之超逸秀隽，小道为贯之哲嗣，而徐进之又小道外孙，皆能夐夐独造，与古维新。他如马家骥、刘春宜、黄唯馨辈，皆名噪一时，其余实难仆数"云。甘来名廪，为余三十年前画兰友，用笔秀逸，气势沉雄，画花纯似橄榄轩主，盖得其真髓者。大江南北画兰。

余所见古今画兰墨迹，约略可数。古人中如文衡山征明兰轴，叶秀玲珑，花亦精湛，逸品也。板桥爨兰幅四张，兰石清幽，章法奇峭，隽品也。夏羽谷翚笔力劲健，花叶飞举；李晴江方膺叶瘦而清，淡雅宜人，亦具一品也。他如杨龙友、王锡山、陈白阳、徐青藤、王蕴庵、王谷祥、汤入林辈，亦皆卓然可观。今人中如乙巳在津门，见孟志青续埙、尹澄甫准大小兰幅数种，笔力遒媚，花叶娟研；而于于泽九克勤画兰，所见尤多，俱清挺拔俗，盖皆津门专家也。自甲寅以来，先后在扬州所见，如吴贯之唯、徐敬之久画兰，均疏密有致，敬之画大幅及盆石，非其所长，用笔台瘦也。又成兰荪启运素以左腕画兰，超脱秀健，画笔不亚南阜老人，此皆兴化专家也。以上古今诸名人，皆清真雅正，实用其写者也。否则虽陈古白、李檀园辈，余不敢取焉。品画兰。

余论画兰，以最初有所南、彝斋两家，而鸥盟谓近代亦有板桥、矩亭两家，实能发此中真诠。马鸥盟论画兰。

余早年因画兰辑古今画兰诗，兼及词赋，共得八百余首。……自序略云：忆翁题兰尚险易，板桥题兰多真率，皆古今画兰最著者。此种诗，在二郑专集中，率不过数首或十数首耳。……《骚屑》序并类目。

兰中荆棘，画者咏者，用意人各不同，画者如东坡、所南、板桥俱见《画兰琐言》。……荆棘兰诗。

——杨鹿鸣《兰言四种·咏兰琐言》第二

郑板桥如灌夫使酒骂座，目无卿相。

——桂馥《国朝隶品》

戴熙《竹石轴》

道光甲申仲夏，同诗龄先生仿板桥道人竹石二帧。钱唐戴熙。

——《支那南画大成》第二卷《兰竹菊》附四君子

闲窗瘦影。仿板桥。

——戴熙《习苦斋画絮》第三册《类》

此仿板桥道人，力求其韵，转失其气，难学难学。

——戴熙《习苦斋画絮》卷十《杂件类》

竹易于密而难于疏，惟板桥能密亦能疏，此专师其疏处。

——戴熙《习苦斋画絮》卷十《杂件类》

板桥意最阔，古今气亦豪。两君取神似，俱是九方皋。

——戴熙《习苦斋画絮》卷七《纨扇类》

淡处有烟痕如影。板桥先生笔意如此。棣香写。

——张焕棠《竹册》

悬崖。是己酉夏午，模板桥意。寿石山人。

临板桥法。棣香。

——张焕棠《兰石册》

潘西凤，字桐冈，号老桐，浙江新昌县人，侨居广陵。性笃实方古，恺悌无惎，识见卓越。曾受业于良常王虚舟澍之门。虚舟摹《十七帖》成，命桐冈书丹，以竹简勒之，名曰《竹简十七帖》，后归大内。雍正甲辰，客大将军年公羹尧幕，时多匡助。后有献不可纳，即拂衣辞归。矢志以布衣终。亡何，还越东，扫黄冈岭太保公祖墓。偶得奇竹于于山麓，裁以为琴，而阕其徽，爰以竹须代，调之成声，且清以越，蔡邕焦尾，不能传美于前矣。以其余技，镌制印章，贻诸戚友，一时尚之，好古之士争购焉。其同与游者为费执玉、郑板桥、李复堂、杨吉人、顾于观、李啸村、吴重光诸君也。子封，号小桐，亦善制竹印，能传家学云。

——汪启淑《续印人传》

郑燮 能品

郑进士板桥燮，笔情纵逸，随意挥洒，苍劲绝伦。此老天姿豪迈，横涂竖抹，未免发越太尽，无含蓄之致。盖由其易于落笔，未能以酝酿出之，故画格虽超，而画律尤粗也。

板桥，兴化人。乾隆元年丙辰进士。风流雅谑，极有书名，狂草古籀，一字一笔，兼众妙之长。诗词亦不屑作熟语。为人慷慨啸傲，超越流辈。印章笔力朴古，逼近文、何。知山东潍县事，后以病归,遂不复出。

——秦祖永《桐阴论画·书画名家》卷下

偶仿罗两峰墨兰,并附一绝句云:墨汁青苍笔有棱,女罗山鬼瞰虚灯。冬心仙去板桥老,惆怅花之寺里僧。

——杨秉桂《画兰题记》

陈馥,号松亭。工花鸟,墨竹,板桥道人最赏之。有子,号青门,能继其志。

——《清画传辑佚三种》

印廷宝,字华甫,号儒珍,又号茹村。善山水人物,绘蜀道尤工,巉岩峭壁,仿佛剑门滟滪诸胜。蜀栈多策蹇,故尤善画驴,虽数十头,无相同者。尝谓"郑板桥画竹,胸无成竹,余画驴亦然"。性耿介,非素交,虽重资亦弗画,以是流传甚少。子文奎,能承家学。

李炳诠,字少琳。先世以航海起家,由邑徙居宝山县之高桥镇。少从宝邑入学,故入宝庠。事亲有孝行。研精医理……恃医为生计。书法颜平原,参以赵吴兴。善画梅,宗金冬心。题画喜仿板桥。并工诗,稿多散失。

——杨逸《海上墨林·逸人》卷二

陈还,字还之。书体怪特,论者拟之郑板桥。

——杨逸《海上墨林·寓贤》卷三

郑燮,字克柔,号板桥,兴化人。《清史列传》:……《先正事略》:……《广陵诗事》:……《画舫录》:……《国朝诗钞小传》:……《松轩随笔》:……《尺牍小传》:书有别趣。《墨林今话》:……《书征续录》:……《桐阴论画》:……《求阙斋日记》:板桥善用蹲笔。何绍基云:……康有为云:……向燊云:板桥始学《鹤铭》、山谷，后以分书入行楷，纵横驰骤，别成一格，与金冬心异曲同工，在帖学盛行时代，能独辟蹊径，可谓豪杰之士矣。《霋岳楼笔谈》：板桥以分法入山谷体，故摇波驻节，非常音所能纬。

——马宗霍《书林藻鉴》卷十二

作画不必六法专家，古来文人兴到而作，亦足名世。国朝如吴梅村祭酒伟业、毛大可太史奇龄、宋牧仲中丞荦，皆工山水或花卉，此人人知之者。若吾所藏陈定生贞慧仿东坡枯木竹石、顾亭林绛仿云林小景、惠仲儒士奇仿云林山水、阮文达元画菊、杭大宗太史世骏戏学板桥墨竹便面、吴荷屋中丞荣光山水立幅，偶有着墨，流传至今，虽画苑老斵轮，亦当敛手推服。盖其平日耳目濡染者，皆古今名人胜迹，云烟供养，炉冶在胸，故托兴临池，触手俱成妙谛，此故不可以寻常画人例也。

——叶德辉《观画百咏》卷四

郑板桥先生所作《道情》，虽似浅俚，然点醒痴顽，正复不少，果能随遇而安，亦省却多少怨尤，况蒙以养正，圣功之始，未可以其幼小而忽之也。

——陈鸿寿《印跋·教几个小小蒙童》

郑板桥中年学苏学黄，颇有功力。予收其书十九言楹帖一联，字大五寸，即专用苏、黄书法者，笔健墨丰，卓然可观。其寻常自称为"六分半书"者，以隶楷行三体相兼，只可作为游戏笔墨耳，不足言书法也。

板桥天分甚高，愿亦甚大，颇欲集古今书法大成，而不知分期课程，须在多写，仅凭一时之小慧，妄欲造成一特创之字形，于是一笔篆，一笔隶，一笔真，一笔草，甚至取法帖中锺、王、颜、柳、欧、虞、董、薛，东取一笔，西取一画，又加之一笔竹叶，一笔兰花，自以为极天地造化之极，而成一不伦不类、不今不古之儿戏字体。予尝谓作文作书之法，譬彼良庖，以山珍海错野味家禽并而煎熬之，鼎中之变，精妙微纤，及其既化，然后去其渣滓，留其膏汁，各味皆具，而人不能名。此必取财富，用功深，而后能集众长，以成一奇特美味也。若就各种材料，杂凑一脔，鸡猪鱼鸭，山珍海味堆成一碗，毫无烹煮之功，调和之味，尚复成何肴馔！如北平酒家所售之全家福一品，不知言珍羞也。板桥之书，无乃类是。至其画兰竹，平正而有变化，不愧作手。即画菊，画梅，画石，亦皆能参以书法。盖画家之雄才，而书家之外道也。以久负书名，不得不论正之。

——王潜刚《清人书评》

李孟初、韩仁皆以疏秀胜，殆蔡有邻之所祖。然唐隶似出《夏承》为多。王恽以《夏承》飞动，有芝英龙凤之势，盖以为中郎书也。吾谓《夏承》自是别体，若近今冬心、板桥之类，以论语核之，必非中郎书也。

——康有为《广艺舟双楫》

图清格，号牧山。满洲正红旗人。官大同知府。

《画征录》云：以草书法写菊花，盖不屑随人步趋而自辟一径者也。

郑燮《板桥诗钞》云：善画，学石涛和尚。

《墨林今语》云：善逸笔花卉。

傅雯，字凯亭，号香嶙，别号凯头陀，广宁人，隶汉军镶红旗，官骁骑校。

《板桥诗钞》云：工指头画，法且园先生。

《墨林今话》云：指画的高司寇法，尤工画鹰。

蒋士铨《忠雅堂集》有《观悯忠寺傅雯画观世音三十二像》长歌。

陈康祺《郎潜纪闻》云：京师广安门内慈仁寺，乃古双松寺遗址，前明改建者也。其厢悬《胜果妙因图》，乾隆庚午夏傅雯奉敕以指画。图中诸佛及罗汉像，最小者犹与人相等。屋凡三楹，图之广积称之，洵奇观也。

《书画过目考》云：雯奉敕画《胜果妙因图》大横帧，纸本，高丈许，长两丈余。中写如来、天王、罗汉约百余尊，备极神采。时款"乾隆九年甲子清和月八日奉敕沐指画墨恭摹"，书于罗汉所挂葫芦内。

《绘景轩读画记》云：郑板桥诗钞及廖古檀诗话皆记凯亭为闾阳布衣，而《熙朝雅颂集》又著其为满洲人，莫能详也。其画，予廑藏干皴牧童一幅，牛大可二尺，一童荷笠执鞭，笑骑于背，天机洋洋，意态欲活。本身有刘虚白冠军草书题识云："凯亭先生昔供奉内廷，对天子挥毫，烟云洒洒，生十指间，今之道子也。雨窗涉笔，作干皴人物，雄秀之气，出于天然。有笔有墨，若以笔墨求之，仍无是处。略迹取神，就怪成理，理也神也。技近于道也，予安得不伏，甲申长夏，虚道人题。"下押"刘淳私印"白文方印。又敝藏徐天池墨花卷，后有凯亭及李谷斋、伊肩吾两君题，皆旗人也。凯亭所题，系七绝二首云："一卷花蔬六段奇，痴情狂墨醒人脾。今人莫笑古人拙，生巧今人画有谁？" "挥毫点墨墨成珠，活动圆灵色色殊。我笔蘸干江上水，法君无物不焦枯，"款：乾隆庚辰小春十七日，闾山凯亭陀傅雯题。名上盖"傅雯之印"白文方印。诗殊不工，以罕见，故录之。

顷阅汉军黄雅林颙《供奉傅凯亭挽歌》，有句云："供奉忠毅三世孙。"考忠毅原籍进贤，后隶汉军，则《雅颂集》作满洲人者，误矣。

——李充国《八旗画录前编》卷中

明放案：蒋士铨《观悯忠寺傅雯画观世音三十二像》云：虚堂涌现人天身，三十二相何纷纭。声闻辟支毗沙门，梵王帝释天将军。宰官居士长者伦，比丘优婆男女群。天龙夜叉人非人，修罗摩睺金刚神。珠眉火目庄严尊，魋肩鶪鼻丑怪均。芙蓉颊辅丹砂唇，黄金臂指藤萝筋。或大欢喜或怒瞋，或头丛丛或鼋鼋。冠佩绂冕缨旒绅，笏杖剑尘戈钺鐏。一一妆束离六尘，明霞彩雾相鲜新。善气熟视众欲亲，凶威乍瞩皆退奔。谁其画者为傅雯，十指为笔掌擦皴，爪甲画剔蚕螺纹。雯也倔彊性莫驯，穷老不作王侯宾，使酒嫚骂直气伸。忽然醉弄松烟盆，狂叫拍抹狮王蹲。思议遍摄诸天魂，大笑舍之祇陀园。喷洒墨雨飞慈云，妙香四壁浮氤氲。名观世音何缘因，无尽意听佛告云，云何解脱万劫轮。称名普救如其仁，宝珠瓔珞奚足珍，众生即佛无合分。青莲九品花叶根，三十二相孰假真。现身说法空勤勤，离欲者谁菩萨颦，雯汝多事慈容嗔。

乾隆之世，已厌旧学。冬心、板桥参用隶笔，然失则怪，此欲变而不知变者。

——康有为《广艺舟双楫·尊碑第三》

板桥道人画兰，粗头乱服，得豪迈之气，然去此君风调远矣。

——吴谷祥《墨兰册》

板桥行楷、冬心分隶，皆不受前人束缚，自辟蹊径，然以为后学师范，或堕魔道。

——杨守敬《书学迩言》

书觉生詹事题郑板桥画兰诗后

吴嵩梁

楼净室空山气味长，百年荣悴只寻常。人何何地无荆棘，不碍幽兰自在香。

——吴嵩梁《香苏山馆今体诗钞》卷十五

书画所见录 卷下

谢 堃

郑燮册，首页写湖石一块，衬瘦笑大叶之竹数笔，雅有别趣。

——谢堃《春草堂集》卷二十八

书 画

高西园郑板桥隶书合册

……

绫本。今尺高六寸八分，宽四寸八分。凡十三幅，幅四行。隶书《武王十四铭》，尾书"乾隆十一年人日，郑燮谨录"。引首"橄榄轩"阳文方印一，押尾"郑燮之印"阴文方（印）一。

绫本跋一幅

"以余所收南阜墨迹多矣，然隶书不数觏。甲戌岁始，得之省垣书肆。配以板桥书，乃真珠联璧合。十稔夙愿，一日倏偿，其亦有数存欤！急跋之，以志生平一快。刘喜海跋。"

论曰：高南村……越十三年而有郑板桥。板桥举乾隆丙辰进士，知山东潍县，以病归。到官以一驴驮笔墨酒具；去官时，仍牵驴以行，别无长物。归后以卖诗画为活。之二君者，若令若丞，位皆不显，而名则相埒，权奇偶觥，不得以恒情测之。兹册集其所作隶书，信称合璧。

赞曰：白云居士，板桥道人，浮沉宦海，偃蹇风尘，声名所垂，希哲六如，一时荟萃。

郑板桥字册

纸本。今尺高八寸五分，宽四寸六分。凡十七幅，幅二行，行书王渔洋《冶春词》四首，尾书"乾隆己巳六月二十日早饭后书，板桥郑燮。"引首"七品官耳"阳文长印一。押尾"臣燮之印"阴文方印一。

论曰：板桥尝汇古近体诗及《道情》《家书》为一集，手自书之，付诸手民，迄今收藏家家有其书，固爱其才笔之清超，尤爱其字画之古拙也。是册笔力坚卓，气味渊深，信是传作。板桥为丙辰进士，作令十年，丙寅年解组归田，是册作于己巳，正优游林下时也。甫离尘纲，啸傲烟霞，清兴勃然，故而成此佳作。

赞曰：一官脱屣，径买归舟。江山胜迹，小住扬州。橄榄轩里，招致名流。名齐"八怪"，各有千秋。

——杜瑞联《古芬阁书画记》卷八

郑板桥柱石图立幅

纸本，今尺高四尺六寸，宽一尺三寸八分。大写立石凡一，高今尺三尺六寸。

幅首"柱石图"三字。幅尾之中，"板桥郑燮"行书一行。押尾"郑燮之印"阴文方印一、"板桥道人"阳文方印一，幅首之中，"橄榄轩"阳文方印一，幅首押角"丙辰进士"阳文方印一。

论曰：宋韩拙论画石详矣。或层叠而秀润，或崔巍而颠嶒，有崖岩嵯峨者，有怪石硗荦者，或直插入水而深不可测者，或根石浸水而脚石相辅者，崒屼嶙峋，千怪万状，纵横放逸，其体无定。至皴法，有披麻者，有点错者，有斫跺者，有横皱者，一点一画，各有古今家数存焉，要之不外分凹凸，判向背，皴拂阴阳，点均高下而已。板桥画石，磊落雄壮，动合古人，尤精于一笔石，盖董文敏所谓熟后熟也。所画《柱石图》，矗立峥嵘，尤具盘空气象。米老见之，当肃衣冠再拜稽首而退。

赞曰：高而不骄，直而不播，润而不滑，秀而不佻。岩岩气象，擔拄当朝，斯人谁与？噫噫石交。

郑板桥墨竹屏

纸本。今尺高三尺七寸五分，宽一尺五分。凡四帧：

第一帧

晴竹二株。幅首："衙斋卧听萧萧竹，疑是民间疾苦声。些小吾曹州县吏，一枝一叶总关请。板桥郑燮。"草隶四行。押尾"郑燮"阴文方印一、"板桥"阳文方印一。

第二帧

风竹二株。幅中："咬定青山不放松，立根原在破岩中。千磨万击还坚劲，任尔东西南北风。板桥燮。"草隶五行。押尾"郑燮"阴文方印一、"板桥"阳文方印一。

第三帧

枯竹二株。幅中："枝长叶少……板桥。"草隶五行。押尾"郑燮"阴文方印一、"板桥"阳文方印一。

第四帧

雨竹一株。幅首："乌纱掷去不为官，囊橐萧萧两袖寒。写取一枝清瘦竹，秋风江上作钓竿。……画于西湖草堂，郑燮。"草隶四行。押尾"郑燮"阴文方印一、"板桥"阳文方印一。

论曰：李衎《竹谱》、张退公《墨竹记》论画竹详矣。板桥道人于二谱之外，参以新意，妙极变化，论者谓其画皆竹影也，似亦确评。凡事皆今不如古，惟画则古不及今，人心日巧，取象惟肖，浑厚处虽逊古人，而气韵则独推来者。即以画竹论，宋推文与可，元推梅道人，皆一时卓卓也。文画不少概见，吴画传本尚多，试与板桥较之，当亦后来居上矣。

赞曰：昔人卜居，不可无竹，端赖此君，日与医俗。妙笔写生，万竿簇簇，橄榄轩前，堕云飞绿，板桥有"橄榄轩"印章。

释白丁兰花册

……论曰：世传白丁，即明之建文……。考《郑板桥集》，滇僧白丁画兰，浑化无迹……。按此则白丁为雍乾年间滇之名僧非建文审矣。

赞曰：以口喷水，水墨交融，何物老衲，逞此神通。一再讹传，有明惠帝。瓜蔓抄余，留此残穗。

——杜瑞联《古芬阁书画记》卷十八

余得板桥墨竹直幅，秀劲绝伦，书亦兼参隶体，别有风致。板桥宰范县时，有富家欲逐贫婿，以千金为宰寿，板桥潜召其婿入署，而以其女为义女，俟女进见，为之合卺，出原金赠之，令夫妇皆归，时称盛德。后以报灾事忤大吏罢归，人争惜之。

——谢诚均《赜赜斋书画记》卷一

扬州郑板桥雅擅三绝，然其书无古无今，自成一格，故有"六分半书"印。余有板桥九言楹帖云："霜熟稻粱肥，几村农唱；灯红楼阁迥，一片书声。"字极古拙。上有"康熙秀才雍正举人乾隆进士"，下有"橄榄轩"诸印，篆刻亦精。又得墨竹大幅卷之笔大似吴仲圭，上有句云："我亦有亭深竹里，也思归去听秋声。"亦梅道人诗也。

——谢诚均《瞶瞶斋书画记》卷二

郑燮字克柔,号板桥,江苏兴化人。乾隆丙辰进士。官山东潍县知县。书法《瘗鹤铭》而兼黄鲁直,合其意为分书,通其意写竹兰。中年间作花木。著《板桥诗》《词》《文钞》《题画记》。吴子复太守藏有绢本竹兰大屏八帧。心泉上人藏有设色桃树直帧,笔雅色妍,题识工整,学山谷,款署:"乾隆四年夏日,写祝师母大人五十千秋。"又藏有小行书诗册,秀逸动人,与伪托者迥别。余藏有设色菊花竹篱立帧,赵怀玉题七绝一首。又行楷大帧,晚年兼隶意。

图清格,姓□□氏,字牧山。满洲正红旗人。官山西大同知府。工写石,自辟一径。为郑燮石交。性至孝,筑丙舍于西山。宜春宇少师农藏有菊石立帧,高凤翰题七绝一首,左腕书也。

罗聘,字遯夫,号两峰,一号花之僧。江苏江都人。金农弟子。工人物墨竹山水,尤擅《鬼趣图》,著《朱草诗林》《香叶草堂集》。与李方膺、李鱓、金农、黄慎、郑燮、高翔、汪士慎为"扬州八怪",就地论画,间有侨寓者。家西园主人藏有设色《秋夜礼佛图》立帧,写以造像法。李梅卿比部藏有《竹林达摩濯足图》大横幅。沈峻如指挥藏有为曾宾谷中丞画设色《草桥图》小卷,法式善、张问陶等题甚伙。陈葆珊观察藏有《梅花》大帧,以花青赭石烘地,硃标染花,石绿点苔,焦墨皴枝干,有古奥趣。陈希祖、陈希曾、李宗瀚、吴嵩梁、曾燠、万上遴、曹惠华、鲁垂绅皆一时江右人题咏。景剑泉阁学藏有大画卷,计长二丈四寸,高一尺四寸,开首画墨梅一段,又设色山水一段,钟馗一段,粉黛髑髅一段,《洗马图》一段,楷书冬心《画马题跋》一段,墨酴醿一段,硃竹一段,赭石一段,双勾兰花一段,设色《垂钓图》一段,墨菊花一段,行楷书款七行,兴至所为,真奇绝也。何子璋明府藏其曾祖兰士先生款设色《竹深荷净图》便面，意极苍浑。张樵埜尚书藏有布袋和尚大帧，款署"却尘居士"。余藏有设色《鬼趣图》大帧，写以园林楼阁，具各种奇鬼钟馗土地。楼上乃夫妇对坐而食，几上罗列肴馔。园中仆从往还，将为鬼祟。幸得钟馗土地吉神解护。神情变幻，景物凄凉，令观者瑟缩，盖伤富室零落时也。小楷七古长篇于左。是虽笔墨奇逸，似难张诸壁间。

——李玉棻《瓯钵罗室书画过目考》卷三

招子庸，字铭山，广东南海人，道光□□举人，官山东潍县知县。工竹兰，几步板桥后尘。许朴斋太守藏其祖滇生太宰款墨竹大屏八帧，极笔意潇洒……。子光岐，字小铭，官□□□□。克绍家学，兼工画蟹。温棣华学士藏有墨竹兰石屏四帧，亦板桥派也。

——李玉棻《瓯钵罗室书画过目考》卷四

郑板桥墨竹

纸本，长二尺九寸四分，阔一尺四寸五分。

石上披兰更披竹，美人相伴在幽谷；试问东风何处吹？吹入湘波一江绿。

乾隆壬午，板桥郑燮。"郑燮印"（白文）、"潍夷长"（白文）、"橄榄轩"（朱文）。

右押角长方印。

近日，板桥赝本不计其数，此是真迹，颇有生劲之趣。

——张大镛《自怡悦斋书画录》卷七挂幅类

郑板桥《渔家》《酒家》等词卷

纸本，高八寸，长九尺四寸七分，纸一接。

风波江上起。系扁舟绿杨，红杏村里。羡渔娘风味。总不施脂粉,略加梳洗。野花插髻,便胜似、宝钗香珥。乍呼郎、撒网鸣榔,一棹水天无际。　美利。蒲筐包蟹,竹笼装虾,柳条穿鲤。市城不远,朝日去,午归矣。并携来一瓮,谁家美酝,人与沙鸥同醉。卧苇花、一片茫茫,夕阳千里。

　　右录《渔家》

　　青旗江上酒。正细雨梨花,清明前后。虾螺杂鱼藕,况泥头旧瓮,新开未久。清醇可口,尽醉倒、渔翁樵叟。向村墟、归路微茫,人与夕阳薰透。　知否?世间穷达,叶底荣枯,卦中奇偶。何须计较,捧一盏,为君寿。愿先生一扫、长安旧梦,来觅中山渴友。解金貂、付与当垆,从今脱手。

　　右录《酒家》

　　江天春雨后。傍山下人家,野花如绣。平田大江口,喜潮来夜半,土膏浸透。青秧绺绺,埂岸上、撒麻种豆。放小桥、曲港春船,布谷烟中杨柳。　株守,最嫌吏扰,怕少官钱,惟知农友。匏尊瓦缶,村酿熟,拉邻叟。每长吁稚女、童孙长大,婚嫁也须成就。到冬来、新妇家家,情亲姑舅。

　　右录《农家》

　　山深人迹少。渐石瘦松肥,云痴鹤老。茅斋嵌幽岛,有花枝旁出,萝阴上罩。游鱼了了,潭水彻、澄清寂照。啖林中、春笋秋梨,当得灵芝仙草。　飘缈,五更日出,犬吠云中,鸡鸣天表。篱笆西角,星未尽,月犹皎。问何年定访、山中高士,阔领方袍大帽。也不须、服食黄精,能闲便好。

　　右录《山家》

　　茅庵欹欲倒。倩老树撑扶,白云环绕。林深无客到,有涧底鸣泉,谷中幽鸟。清风来扫,扫落叶、尽归炉灶。好闭门、煨芋挑灯,灯尽芋香天晓。　非矫，也亲贵胄，也踏红尘，终归霞表。残衫破衲，补不彻，缝不了。比世人少却、几茎头发，省得许多烦恼。向佛前、烧炷香儿，闲眠一觉。

右录《僧家》。《僧家》之后，则《官宦家》《帝王家》也。

笙歌云外迥。正烛烂星明，花深夜永。朝霞楼阁冷，尚牡丹贪睡，鹦哥未醒。戟枝槐影，立多少、金龟玉笋。霎时间、雾散云销，门外雀罗张径。　猛省，燕衔春去，雁带秋来，霜催雪紧。几家寒冻，又逼出，梅花信。羡天公何限、乘除消息，不是一家悭定。任凭他、铁铸铜镌，终成画饼。

山河同敝屣。羡废子传贤，陶唐妙理。禹汤无算计，把乾坤重担，儿孙挑起。千祀万祀，淘多少、英雄闲气。到如今、故纸纷纷，何限秦头楚尾。　休倚，几家宦寺，几遍藩王，几回戚里。东扶西倒，偏重处，成乖戾。待他年一片、宫墙瓦砾，荷叶乱翻秋水。剩野人、破舫斜阳，闲收菰米。

调寄《瑞鹤仙》，作于潍县，已付梓人。天印山农后索重书，爱书乎？亦爱词乎？板桥居士郑燮盖两不敢当矣。

乾隆丁丑十月二十一日。"郑燮之印"、"潍夷长"、"橄榄轩"。

——张大镛《自怡悦斋书画录》卷十一手卷类

各名家书画扇面册

第十八开，白礬面，郑板桥诗翰七律一首。余纸为"锄禾日当午"四句，都十六行。行楷有别趣。

郑子曾夸盖世才，尘埃一跌事张乖。歌残街上莲花落，忘却天边桂子开。风雪有情飘瓦罐，雨云无梦到阳台。可怜衣上千千结，尽是恩情博得来。

板桥道人。

——邵松年《澄兰室古缘萃录》卷十三《国朝》

郑板桥墨竹轴

纸本。高四尺六寸,阔一尺八寸六分。笔力劲达,风致萧疏,能为此君写照者。题右边偏下。

曾栽密密小楼东,又听疏疏夜雨中。满砚冰花三寸结,为君图写旧清风。

板桥郑燮"郑燮"(白文)、"丙辰进士"(朱文)。郑燮 丙辰进士。

郑板桥楷书轴

纸本。高二尺一寸五分,阔一尺三寸二分。大行楷三行,款一行。笔势古雅,奇而不诡于正。印首"二十年前旧板桥"。

桑蚕苦,女红难,得新忘故后必寒。

辛巳仲冬,板桥郑燮。郑燮之印 丙辰进士 二十年前旧板桥

板桥先生书画风流倜傥,豪迈多姿,而伪迹最多。余收得书画两轴、楹帖一副,皆属真迹。尚有小册一本,集装呈词批语,并标日等字,亦颇别致,殆当时好事者所为也。

黄瘿瓢山水册

纸本。十二开,高六寸,阔四寸二分。对页郑板桥书,大小行草楷隶不一,有题画者,有非题画者,随意拈来,颇有别趣。首幅页上题"瓢笠芒鞋领略多"七篆字,下款"第一山人题","题"字上钤一印,一人托一葫芦,似隐有字在内,不可解,极奇。

第一开 ……

对页板桥小行楷书东坡语两段,一五行,一三行。印首"结欢

喜缘"。上空三之一。"儿子于何处得宝月观赋"至"今世也"。"岭海八年"至"余无足言者"。板桥

第二开　峰峦一簇，疏树三枝，墨色淡雅，无款印。对页板桥行书，六行满书。

芦叶满汀洲，寒沙带浅流。二十年重过南楼。柳下系舟犹未稳，能几日，又中秋。　黄鹤断矶头，故人曾到不？旧江山总是新愁。欲买桂花同载酒，终不似，少年游。《唐多令》板桥　歇后郑五

第三开　峰峦直立，山半孤松一株，一人扶杖步山下，淡墨写意。右上题：怀君抱僻恶新衣，入夜荧荧见少微。如此春光三四月，竹鸡声里菜花飞。黄慎对页板桥题，上一段五行，下一段十行，俱横书。

黄山始信峰上有扰龙松，古峭屈曲，今所画景，得毋是？　板桥　克柔

江头醉倒山翁，月明中，记得昨霄归路笑儿童。　溪欲转，山已断，两三松，一段可怜风月欠诗翁。

板桥。克柔　二十年前旧板桥

第四开　重岩高下，松荫参差，洞口飞泉，石上湍急，略渲青绛，笔墨无痕。无款印。

遵海南耶？我行山路，朝傩非耶？遥望秦台，东观日出，即此山耶？崖光一线，云邪？青未了，松邪？柏邪？独鸟来时，连峰断处，即此人邪？

板桥。鹧鸪

第五开　……

对页板桥隶书《戒铭》二"皇皇惟敬"十一字，右上角"辅人

无苟"十九字，二行，左边款，右边题下"郑板桥"　诗绝字绝画绝

第六开 ……

对页板桥隶书，上横书："岣嵝碑"三个大字，下横书"承帝日咨"至"窜舞永奔"九半行，六十九字，款二字，板桥　上有"病黎阁"印。

第七开 ……

对页板桥楷书八行，书"有大石侧立"至"此鹳鹤也"一则，款一行，上下空。板桥居士书。橄榄轩

第八开 ……

对页板桥书"元丰六年十月十二日夜，解衣欲睡"至"如吾两人耳"六行又半，行书，印首押角象形印二，后款。

第九开 ……

对页板桥四行大行楷，一行近隶，七字。

红藕花多映碧阑，秋风初起易凋残。池塘一段枯荣事，都被沙鸥冷眼看。

白石翁题画诗，板桥郑燮书。乾隆五年六月十一日。板桥。"谷口"、"搜尽奇峰打草稿"。

第十开 ……

对页板桥草书三行，书"昨有人出墨数寸"至"鹄也"。又楷三行，书东坡居士"酒醉饭饱"至"受百物质备"，下款：郑燮　郑燮　克柔　书带草

第十一开　绘冈阜隆起，梅树两株，二人对立其上。淡设色　左上题：

十年牛马各奔驰，笑杀钱刀市上儿。今日相逢广陵道，梅花冢畔索题诗。黄慎　黄慎

对页板桥楷书二诗，九行满书。

才闻战马渡滹沱，南北纷纷尽倒戈。诸将无心留社稷，一抔遗恨对山河。秋风暮岭松篁暗，夕照荒城鼓角多。寂寞夜台谁吊问，蓬蒿满地牧童歌。吴野人诗。

汴水无情只向东，荒原万木起悲风。传闻铁骑坟前过，下马抠衣拜相公。李艾山诗。二诗皆吊史阁部墓者。墓在梅花岭旁。观黄君画，因忆此二诗，遂书以系于画后。

乾隆五年清和月，板桥郑燮坐枝上村作此。二十年前旧板桥

第十二开 ……

对页板桥楷书右丞《与裴秀才书》"辄便往山中"至"清流也"，连款七行。在板桥书中极工整者。

乾隆五年五月五日前一日，板桥居士郑燮书。板桥

——邵松年《澄兰室古缘萃录》卷十四《国朝》

俱纸本，高一尺内外，宽一开一幅者一尺内外，两幅者数寸，从省未记……

第九开，二幅，共二札，二系郑板桥笔。尊稿深造自得起至幼翁年先生止，弟郑燮顿首　敬璧　尊谦　晚行书七行。

——李佐贤《书画鉴影》卷十六《册类》

第二十二开，七律。"君恩郢上吟归去"起至"不容待得晚菘尝"止。书为凤丹年老先生，板桥弟郑燮隶书十九行。押尾白文"郑燮"联珠方印。

对幅墨兰一丛，题在左上。

兰芳叶劲，神柔笔硬，清品清材，此交可订……。为慧如大师法正。板桥燮行书十二行。押尾白文"郑燮"联珠方印。

——李佐贤《书画鉴影》卷十八《册类》

郑板桥石壁丛兰轴

纸本。高五尺五寸四分，宽二尺五寸。墨笔，左半石壁削成，石上丛兰，乱叶繁花，间以条竹，不留余地，布景绝奇。题在石壁纸左。

板桥道人没分晓，满幅画兰画不了。兰子兰孙百辈多，累尔夫妻直到老。

乾隆辛巳，为两峰罗四兄尊嫂方夫人三十初度。郑燮草稿　行书三行。押尾白文"乾隆东封书画史"方印、白文"七品官耳"方印。

郑板桥竹轴

纸本。高六尺二寸，宽二尺九寸三分。墨竹一竿独立，旁附小条三枝，干叶俱用侧锋，着墨无多，清超拔俗，题在左。

始人画竹……。板桥郑燮　行书三行。押尾白文"七品官耳"方印。

——李佐贤《书画鉴影》卷二十四《轴类》

汪巢林乞水图轴

纸本。长三尺。墨笔，书极精而趣，重以名辈题跋，尤可珍，扬州八怪，卷内有其四焉，无怪李三之眷眷也。

郑板桥、金冬心、杨巳军、陈对鸥、闵玉井、汪就研、焦五斗、吴梅查、吴笏庵各题。

郑板桥小楷册

纸本。十四页。高约尺。印章不及载。

《金陵怀古小令十二首》并跋。雍正辛亥秋七月旬有四日,扬州兴化县郑燮。

郑板桥楷书横幅

纸本。高一尺余,长四尺余。印章数方。

养怡　古人云:养怡置福,可得永年。陶写性情,且安且适,怡则养矣,故为绣园七兄书之。板桥郑燮。

——李佳《左庵一得续录》

清郑板桥诗扇

白矾纸。大行书,奇姿诡状,较平日书顿长数倍。诗见画识。"幅"作"札","散"作"去"。

西园左笔寿门书,海内朋友索向予。短幅长笺都散尽,老夫赝作亦无余。俚句博稽留山民一笑。前代友人求画竹小幅,久未寄下,无已,仍劣捉刀,恐损湖州彭城盛名也。郑燮　板桥(白文)　潍夷长(白文),两方印。

——裴景福《壮陶阁书画录》卷二十

宋拓虞永兴破邪论序册

浓墨拓,光腻沉着,纤毫毕见,宋拓本至精者。四开,共三十六行。后有"集贤院御书"印、"内合同"印,首尾有"剑泉珍赏"、"黔南景氏珍藏"二印。睫闇用绿螺书跋于后。

板桥跋,小楷,学此论,乃知神于晋法,传世书,其变体也。

《破邪论序》全文不录太子中书舍人虞世南撰并书。

书法与人品相表里,方炀帝征辽时,世南草檄,袁宝儿顾盼殿上,帝佯优之,命赋一诗而罢,终身不复见用。及太宗皇帝定天下,乃起从之。卓为学者宗师,可不谓神龙出没隐现,各得其时哉!士固有遇有不遇，藉使开皇之末，仍然五季，天下土崩，无复圣天子出，虽终其身蓬室枢户可也，岂区区于仕进乎！夫区区仕进，必不完于炀帝时矣。今观其所书《庙堂碑》及《〈破邪论〉序》，介而和，温而栗，峭劲不迫，风雅有度，即其人品，于此见矣。昔有评右军书云：位重才高，调清词雅，声华未泯，翰牍仍存。吾于世南亦云。题《〈破邪论〉序》后。

时乙巳清明后一日。板桥郑燮。

予所见《破邪论序》甚多，唯此本清劲深稳，与他刻不同，可宝也。辛丑二月，陆震借观并题。

严谨中别具风骨，似从《曹娥》脱出。辛丑九日，陆篆题。

——裴景福《壮陶阁书画录》卷二十二《碑帖》

樊圻吴宏郑燮李鱓高凤翰沈苍

……郑燮册。首页谢湖石一块，衬瘦竿大叶之竹数笔，雅有别趣。后九页，皆已书家信、道情、诗词不一，字亦奇古。……李字复堂，郑板桥，皆兴化县人。高字西园，胶州人，系江湖二十三友之三人焉。

黄慎，慎，字恭懋，一字瘿瓢。福建闽县人。初至扬郡，仿萧晨、韩范辈工笔人物，书法钟繇、以至模山范水，其道不行。于是闭户三年，变楷为行，变工为写，于是稍稍有倩托者。又三年，变书为大草，变人物为泼墨大写，于是道之大行矣。盖扬俗轻佻，喜新尚奇，造门者不绝矣。瘿瓢由是买宅，娶大小妇。与李鱓、高翔辈，结二十三友，酬倡无虚日。郑板桥赠其诗曰："闽中妙手黄公懋，大妇温柔小妇贤。妆阁晓开梳洗罢，看郎调粉画神仙。"纪实事也。

——谢堃《春草堂集》卷二十八《书画所见录》卷下

国朝名人画册

纸本。高阔不等,共二十五开。……郑板桥书《何洪觉范潇湘八景词》八首计九页。……诗词俱不录。

□午秋日书于范县廨斋。俗吏　古狂　板桥郑燮。　板桥　郑燮之印　橄榄轩

——方濬颐《梦园书画录》卷十六

郑板桥书画屏十二幅

纸本。今尺高五尺五寸,阔一尺四寸五分。兰竹各三幅,书诗六福。板桥书画赝品最多,此十二幅笔墨精细、姿趣横生,洵为的笔也。词见本集,兹不载。

一竿竹……板桥。　郑大　鹧鸪

予家有茅屋二间,南面种竹。夏日新篁初放,绿阴照人,置一小榻其中,甚凉适也。板桥记。　二十年前旧板桥　七品官耳　康熙秀才雍正举人乾隆进士

读书写画要先知,……板桥郑燮。七品官耳　橄榄轩　樗散

东坡画兰长带荆棘,……板桥郑燮。郑燮之印　老画师　丙辰进士

风虽狂,……。橄榄轩　无数青山拜草庐

买得沙壶画正开,……板桥。樗散

郑板桥竹石立轴

纸本。今尺高五尺六寸,阔三尺三寸。石笋一峰,丛篁争翠。

绕膝龙孙好节柯,居中柱石老嵯峨;春风春雨清光满,历到秋冬翠更多。

乾隆甲申秋日板桥道人郑燮。郑燮印　潍夷长　歌吹古扬州

郑板桥墨竹大幅

纸本。今尺高七尺，阔三尺四寸。新竹三竿，巨石中峙，墨色浓淡相同。

竹称为君，石呼为丈。锡以嘉名，千秋无让。空山结盟，介节贞朗。五色为奇，一青足仰。

乾隆甲申板桥郑燮写。郑燮之印　爽鸠氏之官　乾隆东封书画史

郑板桥兰石大轴

罗文纸本。今尺高五尺八寸，阔二尺九寸。石壁突耸，墨兰附石而生，枝草数茎，高茁峰顶，兰极畅茂，间以竹枝，石上苔点，皴法清古入化。下钤"甘泉唐氏收藏之印"。

唯君心地有芝兰，种得芝兰十顷宽。尘世纷纷谁识得，老夫拈出与人看。

乾隆辛巳，为瞻乔老长兄画并题。板桥郑燮。郑板桥　燮何力之有焉　鹧鸪　橄榄轩

——方濬颐《梦园书画录》卷二十三

郑板桥竹兰巨册 眞迹 逸品

纸本。高约一尺一寸，阔约一尺四五寸。共十二页，画竹兰各半。画史称郑板桥长于写意兰竹，用草书法，脱尽时习。画石尤妙。板桥自谓："吾画竹无所师承，多得于纸窗粉壁日光月影中耳。"又言："文与可画竹，胸有成竹，郑板桥画竹，胸无成竹。浓淡疏密，短长肥瘦，随手写去，自尔成局，其神理具足也。"古人论画墨竹，称文与可为圣。余以苏东坡、柯敬仲、吴仲圭、王孟端方诸四配。吾友孙竹雅太守以为确论。自王孟端而后，继起者惟郑板桥，又可方诸继圣学之朱子。今又百余年，画墨竹者虽多，或有笔无墨，或

有墨无笔，未能全美。据余所论，又当为孙竹雅首屈一指。先生画兰，自谓不及白丁、石涛。曾言："白丁画兰，浑化无痕迹。万里云南，远莫能致，付之梦想而已。""石涛和尚客吾扬州数十年，见其兰幅，极多亦极妙。学一半，撇一半，未全学，非不欲全，实不能全，亦不必全也。诗曰：十分抛七要学三，各有灵苗各有探。当面石涛还不学，何能万里雪云南？"余见白丁、石涛所画兰各十数帧。白丁以少胜，以韵胜；石涛以多胜，以气胜。较之李复堂、吕涛田则过之，而潇洒清劲，似又不及板桥先生也。十二帧中，皆有题咏。所用有"郑燮"并"板桥"白文印，有"直心道场"及"十年县令""鹧鸪"，又"所南翁后""橄榄轩"及"俗吏"，又"六分半书"，又"二十年前旧板桥"等红文印，又"板桥道人"及"潍夷长"，又"乾隆东封书画史"，又"扬州兴化人"，又"老画师"以及"七品官耳"白文印。

又楷书对联 眞迹 妙品

赤青缣缣本。高六尺，阔一尺二寸。端正楷书八言。字句日久不忆。左书乾隆某年月日，右书板桥郑燮，下有名号印章。字圆劲而肥大，似颜鲁公，沉着痛快，乃似苏东坡。山谷论书所谓瘦硬易作，肥劲难得是也。余又有先生所作《潍县竹枝辞》三十余首，并行书成册。又与某县令《论地方利弊书》，先后两函。与对联，用笔圆净而劲，风神洒落，姿态备具，不似题画之字，疏疏密密，随意缓急，而剞倾侧媚，狂怪怒张，然不离绳矩之内，乃有超轶绝尘处，以意想作，殊不能得其仿佛。惟先生书画，赝作颇多。并有墨刻对联，无不飞扬跋扈，丑怪百出，见之欲呕。先生有言，后世有假我书画者，吾当作厉鬼击之。作赝家竟尔胆大，可发一笑。

又竹石吊轴 眞迹 逸品

纸本。高四尺，阔二尺。画一石耸立，高约二尺许。石后画大竹一竿，竹条二三枝。其石似先生所谓一笔石也。先生有曰："西江万先生名个，能作一笔石，而石之凹凸浅深，曲折肥瘦，无不毕具。""燮偶以学之，一晨得十二幅，何其易乎！然运笔之妙，却在平时打点，闲中试弄，非可率意为也。石中亦须作数笔皴，或在石头，或在石腰，或在石足"云。先生画此石，不过二三笔，有浓有淡，而石之瘦皴漏透俱备。其竹横涂竖抹，血脉相连，筋骨老健，用笔用墨用水之妙，似可追迹文湖州于八百余年之上。上题七绝一首，后书乾隆某年月，奉赠峨山前辈。名勤，德州人，进士。其字怪逸可喜，自成一家。竹石字可称三绝。先生姿性洒脱，而书画诗词虽纵横驰骛，无不该规矩者，故能以此终其身而名后世。板桥先生最服徐青藤，常言愿为徐青藤门下走狗。昔人有诗诮云"甘心走狗列门墙"之句。余不惟爱先生之书画，并爱先生之为人。恨余生也晚，欲求为门下走狗而不得。数十年来所见先生书画，不下百余件，真迹不过十之二三。所有竹兰巨册，乃老友王云逵司马名图，昆明茂才，原任古州同知，工书画。以三十金得之黔阳。云逵与余道义交，故求而得之。当为势豪所知，几有匹夫无罪，怀璧其罪之祸。对联及《潍县竹枝辞》册并信件，皆以重价得之南昌。《竹枝辞》，余尽数月之力，双钩成帙，得八页半。后半页，先生画兰一箭，数花无叶，旁题："何劳绿叶扶持我，自有孤芳压服他。"后书板桥二字，下有"郑兰"白文印，上有"俗吏"红文印，其下又有"书带草"白文印。余有"篠簵审定"白文印，后有余隶书跋，共十页。光绪己卯春，倩余家光廷孝廉上石镌刻，丝毫毕肖，以供同好。丁亥灾同毁。幸墨迹乃堂弟静山取去，今静山已殁，尚可取回。竹石吊轴，得自扬州，与所藏王舍人墨竹并重，均已无矣。而今而后，当暑日炎天，书斋素壁，无复张挂，以引薰风入座。郑先生燮……

《国朝先正事略》

梁山舟学士行书横披幷对联 眞迹 妙品

……此轴，余家光廷孝廉为我石刻郑板桥《潍县竹枝辞》，以此并学士草书吊轴，同作润笔赠之。

王梦楼先生集锦字册 眞迹 神品

……同治初买得旧书一本，每篇皆粘信纸。归来细看，乃雍、乾间大老名公往来尺牍。其中得梦楼先生……。又复张仲谋名宾，杭州人，工诗。嘱题郑板桥所画竹石二页，草书。又与连峰禅师杭州诗僧、雍正间赐紫。论诗四页，草书。以上皆花笺。……

蒋矩亭司马墨兰 眞迹 神品

……从来画墨兰者，无著名专家。至国朝，推郑板桥为首。板桥又最佩服白丁、石涛两禅师。余尚论白丁以少胜，以韵胜；石涛以多胜，以气胜。板桥兼而有之，故名盛一时。如矩亭与之同时，板桥自应退避三舍。世人论狂草，往往并称旭、素。旭奇幻百出，不逾规矩；素则谨守法度，仅具一枝一节耳。余论郑、蒋墨兰，恰如旭、素狂草。板桥画兰，谨守钉头鼠尾五笔之法，未能变化出奇，自成一家；矩亭画兰，巨壮诡怪，风迅雷疾，神假天造，灵英不穷，意在笔先，画尽意在，过于板桥多矣。……

——桂馥《丁亥烬遗录》卷三《书画灾烬目录》

清郑板桥书道情卷

纸本如新。高约六寸，长一丈有余。前后说白，与刻集不同。有"墨缘堂来氏收藏书画记"、"桢父审定"、"桂□真赏之章"、"来未叔陆士鉴赏印"、"秦岐丞收藏"。板桥《道情》，脍炙人口。昔从父昌平公善拍唱，系传之桐城江待园先生。声情激越，几欲击碎唾壶，今成《广陵散》矣。余又藏一册，仅十首，雍正十年九月书。

暑往寒来春复秋,夕阳西下水东流。将军战马今何在?野草闲花满地愁。列位晓得这四句诗是那里的?是秦王符坚墓碑上的。那碑阴还有敕勒布歌。无非慨往古之兴亡,叹人生之奄忽,凄凄切切,悲楚动人。那秦王符坚也是一条好汉,只因不听先臣王猛之言,南来伐晋,那晓得八公山草木皆兵,一败而还,身死国灭,岂不可怜!岂不可笑!昨日板桥道人授我《道情十首》,倒也踢倒乾坤,掀翻世界,唤醒多少痴聋,打破几场春梦。今日闲暇无事,不免将来歌唱一番,有何不可。

老渔翁,一钓竿,靠山崖,傍水湾;扁舟来往无牵绊。沙鸥点点清波远,荻港萧萧白昼寒,高歌一曲斜阳晚。一霎时波摇金影,蓦抬头月上东山。

老樵夫,自砍柴,捆青松,夹绿槐;茫茫野草秋山外。丰碑是处成荒冢,华表千寻卧碧苔,坟前石马磨刀坏。倒不如闲钱沽酒,醉醺醺山径归来。

老头陀,古庙中,自烧香,自打钟;兔葵燕麦闲斋供。山门破落无关锁,斜日苍黄有乱松,秋星闪烁颓垣缝。黑漆漆蒲团打坐,夜烧茶炉火通红。

水田衣,老道人,背葫芦,戴袱巾;棕鞋布袜相厮称。修琴卖药般般会,捉鬼拿妖件件能,白云红叶归山径。闻道是悬崖结屋,却教人何处相寻?

老书生,白屋中,说黄虞,道古风;许多后辈高科中。门前仆从雄如虎,陌上旌旗去似龙,一朝势落成春梦。倒不如蓬门僻巷,教几个小小蒙童。

尽风流,小乞儿,数莲花,唱竹枝;千门打鼓沿街市。桥边日出犹酣睡,山外斜阳已早归,残杯冷炙饶滋味。醉倒在回廊古庙,一凭他雨打风吹。

掩柴扉，怕出头，剪西风，菊径秋；看看又是重阳后。几行衰草迷山郭，一片斜阳下酒楼。栖鸦点上萧萧柳。撮几句盲辞瞎话，交还他铁板歌喉。

邈唐虞，远夏殷。卷宗周，入暴秦。争雄七国相兼并。文章两汉空陈迹，金粉南朝总废尘，李唐赵宋慌忙尽。最可叹龙盘虎踞，尽销磨燕子、春灯。

吊龙逢，哭比干。羡庄周，拜老聃。未央宫里王孙惨。南来薏苡徒兴谤，七尺珊瑚只自残。孔明不算个英雄汉；早知道茅庐高卧，省多少六出祁山。

拨琵琶，续续弹；唤庸愚，警懦顽；四条弦上多哀怨。黄沙白草无人迹，古戍寒云乱鸟还，虞罗惯打射孤飞雁。收拾起渔樵事业，任从他风雪关山。

玉笛金箫良夜，红楼翠馆佳人，花枝鸟语漫争春，转眼西风一阵。滚滚大江东去，滔滔红日西沉。世间多少梦和醒，惹得黄粱饭冷。你听前面山头上隐隐吹笛之声，想是板桥道人来也。趁此月明风细，不免从他唱和追随，不得久留谈话。列位请了。

雍正三年，岁在乙巳，予落拓京师，不得志而归，因作《道情十首》以遣兴。今十二年而登第，其胸中犹是昔日萧骚也。人于贫贱时好为感慨。一朝得志，则讳言之，其胸中把鼻安在？西峰老贤弟从予游，书此赠之。异日为国之柱石，勿忘寒士家风也。

乾隆二年人日，板桥居士郑燮书并识。郑燮印（白）、克柔（朱）方印

板桥书《道情》词，余屡见之，词亦不尽同，盖随手更易耳。一生跌宕牢骚，奇趣横溢，俱流露于词中。字仿山谷，间以兰竹意致，尤多别趣。山谷草法，源于怀素。素师得法于张长史，其妙处

在不见起止之痕。前张后黄，皆当让素师独步，即板桥亦未能造此境也。连日借得杨石泉中丞所藏怀素《自叙帖》，把玩不忍释。忽于澹如观察兄处，持示此卷，欣然记此。板桥有知，恐不谓然也。同治庚午冬至前一日，何绍基漫记于定香亭室。蝯　朱文方印

蝯叟谓素师妙处在不见起止之痕，最为知言。不见真迹古拓，不能道也。

板桥兰竹菊帐额，词、诗颇妙，未入本集。"然画竹浑无色……""一幅齐纨七尺长……调《一剪梅》，郑燮。"此仲弟所得，时夸示客。福。

清郑板桥集手稿册

竹纸手稿寄弟家书十六篇，又书后六段。共十三开，五十九片。每片七行。内《仪真县江村茶社寄舍弟书》，余年十三，见先生刻集，从父楚亭公命之熟读。今见墨迹，如遇古人。又《范县寄弟第二书》，位置宅舍，与狂奴意合，录之，备他日卜居，依样葫芦。余见刻集，不悉录。《词钞》连《自叙》十四开，二十六片。板桥诗不入格，题画小品颇妙。

郑燮板桥氏家书
仪真县江村茶社寄舍弟……
范县署中寄舍弟墨第二书……
自序
板桥诗钞　兴化县郑燮著
渔家傲　王荆公新居
渔父　本意
浪淘沙　莫（暮）春
　　　　种花
贺新郎　徐青藤草书一卷

　　　　　西村感旧
　　　　　送顾万峰之山东常使君幕
沁园春　恨
念奴娇　金陵怀古十二首
　　　　　石头城
　　　　　周瑜宅
　　　　　桃叶渡
　　　　　劳劳亭
　　　　　莫愁湖
　　　　　长干里
　　　　　台城
　　　　　胭脂井
　　　　　高座寺
　　　　　孝陵
　　　　　方景两先生祠
瑞鹤仙　山家
　　　　　田家
　　　　　僧家
　　　　　官宦家
　　　　　帝王家
……

此板桥随意稿书，如行云流水，变态百出，天趣活泼，较之传世应酬诸作，矫揉造作以求工者，真有天理人欲之别。庚子秋，兴化友人持赠，言得之板桥后裔，丛杂凌乱，一览置诸箧衍，颇疑其不真，以为原稿，岂易得也。今年六月，晾书，于旧簏内检得，细阅，始讶其真。家书、词阕，悉刻集内，书上连圈，亦老人手迹。既真矣，又恐其残失，乃一再细较，竟首尾完具，不禁狂叫。余书画录内所收名人词阕最少，因舍《家书》而录《词钞》，亦快事也。壬戌，睫庵。

包安吴收板桥入《国朝书品》，应取其稿书为佳。此册，《家书》最潇洒团结，《词钞》稍散漫，别具宽博之气。要其深于晋唐人草法，故无施不可。板桥传世书，人咸以狂怪目之，而稿书纯净至此，殊足玩也。板桥在国朝，是第三等人才，然嘉、道后，已不可得。无他，八股、试帖小楷限之也。

唐代李、杜、白、韩七古歌行声调情韵极盛之时，溢而为词，亦发于人心之不容已。由风雅颂流而为词，词盛而古乐府益衰，复流而为南北曲，人心怨抑柔媚，至此而极，无可再降矣。一艺之末，必有杰出者焉。蕴于情者愈深，著于声者愈衰，去古愈远，虽圣人不能禁也。词至北宋后，分两派，曰秦、柳，曰苏、辛。论者谓秦、柳为正宗，苏、辛为变调。秦、柳多托之儿女情思，苏、辛则凭吊激昂，寓身世家国之感。后之作者，清才近秦、柳，雄才近苏、辛。板桥咏古长阕，悲壮苍凉，可施之铜琶铁板，而小令清新俊峭，口吻类秦、柳，但轻柔之气，逊之长阕，跌宕处，近北曲剧本，音调多似道情，亦才气使然也。壬戌冬至夜。睫庵书于六桂居。

——裴景福《壮陶阁书画录》卷十八

郑板桥兰石

纸本立轴。高三尺零九分，阔一尺一寸一分。

峭壁一千尺，兰花在空碧。下有采樵人，伸手折不得。板桥郑夑 此蓝色印。

——郭照《铁如意室所藏书画录》卷一

郑板桥楷书联

纸本。高三尺五寸，阔八寸七分。下款"板桥郑夑"四字，押

"板桥之印"、"二十年前旧板桥"两印,左联起首有"橄榄轩"大印,下角"燮何力之有焉"一印,书法纸墨皆精品也。

静检册、轩册,

浓讯班、马香。

郑板桥墨菊花

纸本立轴。高三尺七寸六分,阔九寸五分。草草作菊石数笔,自由天趣板桥多作兰竹,此亦罕见。十日菊花看更黄,破篱笆外斗秋霜。不妨更看十余日,避得暖风禁得凉。板桥。　板桥

——郭照《铁如意室所藏书画录》卷二

明放案:此幅有板桥题识:十日菊花看更黄,破篱笆外斗秋霜,不妨更看十余日,避得暖风禁得凉。板桥。钤印"板桥"。(李玉棻《瓯钵罗室书画过目考》卷三)

郑燮行书轴,纸本,高三尺一寸六分,阔一尺三分

日日江头数万山,诸山不及此山闲。买山百万金钱少,赊欠何曾定要还。《游焦山》二绝,今录其一。板桥燮印二"乾隆东封书画史"白文方印。"七品官耳"白文方印。引首印"六分半书"朱文长方印。

收传印记:"肃庭珍秘"白文长方印。"肃庭所藏"朱文方印。

——葛金烺《爱日吟庐书画录》卷四《国朝》

手卷　横披附

清郑燮兰竹横披己八

纸本。高一尺七寸二分,阔三尺二寸九分。

窗外石头窗里石……板桥。郑燮之印(二白二朱文)、潍夷长(白文)、六分半书(朱文)

立轴　清郑燮行书轴己六

纸本。高四尺一寸五分，阔二尺二寸五分。

雨中禁火空斋冷，阶下流莺独坐听。把酒看花想诸弟，杜陵寒食草青青。折戟沉沙铁未销，自将磨洗认前朝。东风不与周郎便，铜雀春深锁二乔。书似尊一老年兄。板桥郑燮。郑燮　克柔　潍夷长　修养堂珍藏书画印章

清郑燮墨竹轴己六

纸本。高二尺五寸三分，阔一尺二寸六分。

满目黄沙没奈何，山东只是吃馍馍。偶然画到江南竹，便想春风燕笋多。板桥郑燮。郑燮之印（白文）　爽鸠氏之官　燮何力之有焉　橄榄轩

清郑燮兰竹石图轴己六

纸本。高二尺五寸八分，阔一尺四寸二分。

写兰宜省，写石宜冷，外丑而内秀。板桥。七品官耳　郑燮之印　丙辰进士

清郑燮墨竹图己六

纸本。高一尺九寸四分，阔一尺一寸八分。

乌纱掷去不为官，囊橐萧萧两袖寒。写取一枝清瘦竹，秋风江上作渔竿。板桥郑燮。乾隆东封书画史（朱文）

清郑燮书画合景轴己五

此轴上则便面行书，下则小幅兰花，均纸本。便面高六寸，阔一尺七寸。

红藕花多映碧栏，秋风才起易凋残。池塘一段荣枯事，都被沙鸥冷眼看。裴相功名冠四朝，许浑身世老渔樵。若论风月江山主，

丁卯桥应胜午桥。丁巳花朝，为在兹学长兄先生。板桥郑燮。板桥郑燮

墨兰。高一尺六寸，阔一尺一寸。

石涛画兰不似兰，……馥翁年学长兄，板桥郑燮。郑燮之印 修养堂珍藏书画印章

清郑燮兰菊轴丁四

绢本，三尺六寸一分，阔一尺一寸二分。

南阳甘谷家家菊，万古延年一种花。

乾隆壬午，七十老人板桥郑燮。七品官耳 郑燮之印 橄榄轩 修养堂珍藏书画印章

郑燮行书轴丁四

纸本。高二尺零二分，阔九寸六分。

江城如画里，山晚望晴空。两水夹明镜，双桥落彩虹。人烟寒橘柚，秋色老梧桐。谁念北楼上，临风怀谢公。

板桥郑燮。郑燮之印 克柔 修养堂珍藏书画印章

清郑燮柱石图轴甲一

高五尺二寸四分，阔二尺八寸九分。

柱石图。

嵩山老表弟政画。

板桥郑燮。燮何力之有焉 丙辰进士 七品官耳

——汪汝燮《陶风楼藏书画目》

郑燮水竹横幅

纸本。墨笔，款题右上方，行书曰："曲曲溶溶漾漾来，穿沙

隐竹破莓苔。此间清味谁分得，只合高人入茗杯。为木斋老长兄政。板桥郑燮。乾隆癸未。　燮何力之有焉　橄榄轩　謌吹古扬州。又右下角"七品官耳"印

　　此轴修竹盈坡，琅玕舞翠，清泉一道，自竹中曲折流出，活泼自然。右上方只画竹根十余株，苍老无匹。如此巨幅，横看东涂西抹，而竹叶之浓淡，竹枝之疏密，无不挥洒适宜，非板桥安有此笔力。

——陈夔麟《宝迂阁书画录》卷三

名人画扇精品第一册

　　共十六开。……十三，墨竹。款曰：敢云少少许，胜人多多许？努力作秋声，瑶窗弄风雨。板桥。谷口

　　此册于数百扇面中择其至精，始得此数。维特纸白版新，即各家生面，亦属无上上品。昔人云：画扇最难，以其篇幅小而而难于结构也。然如册内，板桥之竹，何尝不游刃有余……

名人十字十花卉扇册

　　共廿开。……六、设色橘菊，款曰：橘皮香与鞠花香……板桥郑燮。板桥印

　　此册……郑板桥折枝花果，别具秋心，什袭藏之，亦铭心之品也。

——陈夔麟《宝迂阁书画录》卷四

郑板桥水墨兰竹　纸本横挂

　　一片青山一片兰，兰芳竹翠耐人看。洞庭云梦三千里，吹满春风不觉寒。板桥郑燮。郑燮印　二十年前旧板桥　饮露餐英颇领何伤

郑板桥墨竹　纸本中轴

　　清秋早起，……板桥道人郑燮。郑燮之印　二十年前旧板桥橄榄轩

——胡积堂《笔啸轩书画录》卷上

清郑燮兰竹册

　　纸本。墨笔，共八幅，每开自题诗。

——张伯驹《丛碧书画录》

甲子第一箱
　　　中堂
　　　　郑板桥《柱石图》
丁字第四箱
　　　条山
　　　郑板桥兰菊
　　　郑板桥行书
戊子第五箱
　　　条山
　　　郑板桥、吴纳书画
己字第六箱
　　　条山
　　　郑板桥墨竹
　　　郑板桥兰竹石
　　　郑板桥墨竹
　　　小中堂
　　　郑板桥行书

——南京图书局书画目

笔　记

郑燮，字克柔，号板桥，兴化人。进士。兰竹石称三绝。工隶书，后以隶楷相参，自成一派。关帝庙道士吴雨田从之学字，可以乱真。

……

桐轩在飞霞楼后，地多梧桐。联云："凉意生竹树；张说。疏雨滴梧桐。孟浩然。"是轩祀三贤神主，三贤为宋欧阳文忠公、苏文忠公及王文简公。卢转运联云："一代两文忠，到处风流标胜迹；三贤同俎豆，何人尚友似先生。"郑燮联句云："遗韵满江淮，三家一律；爱才如性命，异世同心。"轩旁由六角门入桐荫书屋，屋后小亭，额曰"枕流"。联云："鸟宿池边树；贾岛。花香洞里天。许浑。亭右石隙有瀑布入涧中，涧旁筑亭，额曰"临流映壑"。联云："新水乳侵青草路；雍陶。疏帘半卷野亭风。李群玉。"至此临水红霞之景毕矣。是园本周榘所建，榘字籧庵。工诗，尝与申拂珊副宪甫往来湖上唱和有诗。子二，长子炎，字受堂，为国子监学正，次子兆兰，字香泉，为南康府知府。

——李斗《扬州画舫录》卷二《草河录下》

扑缸春酒肆在街西。游屐入城，山色湖光，带于眉宇，烹鱼煮笋，尽饮纵谈，率在于是。青莲斋在街西，六安山僧茶叶馆也。僧有茶田，春夏入山，秋冬居肆，东城游人，皆于此买茶供一日之用。郑板桥书联云："从来名士能评水；自古高僧爱斗茶。"

——李斗《扬州画舫录》卷四《新城北录中》

勺园，种花人汪氏宅也。汪氏行四，字希文，吴人。工歌。乾隆丙辰来扬州，卖茶枝上村。与李复堂、郑板桥、咏堂僧友善。后构是地种花，复堂为题"勺园"额，刻石嵌水门上。中有板桥所书联云:"移花得蝶;买石饶云。"是园水廊十余间,湖光潋滟,映带几席。廊内芍药十数畦,廊西一间,悬"溪云"旧额,为朱晦翁书。廊后构屋三间,中间不置窗棂,随地皆使风月透明。外以三脚几安长板,上置盆景,高下浅深,层折无算。下多大瓮,分波养鱼,分雨养花。后楼二十余间,由层级而上,是为旱门。……

西园旱门路北有灵土地庙,其下为过街亭。凡丧殡出城,庙僧有路祭。方几圆槛,实以果蔬,陈于道左,僧出礼拜,诚敬之意,如所亲昵赍送之状,杂踏于刍灵明器丹旌彩翣间,以此为终岁盂饭计。惟风雪苦寒不能出户时,枕上闻千百人行声,或语或笑,或歌或哭,不绝于耳。辄生宝山空回之感。庙中集联云:"到处云山到处佛;金农。当坊土地当坊灵。郑燮。"金寿门冬心先生集中《登嵩杂述》诗,有云:"手闲却懒注虫鱼,且就嵩高十笏居。到处云山到处佛,净名小品倩谁书。"郑板桥题如皋土地庙联,有"乡里鼓儿乡里打;当坊土地当坊灵"句。今集为联,集联一趣也。

——李斗《扬州画舫录》卷六《城北录》

郑燮,字克柔,号板桥,兴化人。进士,官知县。宰范时,有富家欲逐一贫婿,以千金为宰寿。燮收其女为义女,复潜蓄其婿在署中。及女入拜见,燮出金合卺,令其挽车同归,时称盛德。后以报灾忤大吏,罢归乡里。尝作一大布囊,凡钱帛食物,皆置于内,随取随用,或遇故人子弟及同里贫善之家,则倾与之。往来扬州,有"二十年前旧板桥"印章。与公唱和甚多,著有《板桥诗词钞》及《家书》《小唱》。工画竹,以八分书与楷书相杂,自成一派,今山东潍县人多效其体。

——李斗《扬州画舫录》卷十《虹桥录上》

篠园花瑞即三贤祠。乾隆甲辰,归汪廷璋,人称为汪园。于熙春台左撤苏亭,构阁道二十四楹,以最后之九楹,开阁下门为篠园水门。初卢转运建亭署中,郑板桥书"苏亭"二字额,转运联云:"良辰尽为官忙,得一刻余闲,好诵史幡经,另开生面;传舍原非我有,但两番视事,也栽花种竹,权当家园。"后因篠园改三贤祠,遂移是额悬之小漪南水亭上。联云:"东坡何所爱;白居易。仙老暂相将。杜荀鹤。"因题曰"三过遗踪",列之牙牌二十四景中。后复改名"三过亭",今俱撤为阁道。

——李斗《扬州画舫录》卷十五《冈西录》

便益门舫匾　分波,水仙,载鹤,镜中游,碧湖春。锦湖行是舫有郑板桥联句云:"摇到四桥烟雨里;拨开一片水云天。"

——李斗《扬州画舫录》卷十八《舫匾录》

板桥郑燮,兴化人也。康熙秀才,雍正举人,乾隆进士。工诗,有别裁。善画兰竹。精书法,隶草相杂,号"六分半书"。观者谓其创,而实则因钟繇碑而广之,唐时已有草隶之说,此类是也。性偶傥,好为苟难奇僻之行,又尝不矜小节,洒洒然狂达自放。如板桥者,使之班清华,选玉堂,摛词绘藻,相与鼓吹休明,岂不甚善?奈之何加以民社之任,颠倒于簿书鞅掌中哉!呜呼!造物生才不偶,有才者不能见用,用矣又违其才,均可惜也。

后出宰范邑,自范而潍,每多废事。莅任之初,署中墙壁悉令人挖孔百十,以通于街。人问之,曰:"出前官恶习俗气耳。"郑素有余桃癖。一日听事,见阶下一小皂隶执板遥立,带红牙帽,面白衣黑,颇觉动人,遂见爱孽。有友戏问曰:"侮人者恒受侮于人。使其行反噬之谋,倒戈而相向焉,何以御之?"郑曰:"斯受之耳,亦未必其血流漂杵也。"其书室一联最可笑,云:"诗酒图书画;银钱屁股屎。"

邑之崇仁寺与大悲庵相对,有寺僧私尼,为地邻觉,缚之官。郑见僧尼年齿相若,令其还俗配为夫妇。有诗云:

一半葫芦一半瓢，合来一处好成桃。从今入定风规寂，此后敲门月影遥。鸟性悦时空即色，莲花落处静偏娇。是谁勾却风流案，记取当年郑板桥。

又盐店商送一私贩求惩，郑见其人蓝缕，非枭徒，乃谓曰："尔求责扑，吾为尔枷示之何如？"商首肯。郑即令役取芦席，编成一枷，高八尺，阔一丈，剪成一孔，令贩进首带之。郑于堂上取纸十余张，用判笔悉画兰竹，淋漓挥洒，顷刻而就，命皆贴枷上，押赴盐店，树塞其门。观者如堵，终日杂沓，若闭门市。浃辰，商大窘，苦哀郑，郑乃笑而释之。

郑尝因公晋省，各上司皆器重之。一日，会宴趵突泉，属诗于郑，郑应作曰：

原原有本岂徒然，静里观澜感逝川。流到海边浑是卤，更谁人辨识清泉。

诗成，满座拂然，佥谓郑讪诽上台。后因邑中有罚某人金事，控发，遂以贪婪褫职。嘻，板桥非百里才也，其贾祸以才故，而乃诬之以贝，冤矣！

当其去潍之日，止用驴子三头。其一板桥自乘，垫以铺陈；其一驮两书夹板，上横担阮弦一具；其一则小皂隶而孪童者，骑以前导。板桥则风帽毡衣出大堂，揖新令尹，据鞍而告之曰："我郑燮以婪败，今日归装，若是其轻而且简。诸君子力踞清流，雅操相尚，行见上游器重，指顾莺迁。倘异日去潍之际，其无忘郑大之泊也。"言罢，跨蹇郎当以行。

后寓维扬，以书画称，搢绅争为延誉，名重一时。有李秀才寄赠一联，首句云："三绝诗书画。"板桥按纸沉思其下联不得，既而启视云："一官归去来。"最妙。又有名幕某一诗，诮板桥亦佳。记其末二句云："如何乞食天宁寺，不唱莲花唱竹枝？"盖以板桥有扬州竹枝百首,颇涉诮让,又自认为郑元和之后裔也。

郑有印章数十方。如"橄榄轩"、"七品官耳"、"鹧鸪"、"二十年前旧板桥",皆别致,大半吾乡朱文震所刻。其诗钞、词钞、家书、小唱,皆手自书之。其门人司徒文膏镂板亦精。又附"道情"数阕于左:

老渔翁,一钓竿,靠山崖,傍水湾,扁舟来往无牵绊。沙鸥点点轻波远,荻港萧萧白昼寒,高歌一曲斜阳晚。一霎时波翻金影,蓦抬头月上东山。

老樵夫,自砍柴,捆青松,夹绿槐,茫茫野草秋山外。丰碑是处成荒冢,华表千寻卧碧苔,坟前石马磨刀坏。倒不如闲钱沽酒,醉醺醺山径归来。

老头陀,古庙中,自烧香,自打钟,兔葵燕麦闲斋供。山门破落无关锁,斜日苍黄有乱松,秋星闪烁颓垣缝。黑漆漆蒲团打坐,夜烧茶炉火通红。

水田衣,老道人,背葫芦,戴袱巾,棕鞋布袜相厮称。修琴卖药般般会,捉鬼拿妖件件能。白云红叶归山径。闻说道悬崖结屋,却教人何处相寻?

老书生,白屋中,说黄虞,道古风,许多后辈高科中。门前仆从雄如虎,陌上旌旗去似龙。一朝势若成春梦。倒不如蓬门僻巷,教几个小小蒙童。

尽风流,小乞儿,数莲花,唱竹枝,千门打鼓沿街市。桥边日出犹酣睡,山外斜阳已早归,残杯冷炙饶滋味。醉倒在回廊古庙,一凭他雨打风吹。

掩柴扉,怕出头,剪西风,菊径秋,看看又是重阳后。几行衰草迷山郭,一片残阳下酒楼。栖鸦点上萧萧柳,撮几句盲词瞎话,交还他铁板歌喉。

邈唐虞,远夏殷,卷宗周,入暴秦,争雄七国相兼并。文章两汉空陈迹,金粉南朝总废尘,李唐赵宋慌忙尽。最可叹龙盘虎踞,尽消磨《燕子》《春灯》。

吊龙逢,哭比干,羡庄周,拜老聃。未央宫里王孙惨。南来薏苡徒兴叹,七尺珊瑚祗自残。孔明枉作英雄汉,早知道茅芦高卧,省多少六出祁山。

拨琵琶,续续弹,叹庸愚,惊懦顽,四条弦上多哀怨。黄沙白草无人迹,古戍寒云乱鸟还,虞罗惯打孤飞雁。收拾了渔樵事业,任从他风雪关山。

风流家世元和老,旧事翻新调,扯碎状元袍,脱却乌纱帽,俺唱这道情儿归山去了。

——曾衍东《小豆棚》卷十六《杂记·郑板桥》

郑板桥大令,通率诡谲,书画多奇气,世咸以才人目之。读其集中《家书》数篇,语语真挚,肝肺槎牙,跃然纸上,非骚人墨客比也。板桥少孤寒,赖乳母费抚养得活,值岁饥,费晨负入市,以一钱易饼置其手,始治他事。板桥既入官,有诗云:"食禄千万钟,不如饼在手。""平生所负恩,岂独一乳母。"令人不堪卒读。

——陈康祺《郎潜纪闻》卷十三

吾郡兴化,地居下游,四面皆水。然清淑所钟,名人踵接。里谚云:"楚阳有三高,复堂、澥陆、板桥。复堂,李鱓。澥陆,顾于观。板桥,郑燮。"皆乾隆时人。

——徐兆丰《风月谈余录》卷二

板桥先生印章,半出沈凡民、高西园二公手。其记于《广陵诗事》者,如"板桥道人"、如"郑大"、如"爽鸠氏之官"、如"心血为炉，熔铸今古"、如"然梨阁"、如"思贻父母令名"、如"乾隆东封书画史"、如"夒何力之有焉"、如"樗散"、如"以天得古"、如"老画师"、如"敢征兰乎"、如"麻丫头针线"，已十余章。近程君乐亭出其先世所藏先生印册，系墨笔摹成，并有旁注。惟原册已失，今之抄本，亦足以扩异闻。附录如左：

板桥先生印册

……

此册共廿一页。册中诸印，皆系墨笔摹成，极饶风致。旁注跋语，尤觉逸趣横生，盖先生用意之作也。旧藏先伯祖荫清公处，今失之也。锡封并识。

丰按：先生仍有"古狂"阴文一章，未收录，附记于此。

又某书谓先生尝自署为"青藤门下走狗"，今按册内乃"牛马走"，可证前说之诬。

——徐兆丰《风月谈余录》卷六

南园，在县署东南天仙宫东，先少宝公得之于刘，少宝增其旧华轩、知鱼亭、松篁阁、来风轩诸景，今皆已甄没。仁和沈椒园有《过潍县郑令板桥招同朱天门孝廉家芳（房）仲兄纳凉郭氏园》诗云：乾隆己巳月夏五，郑君邀我过花圃。是时炎暑气郁蒸，连日川途走澍雨。汗脚不袜衣不船，喜得凉泾觐贤主。入门一围青雪林，森然迕地多嘉树。苍苔小径蜗庐盘，绀石幽洞董楦堵。高高亭子泠泠风，漱玉麓台近堪睹。缅维尚书昔构此，告归娱　老门尝杜。即今云初能世家，百年东第存堂庑。我来消夏兴独豪，朗吟恍梦游天姥。请君图书发秘藏，少连康乐争摩拊。老砚名印细匣罗，岐鼓秦碑墨香吐。最后触鼻还流胪，禹书神迹传岣嵝。况君三绝过台州，草圣芝仙得□□。诗题刻纸点筠兰，先辈青藤安足数。君郑尔才特奇古，为政岂在守文簿。一官樗散鬓如丝，万事苍茫心独苦。人生作达在当前,惟有清游豁灵府。酒酣勿起商瞿悲,生子还应生贾虎。又郑板桥《南园画竹,赠予太高叔祖质亭先生》诗云:我被微官困煞人,到君园馆长精神。请看一片萧萧竹,画里阶前总绝尘。又《题南园丛竹图留别质亭先生》二首云:名园修竹古烟霞……。又《借寓南园值质亭先生母刘太宜人生辰送土物代束》诗云:江南年事最清幽……

周公祠,在县署东,崇祯十六年建。入我朝,因附塑赖、郑二公像,改名三贤祠。赖公名光表,广东镇平拔贡。乾隆三年任潍,九年以奔母丧去任。治尚谨厚,平易服人。郑公名燮,字克柔,兴化县板桥里人。乾隆元年进士。十一年任潍,十七年以病去任,时年六十。吏治文名,为时所重。

白狼河,一名白浪河,发源于临朐县大鼓山庄之西,东北流七十里,迳吾邑东门外,再八十余里至邑北丰台庄入海。周栎园诗有云:最是伤心地,秋风白浪河。又沈椒园《寄郑板桥》云:几时诗骨健,同眺包浪河。

郑明府板桥潍七年,其集中有《潍县》诗云:行尽青山是潍县,过完潍县又青山。宰官枉负诗情性,不得林峦指顾问。又《画竹留别潍县绅士民》云:乌纱掷去不为官,**囊橐萧萧两袖寒**。写取一枝清瘦竹,秋风江上作渔竿。又归里后画竹寄余太高叔祖文恪先生云:元日画(兰)竹……

板桥又有集外诗云:早起催科只恨迟……归里后寄吾邑韩某云:老去仍然一秀才,荥阳公子旧安排;乌纱不是游山具,携取教歌拍板来。盖有求于韩也。隔岁,韩遣人往遗之,则板桥已下世矣。

许湘,字衡州,扬州人,板桥明府幕友也。工书善画,板桥有题其双勾兰云:东兰簇簇小山幽,……

禹王台,在城西北六十里,板桥有《台北勘灾》诗云:沧海茫茫水接天，草中时见一畦田。波涛过处皆盐卤，自古何曾说有年！韩镐，字西京，乾隆癸卯举人，工制艺。板桥尝手赠一联云：三繁就简三秋树；领异标新二月花。于适工书法，郑板桥令潍，便道见其自书现莹碑，大加嗟赏。

——郭榆寿《榆园杂录》卷一

谭云龙，字子犹，喜摹郑板桥书画，又喜搜辑金石古碑，尝著有印谱，黄县贾筠堂相公为之序。

郑板桥《潍县竹枝词》，望三先生存有残本，为摘录五首……

——郭榆寿《榆园杂录》卷二

郑公板桥燮手书七律云：一夜花枝泣别离，东风无复订佳期。樱桃熟后凭人摘，梅子酸时只自知。何幸荆钗完凤契，免教破镜惹相思。人间处处风波在，莫打鸳鸯与鹭鸶。跋云：德远老亲台老年翁……按县志称（顾世）永自买妾，此诗谓为弟买妾，郑公闻见确实，县志未免小讹。《板桥诗钞》中不录此作。

——李福祚《昭阳述旧编》卷一《桑梓述下·国朝》

汪仲升堂《甲戌杪秋招郑板桥药根上人辈集百尺楼分韵得人字》云："元英岁已近，白帝行别人。倚楼心杳渺，年光空逡巡。西风吹不歇，落叶声频频。大江横树杪，匹练光如银。远山起寒色，瘦削青嶙峋。醉吟勿归去，此夜犹萧辰。"

按：汪公号硗岩，仪征人。著《水香村墅诗》十二卷。

卢雅雨见曾官两淮都转，清明日招郑公板桥及诸名人泛舟红桥，诗云：……。杭堇甫世骏云：……。金寿门农云：……。陈江皋云：板桥云：今年春色是何心，才见阳和又带阴。柳线碧从烟外染，桃花红向雨中深。笙歌婉转随游舫，灯火参差出远林。佳境佳辰拚一醉，任他杯酒渍衣襟。

十四、郑板桥研究资料汇编

——李福祚《昭阳述旧编》卷三《苔岑述下　国朝》

郑板桥之受骗

兴化郑进士板桥，善书画，体兼篆隶，尤工兰竹，人争重之。性奇怪，嗜食狗肉，谓其味特美。贩夫牧竖，有烹狗肉以进者，辄作小幅以报之。富商大贾，虽饵以千金，不顾也。时扬州有一盐商，求板桥书不得，虽辗转购得数幅，终以无上款不光，乃思得一策，一日，板桥出游稍远，闻琴声甚美，循声寻之，则竹林中一大院落，颇雅洁，入门，见一人须眉甚古，危坐鼓琴，一童子烹狗肉方熟，板桥大喜，骤语老人曰："汝亦喜食狗肉乎？"老人曰："百味惟此最佳。子亦知味者，请尝一脔。"两人未通姓名，并坐大嚼。板桥见其素壁，询其何以无字画，老人曰："无佳者，此间郑板桥虽颇有名，然老夫未尝见其书画，不知其果佳否？"板桥笑曰："汝亦知郑板桥，我即是也。请为子书画，可乎？"老人曰："善。"遂出纸若干，板桥一一挥毫竟。老人曰："贱字某某，可为落款。"板桥曰："此某盐商之名，汝亦何为名此？"老人曰："老夫取此名时，某商尚未出世也！同名何伤？清者清，浊者浊耳。"板桥即署款而别。

次日，盐商宴客，丐知交务请板桥一临，至则四壁皆悬己书画，视之，皆己昨日为老人所作，始知老人乃盐商所使，而己则受老人之骗，然已无可如何矣

——葛虚存《清代名人轶事·风趣类》下

郑板桥嫁女

板桥先生之淡岩（宕）风流，夫人知之矣。其玩世不恭，直有可友竹林而师柳下者，世多未之传也。予尝闻诸父老曰："先生有女，笃爱之．井臼针黹无一能，而工画工诗，颇得其父意。先生欲嫁之而难其偶，适有友而鳏者，所学所好与之同。先生相之，喜曰：

'吾婿无逾此者。'遂约焉。归则诡谓其女曰：'明日携汝佳处游，当不负也。'女喜，从之友所，友酌之。已，先生命女曰：'此汝家也，其安之。'女喻父意，遂不去。而所谓问名纳采诸缛礼，概无有焉。先生曰：'非吾不能有此也，非此女不能嫁此夫也。'其荡佚礼法有如此。"

——葛存虚《清代名人轶事·风趣类》下

郑板桥判案

又板桥有女，颇能传父学，及笄矣，而未字。友人某，所学所好悉与板桥合。一日，板桥语其女曰："吾携汝至一好去处。"乃偕至友家，曰："此汝室也，好为之，行且琴鸣瑟应矣。"女知父意，亦留不复去，其倜傥不羁如此。

——小横香室主人《清朝野史大观》卷十一《清代述异》

邑之崇仁寺与大悲庵相对，有寺僧私尼，为地邻觉，缚之官。郑见僧尼年齿相若，令其还俗配为夫妇。有诗云："一半葫芦一半瓢，合来一处好成桃。从今入定风归寂，此后敲门月影遥。鸟性悦时空即色，莲花落处静偏娇。是谁勾却风流案？记取当堂郑板桥。"

——曾衍东《小豆棚》卷十六《杂记》

郑板桥先生燮题《随园雅集图》既毕，复于诗后大书特书云："笔有余墨，乘兴画兰数枝。"想见名士风流，兴酣落笔之慨。

——袁志祖《随园琐记》卷上《图册》

郑板桥先生诗集中，有赠先大父诗云："室藏美妇邻夸艳，君有奇才我不贫。"只此二句，并不成篇，或系楹帖耶？

园中廿三间屋，四面皆窗，取其轩敞，绝少悬挂字画之处，故惟联句为多。至常悬壁上之墨宝，胜朝则王觉斯行书条幅顾启元殿撰楷书真迹。本朝则刘石庵相国、梁山舟学士、王梦楼太守、张船山太史、吴谷人祭酒、孙渊如观察、郑板桥、陈曼生大令诸公之词翰最多。若张看云、罗雨（两）峰、童二树、潘连巢、奚铁生、钱叔美、改七䉤诸名手之画，亦复参错其间。此等笔墨，荟萃一时，岂非无价之宝！

——袁志祖《随园琐记》卷上《翰墨》

明放案：四川省博物馆馆藏板桥书作《奉赠简斋老先生》诗云："晨星断雁几文人，错落江河湖海滨。抹去春秋自花实，逼来霜雪更松筠。女称绝色邻夸艳，君有奇才我不贫。不买明珠买明镜，爱他光怪是先秦。"在《郑板桥集·诗钞》中，仅收录"女称绝色邻夸艳，君有奇才我不贫。"两句，并将"女称绝色"作"室藏美妇"。

旗人能书画者，如黑石夫瑸、赫澹士奕、莽卓然鹄立、高且园其佩、李穀斋世倬、唐毓东岱见《画征录》。音闻远布、图牧山清格见《板桥集》。曹子清寅见《扬州画舫录》。鄂刚烈容安见《春融堂随笔》。此外，若阿少宰尔稗、傅凯亭雯及甘道渊运源、瑛梦禅宝、博问亭尔都、果益亭齐斯欢、玉次山辂、鄂虚谷云布、德敬庵敏亦皆铮铮有声。且园、穀斋、凯亭、梦禅迹最多，然皆指画。余见梦禅为英煦斋协揆画扇十二，全用笔画，不减文衡山，胜指画甚远，始知平日皆应酬之作耳。李穀斋笔墨未脱俗，而名反出三家上，何也？毓东赝迹最多，其真迹则取法麓台，而泽以宋人也。赫澹士画，余见山水一册。张浦山所称"山岚秀发，草木华滋"者，信然。音闻远书学柳，余见《兰亭跋》两行。鄂刚烈余见一扇，则得天法也。博问亭书，《崇效寺青松红杏图》中有其诗，书法神似香光。甘啸岩余见隶宇（字）一幅，是傅青主一派。若鄂虚谷、果益亭、玉次山书，世皆有之。鄂专学阁帖，果学松雪，玉学香光，皆有名。若《墨香居画识》所记之西蜜扬阿、噶禄辰、于紫亭，犹未见其迹也。今将书画家之可考者，略载其概。

高其佩，字韦之，号且园，辽阳人。善指头画，人物、花木、鱼龙、鸟兽，天姿超迈，奇情异趣。信手而得，四方重之。余尝见扇上壁画散仙数种尤妙，有如黄初平叱石成羊，作乱石一攒。或已成羊而起立者，或将起而未起者，或半成而未离为石者。神采熠熠，风趣横生。他如龙虎等，亦各极其态。世人只称其指墨，而不知笔画之佳也。

图清格，字牧山，满洲人。以草书法写菊花，盖不屑随人步趋，而能自辟一径者也。官大同府太守，亲丧庐墓，筑丙舍于西山，孝行可风。

郑板桥诗云：我访图牧山，步出沙窝门。臃肿百本树，断续千丈垣。野庙包其中，蹒跚僧灌园。僮奴数十家，鸡犬自成村。青鞋踏晓露，小阁延朝暾。烹茶亦已熟，洗盏犹细扪。平生书画意，绝口不一言。又诗云：昔余老友音五哥，书字峭崛含阿那。笔锋下插九地裂，精气上与云霄摩。陶颜铸柳近欧薛，排黄铄蔡凌颠坡。时时作草恣怪变，江翻龙怒鱼腾梭。与余饮酒意静重，讨论人物无偏颇。众人皆言酒失大，余执不信嗔为讹。大致萧萧足风范，细端琐碎宁非苛！乡里小儿得暴志，好论世家谈甲科。音生不顾辄嚏唾，至亲戚属相矛戈。逾老逾穷逾怫郁，屡颠屡仆成蹉跎。革去秀才充骑卒，老兵健校相遮罗。群呼先生拜于地，盆酒大肉排青莎。音生瞪目大欢笑，狂鲸一吸空千波。醉来索笔索纸墨，一挥百幅成江河。群争众夺若拱璧，无知反得珍爱多。昨遇老兵剧穷饿，颇以卖字温釜锅。谈及音生旧时事，顿足涕泪双滂沱。天与人才好花样，如此行状应不磨。……

伊福纳，满洲辉发纳剌氏，字云五，有抑堂诗云："故友音布，字闻远，又自号双峰居士。工书，嗜酒，往往不与人书。其所善虽弗请亦与也。以故多所不合，竟以诸生老。板桥郑燮为长歌以哀之，词旨悲怆。余深概夫故旧之沦亡也,为作是歌云:吾乡书法双峰豪,藏帖千本如屋高。摩娑寝食四十载,熔铸昔哲神嚣嚣。平生爱友兼爱酒,酒酣始肯挥霜毫。笔圆墨润腕肘活,往往如运庖丁刀。楷书端庄杂流丽,九华春殿金环摇。草书怪变莫方物,规则巧随风雨交。云垂海立露蛟蜃,巨石大木趋波涛。观者屏息不得语,甬道九绝神兵麕,欻然欲立更呼酒,纸上余力犹腾跳。长安城中贵介子,高车大马行相邀。等间只字未易得,笑谓尔辈非吾曹。琳宫梵宇偶独往,要寻残碣窥前朝。沙弥衲子喜一至,争煎佳茗沽春醪。解衣盘礴数十纸,戏拍僧顶听空瓢。晚游西园好老友,葛衣竹杖从逍遥。西园宾客多隽雅,一一心折同下僚。相赏独有板桥郑,酒场棋墅恒连镳。歌呼尔汝任所适,非云名士矜高标。板桥作字自奇古,画被画破多吴绡。章草篆籀随手掇,懒同时辈为推敲。喜共双峰遇都下,韩陵片石尊琼瑶。戏鸿云海互倾倒,家鸡野鹜由诋嘲。即今双峰墓木拱,荒原冷落迷蓬蒿。犹复长歌致深慨,凄音激越兼风骚。寄我一篇寒月夕,烛花如豆荧虚寮。命儿细读再三听,涔涔老泪垂青袍。独鹤无声斗杓转,百灵下集云旗飘。怀人感旧渺何极,有酒难向霜空浇。嗟乎!双峰已矣板桥远,使我白发空萧萧。

——震钧《天咫偶闻》卷五《西城》

  法书则有东坡黄州《寒食诗帖》,山谷跋,即戏鸿堂所刻者。后又有数跋,未记。米漫仕《复官帖》《珊瑚帖》合装一册,系定邸所藏。米自书《拜官诗》,大轴,绢本。长八尺,宽四尺,古独梭绢也。诗云:云水心常结,风尘面久卢。重寻钓鳌客,初入选仙图。雀鼠真官耗,龙蛇与众俱。却怀闲禄厚,不敢著潜夫。拜中岳命作,录呈吕提举漫仕。米芾印二:曰中岳外史,曰米芾之印,引首则宝晋斋也。印泥红艳异常。左下角三印:一曰李氏家藏,一曰西京邵氏家藏,一曰□氏仁澍。右下角二印:一曰宋氏家藏,一曰商邱宋荦书画府印。考米公于元?六年官雍邱令监,《中岳庙》诗盖作于是时。而九年有《上吕汲公书》，则吕提举当即汲公。此书作于拜官中岳时，则海岳四十一二岁，故款已改书芾字。真西山书刘梦得《竹枝词》卷，宋黄麻纸本，墨如堆漆，无跋。元杨廉夫《草书》卷，纸本，破碎。《松雪书札》一册，用笔圆浑，藏锋时露渴笔，真迹也。张伯雨自书诗稿一卷，纸不一律，亦不一色。间有书札，书法遒劲，的是真迹。

……

郑板桥书札七幅，语皆有味，录之一云：君由鸿博，地处清华。当如欧阳永叔在翰苑时，一洗文章浮靡积习。慎勿因循苟且，随声附和，以投时好也。数载相知，于朋友有责善之道，勿以冒渎为罪，是所冀于同调者。董浦词兄。弟燮顿首。二云：燮到杭州，遍询苏小墓所。皆云西泠桥畔，是其埋玉处也。然禾郡至今有苏小坟，未知孰是？窃意苏小或葬钱塘，未必即在湖畔。博物君子，必有灼见。虽闾巷琐事，大雅所不屑道。在名士风流，未尝不深考也。希指示，幸甚！幸甚！董浦词兄。弟燮状。三云：赐示《七夕》诗，可谓词严义正，脱尽前人窠臼。不似唐人，作为一派亵狎语也。夫织女乃衣之源，牵牛乃食之本。在天星为最贵，奈何作此不经之说乎？如作者云云，真能助我张目者。惜世人从未道及，殊可叹也。我辈读书怀古，岂容随声附和乎！世俗少见多怪，闻言不信，通病也。作札奉寄，慎勿轻以示人。寿门征君。弟燮顿首。四云：词学始于李唐，人惟青莲诸子，略见数首，馀则未有闻也。太白《菩萨？》二首，诚千古绝调矣。作词一道，过方则近于诗；过圆则流于曲，甚矣词学之难也。承示新词数阕，俱不减辛苏也。燮虽酷好填词，其如珠玉在前，翻多形秽耳。板桥弟燮。书寄寿门老哥展。五云：骨董一道，真必有伪。譬之文章，定多赝作。非操真鉴者，不能辨也。夏鼎商彝，世不多有，而见者殊希。老哥雅擅博物，燮曾有"九尺珊瑚照乘珠，紫髯碧眼号商胡"诗以持赠矣。然窃有说焉，世间可宝贵者，莫若易象、诗书、春秋、礼乐，斯岂非世上大古器乎。不此之贵，而玩物丧志，奚取焉？然此只堪为知者道耳。往愚之论，敢以质之高明。寿门征士。燮奉简。六云：燮旧在金台，日与上人作西山之游。夜则挑灯煮茗，联吟竹屋，几忘身处尘世，不似人海中也。迄今思之，如此佳会，殊不易遘。兹待凉秋，定拟束装北上。适有客入都之便，先此寄声小诗一章，聊以道意：昔到京师必到山，山之西麓有禅矣。为言九月吾来住，检点白云房半间。勷尊者。弟燮顿首。七云：昨承订渡江观剧，中宵忽抱小恙，不获奉陪同往矣，殊深歉仄也。持此覆爱江良友。弟燮白。刘文清公所见颇多，而不无利钝，大抵临古者为佳。公与瑛梦禅先生居隔一巷，手札往来，难以数计。曾见二巨册，乃公与梦禅之札。由壮至老，咸萃其中。前有梦禅一叙，述两人交谊极详。后又见二册，凡八十叶，则较前二册更精。而其零星送礼之目，亦以不经意而入妙。尝见成邸与刘文清公书札云：闻之窦东皋先生言：《论语》"有妇人焉"，当作"有殷人焉"，古篆"殷"与"妇"相近而讹。成邸颇不以为然，云：亦尝留心篆、籀，"妇"与"殷"殊不相近，云云。此事未知文清如何回答？惜不得其复札一证之。王梦楼行楷册十二叶，系自书诗，以与随园者。字大于钱，极称合作。大抵梦楼书之经意者，皆近欧。又：小楷十二叶，系临董书《弥陀经》、张即之书《金刚经》，各六叶，皆极神似。《翁覃溪诗稿》一册。乃法石？风以高丽笺乞书，覃溪误以起草。石？风仍欲得之，翁乃跋其事于后。其书全似《争座位》。稿间有涂乙处亦相效。翁书余所不喜，然似此又未尝不心写之也。何？爱叟小楷书陶诗卷，极精，后有行书自跋。系因周允臣以旧拓《庙堂碑》相示，而？爱叟不以为然，故因其乞书而跋于其后，并口占小诗。其跋与诗皆见于东洲《草堂诗钞》。……

——震钧《天尺偶闻》卷六《外城东》

韵语七十　戊午四月十九日

（黎学渊）又见余所题笺，尤奇之，曰："郑板桥不如也，板桥书法飘逸，此乃沉着痛快，殆寝馈《论坐帖》得来。"噫，此何说欤！余书于板桥，尚未窥其藩篱，岂敢自信过之，唯未从《论坐帖》来，则非深明书法者不能道。……

——方玉润《星烈日记汇要》卷十三《文学四》

书法四　戊午八月初三

合肥既陷，东走维扬，独骑疲驴，遍访诸胜，悉颓废不堪。乃游廛市，再购书画，亦多赝本，并无真迹。唯获《板桥集》四卷，虽属木板，尚系初刻，因购以归，聊供赏玩。板桥书画，名满天下。书中有画，画中亦有书，盖兼擅胜长，而又互用其法者也。其画兰竹，枝叶多似山谷行草，波磔皆有奇趣。至书法，则杂以篆隶，行草亦有似兰竹者。人莫不赏其超逸狂纵，如羽士高人，乘鹤往来于空山古寺间。而余独喜其沉着兀奡，如奇石苍虬，屈蟠偃蹇于大海风涛际。人又多赏其《题画》诸词，以为飘飘有别趣。而余独爱其《家书》数首，曲尽人情，多见道言。板桥盖隐于书画者耳！宣圣所谓"古之狂也肆"者，非其人欤？非其人与？其宰山东时，亦多惠政，至今人尸祝之，又岂狂放士所能为哉！

绘事四　戊午四月初一

何春龙式尹，霍邱人。以避难来固。能诗善画，贫尤难堪。闻余名，特过访，并出所绘兰竹索题，因仿板桥道人法书以畀之。

——方玉润《星烈日记汇要》卷二十六《游艺四》

铁笔三　乙丑三月十一日

（王）子宣将为余镌印，以垂永远。因预拟其文，除名号旧有外，尚有应镌者，曰：……曰："尝未饮酒而醉。"郑板桥常书此语。

余性不饮，故用之。曰："臣书在山谷、板桥之间。"书无定体，唯好板桥，而板桥又从山谷出也。以上数印，一生性情、学问、遭际、事功略具。后之览者，亦可想象其为人也。

铁笔四　癸酉八月二十三日

近日及门周生富保文轩亦喜为此，因以旧藏板桥数印示之。板桥自称"青藤门下走狗"，始不解其故，后见《青藤印谱》元气浑浑，非板桥所能到。乃知古人虚心服善，又非后辈所能及。盖板桥希纵韩、魏，尚有蹊径可循，若青藤则直化工在手，何处能得其阶梯耶！

——方玉润《星烈日记汇要》卷二十七《游艺五》

铭之为体，于诗词外另具笔墨，冬心先生以古胜，板桥先生以峭胜，频罗老人以趣胜，各臻其妙。……

——梁绍王《两般秋雨庵随笔》卷五《铭》

陈孟周，瞽人也。闻郑板桥填词，问其调，为颂太白《菩萨蛮》、《忆秦娥》二阕，不数日，即填《忆秦娥》词："光阴泻，春风记得花开夜。花开夜，明珠双赠，相逢未嫁。　旧时明月如钩挂，只今提起心还怕。心还怕，漏声初定，玉楼人下。""何时了，有缘不若无缘好。无缘好，怎生禁得，多情自小。　重逢那觅回生草，相思未创招魂稿。招魂稿，月虽无恨，天何不老！"

——梁绍王《两般秋雨庵随笔》卷七《瞽人填词》

郑板桥字自为一体

兴化郑板桥以书画名海内，真迹渐少。当时已有扬州某观道士，学其体，足以乱真。后又有同县黎氏仿之，皆书也。兰竹，理氏昌凤能为之。板桥楹帖，粉牋为多。板桥初学晋帖，雍正辛亥，书杜少陵《丹青引》横幅，体仿《黄庭》，后乃自为一体。蒋心余指为"晚摹《瘗鹤》兼山谷"者。

——徐珂《清稗类钞》第三十册《艺术类》

康、乾之际,言词者几莫不以朱(彝尊)、陈(其年)为范围。惟朱才多,不免于碎;陈气盛,不免于率。故其末派,有俳巧奋求之病。钱塘厉鹗、吴县过春山,近朱者也;兴化郑燮、铅山蒋士铨,近陈者也。

——徐珂《近词丛话词学名家之类聚》

板桥词

板桥道人《词钞》又断句云:"分明一见怕销魂,却愁不到销魂处。"又"撩他花下去围棋,故意推他劲敌让他欺"诸句,是非深于风怀者不能道。

——孙枟《余墨偶谈》卷五

瘦瓢子诗

黄瘦瓢慎,善丹青。与板桥道人同时。其诗未见专集,尝于友人斋头,见其自题画页二绝云:"夜雨寒潮忆敝庐,人生只合老樵渔。五湖收拾看花眼,归去青山好著书。"又:"往来空劳白下船,秦楼楚馆总堪怜。但余一卷新诗草,听雨江湖二十年。"语意高妙,如参禅悟道人,无一毫窒疑也。

——孙枟《余墨偶谈》卷七

字画索润,古人所有,板桥笔榜小卷,盖自书书画润笔例也。见之友人处,其文云:"大幅六两,中幅四两,小幅二两,条幅对联一两,扇子斗方五钱。凡送礼物食物,总不如白银为妙;公之所送,未必弟之所好也。送现银则中心喜乐,书画皆佳。礼物既属纠缠,赊欠尤为赖账。年老神倦,亦不能陪诸君子作无益语言也。画竹多于买竹钱,纸高六尺价三千。任渠话旧论交接,只当秋风过耳边。"此老风趣可掬,视彼卖技假名士,偶逢旧友,貌为口不言钱,而实故靳以要厚酬者,其雅俗真伪,何如乎!纸尾有吴山君学士跋云:"乙亥、丙子间,与孙渊如同校唐文于邗上,皆有心遽意违,情怠手兰之困,适同游西□庵,见板桥此纸,戏属工人上石,贻同人工书画者。肅记。"

——叶廷琯《鸥陂渔话》卷六《郑板桥笔榜》

惟书法近学郑板桥,则殊不必。板桥书法野狐禅也,游客中有寿门、楚江诸公,皆是一丘之貉,乱爬蛇蚓,不足妃豨,以揠苗助长之功,作索隐行怪之状,亦如孙寿本无颜色,又不肯定心梳里,故为龋齿笑,坠马妆,以蛊惑梁冀秦宫耳。若西施王嫱,天然国色,明玛玉佩,整整齐齐,岂屑为此矫揉造作小家子态哉!昔人论诗,道苏东坡如名家女,大脚步便出,黄山谷缩头拗颈,欲出不出,有许多作态,为是甚的,字亦如是。

——袁枚《与庆晴村都统书》

难得糊涂

郑板桥尝书四字于座右,曰:"难得糊涂",此其聪明人语也。余谓糊涂人难得聪明,聪明人又难得糊涂,须要于聪明中带一点糊涂,方为处世守身之道。若一味聪明,便生荆棘,必招怨尤,反不如糊涂之为妙用也。

——钱泳《履园丛话》廿四《杂记下》

近时钱献之别驾亦通是学,其书本宗少温,实可突过吏部。老年病废,以左手作书,难于宛转,遂将钟鼎文、石鼓文及秦汉铜器款识、汉碑题额各体参杂其中,忽圆忽方,似篆似隶,亦如郑板桥将篆隶行草铸成一炉,不可以为训也。

——钱泳《书学·小篆》

黄雅林，初名俊，字石咸，辽阳人。为明青州太守某后。崇德癸未，大兵破青州，太守殉节，其子孙遂流落，寓籍陪京云。先生学问渊博，矜才使气，医卜艺术之书，无不周览，时时述稗官家言，闻者绝倒。自以其名不雅驯，遂易名颛，以痴者自居，盖俗峭痴呆者谓之大头云。亦好奇士也。诗画仿郑板桥，有意矫俗，反使性灵汩没，先恭王甚惜其才华不由正轨。时有诗文就之商榷，先生辄加抨击，酒酣耳熟，宾主喧嗔，声惊四座，先恭王每以山精野狐目之。然平时未尝不嘉其忠告，交谊仍如故也。馆于宁邸时，贝勒永福已袭封，先生督责甚严。时有倨色，先生勃然曰："尔冠则朝廷重爵，尔身犹吾弟子也。"命免冠重责数十，至长跪谢罪乃已，其古道如此。

——昭梿《啸亭续录》卷二《黄雅林》

乾隆时，兴化郑燮工书画，书增减真隶，别为一格，如秋花倚石，野鹤戛烟，自然成趣。时称"板桥体"，多效之者。然弗能似也。有《道情十首》，颇足醒世。序云：枫叶芦花并客舟，烟波江上使人愁。劝君更尽一杯酒，昨日少年今白头。自家板桥道人是也，我先世元和公公流落人间，教歌度曲。我如今也谱得道情十首，无非唤醒痴聋，销除烦恼。每到山青水绿之处，聊以自遣自歌，若遇争名夺利之场，正好觉人觉世，这也是风流事业，措大生涯。不免将来请教诸公，以当一笑。

词曰：老渔翁，一钓竿。靠山涯，傍水湾。扁舟来往无牵绊。沙鸥点点轻波远，荻港萧萧白昼寒，高歌一曲斜阳晚。一霎时波摇金影，蓦抬头月上东山。

二曰：老樵夫，自砍柴。捆青松，夹绿槐。茫茫野草秋山外。丰碑是处成荒冢，华表千寻卧碧苔，坟前石马磨刀坏。倒不如闲钱沽酒，醉醺醺山径归来。

三曰：老头陀，古庙中。自烧香，自打钟。兔葵燕麦闲斋供。山门破落无关锁，斜日苍黄有乱松，秋星闪烁颓垣缝。黑寂寂蒲团打坐，夜烧茶炉火通红。

四曰：水田衣，老道人。背葫芦，戴袱巾。棕鞋布袜相厮称。修琴卖药般般会，捉鬼拿妖件件能，白云红叶归山径。闻说道悬岩结屋，却教人何处相寻。

五曰：老书生，白屋中。说唐虞，道古风。许多后辈高科中。门前仆从雄如虎，陌上旌旗去似龙，一朝势落成春梦。倒不如蓬门僻巷，教几个小小蒙童。

六曰：尽风流，小乞儿。数莲花，唱竹枝。千门打鼓沿街市。桥边日出犹酣睡，山外斜阳已早归，残杯冷炙饶滋味。醉倒在回廊古庙，一凭他雨打风吹。

七曰：掩柴扉，怕出头。剪西风，菊径秋。看看又是重阳后。几行衰草迷山郭，一片残阳下酒楼，栖鸦点上萧萧柳。撮几句盲辞瞎话，却还供铁板歌喉。

八曰：邈唐虞，远夏殷。卷宗周，入暴秦。争雄七国相兼并。文章两汉空陈迹，金粉南朝总废尘，李唐赵宋慌忙尽。最可叹龙盘虎踞，尽销磨燕子春灯。

九曰：吊龙逄，哭比干。羡庄周，行老聃。未央宫里王孙惨。南来薏苡徒兴谤，七尺珊瑚只自残，孔明枉作英雄汉。早知道茅庐高卧，省多少六出祁山。

十曰：拨琵琶，续续弹。唤庸愚，警儒顽。四条弦上多哀怨。黄沙白草无人迹，古戍寒云乱鸟还，虞罗惯打孤飞雁。收拾起渔樵事业，任从他风雪关山。

尾声云：风流家世元和老，旧曲翻新调，扯碎状元袍，脱却乌纱帽。俺唱这道情儿,归山去了。

——朱克敬《雨窗消意录》甲部卷一

明放案:葛虚存《清代名人轶事·文艺类》卷三《郑板桥道情》转录此则。

兴化郑板桥明府燮,少贫,尝为蒙师。既达,作诗自嘲云:教馆原来是下流,傍人门户过春秋。半饥半饱清闲客,无锁无枷自在囚。课少父兄嫌懒惰,功多弟子结冤仇。而今幸作青山客,遮却当年一半羞。

明放案:葛虚存《清代名人轶事·文艺类》卷四《郑板桥自嘲诗》转录此则。

仪征厉孝廉吉人祥官从余游。其自扬州来,以徐进之所书楹联赠余云:心上唔钩不挂事,眼中有尺惯量人。二语若有意,然亦甚浅。询之吉人,知为进之撰句。进之初名宗勉,更名退,诸生,扬州兴化县人。工书,善画兰竹,有郑板桥大令之风。性尤兀傲。赴京兆试,久不遇,遂佯狂,醉后辄行歌于市。尝往来西山灵光、戒坛诸寺,草笠衲衣,不入城者几二十年。咸丰八年,乡人强之归,吉人同行,至山东登岱,为道士书数十纸,吉人因为余索书,进之曰:"果许某耶?可书。"遂撰此联。初,余于道光戊戌识君京师,时尚居城南莲花寺,常共饮,为余画兰竹,已失去,不可得矣。

——许宗衡《玉井山馆笔记》

吴平齐观察示余石刻郑板桥字一纸,其文云:"大幅六两,中幅四两,小幅二两,条幅对联一两,扇子斗方五钱。凡送礼物食物,总不如白银为妙;公之所送,未必弟之所好也。送现银则中心喜乐,书画皆佳。礼物既属纠缠,赊欠尤为赖账。年老神倦,亦不能陪诸君子作无益语言也。画竹多于买竹钱,纸高六尺价三千。任渠话旧论交接,只当秋风过耳边。末署乾隆已卯,板桥郑燮。

平齐跋其后云:"板桥道人此书,为吴山尊学士所刻。岁己巳夏四月,范湖居士、退楼主人重刻于沪上。此后范湖、退楼书画润笔,皆准板桥所定,即以此帖为仿单,不复增减,诸公先送润资,书画约日准有。附白。"退楼即平齐字号,范湖居士乃周君存伯也,余谓东坡书字,在当日只换羊肉吃而已,吾辈率尔落笔,便欲白银,亦大罪过。然年来笔墨为人役,亦甚苦之,读板桥此帖,辄为颂古诗曰:"齐心同所愿,含意俱未申。"退楼诸公闻之,党干笑也。

——俞樾《春在堂随笔》卷二

郑板桥曰:"江雨初晴,宿烟收尽,林花碧柳,皆洗沐以待朝暾;而又娇鸟唤人,微风叠浪,吴楚诸山,青葱明秀,几欲渡江而来。此时坐水阁上,烹龙凤茶,烧夹剪香,令友人吹笛,作《落梅花》一弄,真是人间仙境也。"

——杨寿枏《云薖漫录》卷下

扬州郑进士板桥,曾任山东潍县令,恃才玩世,以是去官。遇夜出,惟令两役执灯前导,亦不署衔,自书"板桥"二字,体兼篆隶,其放诞如此。尤工诗,余最爱其"满架秋风扁豆花"之句。

——戴延年《秋灯丛话》

凡日用图章,总以稳切新颖为妙。……化郑板桥未第时,薄游扬州,人无识者。既贵复来,则持金帛乞书画者,户外屦恒满。因自镌一印曰:"二十年前旧板桥。"……此皆游戏之中,寓感愤之意者也。

——黄协埙《锄经书舍零墨》卷四《图章》

明放案:此则详见《申报馆丛书》续集、《古今说部丛书》第九集、《笔记小说大观》第三辑。

明刘念庵副使效祖有《沉醉东风》词云:"东风路,尘沙滚滚。

玉河桥，车马纷纷。官高休慕荣，命蹇须安分。靠青山，紧闭柴门。闲把英雄细讨论，能几个，到头安稳。"又一阕云："门巷外，旋栽杨柳。池塘中，新浴沙鸥。半湾水绕村，几朵云生岫。爱村居，景致风流。闲啜卢仝茗一瓯，醉翁意，何须在酒。"本朝郑板桥有道情歌，中一阕云："老书生，白屋中，说黄虞，道古风；许多后辈高科中。门前仆从雄如虎，陌上旌旗去似龙，一朝势落成春梦。倒不如蓬门僻巷，教几个小小蒙童。"皆富贵场中一服清凉散也。

——金武祥《粟香随笔》卷八

若闻格磔钩辀语，朱筠　想见温磨淡远人。郑燮
秋风白粉新泥壁，郑燮　暮雨青山好著书。顾九锡
凉丝玉网千层结，胡天游　矾粉宫笺五色裁。郑燮

——朱祖谋《棪鞠录》卷下

蜀　中

郑板桥胸次潇洒，零纸剩墨，随意点染，且有清夷出尘之致。尝见一小幅，燮一花尊供兰枝，飞竹叶数个，左侧一水盂，浸兰花朵朵，横写一如意，题句云："年年风景皆如意，水暖花香竹叶肥。"其丰韵可想也。

——赵慎畛《榆巢杂识》上卷

曾七如，名衍东，字青瞻，号七道士。山东嘉祥人。乾隆壬子举人。为楚北江夏令，诖误戍温，居郡西曾氏依绿园之旁，名其地曰小西湖。性落拓不羁，工诗及书画，笔墨狂放，大致以奇怪取胜。镌图章摩古出奇。自榜其门曰"挂冠自昔曾骑虎，闭户于今好画龙。"慕郑板桥为人，常谓曰："难得糊涂。"遇赦后，贫老不能归，卒于温。著有《小豆棚》八卷，《哑然集》一帙。尝作《元宵灯鼓图》，题云："惊人岁月千挝鼓，老我乾坤百盏灯。"读之

令人有胜事长新,年华暗老之感也。嘉庆丙子永嘉彭左海撰。

——曾衍东《小豆棚》卷首《传》

予性嗜兰,而尤爱写兰。少时值先君购闽兰数十盆于庭前……不仅指画笔染,腕力渐生,惟笔虽稍劲,规则全无。旋搜集郑板桥、郑所南、蒋矩亭诸先辈墨兰真迹,置之案头,穷日夜之力,描摹尽态,寒暑无间,第觉毫端所染,拨墨生辉,与年俱进。计其功力,已四十年于兹矣。自维所作虽陋,益近三贤矩薙。……民国十一年壬戌首夏,南丰汤燮兰阶甫识于九畹山庄之东轩。

——汤燮《兰林百种自叙》

仲子遗稿,幸有好友藏盍,删复较讹,得成是轶,不敢忘所自也,附列诸公姓氏。

赵鱼,自跃千。同里人。
郑燮,字克柔,号理庵,同里人。
胡士敏,字修来,号半庵,新安人。
任遐昌,字开周,同里人。
周煌,字苕斯,东亭人。
夏珊,字兼三,何阜人。
周志彤,字秉庵,东亭人。
魏煜,字实夫,号补亭,同里人。
廖函,字函九,号濒海,何阜人。
杨必发,字继周,同里人。
缪文炳,字豹文,何阜人。
张舒甲,字仲庵,同里人。
张谧,字宁庵,同里人。
许冕,字维周,同里人。

——吴宏谟《陆仲远先生词稿序附录》

明放案：兴化市图书馆藏有《陆仲子遗稿》刻本。

陈公讳尚志，素贞其字。曾祖三奇，明副贡。祖嗥征。父亮采，增广生。公少时，家极贫。父居馆授徒，不足于给。时方受学，退而叹曰："士人读书，以希荣亲，显达未可必，且一贫至此，遥遥者尚可待乎！"遂辍业服贾以养。素不工心计，然贸易辄盈其息，若有阴相之者。十余年，称素封矣。家既裕，不吝于施。邑中凡大工役，靡不慷慨纳资。前后修学宫及文昌祠，藉公之力尤多。邑令赖公光表、郑公燮最器重公。赖、郑邑所祠二贤侯也。好奖善类，而不妄为虚誉。学宫之修也，赖公以"功崇学校"旌其门。而郑公所兴修诸题名碑，必以公为冠。晚年颐养，颜所憩息所曰楫青轩，疏泉累石，极幽居之胜。卒于乾隆二十一年，春秋八十有四。例贡生，候选州同。……

——宋书升《旭斋文钞》之《陈公素贞家传》

题李鱓花卉屏

格高思远，笔妙墨精运我神明，通乎造化，藉挥写以游娱，泄天地之秘藏，此其人者，上下古今未可一二遇焉。写生之法，徐、黄为正宗。元、明一变为水章墨晕，颇如李临郭军，壁垒一新。降至国朝，遂趋率易矣。康、雍间，复堂李先生与金寿门、郑板桥辈，并著盛名于维扬，有"八怪"之目。之数人者，皆学问博雅，天资卓绝即不必以画传，而其人亦无不可传。顾"怪"非美德，吾以为非称之，而诬之也。倘易"怪"为"狂"，庶几当乎！因观复堂墨写十二巨屏，为书臆见，吴趋西津顾麟士。

复堂，兴化人以孝廉为县令。其出处，与板桥略同，特板桥登甲科耳。然复堂曾献诗口外蒙圣祖谕李鱓花卉去得，交蒋相国教习徐、黄法，其际遇之荣，胜板桥多矣。就画而论，亦复堂优于板桥，盖郑画用力量李画雍性灵，一由外入，一从内处也。画之由外入者，今时比比皆是，朝犹茫茫笔，暮即诩诩自夸，一切成法，慢然不识，而耳食者且盲从之，此又板桥之罪人也。先生自跋，有"作画难，识画尤难"之语，不知生于今日，当作如何慨叹。"茫茫下夺'举'字"。海野堂顾麟士。

——《支那南画大成》续集六《题跋集下》

……竹泓，故郑克柔授徒之地，文采风流，蝉焉数百年不替，他邑乡镇弗能逮。

——柳诒徵《禺余轩存稿序》

板桥生值乾隆世，七品官犹作画工，大地今无干净土，露根且学所南翁。

……

兰阶贤友遗墨，为哲嗣柏蘅题。庚午大寒，八十三叟陈宝琛。

——陈宝琛《题兰林百种》

丁有煜字丽中，清乾隆时通州静海乡人。旧州志称其能诗、古文及篆刻、水墨画而未及其子，顾其字丰神独绝，余凤宝重之，以为得淡云疏雨，轻燕闲鸥之致，与郑板桥、李晴江、石顽仙辈齐名，无惭也。

——费师洪《个道人自书诗稿跋》

宣统纪元己酉初秋，陈君兰莹于东台鲍氏处，假得兴化陆仲园先生词稿一册示沅，谋为刊板行世。展读一过，觉其品格之高，性情之挚，苏、辛而后，斯为替人，宜乎郑板桥先生师事之。……句容杨世沅芷湘甫识。

——杨世沅《陆仲子遗稿跋》

郭文贞，字恕宣，河南新乡人，教授卫大壮室。恕宣解绘事，工大草，曾赠余书画合璧册，草书挥洒奇妙，殆可追仿板桥。

——恽珠《国朝国秀正始集》卷十八

北宋人画兰，每用双钩，微伤刻画。至赵子固、郑所南诸公，始作墨兰，独得天趣。赵松雪、倪云林、文征仲、沈石田诸贤，于模山范水之余，兼工写生，书卷之气，溢于纸素之外，最为艺林所赏。近世则郑板桥、蒋矩亭犹擅其胜。……壬戌冬日，朱溢藩题。

——朱益藩《题兰林百种》

十五、郑板桥故居

郑板桥故居位于兴化市东城湾郑家巷内，郑家巷南边，早先是一片竹林，再向南便是一条悠悠东去的溪河。故居以东 20 米处有一座古板桥，横跨在护城河上。古板桥在明代是木板结构，到清代改为砖质拱桥，长约三丈，宽约一丈，是东城湾居民进城的必经之地。

板桥幼年时，乳母费氏几乎每天都要背着他走过古板桥，去为他买一只烧饼当早餐。童年时代的郑板桥曾在古板桥河边捉虫捕蟹、嬉戏玩耍。青年时代的郑板桥曾踯躅桥头，观赏岸边的兰叶竹影。"吾家家在烟波里，绕秋城藕花芦叶，渺然无际。"这是郑板桥在一首词里对家居环境的描述，正是出于这份美好感情，他才给自己取号"板桥"。

其实板桥周边的景观远远不止这些，板桥曾自撰一联："东邻文峰古峰；西近才子花洲。"说的就是他家东南方向有一座建于明代的文峰塔，西南方向有明代文学家宗臣读书的"百花洲"。大自然造就的美景和浓厚的人文气息深深植根在郑板桥的心灵，赋予他独特的禀性和气质。

郑板桥故居，原来叫做"郑家大堂屋"，是板桥父亲郑立庵家居课徒之处，原为草屋两间，在郑板桥做官后才改建为瓦屋。瓦屋坐北朝南，正屋两边各有三间披屋，大门坐西朝东。进门的门楼上方原有进士第匾额，门内有一方小院，院内篁竹青翠、兰草清幽。1983年，故居重修时拆迁了南边的住户，大门改为朝南。在正屋东侧新砌了小书斋，在南边新砌了三间朝北瓦屋。摘去了原挂于正屋中间屋檐下的"聊避风雨"匾额，改为四字砖雕，嵌入朝北三间的门檐上。

我们今天所看到的郑板桥故居是在1983年重建而成的，有门楼、正屋、厢房、书斋、厨房、塾馆等建筑，庭院清雅，兰竹萧疏，保持了"室雅何须大，花香不在多"的意境。

故居门额上有原中国佛教协会主席、著名书法家赵朴初先生的题写的"郑板桥故居"5个大字，门厅上方悬挂着著名画家刘海粟先生题写的"郑燮故居"匾额。绕过福字照壁，就是故居的一方天井，庭院的角落栽种了许多竹子。板桥一生爱竹，他以竹为缘，与竹结伴，能将眼前之竹化为胸中之竹，胸中之竹再化为纸上之竹。花台竹子丛中还有一块柱状的石头，坚硬无比像是用斧头劈过。院子四周还种有兰花，荷花，松柏和腊梅，表现了主人的喜好和高洁正直的品格。

堂屋，又称大堂屋，但其实并不算大。在堂屋的两侧悬挂着板桥先生书画木刻作品，还有郑板桥同学顾于观、王国栋以及"扬州八怪"金农、李鱓等人书画作品复制件。堂屋正中是徐渭的书画作品复制件。徐渭，字文长，号青藤老人、青藤道士等，他是我国明清时期文人画的鼻祖。板桥曾请扬州道人吴于河专门刻了"青藤门下牛马走"印章，以表达自己对徐渭的崇敬之情。

东房是板桥当年居住的卧室，非常简陋，仅仅摆放了睡柜、站柜等。西房是板桥乳母费氏的卧室。郑板桥幼年丧母，是在乳母的关怀照顾下长大的。板桥曾写过一首《乳母诗》，怀念乳母费氏对他的关爱，表达了对费氏无以报答的歉疚之情。

十五、郑板桥故居

庭院东侧有一个八角门，里面是小书斋。这里是板桥读书、写字、作画的地方。书斋前有一方很小的天井，幽雅宁静。当年前方的院墙只有一人来高，每当日光、月光照射竹子，竹影就会映在窗纸和粉壁上，风一吹动，竹枝就不断摇曳，形成了一幅幅天然的竹图，成为板桥写竹画竹的"投影"，正如板桥所言："凡吾画竹，无所师承，多得于纸窗粉壁，日光月影中耳！"

庭院西边是郑家的厨房，里面有兴化地区传统的土灶、水缸、烧草、火钳等，此外还挂有一副板桥写给好友袁安石的木刻楹联："白菜青盐糁子饭；瓦壶天水菊花茶。"这正是板桥早年粗茶淡饭清贫生活的写照。

朝北的三间，是郑板桥父亲郑立庵赖以为生的塾馆。塾馆的门额上有砖刻板桥手迹"聊避风雨"。郑板桥小时候就在这里和父亲的学生一起刻苦读书。

厨房以北有一个小门，通向拥绿园。拥绿园原来并不在此处，而在兴化儒学街西首升仙荡浮沤馆旁边。当年从潍县任上罢官归里，一套铺陈，一具阮弦，两夹板书，驮载在三头毛驴的背上，郑板桥踏上了回乡路。这时的郑家大堂屋已由嗣子郑田一家居住，板桥无处安身。好友李鱓闻知板桥归来，暂时无处栖身，就将浮沤馆书斋东边几间书屋划给板桥居住。板桥入住其间，自题匾额"聊借一枝栖"悬于堂上。后李鱓又将浮沤馆北侧空地划给板桥，建成一所园林式别墅，板桥命名为"拥绿园"。2003年，兴化市政府将拥绿园移建于此。

今天我们所看到的拥绿园，亭台水榭，荷塘垂柳，竹影婆娑，花草芬芳，古琴、匾额、名人字画布置其间，更显宁静幽雅。穿小径、过石桥，在拥绿园西边有一个悠长的石刻碑廊。这些碑廊镌刻着当代名家评板桥、写板桥诗句的书法精品。原全国人大副委员长彭冲题：独具一格。原国防部副部长张爱萍题：瘦土出韧竹，挥洒皆诗书；见怪不为怪，清白一生殊。原文化部副部长周谷城题板桥诗句：咬定青山不放松，立根原在乱崖中；千磨万击还坚劲，任尔东西南北风。此外还有赵朴初、周而复、赖少其、吴作人、冯其庸、沙孟海、沈鹏、萧娴等大家题写的作品，可谓赏心悦目，美不胜收。

对郑板桥评价最高者，是一代大师徐悲鸿，他在郑燮的一幅《兰竹》画上题云："板桥先生为中国近三百年最卓绝的人物之一。其思想奇、文奇、书画尤奇。观其诗文及书画，不但想见高致，而其寓仁悲于奇妙，尤为古今天才之难得者。"此言非虚，实乃高论！

（陈学文，原兴化市郑板桥纪念馆馆长）

十六、郑板桥林园

郑板桥林园位于兴化市大垛镇管阮村，G344 国道直达林园入口。入口广场占地 6000 平方米，最南端设置三门四柱花岗岩石牌坊，上书"板桥林园"四个大字，灵秀清逸，俊雅脱俗，由原中国书法家协会主席沈鹏题写。陵园四周有波浪形围墙，墙左右内侧嵌有板桥书画石刻八块。墓区松柏林立，翠竹丛生，绿树环绕。墓的西、北邻河，建有护坡驳岸和栏杆。

1989 年，郑板桥林园开始规划建设。1993 年，适逢郑板桥诞辰 300 周年，兴化市人民政府举办首届中国·兴化郑板桥艺术节，政府出资对郑板桥林园进行了大规模整修和绿化，修建了围墙、石刻、门亭、牌坊等设施，并正式对外开放。1995 年被列为江苏省文物保护单位。

郑板桥林园由郑板桥墓、郑板桥史料陈列室及郑板桥生态园三部分组成。

郑板桥墓位于管阮村西北，人称郑家大场，是郑氏祖茔所在地，葬有郑氏五位先祖，占地约 3 亩。50 多年前，在郑氏祖茔的西北河边，曾有人在剐牛草时拾到一只装钱的小坛子，当为郑氏先祖随葬之物。

郑家大场三面环水，自西南到东北有五条河流汇聚于此，人称"五龙戏珠"。从南边来的水流进北边的倒水坳子，水势回旋翻涌，形成一股绵绵不绝的活水，是一块风水宝地，而且从地形上看，管阮村形似一只张开翅膀的凤凰，而郑家大场就坐落在凤凰的尾巴上，也属吉祥之地。这些传说都给郑家大场蒙上了一层神秘的色彩。

郑板桥墓位于郑氏祖茔西南方向，坐北朝南。封土高约3米，直径约5米，有砖砌墓台环护，宽1米。墓前立有墓碑，上书"郑板桥之墓"五个大字，周而复题写。墓碑离地面高1.90米，宽0.65米，厚0.18米。墓碑前有一长1.4米祭台和一对石烛台，供前来瞻仰板桥先生的人们焚香祭拜。墓后环生着一片郁郁葱葱的竹林，不管刮风还是下雨，都静静陪护着板桥先生那颗不朽的灵魂。"宁可食无肉，不可居无竹。"板桥老人生前如此，去世后亦如此，这是对他最大的慰藉。

说到郑家大场，还有一个有趣的故事。早先郑家大场北边是罗家嘴，旁边的河北圩子上是罗姓人家的祖茔。郑板桥的祖父在东西向的河上打了一条南北向的坝头，以示用坝头撑（兴化方言"撑"与"郑"同音）住锣（锣与罗同音），锣就不响了。说来也怪，罗家风水被这么一撑就真的不行了，家族不兴，人丁不旺，为此两家结了仇。有一年，板桥回乡祭祖时听说了此事，随即叫人在坝头上开了一个大口子，从此郑罗两家又和好如初。从这个故事中，也让我们深切感受到郑板桥与人为善、和睦邻里的人格魅力。

郑家大场曾经遭到严重破坏，文革期间尤甚。前面被村民建了住宅，后面建了猪圈牛舍，还有大大小小的草堆，郑家祭祀用的石器散落其间，十分凄凉。到了上世纪八十年代中期，为恢复以郑燮墓为主的郑家大场地貌，管阮村动员住在这里的村民进行搬迁，16户居民让出了约2000平方米的房屋及其附属建筑，后又在进庄桥的河南及河北，搬迁了12户居民，腾空了约2000平方米，基本恢

十六、郑板桥林园

复了原貌。1986年由市文化局、大垛乡政府、郑板桥纪念馆牵头，修建了墓葬，安装了墓碑，并建成南北长10米、东西宽8米的平台。

郑板桥史料陈列室是一座仿古建筑，古朴典雅，别具一格。始建于2003年，占地2000多平方米，建筑面积1000平方米，内设60多米长的碑廊。2007年，郑板桥史料陈列室进行了修缮并重新布展，以崭新的面貌对外免费开放。

在史料陈列室的环形走廊上悬挂着四块匾额和四副抱柱楹联，均由我国当代著名书法家书写，并采用传统工艺进行制作，浑然一体，落落大方。正面匾额"才步七子"由费新我书写，抱柱联"三绝诗书画；一官归去来"由萧娴书写。左边匾额"味道爱民"由沙孟海书写，抱柱联"天净有云皆锦绣；树深无雨亦溟濛"由黄养辉书写。右边匾额"艺林同钦"由陈大羽书写，抱柱联"删繁就简三秋树；领异标新二月花"是板桥先生的手迹。背面匾额"劲竹清风"由周志高书写，抱柱联"板桥书画千秋宝；梳柳润花色长青"为吉甫所书。这些匾额和楹联书法各具特色，令人品味悠长。

正厅大门中间，是郑板桥的半身铜像，老人深邃的眼神透着智慧的光芒，似乎还在思考"难得糊涂"这样的人生命题。正厅里以十二幅浮雕的艺术形式概括郑板桥清贫、坎坷、勤勉、狂放的一生。

第一幅：舐犊情深。取材于《乳母诗》，"食禄千万钟，不如饼在手"句，表达对乳母的怀念之情。

第二幅：种园学词。十六岁时，板桥跟兴化名士陆种园学填词，陆种园放荡不羁的性格对板桥的一生有着巨大的影响。

第三幅：真州设塾。二十五岁时，板桥迫于生计，来到真州江村设教馆教学，并第一次到扬州卖画。

第四幅：焦山读书。四十岁左右，板桥到镇江焦山别峰庵埋头苦读。

第五幅：京都春闱。四十三岁时，板桥进京赶考，中二甲第八十八名进士。

第六幅：作吏山东。五十岁时，板桥为范县令兼署小县朝城。甫一到任，便命人在县衙墙壁上凿了许多孔，时人不解，他说：出出前任县令的浊气。

第七幅：修堤排涝。五十四岁时，板桥调署潍县，恰遇大水灾，他亲自指挥百姓到禹王台修堤治水，写下《禹王台北斟灾》诗。

第八幅：开仓赈灾。潍县又逢大旱之年，赤地千里，寸草不生，导致人相食。板桥毅然开仓济民，解救了无数难民的生命，深受百姓爱戴。

第九幅：弃官归里。因"忤大吏"，板桥挂印而去，当地百姓万人空巷，千里道别。板桥为官十年，两袖清风，一身正气，"三绝诗书画；一官归去来。"

第十幅：卖画扬州。板桥回归故里后，再次来到扬州以卖画为生，与同道书画往来，诗酒唱和。

第十一幅：红桥修禊。板桥参加了两淮盐运使卢见曾主持的红桥修禊，结识了很多文朋诗友，他的书画风格也日趋成熟，成为"扬州八怪"代表人物。

第十二幅：拥绿外照。板桥晚年回到兴化，好友李复堂以拥绿园相赠，板桥书"聊借一枝栖"匾以自嘲。

东厢房设有郑板桥的艺术成就展，陈列了他的独具匠心的不朽作品。在诗歌创作上，板桥一扫陈腐之气，而力求"沉着痛快"、率真自然、通俗易懂；在书法创作上，自创"六分半书"，形成朴茂劲拔、奇秀雅逸的风格；在绘画上，具有冲破传统的"倔强不驯之气"，笔法圆浑而不失劲秀，奔放而不流于狂纵。即便他的印章，也是古朴典雅，妙趣盎然。

　　郑板桥陈列室的西北部是石刻碑廊，用十块黑色大理石镌刻了板桥的《道情十首》。板桥道情采用的是流行江淮之间的两种"淮扬小调"，一为"宫"调式，一为"羽"调式，在本地尤以"宫"调式最为盛行。板桥先生看中了这一为百姓喜闻乐见的民间艺术形式，1725年始作道情，1729年完成了《道情》十首初稿，后几易其稿，1743年付梓。道情十首，评古论今，恣意纵横，流露出一种逃避现实、甚至近乎颓废的思想感情，更有报国无门的那种无奈和彷徨。

　　牌坊西侧是新建的板桥生态园，占地近10000平方米，板桥先生的全身石雕像面向东方，矗立在园区的中央，四周花木、竹林、亭台相映衬，景色怡人。

　　广场东边大门口朝西立有一块石碑，刻有著名文化学者、中国作家协会会员、原扬州市文联主席丁家桐先生所写《板桥林园记》，《板桥林园记》清新典雅，文采斐然，高度概括了板桥先生的生平业绩和艺术成就。如果说板桥先生是一部永远不朽的大书，那么板桥精神则是这部书的灵魂。如果说板桥先生是一棵傲然挺立的青竹，那么板桥精神则是它不屈的竹节。今天我们以先贤郑板桥为自豪、为骄傲，既要缅怀板桥先生的精神风骨，更要感恩其书画艺术的福泽绵长。

　　古今智者，多如墨斗，但智者以仁，智者重德，最为可贵。管阮之庄，五水争汇，春水溶溶，秋水澹澹，夏日莲荷飘香，冬日寒冰瑞雪，古语云："上善若水"，淙淙流水，岂先生昭示后人之意象耶？

附：丁家桐《板桥林园记》

　　板桥先生诞辰三百周年之际，改革开放、国家大治，里人重修先生之墓,略具规模。又历十年,政府扩大旧制,增建林园,使其成为文化名胜,京中友人景仰先生高风,邀予来此瞻仰,并嘱为记。

夫江淮之胜,集于东南,北接邹鲁,东邻沧海,河湖纵横,水草丰茂;而淮东佳气,又聚于兴化:水云接天,垛田处处,野花如绣,棋盘画出春田,鱼美粮丰,人间佳境也。地灵人杰,先生生于斯,亦归葬于斯,宜也。

先生长眠于此,二百三十余年矣。光阴荏苒,世事沧桑,当年之名流显贵,殁后迅速为人遗忘者亦云众矣。唯有先生,如笔下之兰,久而弥香,崇拜者、追随者、讴歌者、研究者日益众多,何也?盖先生之艺,自树旗帜,独领风骚,先生之德,为官重清,治民以仁,待友推诚,故片纸只字,至今为人视为珍宝;嘉言懿行,种种媒体广为传颂,历久不衰。华夏多文化巨星,晋为渊明,唐有李杜,宋有东坡,至于清代,则有板桥。此论洵不为过。

(陈学文,原兴化市郑板桥纪念馆馆长)

十七、板桥文化园

　　板桥文化园景区位于江苏省特色田园乡村——兴化市大垛镇管阮村北侧,南临344国道,西接宁靖盐高速公路兴化互通出口,交通便捷。省级文保单位——郑燮墓坐落于此。景区风光秀丽,五条河流在园内交汇状似五龙戏水,形像凤尾,古称凤凰宝地。景区以板桥先生求学、入仕、辞官等重要时间节点为主轴,设有板桥书院、板桥道情馆、板桥林园、碑廊、百竹园等景点,集中展示了板桥先生"清廉""民本"思想及其诗书画艺术成就。

板桥书院

　　板桥书院作为文化园的核心景点之一,以其灰色古朴的建筑风貌,吸引着无数书画爱好者前来探访。书院建筑风格独特,采用了明清时期的传统元素,青砖黛瓦,飞檐翘角,透着一股浓浓的历史气息,仿佛能让人瞬间穿越时空,回到那个文人墨客挥毫泼墨的时代。

　　书院不仅是一座承载着厚重历史文化的建筑,更是一个传承与发扬板桥艺术精神的重要平台。展示馆内则陈列着板桥先生作品以及后人的临摹作品,这些作品不仅展示了板桥先生独特的艺术风格,更让游览者得以近距离感受板桥先生那清丽脱俗、笔墨酣畅的艺术魅力。每一幅作品都仿佛是一个故事，讲述着板桥先生的生平事迹和艺术追求。在这里，你可以看到板桥先生笔下的竹子，它们或挺拔坚韧，或柔美多姿，都透露出板桥先生如竹一般的品格和气节。除了书画创作与展示，还定期举办书画教学、笔会交流等活动。在这里，游客们可以亲手临摹板桥先生的书画作品，感受那份独特的艺术魅力。游览者在书画临摹赏析中感悟板桥先生独特的艺术造诣，仿佛与板桥先生进行了一场跨越时空的心灵对话。

板桥道情馆

以道情文化为主题建设的板桥道情馆则以其三面环水的独特地理位置和朴素雅致的环境，成为人们心定神安的好去处。走进馆内，悠扬的丝竹声与浅吟的道情交织在一起，营造出一种散淡自然、心定神安的氛围。

道情文化展示馆内，全国各地道情文化的精华在此汇聚一堂，从江西道情的激昂高亢到温州道情的温婉细腻，再到关中道情的粗犷豪放，每一种道情都以其独特的韵味和魅力吸引着游客的目光，让人大开眼界，领略到了中国传统曲艺文化的博大精深。

除了道情文化展示馆外，板桥道情馆内还设有板桥清廉家风馆，集中展示了板桥先生的家风文化。通过一幅幅生动的画面和一段段感人的故事，展示了板桥先生一生秉持的清廉、正直、为民的家风。在这里，你可以深入了解板桥先生的生平事迹和家风传承，感受到他那种"出淤泥而不染，濯清涟而不妖"的高尚品格。同时内设小舞台，可开展兴化传统曲艺演出、互动教学等，让游览者充分领略水乡传统曲艺文化的魅力。

十七、板桥文化园

百竹园

走出板桥道情馆,沿着小径向南行,便来到了百竹园。这里,是全国各地几十个品种的竹子的家园,它们或高耸入云,或低矮匍匐,形态各异,千姿百态。漫步在竹林中,仿佛置身于板桥先生的画中世界,每一根竹子都仿佛在诉说着板桥先生的坚韧与刚毅。在这里,游客们可以近距离观察竹子的生长状态,感受竹子的挺拔与柔韧,从而更加深刻地理解板桥先生"宁可食无肉,不可居无竹"的人生哲学。同时,这里也是一处绝佳的休闲场所,你可以在竹林间小憩片刻,聆听竹叶沙沙作响的声音,享受一份难得的宁静与惬意。

板桥廉政教育基地

板桥廉政教育基地由板桥书院、板桥道情馆、板桥林园、板桥清廉家风馆、邻里中心以及村史馆等7个部分组成,主要以板桥先生为官之路为主线,详细诠释了"正气""赈灾""大智""好施""勤政"等故事发生的背景和意义。其中两大主题馆——"为民"主题馆与"清廉"主题馆,如同两颗璀璨的明珠,照亮了廉政文化教育的道路,让每一位访客都能深刻感受到板桥先生"为官一任,造福一方"的崇高精神与清廉自守的高尚品质。

板桥廉政文化教育基地,以其深厚的文化底蕴、独特的展示方式及丰富的教育内容,成为了传承板桥精神、弘扬廉政文化的重要阵地。在这里,每一位访客都能深刻感受到板桥先生清廉自守、勤政爱民的高尚品质,以及廉政文化在新时代的独特魅力。

(李萍,兴化市大垛镇人民政府干部)

十八、兴化四牌楼旌彰郑板桥匾额

兴化四牌楼上悬有"才步七子"匾额，旌表郑板桥的才华和成就可以步入"七子"的行列。"七子"，指明代嘉靖年间形成的两个由七位文学家构成的文学群体，分别称为嘉靖前七子和嘉靖后七子。在后七子中，宗臣（字子相）是郑板桥的乡前辈，也是郑板桥年轻时心目中科举和文学的标竿。郑板桥自撰户联"东临文峰古塔；西近才子花洲"中的"才子花洲"，即宗臣读书及殁后坟冢所在的百花洲。

（郭保康，兴化著名文史专家）

十九、郑板桥纪念馆

江苏兴化市郑板桥纪念馆

郑板桥纪念馆是纪念清代"扬州八怪"代表人物郑板桥的专业性纪念馆,成立于1983年,与兴化市博物馆、施耐庵纪念馆合署办公,是我市收藏、保护、研究、展示文物和研究郑板桥、施耐庵的主要机构。1993年新建馆舍是典型的明清建筑风格,迎门为大型花岗岩郑板桥全身塑像、郑板桥兰竹石大理石壁雕。整体占地8000余平方米,建筑面积5289平方米,展陈面积2180平方米。

郑板桥纪念馆现为国家二级博物馆,江苏省、泰州市、兴化市三级爱国主义教育基地,国家4A级旅游景区,江苏省中华文化海外交流基地,江苏省华侨文化交流基地,江苏省社科普及基地,兴化市廉政文化教育基地。

馆内典藏文物2909件(套),其中国家一级文物5件(套),二级文物48件(套),三级文物114件(套)。主要类别有书画、陶器、瓷器、青铜器、杂项等。郑板桥、李鱓等清代扬州八怪的书画作品和兴化籍历史文化名人的书画作品较为丰富,构成纪念馆藏品的一大特色。

郑板桥纪念馆常设陈展有"楚水流长——兴化简史陈列""三绝奇才——郑板桥"及"施耐庵文物史料陈列",在展厅的设计和布局中,充分展示兴化风土人情与地方特色文化,深度挖掘兴化独特的历史内涵和时代价值，成为政府接待、中外游客参观旅游的重要文化景点，在文化传承和文化交流中发挥了重要作用。

郑板桥纪念馆围绕非遗文化多措并举实现创造性转化和创新性发展。在馆内打造板桥道情小剧场，常态化开展板桥道情展演和传习。同时在以郑板桥纪念馆为中心的八字桥景区内植入形式多样的非遗展陈、展示、展演、体验活动。2023年6月，郑板桥纪念馆成功入选江苏省第二批无限定空间非遗进景区示范项目。

郑板桥纪念馆坚持馆校共建，常态化开展研学游活动，每逢传统佳节以及5·18国际博物馆日，会举办各种社教宣传活动，服务广大市民游客。郑板桥纪念馆还定期开展"文物讲堂""字画鉴赏""小小讲解员"等系列活动。

郑板桥纪念馆为进一步弘扬板桥文化，打造板桥文化IP，近年来不断开发出"难得糊涂"折扇、"吃亏是福"镇纸等板桥系列文创产品。2022年以来，还陆续推出了《板桥三道茶》《板桥烧饼》等一系列文化创意视频。

郑板桥纪念馆与时俱进，充分利用互联网、大数据、新媒体等来获取并释放更多信息，做到让文物动起来，让博物馆活起来。用更美的形式，更新的手段，更活的方法，给大众呈现更充实的内容，真正达到以物教人、以史育人、以文化人的目的和效果，促使优秀传统文化更加深入人心。

附：兴化郑板桥纪念馆历任馆长名录：

王浞清（1983年1月－1989年5月）

翁友良（1989年6月－1992年3月）

刘诗复（主持工作，1992年4月－1993年12月）

刘年武（1994年1月－1996年3月）

余　俊（主持工作，1996年4月－2000年11月）

李劲松（主持工作，2000年12月–2002年3月）
俞永忠（2000年3月–2002年11月6日）
张长仪（2002年11月7日–2014年12月7日）
陈学文（2014年12月8日–2019年12月14日）
汪友谊（2019年12月15日–）

（汪友谊，兴化市郑板桥纪念馆馆长）

河南范县郑板桥纪念馆

郑板桥先生是我国清代著名的书画家，清官廉吏，扬州八怪中的代表人物，他在范县和潍县做了十二年的县令。习近平总书记说他："重视农桑、赈济灾民、案无留牍、室无贿赂。其诗：'衙斋卧听萧萧竹，疑是民间疾苦声。些小吾曹州县吏，一枝一叶总关情'。成为千古流传的爱民心声。"

郑板桥在范县的五年间，清正廉明、勤政爱民、造福百姓，被范县人民称为"当之无愧的父母官，德艺千秋的好县令"。他离开范县以后，范县人民思念他，为他建了生祠。他的诗："范县民情有古风，一团和蔼又包容。老夫去后相思切，但望人安与年丰"。成为范县人民一张亮丽的名片。

为了弘扬板桥先生的为官精神，展现他的诗书画艺术，追慕先贤，启迪后人，范县人民在风景秀丽的毛楼生态旅游区，建设了郑板桥纪念馆。

郑板桥纪念馆是建在黄河岸边郑板桥生祠遗址上的一座仿明清式的园林建筑。占地面积三十八亩，建有：展厅、雕像、竹林、碧湖、亭台、水榭、曲径、环廊、假山、碑林。

主体建筑为："清风堂"、"竹骨兰风"、"玉品金心"三大展厅。分别展出郑板桥在范县、在潍县、在扬州时的为官,为文、为书、为画不平凡的人生轨迹。

郑板桥的汉白玉雕像巍立在纪念馆中央,手握画笔,目视远方,一身正气,伟岸端庄。世人观之,皆肃然起敬,恭身礼拜。

廉政文化长廊展示了数十名廉洁为官的历史名人和动人的廉政故事。

碑林展示了二十多通历史文化碑刻。其中"龙、虎、福、寿"碑为全国独有,是书法界"拳书"和"指书"的艺术展现,令人叹为观止。

范县郑板桥纪念馆于2002年10月建成开馆,参观学习者络绎不绝,有学生、有百姓、有官员、有专家、有学者……被省市县定为廉政文化教育基地。参观学习者思人瞻物,古镜今鉴,各有感怀:学子奋发进取、百姓交口称赞、廉官坦然无愧、贪吏汗流惕然。熏染出无数德才兼备的青少年学子和一批批廉洁奉公的人民公仆。增强了广大党员干部的廉洁意识和职业操守,对拒腐防变,廉洁自律,起到了立杆见影的作用,郑板桥纪念馆被称为"育人的摇篮"。

随着范县郑板桥纪念馆名气的提升和远播,纪念馆还将陆续扩建板桥书画院和板桥文化产业园等文化旅游项目,把"板桥文化"、"廉政文化"做大做强,使传统文化得以发扬光大。

(兰景军,河南范县郑板桥纪念馆馆长)

山东潍坊市郑板桥纪念馆

潍坊十笏园文化街区的郑板桥纪念馆是一座包含板桥文化、廉政文化和潍县文化在内的单层仿古建筑,是"潍坊市爱国主义教育基地"、"潍坊市廉政教育基地"和"潍城区廉政教育基地"、

十九、郑板桥纪念馆

"潍城区政德教育基地"。该馆于 2016 年 7 月 1 日正式对外开馆。郑板桥纪念馆坐北朝南,整个场馆建筑面积 1820 平方米,分前门、仪门和县衙大堂。馆内两侧为衙门六房,即吏房、户房、礼房、兵房、刑房、工房以及申明房、牢狱房和书画展厅,后改进为生平厅、勤政厅、艺文厅和传承厅。整个纪念馆再现了老潍县县衙原始风貌,将县衙与郑板桥纪念馆相融合,馆内收藏了老潍县及郑板桥相关的石碑、文物、书画、拓片、案牍、篆刻、书籍、照片等各类物品 500 余件,是一座国内较为全面的展示郑板桥生平、文学成就、艺术成就、勤政爱民、崇德尚廉以及爱民如子的专题纪念馆。很好地传承了老潍县历史文化传统。"治潍县一柱擎天头势重,爱邑民十年踏地脚跟牢",接下来我们就一起来了解一下潍坊郑板桥纪念馆的与众不同。

潍县(现潍坊市潍城区)自古为东莱首邑,北海名城。文风昌盛,科甲蝉联。郑板桥有一首非常出名的诗"三更灯火不曾收,玉脍金齑满市楼,云外清歌花外笛,潍州原是小苏州",足以见得潍县经济的繁荣,乾隆年间曾有"南苏州,北潍县"的说法。

乾隆十一年,郑板桥就任潍县知县。在潍期间,他勤政为民,清正廉洁,政声卓著,形成了"七载春风在潍县"的辉煌政绩。二百年来,潍县人代代相传,始终没有忘记这位"父母官",清代即入三贤祠。新中国成立后,博物馆并设专题陈列。现如今,为更好地纪念郑板桥,故而在十笏园文化街区修建了郑板桥纪念馆。

在郑板桥纪念馆的县衙大堂前矗立着一尊石雕像,是根据郑板桥清代官员肖像 1∶1 复刻而成,真实的还原了郑板桥的形态和原貌。

县衙大堂前方放置的是公生明石碑,荀子有一句名言:"公生明,偏生暗"。碑文为《戒石铭》,相传为五代后蜀末代皇帝孟昶所作，宋太宗赵光义从中摘引十六字"尔俸尔禄，民膏民脂，下民易虐，上天难欺"，颁布天下，自此至清末，各级衙署门前都竖此碑铭，提醒官员要清正廉洁，不欺百姓。

县衙大堂两侧种植了竹林，当年郑板桥也在潍县衙署内亲手植下一片竹林。在一个凄风冷雨的夜晚，郑板桥在县衙书斋躺着休息，听见风吹竹叶发出萧萧金石之声，便联想到了由于大灾荒百姓哀鸿遍野、叫苦不迭的惨状。板桥坐卧不安，于是披衣起身，提笔写下千古流传的诗句："衙斋卧听萧萧竹，疑是民间疾苦声。些小吾曹州县吏，一枝一叶总关情"。

潍县县衙大堂

走进县衙大堂正中央上方悬挂着"明镜高悬"金字牌匾，匾额下方为知县审案木质方阁，大堂四周放置着庭审威慑等器具。牌匾下方的壁画是有名的"海水朝日图"。县官之座位居高堂之上，头顶"明镜高悬"匾，背靠"海水朝日图"，意为时刻清醒，不欺百姓，莫负国家。

大堂两侧，是以潍坊仿古铜工艺制造的大型群像。栩栩如生的展现了"板桥施粥"和"百姓送别"的故事。郑板桥来到潍县的时候，只带了一头毛驴，一担行李和一名书童，离开潍县的时候，依然是一头毛驴，一担行李和一名书童。可谓是一肩明月，两袖清风。

勤政厅

勤政厅位于郑板桥纪念馆正北面，由潍县正堂、勤政东厅和西厅组成，勤政东西厅展示的就是郑板桥任知县时融入百姓、维护百姓、关爱百姓的例子，后人为了纪念他，编写了"亲民六事"。分别选取了怜民疾苦、两袖清风、萝卜送礼、与民同乐、凿衙明志、桥字灯笼这六个比较广为人知的事例。充分展现了郑板桥为政期间勤政爱民、清正廉洁的政绩。

生平厅

生平厅位于郑板桥纪念馆西侧厢房内，郑板桥作为清代著名的文学家、书画家，一生抱定"读书志在圣贤，为官心存报国"的志向，他的这种思想与他的出身密切相关。整个生平厅分为A、B、C三个板块。展厅根据郑板桥一生经历梗概，以童年、求学、为官、归里等重大节点为依托所展开，图文并茂，展品丰富，精心设置了二十余块展板，勾勒展现出了一个丰满正直的板桥形象，仿佛让人们穿越古今，近距离接触这个中国历史上的旷世奇才。这里展示的几幅字——"吃亏是福"、"难得糊涂"都是当时郑板桥在潍县任职时所留下的。

艺文厅

艺文厅位于郑板桥纪念馆东北侧厢房内。郑板桥是清代著名的文学家、书画家，扬州八怪之一，以其特有的"怪"和"诗书画三绝"闻名于世。郑板桥的诗词直抒胸臆，不拘体格，恻隐动人，苍劲豪迈之中不失婉约细腻。板桥的书法也是别开生面，令人称奇。板桥体以隶楷为主，用笔兼有篆隶草行之法，结构大小、方扁随意，章法如"乱石铺街"。郑板桥的画多以兰竹石为主，尤其精于画竹。竹子既是板桥画作中的常客，也寄托了他的人格品行。整个艺文厅分为电子展览室、艺术成就厅和潍水情怀厅三部分。以兰竹石为代表的画作、以"六分半体"怒不同人的书法、别具一格的印章等等，丰富了整个展厅的典藏。展厅设计脉络清晰，层次分明，把板桥的"诗书画印"融为一体，达到四美境界，能够充分加深参观者对板桥艺术成就的印象。

传承厅

传承厅位于郑板桥纪念馆东侧，布局紧凑有序、结构浑然一体，展有毛泽东、习近平、傅抱石等政治家、艺术家从不同角度对板桥作出的高度评价。展厅将板桥精神的传承与中华民族伟大复兴的中国梦相结合，润泽人们的心灵、肃正人们的言行，是一处不可多得的廉政文化教育和政德教育殿堂，"三严三实"和"两学一做"学习基地。

（韩斌）

江苏扬州市郑板桥纪念馆

扬州郑板桥纪念馆位于天宁寺原禅房内，面积约720平方米，三进院落。

郑板桥纪念馆的落成也是大运河文化遗产保护项目的一项重要内容，之所以把它建在扬州天宁寺内，也是因为郑板桥和扬州、和天宁寺都有着密不可分的关系。他曾在天宁寺读书，做官前后也都是居于扬州以卖画为生。

郑板桥纪念馆馆展分为故园风雨一板桥、漫漫征程功名迟、十年县令雄心退、梦醒扬州一酒瓢四个部分。四大板块较为完整地介绍了郑板桥的生平故事，重点突出了郑板桥与扬州及天宁寺、扬州八怪诸家、朝廷官员及盐商的渊源，深深吸引着天南地北的游客！

郑板桥于做官前后，在扬州有过两次卖画经历。当年他在天宁寺读书的蜡像场景就是模拟当时板桥和李鱓以及黄慎在天宁寺相互切磋的展现。据传，当年板桥上任，骑着一头毛驴，人称"毛驴县令"。馆内有一尊铜像就是板桥上任时的情景。馆内有板桥到任后为了体察民情，芒鞋问俗，墙上挂着他使用过的蓑衣和斗笠。又有关于郑板桥在范县任上撰写对联、整治地痞恶棍的故事展板，充分表达了板桥亲政爱民的理念。在范县潍县任与民同乐同息及人民安居乐业的景象。

十九、郑板桥纪念馆

馆内的一幅油画便是他开仓济民,责命当地富商平价售粮的情景,以及与盐商的故事。又设置了潍县城隍庙碑展柜,以及乾隆奉母东巡泰山,板桥被巡抚包括委任为乾隆东封书画史,居泰山绝顶四十余日的。

板桥为官,始终没有得到升迁,后来,扬州道士吴于河为他刻治了一枚"十年县令"的印章,算是记录了板桥在政坛上的一段经历。

板桥辞官后寓居扬州卖画以自给,时常会与诸友诗酒唱和,参加两淮盐运使卢雅雨三月上巳日的红桥修禊,自己出面在竹西亭举办的的一场文人聚会,与会者有黄慎,程锦庄,李御等八人,皆为文士俊杰。当时他们也留下了传世墨宝。

暮年将至,板桥意识到自己的时日无多,反而变得愈发洒脱。画艺更加精进,留下了许多佳作,徐悲鸿则称赞他为三百年来最卓绝的人物之一。

回顾板桥的一生,他经历了幼年丧母,中年丧子丧女,晚年又丧子的不幸,尽管曾贫寒沮丧过,消极愤懑过。但因为他始终没有放弃自己的追求和忧国忧民的家国情怀,越挫越勇,百折不挠,才成就了中国历史上卓绝的旷世奇才。

二十、山东潍坊市郑板桥政德教育馆

2019年3月初，按照打造省内一流、全国有影响力的政德教育馆目标要求，在潍坊市委组织部的指导和区委区政府的领导下，由潍城区委组织部牵头，高起点、高标准建设打造了以"一枝一叶总关情"为主题的郑板桥政德教育馆。展馆是一座融教育培训、艺术欣赏、文化传承等于一体的学习教育展馆，是在新中国成立70周年之际建成，是激励党员干部锤炼党性、涵养政德、为民勤政、担当作为的又一重要教育平台。展馆分为上下两层，总建筑面积2700平方米，内设"咬定青山不放松"、"一枝一叶总关情"、"七载春风在潍县"、"宦海归来两袖空"、"新竹高于旧竹枝"五大板块，展现了郑板桥"一枝一叶总关情"的为民情怀，"咬定青山不放松"的执着坚守，"任尔东西南北风"的坚定担当等，教育激励党员干部常修为政之德、常怀为民之心，担当作为，事争一流，为实现中华民族伟大复兴的中国梦努力奋斗！现已揭牌"山东省党员教育现场教学基地"、"潍坊市党员教育现场教学基地"。

（陈玺，潍坊市潍城区委组织部）

二一、中国·兴化郑板桥艺术节

中国·兴化郑板桥艺术节，是江苏省兴化市利用历史文化资源，充分发挥名人效应，扩大兴化知名度和美誉度，大力推进招商引资，促进社会经济和文化发展的重大活动。郑板桥艺术节，以"文化搭台，经济唱戏"为原则，举办各类异彩纷呈、形式多样、富有浓郁地方特色的文化活动，并利用多种文艺形式，积极宣传兴化人文历史、资源优势、投资环境和各种优惠政策，加深了来宾和国内外客商对兴化的了解，激发了到兴化投资兴业的热情。

首届郑板桥艺术节于1993年11月板桥先生诞辰300周年之际举办，其后每两年举办一届，至2023年已举办16届。

郑板桥艺术节活动内容丰富，主要有：开幕式、大型文艺演出、郑板桥民本思想及艺术成就研讨会、非遗展示、民俗文艺表演、拜谒郑板桥墓园、板桥书画真迹展览、板桥书画创作大赛、出版板桥书画作品、发行板桥书画邮票、举办板桥宴大赛等。

第七届郑板桥艺术节除了举办开幕式、闭幕式，还举办了板桥书画艺术报告会、兴化名人馆开馆、群众文化活动周等活动。

第八届郑板桥艺术节举办了水浒文化暨明清小说研讨会、楚水流韵非遗文艺展演，出版《劲竹清风》，施耐庵陵园陈列室布展并对外开放等。

第九届郑板桥艺术节，兴化市政府与央视联合举行"欢乐中国行"，举办了兴化文学馆布展及"兴化文学现象"研讨会、板桥系列淮剧小戏专场、《魅力兴化》大型广场文艺演出、农村文艺调演、乌巾荡龙舟大赛，制作板桥道情、茅山号子及板桥竹MTV，出版发行《兴化简史读本》，公布第三批市级文物保护单位名录和第二批非物质文化遗产名录，完成兴化文学馆布展并对外开放等。

第十届郑板桥艺术节举行了兴化投资环境说明会暨招商引资重大项目签约、开工奠基仪式，组织农业投资项目洽谈推介会，举办中国·兴化'2011河蟹节、文化产业项目推介签约会、艺术节专场文艺演出、文化兴化建设成果展示、书画精品展和兴化民俗文化展示活动等。

第十一届郑板桥艺术节举行了开幕式文艺演出、电影《哺乳期的女人》首映式、名家书画精品展、群众文艺展演周及非遗项目展示活动、新创节目调演、王虹军摄影作品展和《兴化民歌》首发式。组织开展板桥系列影片、戏剧进村、进社区活动。公布兴化市第四批非物质文化遗产保护项目及第二批传承人名单。

第十六届郑板桥艺术节举行了开幕式大型文艺演出、"一枝一叶总关情"诗词大赛书法邀请展、板桥文化系列研讨会（包括：组织《板桥道情》专题研讨会，举办《板桥道情·套曲十首》新闻发布会，开展廉洁微电影展播、板桥文化研学、文化景点采风等活动）、香飘水乡　共谱华章——2023兴化金秋投资贸易洽谈会、"遇见板桥·品蟹赏菊"特色文旅活动、"板桥记忆"系列活动（包括：举行郑板桥诞辰330周年彩色邮资机图、《水韵兴化》城市宣传邮册首发式，组织"诗画田园——2023兴化美术写生采风"、在宁兴化籍书画名家作品两地巡展，举办2023年度好小说评议、义卖书画作品展、毕飞宇工作室·小说沙龙（天津师范大学专场）、兴化文学课堂等系列活动）、2023年兴化市淮剧文化节暨板桥小戏文艺展演等。

郑板桥艺术节的举办,不仅扩大了兴化对外的影响,促进了社会经济的发展,极大丰富了文化活动内容,提升了文艺创作水平,健全了文化设施建设,满足了群众的文化生活为兴化市文化大繁荣大发展奠定了重要基础,推动和促进群众文化事业的全面发展。

(陈学文,原郑板桥纪念馆馆长)

二二、兴化市郑板桥文学艺术奖

为进一步推动兴化文艺事业繁荣与发展，促进文化兴化建设，提升兴化文化软实力，扩大对外影响力，2017年我市设立郑板桥文学艺术奖，每两年评选一次。郑板桥文艺奖是以"扬州八怪"重要代表人物、诗书画"三绝奇才"、兴化籍历史文化名人郑板桥先生命名的文艺奖项。

郑板桥文艺奖面向兴化本土作者（含已在兴化工作、生活两年以上的非兴化籍作者）和本市单位、团体，设荣誉奖、文学奖、艺术奖三项。荣誉奖奖励兴化本土作者创作的获得省级以上奖项的作品。文学奖分长篇小说、中篇小说、短篇小说、报告文学、文学评论、诗歌、散文（含其他文学作品）等七个门类，艺术奖分戏剧曲艺、音乐、舞蹈、书法（篆刻）、美术、摄影、广播影视文艺作品以及其他类等八个门类，每个门类获奖作品不超过3个。另设特别贡献奖，奖励获得国家级以上文艺奖项的在外工作的兴化籍人士。评选工作由设立的专门评审委员会承担，邀请市内外文艺界专家学者根据作品门类组成评审组，本着"公开、公平、公正"和"好中选优、宁缺勿滥"的原则进行。获奖作品以市委、市政府名义进行表彰，颁发证书和奖金。

郑板桥文学艺术奖不仅是兴化市文艺创作的重要推动力，更是传承和弘扬中华优秀文化的重要载体。未来，随着奖项的不断优化和创新，郑板桥文学艺术奖必将成为全国乃至国际文艺领域的一张亮丽名片，为中华文化的繁荣与发展注入新的活力。

历届获奖情况
2015—2016年度郑板桥文学艺术奖获奖作品名单
一、文学奖（14件）

作品类别	作品名称	作者姓名
长篇小说	《映日荷花》	陈默
中篇小说	《青草》	易康
中篇小说	《渔歌唱晚》	顾维萍
短篇小说	《元青花》	单玫
短篇小说	《水妖·青云》	汪夕禄
短篇小说	《福扣》	孔凡春
文学评论	《我不想做一个可以被轻易归类的写作者》	李冰
文学评论	《历史的天空有朵云》	唐应淦
诗歌集	《走不出的河岸》	王干荣
散文集	《云端上的日子》	夏小芹
散文集	《去往甜蜜的村庄》	陆凤萍
散文集	《知己的黄昏》	王锐
传记	《风华世家》	陆素娟
文史	《楚水流长—兴化史话》	潘仁奇

二、艺术奖（12件）

作品类别	作品名称	作者姓名
戏剧曲艺	《大兰种钱》	董景云
音乐	《常去老百姓家中串串门》	陆春龙
舞蹈	《花开等你来》	侨之缘艺术团
书法	《前贤题画诗选抄》	邹国美

美　术	《紫雪》	陈家欣
美　术	《湖天春晓》	魏新义
美　术	《板桥之情》	唐志珍
摄　影	《小城动脉》	顾晓中
摄　影	《生态兴化我的家》	薛志龙
广播影视	《板桥家书》	周　斌
广播影视	《花开等你来》	李骥翔
广播影视	《黑户》	李硕功

三、荣誉奖（4件）

作品类别	作品名称	作者姓名
音　乐	《花开等你来》	文化馆
书　法	《兰亭始末记》	王家任
摄　影	《检修》	杨天民
广播影视	《来自秧田的情歌》	广播电视台

2017—2018年度郑板桥文学艺术奖获奖作品名单

一、文学奖（12件）

作品类别	作品名称	作者姓名
长篇小说	《沈小菊》	王玉兰
长篇小说	《苦夏》	吴正宏
中篇小说	《恶水之桥》	易　康
短篇小说	《无人接收的信件》	李　冰
短篇小说	《漏水》	单　玫
文艺评论集	《历史的天空有朵云》	唐应淦
诗歌集	《开在露珠里的小花》	顾红干
诗歌集	《美丽的点燃》	王千荣

诗歌集	《我若潺潺》	顾维萍
散文集	《藕垛》	夏所珍
散文集	《楝树下的凝望》	朱田武
报告文学	《天下"秤王"出昭阳》	汤法新

二、艺术奖（12件）

作品类别	作品名称	作者姓名
戏剧曲艺	《四十年风雨铸辉煌》	董景云
音乐	《老家兴化》	徐 菲
书法篆刻	《滕王阁序》	王家任
书法篆刻	《颜氏家训数则》	徐荣甫
书法篆刻	《山谷题跋选录》	冯 秦
美术（国画）	《楚水雪韵》	邹国美
美术（国画）	《春日曙光白蒙蒙》	翟 健
美术（农民画）	《博古通今》	李玉书
摄影	《雪中情》	王少岳
摄影	《生命的旋律》	洪 晨
广播影视	《水乡放鸦人》	周 斌
广播影视	《窑工号子》	李骥翔

三、荣誉奖（5件）

作品类别	作品名称	作者姓名
书法篆刻	《青城山长联》	王 峰
美术	《瑞果图》	陈家欣
音乐	《网的个日子叫小康》	周庄镇文化站
舞蹈	《京韵》	市文化馆
广播影视	《追梦》	市融媒体中心

四、特别贡献奖（1件）

作品类别	作品名称	作者姓名
短篇小说	《七层宝塔》	朱辉

2019—2020年度郑板桥文学艺术奖获奖作品名单

一、文学奖（10件）

作品类别	作品名称	作者姓名
长篇小说	《玉兰和她的孩子们》	王玉兰
中篇小说	《画家与小花》	徐薇
中篇小说	《玉骨》	易康
短篇小说	《洋楼（外一篇）》	汪夕禄
短篇小说	《李园》	李冰
短篇小说	《人皮二胡》	赵娟湘
文艺评论	《闲说水浒》	陈学文
诗歌集	《雪.落在阳光的背后》	刘祥宏
散文集	《里下河农事》	陈明干
散文集	《串场河边》	袁正华

二、艺术奖（15件）

作品类别	作品名称	作者姓名
戏剧曲艺	《兰竹枷》	大垛镇
音乐	《纤道长长》	周庄镇文化站
音乐	《吉祥中国》	徐菲
书法篆刻	《山谷论书》	徐荣甫
书法篆刻	《孝经节选》	刘小洁
书法篆刻	《杨万里诗选》	王峰
美术	《普通人之收工》	张宇程

美术	《双猴捉蜂》	魏新义
美术	《垛田春色》	沈海涛
摄影	《垛上人家》	王少岳
摄影	《垛田春色》	顾晓中
摄影	《爷俩采葱伴晨露》	董维安
广播影视	《我和我的祖国》	兴化农商银行
广播影视	《戴窑砖雕》	李骥翔
舞蹈	《点红》	兴化市文化馆

三、荣誉奖（8件）

作品类别	作品名称	作者姓名
文艺评论	《在守望中飞翔》	顾维萍
戏剧曲艺	《船娘》	兴化市淮剧团
音乐	《吉船下水》	开发区文化站
书法篆刻	《清人诗数首》	宗明义
书法篆刻	《六代论》	周　宇
书法篆刻	《前贤题画》	邹国美
美术	《观自在》	翟　健
摄影	《喜上眉梢》	杨天民

2021—2022年度郑板桥文学艺术奖获奖作品名单

一、文学奖（6件）

作品类别	作品名称	作者姓名
长篇小说	《大河之上》	顾维萍
短篇小说	《詹妮的脸》	易　康
短篇小说	《迷楼》	汪夕禄
短篇小说	《缸中人》	王　锐

诗歌集	《跫音》	金偶
散文集	《闾里风雅——兴化的民俗》	郭保康 潘仁奇

二、艺术奖（13件）

作品类别	作品名称	作者姓名
戏剧曲艺	淮剧小戏《门前不是陌生客》	兴化市淮剧团
戏剧曲艺	小品《一幅墨莲图》	主创：董景云、翟春萍、黄铭
戏剧曲艺	表演唱《踏车行》	兴化市淮剧团、兴化市文化馆
舞蹈	《花开蝶舞》	编排：易碧霞
广播影视	广播剧编剧《"死神"神枪手张桃芳》	编剧：顾红干　袁嘉翙
书法篆刻	《欧阳修<试笔>》	刘小洁
书法篆刻	《东坡词》	夏宇亮
书法篆刻	《隶书辛弃疾八首》	王德胜
美术	《旧韵》	张宇程
美术	《春赏油菜花》	马本华
美术	《"葱"满希望奔小康》	徐兴海
摄影	《水上长龙绕城过》	董维安
摄影	《画里人家》	顾晓中

三、荣誉奖（6件）

作品类别	作品名称	作者姓名
书法篆刻	《清人诗选抄》	宗明义
书法篆刻	《古人题画诗》	邹国美

美术	《垛田主要传统农耕文化遗产绘画系列》	李玉书
摄影	《艰辛快递员》	王少岳
摄影	《水乡八月采菱忙》	洪　鑫
摄影	《多接了三五单》	洪　晨

四、特别贡献奖（2件）

作品类别	作品名称	作者姓名
散文集	《小先生》	庞余亮
摄影	《马背汉子》	杨天民

（汪夕禄，兴化市教育局局长；陈婷婷，兴化市文联秘书长）

二三、泰州市"郑板桥杯"全国诗词大赛

"郑板桥杯"全国诗词大赛由中华诗词学会、江苏泰州市人民政府主办，江苏省诗词协会、中共泰州市委宣传部、泰州市文学艺术节联合会及泰州市诗词协会协办。大赛设组委会、评委会。组委会由主办和承办单位负责人组成。评委会由中华诗词学会、江苏省诗词协会诗词专家组成。2015年7月1日，"郑板桥杯"全国诗词大赛组委会先后在《中华诗词》《江海诗词》等报刊网站刊登征稿启事。

征稿主题：讴歌康泰之州、富泰之州、祥泰之州，倡扬社会主义核心价值观，展示郑板桥勤廉为民精神为代表的人文之美、人与自然和谐的生态之美、推进"四个全面"进程中的发展之美。力求思想性、艺术性、可读性相统一。征稿范围：中华传统诗词，要求符合格律。诗用平水韵，词用词林正韵。诗词亦可用新韵。但在同一首诗词中新、旧韵不得混用。征稿要求：来稿须为本人原创作品且未参加过其他评奖，严禁抄袭。每人限投1—3首。来稿须注明真实姓名、地址、邮编、电话。主办方对获奖及入围作品享有版权和使用权，著作权仍归作者拥有，但不另支付稿酬。截稿日期：即日起至2015年9月30日止（书面稿以当地邮戳为准）。奖项设置：一等奖1名，奖金5000元；二等奖5名，各得奖金2000元；三等奖10名，各得奖金1000元，优秀奖50名，各得奖金200元。

2016年5月14日下午，"郑板桥杯"全国诗词大赛颁奖典礼

二三、泰州市"郑板桥杯"全国诗词大赛

在泰州举行。所有获奖作品、入围作品及部分评委作品已编印成《"郑板桥杯"全国诗词大赛作品选》一书并向到会人员现场赠发。全市诗词爱好者和观众 400 多人参加了颁奖活动。广东高州市苏俊《七律·咏郑板桥》作品获得一等奖，诗云：

> 合共陶潜把臂行，乌纱抛去一身轻。
> 群惊骂鬼呵神语，独抱忧民爱国情。
> 要为千秋留硬骨，岂徒三绝擅高名。
> 只今风竹萧萧夜，恍听衙斋掷笔声！

（党明放）

二四、兴化市板桥竹石园

　　板桥竹石园位于兴化市英武大桥西南首，总占地面积6.5万平方米，是一个沿河开放式的生态景观园。园内苗木品种繁多，主要以竹为主，共种有斑竹、紫竹、水竹等58个品种的竹子，充分体现板桥先生"竹之虚、竹之魂"的廉政、清政、爱民的伟大精神。景点有"筱火吟芦"庭院、六角亭、水榭等。整个园区次干道，每20米即有一处形态各异的板桥竹画地刻，车路河沿线布置有八组竹石小品，分别用不同石材布置而成，有太湖石、水洗石、斧劈石、黄石、白果峰等。一片片竹林和一块块灵石组成了一幅幅优美的竹石图。路的两侧有多处石墙，上面刻有郑板桥先生的名诗名句。风景优美、如诗如画的板桥竹石园，由于设计精巧、布局合理，兼有自然之美和人文之美，受到广大市民的喜爱，来此游玩、健身的人络绎不绝。

（陈学文，原兴化市郑板桥纪念馆馆长）

二五、兴化市郑板桥纪念馆馆刊《板桥》

1983年11月23日，来自全国各地的郑板桥研究专家齐聚兴化，举办了一场别开生面的郑板桥艺术思想学术研讨会。1984年10月，兴化郑板桥纪念馆将此次会议上交流的研究文章汇编成册，这就有了馆刊《板桥》的诞生。在《板桥》创刊号《编后絮语》中，明确了《板桥》刊物的定位，即：刊登研究郑板桥生平、交往、行踪、思想、创作道路、艺术成就等方面的文章、资料；刊登研究郑板桥故里的其他历史文化名人如施耐庵、韩贞、陆西星、宗臣、李清、李鱓、任大椿、刘熙载等的文章和资料；刊登为纪念郑板桥而创作的诗词、对联、书画、篆刻等作品；刊登有关郑板桥的趣闻轶事、民间传说以及剧本、歌曲等。

同年《板桥》第二期出版，主要发表郑板桥诞辰290周年纪念活动前后，各地学者专家、诗人骚客撰写的诗词、颂赞和对联。

1985年出版了《板桥》第三期，发表了板桥研究文章6篇及诗词楹联、书画印章若干。1986年出版了《板桥》第四期，是为纪念李鱓诞辰三百周年而出版的专辑。1987年出版了《板桥》第五期，发表郑板桥、李鱓研究文章5篇及诗词楹联、书画作品若干。1988年出版《板桥》第六期，发表郑板桥、刘熙载研究文章11篇及书画、篆刻作品若干。1990年出版了板桥》第七期，发表郑板桥、施耐庵、李鱓等人研究文章12篇及书画、篆刻和诗词作品若干。1995年出版《板桥》第八期，发表纪念郑板桥诞辰300周年国际学术研讨会（1993年10月郑板桥艺术节期间举办）论文21篇。

《板桥》1—8期的出版，在我市文博事业的发展和郑板桥艺术思想研究等方面产生了积极影响，对兴化与外地的学术交流起到了很大的推动作用。彭国良、王挹清、翁友良、刘年武、刘诗复等馆领导付出了艰苦努力和辛勤劳动。由于种种原因，《板桥》没能坚持办下去，停刊整整20年。

2015年，时任馆长陈学文经过调研，出于文博事业发展和学术交流的需要，决定恢复出版馆刊《板桥》，并对《板桥》重新定位：它不只是研究郑板桥及其他兴化历史文化名人的思想和艺术成就的平台，也是文物、考古、收藏、展览陈列、历史研究、文化旅游等学术研究的主阵地。

2016年2月，《板桥》第9期出版，设有栏目《卷首语》《板桥研究》《楚水名胜》《水浒新论》《考古探秘》《文物收藏》《兴化记忆》《名人先贤》《工作论坛》《文博动态》等。共发表文章25篇。同年10月，《板桥》第10期、第11期同时出版。第10期新增栏目《一期一家》《庙宇揽胜》。共发表文章25篇。第11期为"李鱓专辑"，共发表兴化郑板桥纪念馆与扬州大学联合举办的"蛟然五松啸：李鱓学术研讨会"部分论文22篇（研讨会实际收到论文39篇）。2017年6月，《板桥》第12期出版。新增栏目《姓氏文化》《旅人散记》。共发表文章31篇。同年12月，《板桥》第13期出版。新增栏目《乡镇巡礼》。共发表文章30篇。2018年6月，《板桥》第14期出版。共发表文章29篇。同年12月，《板桥》第15期出版。共发表文章33篇。2019年6月，板桥》第16期出版。共发表文章33篇。同年，因馆长陈学文的离任及其他原因，《板桥》馆刊再度停刊。

《板桥》馆刊9—16期，开本采用的是大16开，合计发表文

二五、兴化市郑板桥纪念馆馆刊《板桥》

章 228 篇，近 100 万字。深受文史专家、文博爱好者和广大读者欢迎，也为兴化博物馆成功申报国家二级博物馆奠定了学术上的支撑。

（陈学文，原兴化市郑板桥纪念馆馆长）

二六、中国·范县郑板桥文化节

濮阳范县历史悠久，人文荟萃，名贤辈出。清中叶著名思想家、文学家、艺术家，以"诗书画三绝"享誉海内外的"扬州八怪"重要人物郑板桥，曾在范县任县令五年。在任期间，板桥忧国忧民、体察民情、扶危济困、画慰劳人。他离开范县数年后仍不忘范县人民，曾作诗一首："范县民情有古风，一团和蔼又包容，老夫去后相思切，但愿人久与年丰"表达了他对范县人民的怀念之情。多少年来，郑板桥的官德人品和清廉形象一直被后人称颂。

位于范县辛庄乡毛楼村郑板桥纪念馆占地二十八亩，主体建筑"三绝堂"，将展示郑板桥的生活、写作、作画的场景，除诗书画作品展览外，还设有"金水桥""板桥故居""幽逸廊"等建筑。

为了弘扬板桥的民本思想，向更多的人宣传范县、展示范县悠久的历史文化和淳朴的民风，在郑板桥诞辰三百一十五周年之际，范县于 2008 年 10 月 10 日至 12 日隆重举办了"中国·范县郑板桥文化节"，来自海内外的客商、企业家和文化艺术界、新闻界的宾朋欢聚一堂、云集范县。

此次文化节期间，范县精心安排了郑板桥文化节大型书画笔会、郑板桥纪念馆馆藏书画作品展、《郑板桥上任》电影晚会、范县热土展及改革开放 30 年成就展等系列活动。旨在纪念板桥、推介范县、引才引资、促进范县的经济加快发展。

（杜晓玲）

二七、郑板桥及扬州八怪研究机构名录

兴化市郑板桥书画院

1993年，兴化市郑板桥书画院经兴化市人民政府批准挂牌成立，现在职人员两名，名誉院长、顾问、特聘书画师若干名。院长李劲松，常务副院长邹国美。

兴化市郑板桥书画院隶属兴化市文体广电和旅游局，是开展书画创作、研究、交流、培训、服务等相关活动的专业机构。

（李劲松，兴化市郑板桥书画院院长）

兴化市扬州八怪书画院

扬州八怪书画院于2004年11月经兴化市政府注册登记，2005年4月正式挂牌成立于"扬州八怪"的杰出代表郑板桥、李鱓故里——水乡兴化，是具有法人资格的文化艺术研究机构（机构代码为51085697—8）。画院成立当年被中国美术家协会列为"2005年中国美术大事记"而永久载入中国当代美术史。

画院聘请了包括王琦、肖峰、张海、言恭达、周志高、孙克、张华胜、何水法等人在内的数十名著名书画大家担任画院的艺术顾问与名誉院长。

扬州八怪书画院在中共兴化市委宣传部、市文联的领导下，始终坚持高起点、高标准的办院宗旨，立足兴化、面向全国，积极开展展览、创作、出版、交流、收藏、培训等多种形式的艺术活动，为继承和发扬"扬州八怪"的书画艺术、推动地方文化艺术事业的发展尽责尽力！

画院成立近二十年来，举办了多次在全国产生较大影响的全国性书画展览与学术交流活动，并协助市委市政府承办多届郑板桥艺术节的书画名家邀请展等展览与交流活动，在全国艺坛赢得了良好的口碑与声誉。

创刊于 2006 年、由时任中国书协主席张海先生题写刊名的院刊《中国书画鉴赏》杂志已连续出版三十多期，以其高端的学术品位与精美的装帧设计深受广大书画名家的喜爱！

扬州八怪书画院实行院务委员会领导下的院长负责制，画院下设秘书处及山水、花鸟、人物、书法四个创作室及书画培训中心。地址：江苏省兴化市牌楼路 8 号　扬州八怪书画院，电子邮箱：yzbgshy@163.com

（董怀勇，兴化市扬州八怪书画院院长）

扬州大学扬州八怪研究所

扬州大学扬州八怪研究所成立于 2012 年 9 月 5 日，是校美术学重点学科的特色研究机构，开展以扬州八怪研究为主的地方美术各类学术活动，首任所长为扬州大学贺万里教授。目前依托美术学院教授工作室和扬州文献陈列室开展学术接待与学术交流工作。除本院研究人员之外，还聘请有韦明铧、党明放、武维春、梁玖、李倍雷、杨宇全、王青霞、罗加岭、慕相中、王浩、王汉、倪悦、包媛媛等担任研究员。

扬州八怪研究所成立十余年来，取得了显著的成果。研究所参与承办协办了以扬州八怪诸家诞辰年为主的系列学术活动，如2013年郑板桥诞辰330周年学术研究会（江苏扬州）、2014年边寿民诞辰330周年学术研讨会（江苏淮安）、2015年李方膺诞辰320周年学术研讨会（江苏南通）、2016年李鱓诞辰330周年学术研讨会（江苏兴化）、2017年金农诞辰330周年学术研究会（浙江杭州）、2018年高翔诞辰330周年陈撰诞辰340周年学术研讨会（江苏扬州）等并有论文集刊印。研究员党明放、贺万里、韦明铧、吴越滨、刘亚璋、顾志红等也分别多次参与兴化市纪监委、扬州博物馆、扬州八怪纪念馆等单位举办的郑板桥书画展、廉政文化建设等相关研讨活动，出席纪念闵贞诞辰、李勉诞辰、黄慎诞辰纪念等系列活动并撰写相关论文。

扬州八怪研究所成立以来，设立有年度规划项目，鼓励师生积极参与课题申报与研究工作，先后有二十余项成果在大学学报和其他学术刊物上发表。研究员在《艺术百家》《美术与设计》《中国美术研究》《中华书画家》《荣宝斋》《贵州大学学报》等重要学术期刊发表三十余篇重要论文，协同扬州大学美术学院、清代扬州画派研究会等机构，出版了《扬州八怪研究概览》《扬州八怪研究：超越地域的范式推进》《苇间飞鸿：边寿民诞辰330周年学术专辑》《奇郁晴江梅：李方膺诞辰320周年学术专辑》《蛟然五松啸：李鱓研究新论及李鱓资料拾遗》等学术专集。研究员党明放编撰有《郑板桥年谱》《郑板桥全集》《郑板桥》等重要著作，贺万里有《扬州艺术史》，顾志红有《康乾时期扬州界画流派研究》，罗加岭有《晚清冶春后社研究》等等扬州研究专著出品。

（贺万里，扬州大学扬州八怪研究所所长）

清代扬州画派研究会

清代扬州画派研究会成立于 1980 年 10 月 8 日，是新时期国内建立最早的且延续至今、富有影响力的群众性学术社团之一。研究会建立伊始即确立了以学术研究、交流和书画创作、展览和文化咨询为一体的综合性学术社团的宗旨。研究会首任会长即当时担任扬州市人民政府副市长的李亚如先生。李亚如之后有任真（薛锋代理事务），李万才，贺万里等先后担任会长一职。目前，研究会由陈峰担任会长，副会长吴娟、刘亚璋、高荣、倪金宝，秘书长周湛清。

清代扬州画派研究会成立之初就获得了国内外各界人士的关注与支持，会员遍及全国，集聚了各地有志于清代扬州画派研究的教授、学者、诗书画家，其中不乏在当时即已经卓然有成的学者，诸如王伯敏、杨新、单国霖、张安治、薛永年、周积寅、卞孝萱、马鸿增、萧平等，以及后来在学术圈知名于海内外的专家如陈传席、邱幼宣等，扬州本地会员在协会的组织活动中也渐次成长为扬州八怪研究领域的专家学者，诸如薛锋、蒋华、李万才、张郁明、黄俶成、丁家桐、郑奇、韦明铧、贺万里、党明放等。目前，研究会隶属扬州市市文联、扬州市民政局管理，开展理论研究、学术交流、资料编印、组织展览、咨询服务等学术活动，开设有微信公众号"扬州市清代扬州画派研究会"。

清代扬州画派研究会成立四十年来，积累了丰厚的学术人脉与资源优势，组织会员积极参加相关的扬州八怪学术交流活动、学术著作出版、普及读物编撰，以及郑板桥艺术节、郑板桥廉政研讨等系列活动，邀请国内外有志于扬州文化和扬州八怪研究的专家学者来扬州考察交流。协会组织编撰了《扬州八怪艺术国际研讨会论文集》内部刊印《清代扬州画派研究会资料集》《扬州八怪研究资料集》（由"扬州八怪评论集、考辩集、题画录、年谱等组成"《扬州八怪传记丛书》《扬州八怪书画全集》《扬州八怪研究概览：清代扬州画派研究会成立30周年纪念文集》《扬州八怪研究：超越地域的范式推进》《郑板桥年谱》《郑板桥全集》《郑板桥评传》等著作，为扬州八怪艺术的研究与学术繁荣作出了重要贡献。

在扬州八怪研究与推广的学术进程中，清代扬州画派研究会取得了不容忽略的重要学术成绩，使得"扬州八怪"由上世纪80年代初少数人关注的学术话题，一跃而成为了学术研究中的"显学"，郑板桥、金农、李鱓、高凤翰、黄慎、罗聘等人物也成为了家喻户晓的名人，"扬州八怪"成为了一个知名度、美誉度很高的文化品牌，在弘扬中华优秀传统文化进程中做出了积极贡献，取得了良好的文化效应。

近些年来，研究会进一步深入推进与拓展八怪研究视域，利用扬州八怪十五家连续性诞辰年的现象，把扬州八怪研究由几个专门人物的研讨，推向一个对八怪各家开展专题研究的新阶段，先后承办协办有"郑板桥诞辰三百周年学术研讨会"（2013扬州），"苇间飞鸿：边寿民诞辰三百三十周年学术研讨会"（2014淮安），"奇郁晴江梅：李方膺诞辰三百二十周年学术研讨会"（2015南通），"蛟然五松啸：李鱓诞辰三百三十周年学术研讨会"（2016兴化），"布衣曲江客：金农诞辰三百三十周年学术研讨会"（2017杭州），"高翔诞辰三百三十周年陈撰诞辰三百四十周年学术研讨会"（2018扬州）等全国性学术活动。另外，还有与扬州博物馆、扬州八怪纪念馆等多家单位合作举办"扬州八怪书画艺术研讨会"和黄慎诞辰、李葂诞辰等纪念活动，2023年11月举办了纪念郑板桥诞辰三百三十周年学术研讨会和书画邀请展等。

清代扬州画派研究会本着弘扬中华优秀传统文化、加强交流互鉴的态度广泛吸收会员，定期开展会员活动日，积极服务社会，近年来开展的"清风徐来""邗上艺事""陈园雅集"等会员交流活动深受会员欢迎和社会好评。研究会把学术研究成果融于新时代发展要求，积极投身于公共文化事业、社会教育、文创产业等领域，获得了广泛的关注与好评。

（陈峰，清代扬州画派研究会会长）

扬州八怪纪念馆

扬州八怪纪念馆位于江苏省扬州市广陵区淮海路驼岭巷18号，依托西方寺古建筑群，设置相关展陈厅室与扬州八怪全体及金农个案的展陈介绍，是国内唯一一座以展示和宣传扬州八怪生平与艺术的专业性纪念馆。西方寺始建于唐永贞元年（805），明洪武五年（1372）重建，明永乐至清乾隆间均有修葺；清咸丰三年（1853），西方寺除大殿外，皆毁于兵火，同治、光绪间相继复建，现存设施占地总面积约4452平方米，建筑面积550平方米。纪念馆主体是一座西方寺大殿，面阔五间，单层歇山重檐，楠木结构，梁枋有彩绘，柱下有木櫍，基本完好；殿门两侧抱柱楹联，一为郑燮揭示文学与艺术妙谛的赠学生韩镐行书联："删繁就简三秋树，领异标新二月花"；一为金农出汉入古、戛戛独造的漆书唐李龟年诗句："三千余岁上下古、八十一家文字奇。"而与大殿楹联相映成趣的，是板桥先生书赠松亭陈三哥的"歌吹古扬州"，高下欹崎、大小错落，似书似画，如见当年歌管楼台，区区数字，尽得风流，扬州之繁华风雅尽见于此；殿后有树龄近800年古银杏一株；从他处移建的徐家祠堂一处，辟为近当代扬州书画篆刻家李亚如书画陈列厅；西北角保留方丈室，屋舍面阔三间，前后两进，前庭后院，后院东为卧室、中为客厅、西为画室，清代书画家、"扬州八怪"的杰出代表金农七十岁后曾移居于此，幽暗的室内光线营造的氛围，让人仿佛能见冬心先生晚境栖居情景，金农曾有句题壁自况："无佛又无僧，空堂一点灯"，说明此处当时已很衰败，不免几分凄清；大殿两侧向后另有东西两厢廊房，可长期陈列扬州八怪书画复制品，或用作当代书画家作品临展厅。1982 年，西方寺大殿被公布为江苏省文物保护单位。1991 年起进行全面大修，重建了山门殿等建筑，辟为"扬州八怪纪念馆"，1993 年对外开放，并根据现有设施及相关历史记载，设置了"鹤池窥冰"、"竹泉幽境"、"五代经幢"、"碑廊集粹"、"莲池映月"、"隋宫铁镬"、"风流雅集"、"公孙洒金"、"翠影补壁"、"南柯古槐"十处充满人文气息的八怪十景，更兼以主园与东园之碑廊，十五家笔精墨妙、文采风流、艺坛趣话……凡此种种，让游客于流连之际深刻感受扬州八怪当年的人文风雅与艺术精神。2019 年 10 月，西方寺大殿被列为第八批全国重点文物保护单位。扬州八怪纪念馆建近三十年来，一直以弘扬"扬州八怪"艺术成就与创新精神为宗旨，发挥窗口作用，为海内外游客提供一个再现扬州八怪当年生活与交流的真实场景，为当代优秀书画家提供一个展示和交流的平台，为中小学未成年人及大中专院校的学生，提供一处亲近优秀传统文化的爱国主义教育基地。

（倪悦，扬州八怪纪念馆）

范县郑板桥文化研究中心

乾隆七年（1742）春，郑板桥任范县令，兼署朝城县。乾隆十一年（1746）冬，调署潍县。郑板桥知范县近五年时间。在范县期间，郑板桥的以民为本、吃亏是福、社会治理以及艺术创作等方面的思想得到了很好的实践和总结。他创作了大量歌咏寄情范县的诗文和书画作品。他的《道情十首》词就是在范县修改并雕版印制的。郑板桥与范县人民结下了深厚感情，留下了许多逸闻趣事和民间传说，在范县历史上影响深远。板桥文化已经成为范县传统文化的重要组成部分，被人们重视、研究、挖掘和传承。范县出现了很多板桥文化的研究者和研究成果。如，国家一级编剧郭克柱研究并出版了《郑板桥范县年谱与民间故事》《范县郑板桥逸闻传说》，剧本《糊涂青天》，微电影《清官郑板桥》等大量作品。李自存、贾璐辑注出版《郑板桥与范县诗文趣事》，黄承忠编著《郑板桥与范县》，刘训江编著出版《郑板桥》《郑板桥在范县》和《郑板桥在范县逸闻趣事》。可以说，多年来范县已经形成研究板桥文化的良好基础和浓厚氛围。

2021年3月，范县成立了"郑板桥文化研究中心"，隶属范县文学艺术界联合会，属于县政府支持的民间研究机构，设主任一人，副主任五人，成员若干人。在范县板桥古镇内设有专门的办公场所。研究中心的工作职责是：对郑板桥生平、思想、诗书画艺术以及范县其它优秀传统文化进行研究和传播，及时发布、推广、开发研究成果；围绕板桥文化开展各种论坛、研讨会、报告会、展览会以及其它学术交流活动；收集、挖掘、整理郑板桥为官故事、民间传说和其它相关资料，编撰印制相关书籍；以板桥文化为主题，组织文学、戏剧、曲艺、书画等文艺作品创作和展演活动；指导全县相关地方和单位建设板桥文化，营造、提升范县文化的影响力和吸引力。

研究中心成立以来，进行了大量的研究工作，发挥了很好的研究传播传承板桥文化的作用，产生了良好的效果，受到了县委县政府和社会各界的好评。一是配合县文联成功创建"河南省郑板桥文化之乡"，顺利通过了省民间文艺家协会的验收，范县被命名为"河南省郑板桥文化之乡"。二是开展板桥文化征文比赛活动，对优秀作品给于表彰和奖励。三是创作戏剧《郑板桥智审风流案》，交由范县四平调剧团排演。四是指导帮助县司法局建设"板桥法治思想主题公园",指导范县板桥实验中学建设郑板桥清廉文化校园。五是鼓励指导研究中心成员撰写板桥文化论文和相关文章,并在报刊和其它媒体发表论文多篇。六是经常性开展一些研讨交流活动、书画作品展,受邀参加江苏兴化板桥清廉思想研讨会,并在会上做学术发言。

(陈新景,河南范县郑板桥文化研究中心主任)

河南范县郑板桥书画艺术馆

河南范县郑板桥书画艺术馆成立于 2012 年,位于河南省书法之乡——范县,占地面积 400 平米。

范县具有悠久的文化历史,浓厚的书画氛围,造就了一大批书画名家和艺术爱好者。

郑板桥书画艺术馆本着弘扬传统文化,推广当代优秀作品为宗旨,信誉至上为原则,真诚为广大书画收藏者提供精品力作,为书画家提供艺术交流的平台。

艺术馆主要经营:名人字画、金石篆刻、字画定制、书画培训和文化交流。

我们本着创作出更多的文化礼品走出范县,培训出更多的艺术人才,为范县的文化事业发展贡献绵薄之力。

在县委县政府的支持领导下,我们又创建了濮阳市美术馆"公共教育培训基地",这样一来,更好的为范县的文化事业发展培训新力量和新的艺术人才。

(兰景军,河南范县郑板桥纪念馆馆长)

江苏泰州市海陵区板桥文化研究院

海陵区板桥文化研究院位于泰州城区中心地段，毗邻郑板桥参加考试的学政试院，2022年8月经民政部门登记正式成立，是集郑板桥文化艺术挖掘、研究、宣传、推广、交流于一体的学术研究团体。该院以研究郑板桥文化艺术、弘扬和传播板桥精神、构筑泰州文化发展新优势、提升城市文化软实力为宗旨。该院的学术研究领头人邹昌霖先生为郑板桥第七代传人，他擅长书画、篆刻，四体皆能，尤工篆隶，国画得郑板桥兰竹之神韵，其作品到厦门、昆明、南京、扬州等地展出，广为人们喜爱。作品还被国内多家郑板桥纪念馆收藏。

该院以郑板桥书画特色文化品牌建设为己任。自成立后，已联合南京中国科举博物馆、兴化市博物馆成功举办"纪念郑板桥金陵乡试290周年——'板桥流芳'书画篆刻作品展"。该院还和泰州市其他相关部门联合举办过多次本地作者的书画展出。

（武维春，泰州市海陵区板桥文化研究院顾问）

二八、以郑板桥为题材创作的歌曲、淮剧、广播剧、绘本、连环画、影像光盘

歌曲《百姓心里的官：为郑板桥纪念馆而创作》（内部）

　　作词：王景博、冯建科，作曲：田晓耕，演唱：薛青。

歌曲《好人郑板桥》，2013年创作

　　作词：陆春龙，作曲：铁君，演唱：王冰。

淮剧《板桥放粮》《板桥断鸡》《板桥事亲》《板桥卖画》

　　淮剧系江苏省主要地方剧种之一，其历史可以上溯到一百多年前的清同治年间，由宝应、盐城早年出现的以演唱门叹词（亦称门弹词、门谈词）为主体的剧种，时称"盐淮小戏"，也称"三可子"。1906年，大批艺人进入南京、上海、杭州及苏锡常等地演出，谓之"江北戏"。1940年，八路军、新四军在大丰白驹会师，建立抗日民主政府，在其倡导下，组织了几百个农民剧团，配合战争形势，编演剧目，当时统称"淮戏"。真正叫淮剧是在新中国成立之后，最初见于上海市的一份文件上。

　　淮剧流行地区广泛，除上海、苏南部分地区外，江苏的长江以北，京杭大运河以东，淮河以南的平原地区均流行淮剧，我市也是其流行范围之内。

　　兴化市淮剧团始建于1955年，而毁于"文革"时期。1983年

恢复重建淮剧训练班，1987年正式建团。从建团开始，一直坚持活跃在文艺舞台上，曾被授予"江苏省宣传文化系统思想政治工作先进集体"。1991年《中国文化报》曾作了专题报道。剧团通过专家指点，刻苦钻研，舞台实践，涌现了一批中青年优秀演员。

"衙门卧听萧萧竹，疑是黎民疾苦声。些小吾曹州县吏，一枝一叶总关情。"

郑板桥系兴化清代的诗书画三绝奇才，特别是他的"兰竹石"画流传甚广，影响极深。他为官清廉，刚正不阿，真正是"一身正气、两袖清风"，其民本思想为后世景仰。

郑板桥的民本思想与其家庭环境、早年生活、文化传统等三个方面相关，其思想内容可归纳为忧国忧民、农夫第一、务本勤民、泽加于民、扶危济困、教子忠厚、画慰劳人等。

为了弘扬板桥的民本思想，进一步为建设富庶兴化、生态兴化、文化兴化、和谐兴化营造良好的文化艺术氛围。我市文化广电新闻出版局创作了郑板桥故事系列淮剧，由《板桥放粮》、《板桥断鸡》、《板桥事亲》、《板桥卖画》（编剧分别为潘金国、董景云、潘金国、王锐）四折戏组成，集中反映了郑板桥在山东潍县任职期间，不畏强暴，开仓放粮、赈济饥民，微服出行，访贫问苦，视百姓为衣食父母，并为其申张正义，打击邪恶以及晚年寄居扬州，卖画为生，接济穷人的事迹。

系列淮剧由国家一级导演俞克平执导，由本团瞿九干作曲、淮剧著名作曲家宋吉华担纲配器，江苏省演艺集团舞美中心承担舞美设计、制作。我市淮剧团一批具有强烈事业心、有一定艺术造诣的中青年演员刘泽旺、瞿九干、柏赞东、陈波、陈金巧等担任系列淮剧中的主要角色。他们曾在俞导演的指导下，多次在江苏省有关戏曲大赛、新创剧目调演及连续几届淮剧艺术节上获得大奖。

二八、以郑板桥为题材创作的歌曲、淮剧、广播剧、绘本、连环画、影像光盘

板桥系列淮剧在不久前闭幕的第九届"中国·兴化郑板桥艺术节"闭幕式文艺专场演出中,获得巨大成功,受到了国内外嘉宾的高度评价及一致好评。兴化市委宣传部专门发文,要求将该剧在全市三十多个乡镇巡回演出,以满足广大农村观众的需求。在巡回演出时,更是受到了百万农民群众的欢迎。山东潍县专门派出人员前来兴化观摩,组织交流。

目前,作为一部弘扬板桥民本思想,大树板桥清正廉洁竹风的精品剧目,郑板桥故事系列淮剧已经由江苏电视台拍摄制作。2010年9月29日、12月6日、2011年1月6日,中央电视台戏曲频道连续三次全本播出该剧,在淮剧界引起很大的轰动。

2010年底,从北京传来喜讯,首届全国戏剧文化奖经过半年多时间的初评、复评与终评,结果终于揭晓。包括《板桥断鸡》《板桥卖画》《板桥放粮》在内的五部剧本荣获二等奖。这是兴化市戏剧创作的一个新突破,也是专业权威机构对板桥故事系列淮剧的充分肯定和认可。

四部作品,同一主题。四部作品,如同四颗闪烁的珠子,由"民本思想"一根红线巧妙串起。

四部作品,风格各异。或正气凛然,或妙趣横生,或机智幽默,或铁骨铮铮。《板桥放粮》体现郑板桥为救饥民于水火之中的一身正气;《板桥断鸡》表现的是板桥不畏强势,关心民瘼所流露出的机智诙谐;《板桥事亲》体现的是板桥的"孝",以及对弱者的同情关心;《板桥卖画》时已是晚年,其傲视权贵,关心贫民的思想以及相当成熟。

四部作品可分可合。四部作品由四个相对完整的故事组成,既可单独演出,连缀起来又是一部按郑板桥生平时序渐次推进的大戏。

四部作品，四个板桥。根据不同时期郑板桥的外在形象和内心冲突的需要，四部作品分别由四位演员担纲主演，各有千秋，各具特色。

著名剧作家汪人元有这样一句话，戏曲成败曲一半。这句话充分说明了唱腔在戏剧中的重要性。四个小戏，都以"道情调"作为主题音乐，即主弦律贯穿全剧。应该说在舞台听到道情，人们就会把它与郑板桥联系起来，特别是在我们兴化人更为熟悉。

另外，也用了一些我们兴化民间小调，作为副弦律。《板桥断鸡》中民妇出场，就选用了兴化民间小调《哭青菜》作为背景音乐，当然在原调的基本上进行了创新，通过变奏，此曲更显凄凉。正好符合大灾之后，老百姓处于水深火热之中，民妇失去丈夫那种痛苦、无助在冰天雪中卖鸡葬夫的凄凉景象。

淮剧是个以唱为主的剧种，本剧中的郑板桥唱腔特点积极继承陈派唱腔传统，进行创作，牢牢把握剧种风格。

郑板桥的唱腔基本全部采用了淮剧最有特色的淮调、自由调、拉调这三大基调，其中，《板桥断鸡》中板桥以淮调为主。《板桥事亲》中板桥以拉调、小悲调为主，《板桥卖画》中板桥则以慢板自由调为主，这样便有了各自的唱腔风格。

另外序曲、幕间曲、闭幕曲，包括一些合唱部分，都是用一种流畅明快的节奏并有时代气息的旋律来推动剧情的发展，使观众很快进入"规定情景"。

《板桥断鸡》中民妇的一段唱采用了叙述性较强的老淮调，娓娓道来，如泣如诉，恰如其分地表现民妇舍不得卖鸡葬夫的复杂心理和情感，加上演员韵味淳厚的演唱，尽显我们淮剧剧种的魅力。接着通过大过门运用转调，郑板桥同样唱淮剧，从慢板到五字垛句、长串快垛板这样的一个板式变化，有层次，也很准确地表现郑

二八、以郑板桥为题材创作的歌曲、淮剧、广播剧、绘本、连环画、影像光盘

板桥在大灾之后忧国爱民的思想情操。

剧本由国家一级导演俞克平执导。几十年来，俞导坚守打造国家级精品。由江苏省演艺集团舞美中心担纲舞美设计。

首先是为四折戏量身定做背景，做到虚实结合。《板桥断鸡》由背景幕与枯树组成。以冷色调为主，体现大灾之后空空长街的凄凉景象，加上两台雪花机适时喷洒雪花，把民妇置身于寒冷、凄苦几近绝望的环境中，为剧情发展做了很好的铺垫。《板桥事亲》以道具门片——酒店为背景，猎猎酒旗、一张凳子在空旷的舞台上显得孤独无助。与剧中人物的处境暗合。《板桥卖画》的背景凸显扬州美景，小桥流水、依依垂柳正适合板桥吟诗作画的境地。《板桥放粮》中金光闪闪的"难得糊涂"如一双锐利的眼睛，又如一面照透心灵的铜镜，时时警醒板桥，在灾民与乌纱面前做出艰难的抉择。结尾处从天而降的金色稻谷，如神来之笔，把剧情推向高潮，板桥心系灾民、不畏权势的高大形象表现得淋漓尽致。

《板桥放粮》编剧：潘金国，导演：俞克平，作曲：瞿九干，配器：宋吉华

《板桥断鸡》编剧：董景云，导演：俞克平，作曲：瞿九干，配器：宋吉华

《板桥事亲》编剧：潘金国，导演：俞克平，作曲：瞿九干，配器：宋吉华

《板桥卖画》编剧：王　锐，导演：俞克平，作曲：瞿九干，配器：宋吉华

（董景云，原兴化市图书馆馆长）

地方戏曲《县令郑板桥》

王景博创作，范县四平调剧团公演。

范县四平调《郑板桥上任》

王景博创作。

范县四平调《范县县令郑板桥》

策划：杨广勤、杜晓玲、王晓华、辛国胜，

作词：王景博

唱腔设计：张绪斌，演唱：荆慧、刑丙川。

吕剧《板桥县令》

2018年10月13日，第十一届山东文化艺术节新创作优秀剧目展演作品。

郑板桥先后任山东范县令、潍县知县十二年，历经官场沉浮，有自己的为官之道。吕剧《板桥县令》讲述了郑板桥在彻查豆腐渣工程相关账本的同时，一边指挥治理水患，一边冒着风险开仓放粮救灾的故事。该剧以史为镜，体现了郑板桥身上为官之人应有的正能量和是非标准。

扬剧《板桥道情》

主演李政成，扬州市扬剧研究所。

淮剧《难得糊涂》

编剧：徐枫树。

淮剧《兰竹枷》

编剧：董景云。

川剧《郑板桥买缸》

编剧：彭治安，1985年四川范溪县川剧团演出。

本剧写的是"扬州八怪"之一郑板桥得知盐霸强占一民女的祖

二八、以郑板桥为题材创作的歌曲、淮剧、
广播剧、绘本、连环画、影像光盘

传古缸，便以"论斤买缸"之计，惩戒了阴险毒辣而又愚昧无知的奸商，使古缸失而复得。在演出过程中，演员们在继承敏敏见灯戏传统艺术的基础上，又大胆地吸取了木偶、皮影、动画的形体动作，进一步丰富了剧情的表现形式，轻快活泼，妙趣横生。

《郑板桥买缸》第六稿剧本，四川省南充地区文化局寄赠郑板桥纪念馆收藏。

广播剧《郑板桥》

编剧：许庆滨、史汉生，1981年江苏人民广播电台播出。

绘本《清风瘦竹郑板桥》（限量版）

绘制：庄艳杰，天津人民美术出版社 2021

绘本《清风瘦竹郑板桥》系中共潍坊市潍城区委组织部推出的新形式党员干部政德教辅书籍，作品以郑板桥清正廉洁、爱民如子的政德事迹、率真洒脱的赤子情怀为背景，以小见大，用诗、联语、故事结合数字、声、画元素诠释其中蕴含的道理，使政德教育更具有中国文化特色，让大家在接收政德教育的同时也能提升文化素养。

（徐婷，潍坊市潍城区委组织部干部教育中心副主任）

连环画《郑板桥罢官》

许凤仪　王汝金编，王亦秋绘，人民美术出版社，1981年9月第一版第一印，64K，单行本。统一书号：8027·7855，印数：1—800000，定价：0.13元。

连环画《郑板桥卖画》

根据许凤仪同名小说改编，改编：王才博　王爱红，绘画：于木　吴声，岭南美术出版社，1984年第一版第一印，64K，单行本。

统一书号：8260·0763，印数，1—262700，定价：0.23元。

影像光盘

歌曲《板桥道情》

　　演唱：刘泽旺，中共兴化市委宣传部，兴化市文化局，兴化市广播电视局。

歌曲《板桥竹》

　　演唱：谭竹青，中共兴化市委宣传部，兴化市文化局，兴化市广播电视局。

《扬州八怪》

　　"扬州八怪"是清代中叶活跃在扬州的一支具有革新精神的画家群体。《扬州八怪》光盘是首次借助多媒体技术，通过全新视觉向读者展现了"八怪"在扬州园林中的社交和各种艺术活动；并以人物为单元介绍了"八怪"的生平与思想及诗书画印的艺术成就。特刊"精品赏析"，同时汇集了近年来国内外"八怪"书画拍卖市场的行情。

　　该光盘有26万余字的论述，精选3000余幅作品，15分钟的影像资料。内容丰富，图文声像并茂。可任意检索、自动浏览、放大观摩，交互功能强。适用于学术研究、艺术欣赏及风光旅游和收藏爱好者的需求，具有较高的史料价值和收藏价值。

　　总顾问：启功、薛永年

　　顾问：萧平、陈举来

　　主编：周积寅

　　编创策划：赵巍，策划：孙蒋涛、薛锋、许祖良

　　视频编导：冯超

　　美术设计：付凯、徐朝霞

二八、以郑板桥为题材创作的歌曲、淮剧、
广播剧、绘本、连环画、影像光盘

装帧设计：高飞

责任校对：陈雯

责任编辑：赵巍

视频：冯超

监制：谢小朋

撰文：丁薇薇撰写华嵒，薛峰撰写高凤翰，李芹撰写边寿民，李万才撰写汪士慎，黄俶成撰写李鱓，韦明铧撰写陈撰，张郁明撰写金农，丘幼宣撰写黄慎，尹文撰写高翔，周积寅撰写郑板桥，崔莉萍撰写李方膺，韦明铧撰写闵贞，丁家桐撰写罗聘，韦明铧撰写李葂，张曼华撰写杨法。

江苏电子音像出版社出版发行，地址：江苏省南京市高楼门60号，邮编：210008，电话：025-3607366-3209。

大型新编扬剧《郑板桥》

大型新编扬剧《郑板桥》以郑板桥中年、暮年两度客居扬州为核心，以他与别人的交往作为主要内容。郑板桥与姜饶五娘之奇缘、与官员卢抱孙之聚散、与盐商张从之恩怨，不仅勾勒出郑板桥奇崛的性格，丰富的人生，同时也展示出一幅清代扬州市井图卷。全剧以史为凭，精妙构思，以郑板桥多画的兰、竹、石三画融入情节，在丰富的戏剧事件支撑下彰显郑板桥的风雅、潇洒与坚韧，更在浓缩与提炼中以世道沧桑折射出其刚毅硬朗的风骨，平淡人生，孕育崇高；坚守清白，实现永恒。

该剧编剧罗周，导演韩剑英，领衔主演李政成（饰演郑板桥），主演彭楷仪（饰演饶五娘）、陈俊（饰演卢抱孙）、张卓南（饰演张从）、沈仁梅（饰演饶刘 2023 年 8 月 18 日，大型新编扬剧《郑板桥》亮相 2023"百梅争艳"戏曲汇梅花奖精品剧目展演。11 月 28 日，亮相北京梅兰芳大剧院。获 2023 紫金文化艺术节"优秀剧目奖"、第十八届中国戏剧节"优秀剧目"。2024年3月1日，入选2024年度资助项目名单。2024年5月14日晚，国家艺术基金2024年度资助项目扬剧《郑板桥》在扬州戏曲园剧院精彩上演。2024年12月，获得第十七届精神文明建设"五个一工程"优秀作品·戏剧作品名单。

扬剧介绍

扬剧是江苏主要地方剧种之一，发源于扬州，由花鼓戏和香火戏吸收清曲、民歌小调发展而成；流行于江苏扬州、镇江、泰州、南京，以及上海、安徽部分地区。

扬州花鼓是流行于清初的一种民间表演艺术，最早多由木工、瓦工、铁匠、铜匠、剃头匠、裁缝等手艺人，逢年过节时自愿结合玩灯赛会，载歌载舞，自娱自乐；后来，花鼓配上乐曲，表现一定的故事情节，逐步形成花鼓戏（又称小开口）。香火戏史见于扬州、镇江及其各乡镇的民间香火、祭祀风俗之中，后来在唱念表演方面有了更高的要求，于广场搭台演唱，便形成香火戏（又称大开口）。扬州清曲是一种历史悠久的坐唱艺术，曲牌十分丰富，多达百余种，其音乐唱腔和演唱技法，后为花鼓戏所吸取，为扬剧音乐奠定了基础。

民国初年，花鼓戏与香火戏艺人纷纷组班，应邀到南京、杭州、上海等地演出，并在上海形成繁盛局面。在上海，花鼓戏和香火戏又分别称为"维扬大班"和"维扬文戏"。民国二十年（1931）"大、小开口"艺人以"维扬戏"（后又称"扬州戏"）名称于上海聚宝楼戏馆公演《十美图》，自此逐步合流。

1950年，维扬戏由政府定名为扬剧。2006年，扬剧经中华人民共和国国务院批准列入首批国家级非物质文化遗产名录。

二九、以郑板桥为题材的影视作品

电视纪录片《郑板桥在人民心中》

宋继昌摄，1984年1月上海电视台演播。

八集电视连续小品《郑板桥》

主演：蓝天野、郑榕、朱琳、童超。1985年11月15日中央电视台演播。

十四集古装电视连续剧《郑板桥》（汉语普通话）

导演：傅超武、冯笑

编剧：魏增芳、穆陶、陈刚、冯益汉

主演：吕玉堃、吴慈华、李信、柴振铎、高宝林、祝延敦、王晓曼、孙永利　王秀芹、张金波

制片国家/地区：中国大陆，山东潍坊电视台1991年摄制。

该剧通过江南才子、扬州"八怪"之一郑板桥在潍县任知县七年间的政绩和业绩，表现了他以民苦为念，清正廉明，扶困济危，爱民如子的父母之心和超人的才智。

电视剧《画坛怪杰郑板桥》

1993年11月22日郑板桥诞辰三百周年暨中国·兴化首届郑板桥艺术节期间播出。

三十集剧电视剧《扬州八怪》（中文普通话）

编剧：雪村

导演：周康渝

副导演：雪村、常晓菱、张葆青、蒋彪

主演：刘威、张丰毅、陈佩斯、方子哥、程前、刘金山、谢芳、刘蓓等

摄像：张建中

美术设计：杨理、马大川

造型设计：吴靖

视觉特效：付亚斋

制片地区：中国内地

出品公司：北京公交广告、北京金英马影视、北京电影制片厂联合摄制

首播时间：1999 年，每集时长 43 分钟。

该剧改编自雪村所著同名长篇历史小说，讲述了扬州画师郑板桥等众画友进京卖画，与宫廷御画师金敏之结怨。乾隆南下扬州，为扬州画师的人品、画品所折服，并钦点郑板桥、金农京考。由于金敏之等佞臣作梗，二人不能入朝为官。一晃十年，郑板桥被任用为山东潍县知县。官场离乱，郑板桥被贬为庶民，思前想后写下了"难得糊涂"四字流芳民间。

1998 年 3 月，《扬州八怪》开始拍摄。剧组主创辗转扬州、无锡、北京、长春四地多处外景地，于同年 6 月完成拍摄。1999 年 1 月制作完成。

在《扬州八怪》剧中，历史部分占 70%，艺术加工占 30%，因为扬州八怪历经康熙、雍正、乾隆三个朝代，而电视剧只能浓缩在乾隆年间。且历史上罗聘拜金农为师的年限进行了提前；而郑板桥

和他的表妹王一姐历史上并没喜结连理，他们只是恋情关系。

《当代电视》评论道：在国人文化生活中，历史幽默剧《扬州八怪》无疑是一道亮丽的风景，令人刮目相看。该剧的文学剧本以其新奇的审美视角、独特的文化品位吸引了众多优秀的影视人。刘威、张丰毅、陈佩斯程前等十数位演员的加盟，为该剧的拍摄添了不少光彩，引得新闻媒体闻风而动、争相报道，《扬州八怪》也因此成了老百姓茶余饭后的话题。

《光明日报》评论道：《扬州八怪》有着独特的审美视点和文化品位。形式轻松幽默，内容深刻独到。《扬州八怪》曾参加第七届上海电视节。

三十集电视连续剧《郑板桥》（粤语）

编剧：薛家华，导演：林志华，领衔主演：王喜、陈松伶、黎姿、胡杏儿等，香港电视广播有限公司出品，2005年3月29日首播。

二十集电视连续剧《郑板桥外传》（粤语）

编剧：石零、王琛

执导：郑泉宝

主演：唐国强、刘佩琦

2006年首播

乾隆年间，艺坛怪才郑板桥（刘佩琦饰）前往山东潍县任知县，开始了他为官七年的悲欢故事。潍县是山东首富之县，盛产海盐。以大盐商安仪泰（吕齐饰）为首的劣绅称霸一方，加之近年来水患肆虐，天灾人祸，民不聊生。郑板桥急于体恤民情，令随从贾墨（唐堂饰）坐轿赴任，自己则微服出访。一进城正遇上安仪泰的手下--米店老板（牛奔饰）作恶，郑板桥手无缚鸡之力却欲路见不平，招致暴打。郑板桥忍着痛将计就计，以审拴马石为升堂第一案,米店老板被迫答应设粥棚济灾民。捐官五品的安仪泰闻讯十分恼怒,将次米充好米,引起灾民在米店门前戴枷示众,而枷却是由宣纸做成,上面绘有板桥亲笔兰竹,一时间引得观者接踵,致使米店无法开张,安仪泰又输一着。服侍过四任县令的师爷(张毅饰)见郑板桥只顾黎民,不顾官场往来,便暗中帮他打点,将替贾墨说媒的银两及从郑夫人饶五娘(涂凌饰)处搜罗到的板桥字画奉于巡抚,才平了上司怪罪之心;如法炮制又去笼络安仪泰,安仪泰就坡下驴,反赠郑板桥二百两纹银,师爷见状将钱俏悄私吞。米店老板四处放风,说潍县县令施粥赈灾,想引来更多灾民,给郑板桥出难题。不料安仪泰眼看民多粥少,恐对自己不利,只好忍痛多搭粥棚,放粮民众。米店老板"投机"不成,反蚀了一把米,闷闷不乐。郑板桥欲开仓济贫,却无奈财政赤字大多,于是他凭借给乡绅陪罪之名,让安仪泰等人按财产数额摊派修城银两,又组织灾民修城,按劳取酬,以工代账。一时间劣绅喊苦,百姓称快。新官上任三把火,继施粥、修城之后,郑板桥又开始惩治私盐贩子。安仪泰假意响应被拆穿后,设毒计。造成工地伤亡。亡者正是板桥的红颜知己招哥之父。招哥抬棺喊冤,郑板桥举板自惩,砸伤脚面。郑板桥屡次得罪潍县乡绅,又不擅逢迎上层,且因越级报灾被勒令停查私盐,闭门思过。郑板桥不甘心受人冷落,饶夫人出主意说,不妨进京找找以前因书画结交的王爷给通融一下。好面子的郑板桥半推半就,在大文友金农(孙树林饰)的陪伴下,以"六分半书"在京城办了画展,附庸风雅的权贵纷纷请他题字作画,连皇上也赏了郑板桥一只玉碗。官复原职的郑板桥意气风发,家家种竹、户户养牛的一时风光只是表面现象,而此时正得意的郑板桥已经听不进忠言劝谏,与老友金农也不欢而散。郑板桥文人得志,官气十足,又因圣上宣他为书画使伴驾泰山,大喜过望之后他把《新政八条》更名为《治国方略》,呈献乾隆。乾隆看后,淡淡一句 "字还不错",将郑板桥轰了下山。此刻郑板桥幡然醒悟，即便自己再有心尽忠，才高八斗，在皇上眼里也不过是个书生，百无一用。他回到家中痛哭失声，决心挂冠而去，不贪富贵的饶夫人非常高兴，她说愿随夫君归乡。郑板桥临走前，为潍县百姓做了最后一件事，开仓放粮，随后飘然而去，大堂案上惟留一个横幅：难得糊涂。

四十二集古装廉政题材电视连续剧《糊涂县令郑板桥》

编剧：刘书桦、罗彩渝、贾国勇、刘国强

执导：杨智谦、何振华

联袂主演：赵毅、柴碧云、刘金山、方青卓、胡亚捷、杜奕衡、肖轶、杨凯程、黎源、游游、白海涛、苏国涛等

制片人：邹大为

《糊涂县令郑板桥》是北京时代光影文化传媒股份有限公司、中国检察出版社、河南范县黄河文化服务中心、西安乐橙影视文化有限公司、河南汉风文化发展有限公司联合出品的古装廉政题材剧，2015年4月7日开机，2016年11月16日首播，在线播放平台：爱奇艺、搜狐视频、乐视视频、腾讯视频、聚力视频，上星平台：2017年3月27日在浙江卫视晚间10点档上星播出。

清代乾隆年间，黄河岸边两个有名的穷困县范县、朝城境内黄河连年泛滥、朱三太子余党神出鬼没、贩卖私盐异常猖獗，天灾人祸，民不聊生，以至于官场内无人愿意到这两个县出任知县。朝廷任命50岁的候缺进士郑板桥出任范县县令，同时兼理朝城县。郑板桥上任后，打击私盐、修堤救灾、清剿朱三太子余党，体现出亲民爱民、勤政廉政、爱民如子的品格。

三集大型人文历史纪录片《郑板桥》

由中共泰州市委宣传部、中共兴化市委宣传部、中共潍坊市委宣传部、中央新闻纪录电影制片厂（集团）联合出品，中央新影集

团制作。入选国家广电"十四五"重点选题规划。

该片从当时背景出发，通过再现板桥先生坎坷曲折的人生，探索板桥先生的艺术文化和思想内涵，重新解读"板桥精神"赋予新时代的含义。

团队历时两年，跨越多省拍摄，采访了几十位专家学者。总导演刘洋表示：该片以古观今，以郑板桥的生命经验为架构，从郑燮取名"板桥"的那座古板桥说起，展开他归去来的半生官路，和并称"三绝"的诗书画笔，通过"思想+艺术+技术"的融合传播手段，每一帧都浸润着他的所思与所行。板桥先生距今已逝二百余年，但他那永无止息的生命力，于山重水复处所生发出的生气蓬勃至今。

第一集

公元 1693 年，郑燮出生于兴化一个贫苦的耕读之家。四岁生母去世，十四岁继母去世，父亲又年老体衰，他不得不早早放下自己的一腔热血，前往真州设塾。真州，是他自称"自在囚"的真州，也是他生发"三段论"的真州，在这里，他第一次主动对视了命运的目光。之后，他出游九州多地，结交了一众好友，聚成一派豪客，后称"扬州八怪"。如此直到三十九岁，板桥的发妻徐氏病逝，大恸之下，他收了心绪，连中举人和进士，并在慎郡王的保荐下出任山东范县令，在五十岁这年，开启了自己的为官生涯。

第二集

十数年知县生涯，板桥鞠躬尽瘁。在任上，他整肃吏治、体恤民情，在范县体会过小城安逸，也有后来调任潍县的临危而行。面对潍县的赤地百里，他以范仲淹知兴化时同样的以工代赈招抚流民，更以一次果断开仓放粮拯救无数百姓，只留下一句"有谴我任之"。穿越庙堂和民间，他将自己的所闻所见付诸笔下，念兹在兹，以一竹而观苍生，写下千古名句："一枝一叶总关情"。一位小小郑燮，区区"七品官耳"，他的民本思想，却至今熠熠生辉。

第三集

六十一岁，板桥回到扬州，迎来了他的黄金时代。在这个东南名都，发挥他一个甲子的生命体验，写"掀天揭地之文"，书"震电惊雷之字"，作"无古无今之画"。在他已成熟的文艺理论中，将创作分为"眼中之竹""胸中之竹""手中之竹"三个阶段，主张"以造物为师"，"笔墨当随时代"。他践行自己的"三段论"，用标志性的"六分半书"写下的《竹石》，仅仅两根细竹、一块怪石，就作出煌煌一曲生命意志的赞歌。郑燮，敢于在审美力沉寂的时代发"乱、怪"之声，他于民间的青睐之中取火，继而获得了恒久的生机。

人文历史纪录片《郑板桥》于2022年3月至8月在兴化板桥故居、板桥纪念馆、李中水上森林、新垛施家桥、沙沟古镇、凤城河风景区、乔园等地取景拍摄。2023年2月2日，《郑板桥》入选中央新闻纪录电影制片厂（集团）2023年重点影视节目片单。

2023年2月9日—13日，《郑板桥》在中国教育电视台一频道每晚21：30《发现中国》栏目播出。

三十、以郑板桥或郑板桥作品为题材的文创产品名录

（一）艺术收藏品名录

郑板桥纪念章

1993年郑板桥诞辰三百周年时，正值首届中国兴化郑板桥艺术节开幕，铜芯，镀金镀银各一枚，直径33毫米。镀金正面置郑板桥侧面头像，有"郑板桥诞辰三百周年1693—1993"字样。背面有竹石图一幅，上方有"难得糊涂"四字，右侧有"上海造币厂制"五字。镀银正面为郑板桥侧面头像，有"首届中国·兴化郑板桥艺术节1993.11.22"字样，背面有兰石图一幅，上方有"吃亏是福"，右侧有"上海造币厂制"字样。

（党明放）

郑板桥作品选邮票

1993年11月22日，正值清代艺术大师郑板桥诞生300周年纪念日，为表达对清代艺术大师郑板桥的怀念和敬仰之情，为弘扬中华民族灿烂的文学艺术遗产，中华人民共和国邮电部发行了一套志号为1993-15的《郑板桥作品选》特种邮票。

《郑板桥作品选》邮票全套6枚，选用了郑板桥的6幅作品，分别为小品竹石扇面画、小品兰花册页、兰竹石大中堂、竹石图轴、

三十、以郑板桥或郑板桥作品为题材的文创产品名录

小品瓶菊册页、书法扇面。

潘可明、卢天骄担任设计,背面刷胶,北京邮票厂印制。

制票参数:

《竹石扇面》(6-1),面值10分,总发行量4741.2万枚,规格52mm×31mm,整张枚数40(4×10),齿孔度数P12。图案选用了郑板桥创作的一幅小品竹石扇面画。画面上题字为"越老年兄,板桥郑燮。"

《兰花册面》(6-2),面值20分,总发行量5299.7万枚,规格52mm×31mm,整张枚数40(4×10),齿孔度数P12。图案选用了郑板桥创作的一幅小品兰花册页。

《兰竹石大中堂》(6-3),面值20分,总发行量4745.7万枚,规格31mm×52mm,整张枚数40(10×4),齿孔度数:P12。,图案选用了郑板桥创作的一幅兰竹石大中堂。画面左下侧写有题跋:"古人云,入芝兰之室,久而忘其香。夫芝兰入室,室则美,芝兰弗乐也。我愿居深山大壑中,有芝不采,有兰弗掇,各适其天,各全其性,乃为诗曰:'高山绝壁见幽兰,竹影遮斜几片寒。便以乾坤为巨室,老夫高枕卧其间。'"

《竹石图轴》(6-4),面值:30分,总发行量4929.7万枚,规格31mm×52mm,整张枚数40(10×4)齿孔度数P12。图案选用了郑板桥创作的一幅竹石图轴。画幅上的题跋为:"文与可墨竹诗云:'拟将一段鹅溪绢,扫取寒竹万尺长。'梅花道人诗云:'我亦有亭深竹里,也思归去听秋声。'皆诗意清绝,不独以画传也。不独以画传,而画益传。愚既不能诗,又不能画,然亦勉强题几句,曰:'雷停雨止斜阳出,一片新篁旋剪裁。影落碧纱窗子上,便拈毫素写将来。'鄙夫之言,惶惭前哲。廷翁年学老兄先生正画,乾隆己卯年板桥居士郑燮拜手。"

《瓶菊册页》(6-5),面值50分,总发行量3053.7万枚,规格52mm×31mm,整张枚数40(4×10)齿孔度数P12。图案选用了郑板桥创作的一幅小品瓶菊册页。

《书法扇面》(6-6),面值1.60元,总发行量4633.7万枚,规格52mm×31mm,40(4×10),齿空度数P12。,图案选用了郑板桥创作的一幅书法扇面。书法内容是一首小诗:"雾里山疑失,雷鸣雨未休。夕阳开一半,吐出望江楼。"

邮票赏析:

这套邮票的六幅图案,在选材上兼顾郑板桥的书法、绘画艺术,在图幅上兼顾册页、扇面、中堂和图轴,在构图上兼顾巨制小品和繁简疏密,使每一幅图案都具有个性特征,从某一侧面反映了郑板桥的艺术创造。从整体看,六幅图案设计尊重郑板桥原作不"勾勒着色"、"只论写墨"的风格,以"墨"作为画面基调,生动地体现出了中国水墨画的特色;边饰采用灰褐色绫纹,犹如一幅幅精心装裱的中国字画;画面中钤以一颗颗鲜红的印章,给冷色调注入暖的亮色,创造出了万墨丛中一点红的艺术效果,令人精神振奋。整套邮票的排列,第1枚、6枚为扇面,第2枚、5枚为册页,第3枚、4枚为中堂和立轴,形成以竖幅立轴为中心,两侧以册页和扇面相对称,有呼应,有起伏,具有一种音律的节奏感。

《竹石扇面》(6-1),画面将高大的石块置于前景,将竹的主干隐藏石后,只让两三枝细竹枝旁逸斜出,而且竹枝上仅有几片叶子,疏密有致,既赞美了竹子不畏世俗、敢辟蹊径的顽强精神,又表现出了郑板桥师承自然、以少胜多的艺术造诣,确实:"一两三枝竹竿,四五六片竹叶,自然疏疏淡淡,何必重重迭迭。"邮票面值被设计为扇骨,构思巧妙。

《兰花册页》(6-2),画面右上角聚生着两丛兰花,其他部位全部处理为空白,在构图上形成了鲜明的疏密对比;兰叶用焦墨挥毫,采用书法技巧,以草书之竖长撇法运之,撒得开,收得拢,少而不疏,初开、半开、全开之花恰到好处。

《兰竹石大中堂》(6-3),在这幅画面上,上有一丛兰花,下有枝青竹,其他部位均让形态各异的岩石占领,构图和谐。画面左下侧写有题跋,运用细皴、乱扫和畅笔酣墨之技法,充分发挥中国画纸笔水墨的功能和作用,创造出了一种兰竹石和谐融为一体的艺术新生命,巧妙地引导人们享受到一种美妙意境。

《竹石图轴》(6-4),画面中竹子在前,瘦硬苍劲;石岩在后,遒劲坚拔。丛密竹中,竹与竹之间居然无一交叉,刻画出了一种"风雨不能摇,雪霜颇能涉"的顽强性格,借物抒情,表现出了画家"纸外更相寻,干云上天阙"的铮铮气概。竹子的老嫩之别,阴阳之分,前后之序,和谐自然,天趣横溢,创造出了一种真而且妙的艺术境界。

《瓶菊册页》(6-5),画面上摆设着一个大肚小口呈椭圆形的水盂,内插一束枝叶扶疏、鲜花盛开的傲霜秋菊,勾花点叶,极富生活情趣。画家将名、印置于小盂腹部,似为小盂上的刻字,别有味道。

《书法扇面》(6-6),画面上的书法以行楷笔法写隶书,在隶笔之中又渗入篆楷之韵,最后以行草的笔调书成。这种汉隶以楷书参半、以汉隶为主的独创行草隶体,不仅有架势,有笔力,有金石味,而且墨色浓淡相宜,遒劲雅逸。字的间架和用笔变化丰富,而全篇又不拘于一行直写到底,大小方圆,正斜疏密,犹如"乱石铺街",行款活泼自由,灵巧别致。

《郑板桥作品选》邮票被收录进以下集邮书籍中:

中国《中华人民共和国邮票目录(2013)》第 106 页;

美国《Scott 2008 Standard Postage Stamp Catalogue Volume 2》（即《斯科特标准邮票目录》）第 360 页，编号 2471-2476。

德国《MICHEL-China Katalog 2011/2012 Ubersee.Band 9.1》（即《米歇尔邮票目录》）第 403 页，编号：2506-2511。

荣誉表彰：

1994 年，《郑板桥作品选》在全国最佳邮票评选活动中被评为"1993 年第一优秀邮票"。

市场价值：

根据当前的市场行情和收藏品的保存状况，这套邮票的价格在 850 元左右。具体价格还会受到邮票品相、保存状况以及市场需求等因素的影响。

（党明放）

郑板桥纪念馆首日封

郑板桥纪念馆首日封发行于 1993 年 11 月 22 日，即郑板桥诞辰三百周年之际，一套两枚，其一，封面左下方有砚台一方，笔架一副，笔筒一只，内插毛笔两枝，背景是板桥体"掀天揭地之文，震电惊雷之自，呵神骂鬼之谈，无古无今之画。固不在寻常蹊径中也。未画以前，不立一格，既画之后，不留一格。乾隆甲申为茂林年学兄哂正，板桥郑燮。"下端是"首日封 F.D. C."，在封面的右上方贴有郑板桥作品《兰花册页》《瓶菊册页》及《竹石图轴》邮票三枚，盖有"郑板桥作品选 1993.11.22"扇形邮戳，扇面外正下方有"北京"字样；其一，封面左侧是郑板桥坐在一块灵石上的画像，石后有墨竹数竿，下端是"首日封 F.D. C."，在封面的右上方贴郑板桥作品《竹石扇面》《书法扇面》及《兰竹石大中堂》邮票三枚。

三十、以郑板桥或郑板桥作品为题材的文创产品名录

（党明放）

郑板桥陵园首日封

郑板桥陵园首日封于1993年11月22日，即郑板桥诞辰三百周年之际，封面左侧是郑板桥画像。着色，旁边是一枚"郑板桥诞辰三百周年暨《郑板桥作品选》邮票发行纪念"邮戳，内上方有"江苏·1993.11.22·兴化"，下方是墨竹数竿，右上方是郑板桥作品《兰竹石大中堂》和《竹石图轴》邮票，下方是盖有一枚"江苏兴化郑板桥陵园代"的邮戳，邮戳中间是"1993.11.22"字样。再下方是"郑板桥陵园"五个行书字，再往下就是"江苏兴化大垛镇管阮村，后面是当地的邮政编码225731"。背面是对郑板桥陵园的介绍：

郑燮字克柔，号板桥，江苏兴化人。著名的文学家、书画家，逝世于1766年1月22日，葬于兴化市大垛镇管阮庄郑家大场。

郑家大场系郑氏祖坟地，清明时节，郑氏后裔纷纷来管阮庄祭祖。奈因年久失修，墓地北部水土流失，长期荒芜。从1984年起，陆续进行维护，修缮墓廊，划出了2000多平方米土地做为墓区保护范围。1993年起，在市委、市政府的关心下，拟定维修规划。墓北边做了护坡，栏杆、大门、三门牌坊、石碑、文物标志碑，围墙上嵌有八幅板桥书画石刻。墓区全面进行了绿化，种植了松柏翠竹，草皮四季花卉。

郑板桥陵园邮政所从1993年11月22日开始营业。

郑板桥陵园首日封的设计者是刘硕仁，由兴化市邮电局发行。

（党明放）

第十届郑板桥艺术节宣传纪念册《经典兴化》

2011年，是祖国"十二五"发展规划开局之年，是中国共产党成立九十华诞普天同庆之年，是中国兴化第十届郑板桥艺术节举

办之年，在此期间，中国兴化郑板桥艺术节组委会特此发行了一套精装版《经典兴化》纪念册。

该纪念册为盒装，由"富庶兴化"、"生态兴化"、"和谐兴化"、"幸福兴化"、"文化兴化"等板块组成。其中"文化兴化"由"历史文化"、"现代文化"、"宗教文化"、"饮食文化"及"民俗文化"板块组成。根据不同主题，或以特种邮票、或以纪念邮票、或以小型张邮票进行不同的装饰。在"历史文化"单元，有昭阳大将军雕塑、四牌楼、郑板桥故居、施耐庵陵园石牌坊。在"宗教文化"板块，有上方寺牌坊、东岳庙、大雄宝殿等摄影作品，并配以唐观音菩萨及龙门石窟小型张邮票。

顾问：吉天鹏

监制：邹祥龙

策划：李　强　段玉勤

创意：刘婷婷　吕敏华　陈　沂

文案：朱思愚　孙　祥

摄影：朱春雷　班　映　杜小平　王少岳　杨桂宏

发行：中国兴化郑板桥艺术节组委会

（党明放）

精品珍藏册《板桥郑燮》

《板桥郑燮》精品珍藏册以体现郑板桥"诗书画三绝"为主线，巧妙地配以邮票、"难得糊涂"纯银扇面、郑板桥一生经历的康熙、雍正、乾隆三位帝王时期的古钱币，以及云龙纸字画和全部取材于郑板桥故居与郑板桥纪念馆的图片。内有一枚全国最佳邮票评选委员会办公室发布的1993年优秀邮票《郑板桥作品选》获奖纪念票，以及设计者潘可明、卢天骄的签名。又有《郑板桥作品选》一套六枚特种邮票，末附《板桥·兴化》光盘一张。珍藏册设计别

三十、以郑板桥或郑板桥作品为题材的文创产品名录

具一格，装帧古朴典雅，融知识性、艺术性、收藏性于一炉，具有较高的欣赏价值。

《板桥郑燮》由兴化友谊礼品策划并拥有版权，香港陈香阁文化传播有限公司设计制作，年代不详，盒装，限量发行2000套。

《板桥郑燮》内有《收藏证书》和《鉴定证书》一纸，中英文对照。《收藏证书》下署：香港陈香阁文化传播有限公司，《鉴定证书》下署：中国收藏协会并有收藏协会印章一枚。

（党明放）

范县郑板桥纪念馆书签

2017年秋，郑板桥纪念馆设计印制了一套精美书签，彩色印刷，双面印制。整套书签由河南濮阳市政协原常务副主席杨广勤策划、王昭编辑。分范县毛楼楹联、范县石刻及范县匾额三部分：

一、楹联书签，双面彩色印制，规格：纵20.5cm，横5cm。

毛楼景区暨郑板桥纪念馆
　　书法集锦
　　　　岁次丁酉秋月，邹昌霖于绿筠轩

（一）九曲黄河气势恢宏八郡风光唯斯土；
　　　千年范县贤哲递起三省人文是兹州。（隶书）
　　　史国强撰联，全相和书。

（二）到此地可瞻仰板桥风采；
　　　入是门即走进画中人家。（楷书）
　　　杨广勤撰联，史大作书。

（三）正气一身融黄河千秋浩气；
　　　清风两袖积绿野万里长风。（行书）
　　　洪珉撰联，张海书。

（四）克强敢向豪绅叫板；
　　　　柔远乐为民众搭桥。（行书）
　　　　　　宋邨根撰联，陈国桢书。
　　　　　　　　明放案：此系嵌名联，上下联首字"克柔"，板桥
　　　　　　　　字；上下联末字"板桥"，板桥号。

（五）是扬州才子有书有画有歌诗千斛珍宝传后代；
　　　　做范邑县宰无私无畏无媚骨万家忧乐系心头。（汉隶）
　　　　　　洪珉撰联，王陞书。

（六）书画知名艺苑怪称君佼佼；
　　　　疮痍满目衙斋卧听竹萧萧。（隶书）
　　　　　　林从龙撰联，王宝贵书。

（七）报国当存清正志；
　　　　为民可效廉明臣。（六分半书）
　　　　　　板桥书。

（八）细品兰香每向诗中寻浪漫；
　　　　轻敲竹韵常从画里揽风骚。（行书）
　　　　　　周继勇撰联，陈国桢书。

（九）诗中骨气寒梅傲雪伴松涛；
　　　　画里风情健笔行云摇竹影。（行书）
　　　　　　熊炳文撰联，仝相和书。

（十）曲径花邀仝赏月；
　　　　幽亭鸟约共谈心。（行书）
　　　　　　宋慈撰联，张剑锋书。

（十一）时坐凉亭自有清风能解暑；
　　　　　常留香榭虽无美酒亦开怀。（行书）
　　　　　　　郑松凡撰联，朱长合书。

三十、以郑板桥或郑板桥作品为题材的文创产品名录

（十二）地灵成胜景；
　　　　人杰蔚大观。（隶书）
　　　　　　杨广勤撰联，朱国勇书。

（十三）雨落红荷歌廉吏；
　　　　凤摇翠竹唱亲民。（篆书）
　　　　　　史国强撰联，曹业峰书。

（十四）亭前柳钓河中月；
　　　　月下水摇馆畔亭。（行书）
　　　　　　甘颜索撰联，葛慎林书。

（十五）虚心常效竹；
　　　　傲骨总师梅。（行书）
　　　　　　陈华峰撰联，王则敬书。

（十六）亭中纵目大河风光来眼底；
　　　　水上骋怀浸腑惬意涌心头。（篆书）
　　　　　　陈希顺撰联，史大作书。

（十七）早见黄河晨光紫；
　　　　晚看水天夕阳红。（行书）
　　　　　　刘训江撰联，仝相和书。

（十八）波光万里尧天舜日多锦绣；
　　　　浪激千年摧枯拉朽壮河山。（行书）
　　　　　　段延锡撰联，仝相和书。

（十九）黄河风光浪涛奔涌舟跃金波凭栏远眺蔚壮美；
　　　　范邑新景稻菽香飘鱼戏碧莲依亭俯瞰现微澜。（行书）
　　　　　　许广川撰联，葛慎林书。

（二十）濯清涟而不妖林下美人山下士；

出淤泥而不染花中君子水中仙。（行书）

　　　　杨广勤集古人句，刘爱胜集字。

（二一）千朵红莲三尺水；

一湾黄河半亭风。（行书）

　　　　刘爱胜集古人句字。

二、石刻书签，双面彩色印制，规格：纵 13.8cm，横 4.5cm。集名家字：

（一）廉政文化"清正"

（二）廉政文化"廉洁"

（三）廉政文化"勤政"

（四）廉政文化"爱民"

（五）"壹画独秀"

（六）"凌雪"

（七）"为善最乐"

（八）"莲洁"，杨广勤书

（九）"道法自然"，张雷民书

（十）"慎独"，刘文选书

（十一）"听涛"，杨广勤书

（十二）"风调雨顺"，刘炳森书

（十三）"中国梦"，邵华泽书

（十四）"澄怀观道"，金运昌书

（十五）"似兰斯馨"，刘炳森书

（十六）"盛世和谐"，欧阳中石书

（十七）"剑胆琴心"，欧阳中石书

（十八）"奋进"，李铎书

三十、以郑板桥或郑板桥作品为题材的文创产品名录

（十九）"远航"，李铎书
（二十）"百福并臻"，刘江书
（二一）"乐道"，康殷书
（二二）"长乐永安"，饶宗颐书
（二三）"龙"，沙孟海书
（二四）"笃礼崇义"，田英章书
（二五）"如意"，罗杨书
（二六）"搏击"，刘炳森书
（二七）"观涛"，刘炳森书
（二八）"寿"，沙孟海书
（二九）"远怀"，范曾书
（三十）"福"，沙孟海书
（三一）"勤能补拙"，启功书
（三二）"凝瑞"，张海书
（三三）"求索"，仝相和书
（三四）"望月"，舒同书
（三五）"自强不息　厚德载物"，启功书
（三六）"丰衣足食"，毛泽东书

三、匾额书签，双面彩色印制，规格：纵 13.8cm，横 4.5cm。

毛楼景区暨郑板桥纪念馆

　　书法集锦

　　　　岁次丁酉秋月邹昌霖

（一）"爱莲亭"，集唐人颜真卿字
（二）行书"郑板桥纪念馆"，沈鹏题
（三）行书"毛楼"，杨广勤题
（四）楷书"听涛"，仝相和题

（五）行书"观澜"，葛慎林题

（六）篆书"听涛"，史大作题

（七）隶书"观澜"，仝相和题

（八）行书"前程似锦"，舒同题

（九）行书"唯仁是依"，孙伯翔题

（十）行书"乐康亲和"，费新我题

（十一）行书"幽篁"，王则敬题

（十二）行书"放胆"，葛慎林题

（十三）行书"仰贤亭"，杨广勤题

（十四）行书"小憩"，张剑锋题

（十五）行书"独步"，题者不详

（十六）行书"玉品金心"，雨苍题

（十七）行书"史册凝香"，王陞题

（十八）隶书"清风堂"，张海题

（十九）隶书"竹骨兰凤"，周俊杰题

（二十）楷书"鸣琴而治"，爱新觉罗·允禧题

（二一）行书"浩叹"，陈国桢题

（党明放）

郑板桥书画作品挂历
郑板桥书画印刷品
郑板桥难得糊涂书签
郑板桥难得糊涂缅甸紫檀红木嵌银挂屏
郑板桥难得糊涂黄铜墨盒摆件
郑板桥难得糊涂笔筒小和尚摆件
郑板桥难得糊涂水晶胶京剧脸谱
郑板桥难得糊涂弥勒佛像丝绸卷轴画

郑板桥难得糊涂景德镇瓷器花卉挂盘
郑板桥难得糊涂刻字红檀木浮雕镇尺
郑板桥难得糊涂高清仿玉圆盘
郑板桥难得糊涂瓷板画
扬州八怪火花

（二）旅游纪念品名录

郑板桥折扇
郑板桥难得糊涂胸章
郑板桥吃亏是福胸章
郑板桥难得糊涂折扇
郑板桥吃亏是福折扇
郑板桥天外云涛折扇
郑板桥难得糊涂活性炭雕摆件
郑板桥难得糊涂黄铜笔筒书房摆件
郑板桥难得糊涂书法图案桌垫
郑板桥扑克牌
扬州八怪折扇
扬州八怪扑克牌

（三）生活实用品名录

郑板桥镇纸
板桥铜酒壶
板桥大闸蟹
板桥人参草鸡

郑板桥难得糊涂宜兴原矿紫砂茶杯
郑板桥难得糊涂银茶壶茶杯
郑板桥难得糊涂竹茶盘
郑板桥难得糊涂银盏
郑板桥难得糊涂紫檀简约干泡台
郑板桥难得糊涂茶叶密封罐
郑板桥难得糊涂粗陶茶洗
郑板桥难得糊涂造型 IED 台灯
郑板桥难得糊涂铜制烟盒
郑板桥难得糊涂陶瓷花盆
郑板桥难得糊涂纯铜高档煤油防风打火机
郑板桥难得糊涂汝陶双耳酒壶
郑板桥难得糊涂黄铜印泥盒
郑板桥难得糊涂玻璃屏风
郑板桥难得糊涂高档白色创意酒瓶
郑板桥难得糊涂高档马口铁酒盒
郑板桥难得糊涂紫铜烧水壶
郑板桥难得糊涂不锈钢咖啡双层车载保温变色杯
郑板桥难得糊涂感温马克杯
郑板桥难得糊涂毛衣纯银大吊牌
郑板桥难得糊涂午休折叠躺椅
郑板桥难得糊涂漆器纸巾盒
郑板桥难得糊涂变色茶宠
郑板桥难得糊涂红木礼品套装
郑板桥难得糊涂竹雕笔筒
郑板桥难得糊涂酒壶酒杯
郑板桥难得糊涂陶瓷花盆

三十、以郑板桥或郑板桥作品为题材的文创产品名录

郑板桥难得糊涂红木书签
郑板桥难得糊涂老翁瓶书房摆件
郑板桥难得糊涂不锈钢随身携带酒壶
郑板桥难得糊涂水培陶瓷容器
郑板桥难得糊涂景德镇陶瓷酒坛
郑板桥难得糊涂徽墨

三一、以郑板桥名字、名言及官职命名的烟酒

板桥香烟，江苏省烟草公司专卖
板桥香烟，两种，甘肃省西峰卷烟厂
板桥香烟，三种，江苏淮阴卷烟厂
板桥大曲，其他香型，42°500ml，山东板桥集团坊子酒厂
板桥白干，其他香型，44°500ml，山东坊子酒厂
板桥酱酒堂前宴，酱香型，53°500ml，山东板桥酒业有限公司
板桥酱酒1995，酱香型，53°500ml，山东板桥酒业有限公司
板桥宴酒，浓香型，38°500ml，山东板桥酒业有限公司
板桥宴酒，浓香酒，42°500ml 山东板桥酒业有限公司
板桥宴酒，浓香型，52°500ml，山东板桥酒业有限公司
板桥清风，清香型，52°500ml，山东板桥酒业有限公司
郑板桥酒，浓香型，52°500ml，山东板桥酒业有限公司
和顺板桥酒大竹酒，浓香型，60°5l，山东坊子板桥酒业有限公司
和顺板桥酒小竹酒，浓香型，60°2.5l，山东坊子板桥酒业有限公司
和顺板桥酒（红瓷），浓香型，35°500ml，山东坊子板桥酒业有限公司
和顺板桥酒（青瓷），浓香型，38°500ml，山东坊子板桥酒业

三一、以郑板桥名字、名言及官职命名的烟酒

有限公司

和顺板桥酒（蓝瓷），浓香型，52°500ml，山东坊子板桥酒业有限公司

板桥酒坊5，浓香型，38°500ml，山东坊子板桥酒业有限公司

板桥酒坊8，浓香型，38°500ml，山东坊子板桥酒业有限公司

板桥酒坊20，浓香型，38°500ml，山东坊子板桥酒业有限公司

和顺板桥酒（人和），浓香型38°500ml，山东坊子板桥酒业有限公司

和顺板桥酒（天和），浓香型38°500ml，山东坊子板桥酒业有限公司

和顺板桥酒（地和），浓香型38°500ml，山东坊子板桥酒业有限公司

板桥酒（国色天香），浓香型60°5l，山东坊子板桥酒业有限公司

板桥酒（平步青云），浓香型60°5l，山东坊子板桥酒业有限公司

板桥酒（青花国韵），浓香型60°5l，山东坊子板桥酒业有限公司

板桥醇　酒窖龄八　浓香型，38°500ml，山东坊子板桥酒业有限公司

板桥宴酒，浓香型，42°500ml，山东坊子板桥酒业有限公司

难得糊涂酒（天和、地和、人和）安徽难得糊涂酒业有限公司

难得糊涂酱10，53°500ml，贵州难得糊涂酒业有限公司

难得糊涂酱20，53°500ml，贵州难得糊涂酒业有限公司

难得糊涂酱30，53°500ml，贵州难得糊涂酒业有限公司

难得糊涂和　42°500ml，安徽难得糊涂酒业有限公司

难得糊涂和6，42°500ml，安徽难得糊涂酒业有限公司

难得糊涂和 10，53°500ml，安徽难得糊涂酒业有限公司

难得糊涂和 20，53°500ml，安徽难得糊涂酒业有限公司

难得糊涂和天下，42°450ml，安徽难得糊涂酒业有限公司

难得糊涂 中国智慧，黄瓶，53°500ml，安徽难得糊涂酒业有限公司

难得糊涂 中国智慧，蓝瓶，53°500ml，安徽难得糊涂酒业有限公司

难得糊涂酒三年陈，42°460ml，安徽板桥酒业有限公司

难得糊涂酒，50°460ml，安徽板桥酒业有限公司

难得糊涂中国红酒，40.6°450ml，安徽难得糊涂酒业有限公司

难得糊涂百年好酒，52°450ml，安徽难得糊涂酒业有限公司

难得糊涂天和，42°500ml，安徽难得糊涂酒业有限公司

难得糊涂地和，40.6°450ml，安徽难得糊涂酒业有限公司

难得糊涂人和，40.6°450ml，安徽难得糊涂酒业有限公司

难得糊涂红礼和，浓香型，42°500ml，安徽难得糊涂酒业有限公司

难得糊涂品鉴级，52°500ml，安徽难得糊涂酒业有限公司

郑县令翠竹酒

郑知县柔和家酿

郑知县芝麻香型

另外，2012 年，扬州春江酒业有限公司开发研制出的扬州八怪限量版纪念酒烟花醉 600 套，每套 8 瓶，浓香型 52°500ml，这是中外酒器协会第十一届纪念酒和江苏省酒器文化联谊会第十届纪念酒，是以扬州八怪郑板桥、金寿门、李复堂等人物为题材而精刻雕塑的高温陶瓷酒瓶，原箱原装，具有收藏和欣赏价值。

公司先后陆续开发了烟花醉天之酿、烟花醉一品、烟花醉古城醉、烟花醉烟雨遥、烟花醉清风曲、烟花醉天福、烟花醉蓝瓷、烟

三一、以郑板桥名字、名言及官职命名的烟酒

花醉瓷韵、烟花醉红醉天下、烟花醉西北情、烟花醉嫦娥奔月等六大系列不同档次和风格的 30 多个品种。

三二、郑板桥人文菜肴名录

板桥宴　兴化市兴化宾馆设计制作

郑板桥以"诗书画三绝"及以赈贫去官而著称,但他还是一名美食家,他在品尝一些淮扬名菜后,写出了众多美食诗句。相关研究表明板桥的饮食观与其哲学观和美学观相契合。如"白菜腌菹,红盐煮豆,儒家风味孤清";"三冬荠菜偏饶味,九熟樱桃最有名";"湖上买鱼鱼最美,煮鱼便是湖中水"……

板桥应邀参加过两淮盐运史卢雅雨举办的红桥修禊,写下了"张筵赌酒还通夕,策马登山直到巅。"品尝过一些淮扬大菜。金农说他"风流雅谑,每逢酒天花地间,各持砑笺执扇,求其笑写一竿,墨渍污襟袖,亦不惜也。"

板桥自己的饮食观主要体现在儒雅超逸,韵溢品高。他主张"白菜腌菹,红盐煮豆,儒家风味孤清"。他崇尚"左竿一壶酒,右竿一尾鱼,烹鱼煮酒恣谈谑"的生活。他提倡田园清供之味,赞扬"江南大好秋蔬菜,紫笋红菱煮鲫鱼""三冬菜偏饶味,九熟樱桃最有名"。他主张原料就地取材,讲究鲜活,"卖取青钱沽酒得,乱摊荷叶摆鲜鱼。湖上买鱼鱼最美,煮鱼便是湖中水"。"瓦壶天水菊花茶,青菜萝卜糁子饭。"

板桥喜食狗肉,并加姜少许。他说:"姜者,食物中之秀味,狗肉则为至味,亦神味也。"他在山东为官时,曾给李鱓写信,怀念扬州应时鲜鱼佳蔬，表示"神魂系之""惟有莼鲈堪漫吃，下官亦为啖鱼回"。

板桥继承唐代诗人王维传统，主张超凡脱俗，在青山绿水间，品茗尝鲜，饮酒啜蔬，对坐长谈，风流自在。

板桥宴是兴化市兴化宾馆以郑板桥诗文中提及的菜肴为基础，结合兴化特产设计的宴席，如取名"兰竹石图"，颇有诗情画意，反映了板桥先生的风骨，它和八围碟、四回味碟构成了"板桥宴"的前奏。

板桥人文菜肴是与板桥有关的名字相命名，现择其要者，以满足板桥爱好者之心愿。

兰竹石图

围碟：板桥炝虾、口福醉螺、糊涂烂豆、昭阳咸蛋、糖醋小鱼、蒜香蒲干。

四调味：三腊菜、花生米、豆腐乳、嫩生姜。

热菜：菊花茶泡炒米、全家福、炖鸡豚、鲜笋烩鳜鱼、五香狗肉、茄夹子、烧藕坨子、芽笋扣鹬、麻虾炖蛋、板桥豆腐。

汤菜：青菜豆腐汤

主食：青菜糁子饭

乱石铺街

特点：颜色错落有致，形态各异，口感丰富。

原料：豆腐、皮蛋、虾仁、蟹黄。

调料：鸡汤、食用盐、味精、淀粉。

拥绿园

特点：色彩鲜艳，清淡素雅。

原料：芦笋、银杏、百合、红辣椒。

调料：食用油、食用盐、味精、水淀粉。

麻丫头针线

特点：其味独特，滑嫩鲜爽。

原料：鸡蛋、麻虾籽、发菜、金针菇、香葱叶。

调料：食用盐、味精。

金线串珠

特点：形似串珠，外脆内嫩。

原料：鲜藕、豆沙或肉泥、蛋清面粉糊、芹菜茎。

调料：食用油、红椒圈。

蟹黄肉圆

特点：色泽明丽，口感香浓。

原料：现剥蟹黄、蟹肉、猪五花肋条肉、青菜叶。

调料：姜末、葱白粒、胡椒粉、盐、料酒、熟猪油、鸡蛋、葱。

板桥素鸡

素鸡是用豆腐皮制成的，把多层豆腐皮用洁布卷成粗条状，捆压紧实即成，可根据个人口味进行卤制。

原料：素鸡 500 克

调料：葱花、姜末、酱油、糖、盐、味精、料酒、色拉油、红椒圈各适量。

做法：1、素鸡切成厚片，入热油中炸成金黄色；2、锅留底油，放入葱、姜略炸，加入素鸡、酱油、糖、盐、味精、料酒大火烧沸，转中火烧至入味，再用大火收稠卤汁，装盘，点缀红椒圈即可。

米酒炙鱼头

特点：鱼鲜汁美，回味无穷。

原料：鳙鱼头、莲藕、香菜、青椒圈、红椒圈。

调料：蒜瓣、洋葱头、板桥米酒、酱油、蚝油、盐、熟猪油、葱段、姜段。

此菜源于板桥诗句"夜半酣酒江月下,美人纤手炙鱼头。"

芋头烧鸭子

特点:芋头口感细软,绵甜香糯,易于消化。

原料:芋头 300 克、光麻鸭 1300 克、葱段、青椒段、红椒段、姜片、葱段调料:黄酒、酱油、白糖。

做法:1、将光麻鸭剁成块,焯水后洗净,芋头切块焯水备用。2、将炒锅烧热放油,放入姜片、葱段炸香,入鸭块煸炒,加黄酒、酱油、白糖和水大火烧开。3、加盖小火烧一小时后加入芋头、青椒段、红椒段,烧开后收稠汤汁,起锅装入碗中。

全家福

特点:宴会头菜,营养丰富,汤浓味鲜。

原料:鱼肚、鸽蛋、小肉圆、木耳、青菜心、枸杞。

调料:鸡汤、盐、味精、胡椒粉、熟猪油、葱、姜。

炖鸡豚

特点:鸡肥肉糯,鲜香扑鼻。

原料:草母鸡、猪手(剁块)。

调料:食用油、冰糖、蚝油、酱油、蜂蜜、花雕酒、姜片、葱结、香菜。

此菜源自板桥诗句"鱼蟹多无算,鸡豚不计钱。""稻蟹乘秋熟,豚蹄佐酒浑"。

板桥豆腐

特点:奇香四溢,佐餐妙品。

原料:苋菜股、豆腐。

调料:食用油、辣椒粉、葱段、姜末、盐、味精、高汤。

做法:有多种,而兴化人认为就是臭苋菜股烧豆腐。苋菜股是把老苋菜茎斩成一段段,投入用凉开水、食盐、花椒、桂皮调成的卤汁中（一般采用陈年老卤腌制。老卤是独门绝技，各家的老卤配方不同，风味各异。老卤要越陈越好，越臭越好）。在臭卤里浸泡的苋菜茎，经过一些时日，吸足臭味，捞上来便可加工食用。宋人苏颂在《图经本草》中说："赤苋亦谓之花苋，茎叶深赤，根茎亦可糟藏，食之甚美，味辛。"有人说苋菜股烧豆腐是顶风香十里。苋菜茎里的心呈果冻状，用嘴猛一吸，茎心肉即入口中，鲜咸爽口！

青菜萝卜糁子饭

特点：粗粮细做，营养平衡。

原料：籼米、糁子、青菜、萝卜。

调料：盐、味精。

糁子为大麦碾压扁而成，板桥有诗云："白菜青盐糁子饭，瓦壶天水菊花茶。"

板桥爱吃螃蟹，曾写诗句云："佳节入重阳，持螯切嫩姜。""八爪横行四野惊，双螯舞动威风凌，熟知腹内空无物，蘸取姜醋伴酒吟。"板桥最爱"闭门品芋挑灯，灯尽芋香天晓"的意趣。芋头扣肉也是源于此。

三三、郑板桥研究专家名录
（以姓氏笔画为序）

丁家桐，著名文化学者，郑板桥资深研究专家，首届扬州市政府文学艺术奖"终身成就奖"获得者。1931年生，江苏扬州人。1960年毕业于南京师范学院中文系（函授）。曾任扬州市教育局局长、扬州市文联主席。系中国作家协会会员，清代扬州画派研究会名誉会长及江苏省作家协会名誉理事。著有《致青年教师》《教海拾贝》《桑梓笔记》《屈原的故事》《上帝原谅》《隋炀帝》《扬州八怪》《扬州八怪传》《扬州八怪全传》《绝世风流：郑燮传》《石涛》《石涛传》《徐渭》《东方奇人：徐文长传》《画坛四高僧：石涛 八大 髡残 渐江》《八大山人传》《荣荫湾怀古》《瘦西湖欣赏》《运河诗话》等二十八部，主编《扬州文学》三十期，撰写《萧平艺术的时代意识》《"扬州八怪"十五家传略》《八怪研究的新奉献》等论文。其中《扬州八怪》荣获国家第十三届图书奖，《郑燮传》荣获华东第十六届图书奖，《细品慢语》专栏获全国报纸副刊专栏奖。

卜松山（Karl-Heinz Pohl），德国汉学家。1945年生于萨尔州。先后求学于汉堡大学、波恩大学、加拿大多伦多大学，主修汉学、日本学、艺术史等专业。博士论文是《郑板桥：诗人、画家、书法家》。先后任教于德国图宾根大学、特里尔大学。著有《全球化语境里的中国思想》《与中国作跨文化对话》《发现中国：传统与现代——位德国汉学家眼中的"中国形象"》《儒家精神与世界伦理》《郑板桥》《陶渊明》等，曾撰《论郑板桥的书法观》等论文。

卞孝萱（1924—2009），著名古典文学专家，郑板桥资深研究专家，江苏扬州人。曾任著名史学大师范文澜的助手，协助范老编撰《中国通史》，又曾协助章士钊整理《柳文指要》。后任南京大学中文系教授、博士生导师。从1962年开始发表研究郑板桥的文章，抱定的宗旨是不写没有新材料，新论点的文章，1980年代后期，主编《扬州八怪研究资料丛书》，这是对扬州八怪资料的首次大规模整理。曾编《郑板桥全集》，又撰写《郑板桥丛考》。唐代文化的研究也为人称道，著有《唐传奇新探》《刘禹锡年谱》《唐代文史论丛》等，后编为《卞孝萱文集》七册。又编有《辛亥人物碑传集》《民国人物碑传集》，曾任中国历史文献研究会常务理事、中国唐史学会顾问、中国唐代文学学会韩愈研究会会长、江苏省六朝史研究会名誉会长、清代扬州画派研究会名誉会长。

王锡荣，郑板桥资深研究专家。1931年生，辽宁兴城人。吉林大学文学院教授，曾任吉林大学中文系古典文学研究室主任。中国郑板桥研究会特邀会员、《郑板桥研究》编辑部顾问，多年来从事中国古典文学的教学与研究工作。著有《郑板桥集详注》《名家讲解郑板桥诗文》等，曾撰《郑板桥交游行踪漫考》等论文。

王诚龙，编有《郑板桥书法字典》《碎玉集：郑板桥书法》《碎玉集续集：郑板桥书法》。

王凤珠，美术史论家。南京艺术学院教授，与周积寅合著《郑板桥年谱》《扬州八怪现存画目》《扬州八怪书画年表》等，合撰《试论中国古代绘画著录》《文徵明与吴门画派》等论文。

王　幻，台湾学者。原名王家文，1927年生，籍贯山东。毕业于东北大学中文系,曾任自由新闻社总主笔、香港《万人日报》台湾社副社长、《自由新闻》采访主任、葡萄园诗社副社长和台北证券商业同业公会总干事等。曾主编《桂冠》诗刊,创办并编辑《建筑与艺术》。60 年代开始诗歌创作。著有诗集《情冢》《盲吟集》,著有《晚吟楼诗文集》《屈原与离骚》《郑板桥评传》《扬州八家画传》等。

王家诚,著名人物传记作家、教授。1932 年生,辽宁辽阳人。毕业于台湾师范大学艺术系。曾任教于国立艺专美术科,后任台南师专教授,兼任成功大学副教授。著有《扬州画家郑板桥》《郑板桥传》《徐渭传》《张大千传》等,曾撰《扬州八怪中的郑板桥》《郑板桥年谱》等论文。

王庆德,郑板桥资深研究专家。1946 年生,籍贯山东青州市。曾任山东临朐县县长、县委书记,潍坊市统战部部长,潍坊市政协副主席。中国书法家协会会员、山东省作家协会会员。著有《这一片山水》《郑板桥传》《郑板桥诗文集注》。

王同书,文化学者。1938 年生,江苏大丰人,江苏省社会科学院文学研究所研究员。作家、诗人、古典文学研究者,中国水浒学会理事,中国毛泽东诗词研究会理事,江苏省毛泽东诗词研究会副秘书长,《江海诗词》副主编。主要研究明清小说,古今中外诗歌及创作诗歌、散文、小说等。著有《郑板桥》《郑板桥评传》等,曾撰《郑板桥诗文书画改革的意旨与实践》《郑板桥与通俗小说》《郑板桥的"绝"和"怪"》《郑板桥艺术影响论》《郑板桥艺商联姻的萌芽与启示》等论文。

齐　渊,文史学者。又名齐运通,字韫玉,号河洛居士。从事文物工作 40 余年,先后师从耿宝昌、刘九庵先生。1994 年起,参与重点出版工程《续修四库全书》的编辑、出版工作,历时八年,任编委。编著《郑板桥书画编年图目》《金农书画编年图目》等。

李自存（1946—2023），郑板桥研究者。河南安阳人。曾任河南范县县长，濮阳市公路局局长。从政之暇，颇喜文学。著有《洹上钓客》《政坛枭雄》等。与贾璐合编《郑板桥与范县诗文趣事》。

许图南（1912—2001），郑板桥研究者。名荫鸿。别号舍北。祖籍江苏江宁，后迁兴化。定居镇江。解放后以教师为业。撰有《郑板桥事迹考》《谈谈郑板桥的题画诗文》《郑板桥在仪征、镇江事迹考》等。

许凤仪，郑板桥研究者。1938生，笔名杨二凤，江苏泰兴县人。江苏省作家协会会员、扬州市作家协会副主席、江苏省曲艺家协会会员。1955年毕业于泰兴县口岸中学。1959年毕业于扬州工业专科学校化学分析专业。同年2月分配至扬州磷肥厂工作。1969年调扬州市委宣传部任宣传科副科长。1982年调《扬州日报》任副总编辑、总编办公室主任等职。1985年调中国人民政治协商会议江苏省扬州市委员会工作。文史委员会副主任、文史办公室主任，副研究员。著有《扬州八怪的传说》《怪人郑板桥》等，撰写《郑板桥下海》《郑板桥卖画》《郑板桥断案》。

任乃賡（1887—1955），文史学者。字乃庚，名厚声，以字行。江苏兴化人，毕业于两江师范学堂，初任教于兴化文正学堂，后经两江师范学堂校长李梅庵先生介绍，赴安徽芜湖、安庆、凤阳等地省立师范或中学执教并兼任教育主任。1929年，因先二姑父、国民政府参事兼山东省驻京办事处处长成济安举荐，先后任山东莱芜县、济宁、砀山县等地县长，颇有政声。1937年初，应浙江台州专区专员曹伯闻之邀前往协助工作，后负责军法事务。1945年底，携带三个弟妹移居南京，先后任教于南京市立师范、中央大学。后中央大学并入南京大学，任文学院讲师。1952年，调南京大学图书馆,从事文献整理与研究。1954年退休。编撰《郑板桥年表》《郑板桥先生年谱》《任子田先生年谱》《宗子相先生年谱》《李映碧先生年谱》及《刘融斋先生年谱》,合称虚白斋五种。

任祖镛,文史学者。江苏省兴化中学高级教师,省中学语文特级教师,江苏省教育科研先进工作者,江苏省中等学校"红杉树"园丁奖获得者。1939年生,江苏兴化人,1999年被评为江苏省首批名教师。是全省乃至全国一线讲台上年龄最大的语文特技教师。是中国水浒学会、江苏省语言学会、江苏省美学学会、江苏省明年见文艺家协会、郑板桥研究会、清代扬州画派研究会及施耐庵研究会会员,江苏泰州学派研究会常务理事,兴化理事文化研究会副秘书长,兴化市人民政府教育督导顾问,楚水实验学校及兴化市明清小说研究会顾问,兴化市党外知识分子联谊会会长。著有《板桥对联》等,曾撰《郑板桥的世俗社会生活态度初探》《郑板桥的三处故居探秘》《郑板桥与明代后七子创作观的比较研究》《李鱓故居、别墅、墓地考》等论文。

华耀祥,郑板桥研究者。扬州教育学院中国古典文学副教授,曾任《扬州教育学院学报》主编,参与编写《中国现代文学史》,独著《郑板桥诗词笺注》,合著《郑板桥家书译注》《湖乡纪事》等。

李金新,文化学者。1943生,山东潍坊人。1962年毕业于潍坊工艺美术学校,同年入潍坊市工艺美术研究所工作。1976年调潍坊市博物馆工作至今,历任该馆陈列部主任,副研究馆员。主要从事美术史论、地方史与民俗研究,兼及雕刻、绘画。参加清代扬州画派研究会、山东省博物馆学会等学术团体活动。著有《郑板桥在潍县》《高凤翰年谱》等,并撰《高凤翰生平考》《多才多艺的高风翰》《德政传千,古碑刻耀艺林——浅识郑板桥在潍县所遗碑刻》等论文。

陈东原（1902—1978），著名教育家。又名世薰、春野，安徽合肥人。1929年毕业于北京大学教育系，曾任安徽省教育厅督学、安徽省立图书馆馆长，兼任安徽大学讲师。1935年赴美国密西根大学教育学院学习，1936年转至美国哥伦比亚大学师范学院学习，1937年毕业，获硕士学位。回国后，任安徽大学教授，中央教育部特约编辑、科长，中央政治学校教授兼教务处副主任，中央教育部兼任督学，社会教育学院教授。1948年起任湖南南丘国立师范学院院长、教授，重庆女子师范学院院长、教授。1951年任川东教育学院教授。1953年在西南军区师范学校教育系任教，1956年调西南师范学院教育系任教授。长期从事教育管理和教育学科的教学与研究，对中国教育问题有深入的研究，专长于中国教育史。早在20年代末30年代初即编著出版了《中国教育新论》《中国古代教育》《中国科举时代之教育》。1936年编著出版《中国教育史》，影响尤巨，被誉为"第一部中国教育史专著"。另有《中国妇女生活史》《群众心理A、B、C》等著作。著有《郑板桥评传》。

陈书良，郑板桥资深研究专家。1947生，湖南桂阳人。高中毕业后当了9年工人，1978年考取武汉大学魏晋隋唐文学研究生，师从吴林伯教授，1981年获硕士学位。分配至湖南省社科院文学研究所从事古典文学研究。现任文学研究所所长、研究员。兼任中国韵文学会理事、中国屈原学会理事、湖南省古代文学学会副理事长、湖南省屈原学会常务副会长等。郑板桥研究专家。著有《郑板桥评传》《板桥诗词撷英》《郑板桥画传：三百年前旧板桥》《陈书良说郑板桥　诗书画印"糊涂人"》《难得糊涂郑板桥》等。撰《"荥阳郑生"是谁？》《关于〈从八十方印章看郑板桥〉的通信》等论文。

陈　岗，文化学者，原潍坊电视台高级记者。曾获亚洲广播电视联盟大奖，国家电视剧飞天奖、金鹰奖。曾在潍坊电视台播出《郑板桥》二十讲,每讲三十分钟,著有《郑板桥二十讲》。

何恭上,台湾学者、出版家。著有《梵谷噢!梵谷》《中国书法史》,编著有《山水画全集(四种)》《中国历代名画精选》《郑板桥书画选》等。

何琼崖,文史学者。笔名琼子,1921生,浙江乐清人。1945年7月毕业于暨南大学文学院。1949年参加浙南游击纵队乐清支队,任参谋,参加解放黄岩县战斗。1950年入华东革命大学九大队,1951年-1961年任教于扬州苏北农学院农机系,1962年—1984年任教于扬州师范学院中文系。1985年后盐城支教,担任盐城师专的副校长,并兼任电大、盐城工学院和职大的教师。1994年退休回扬州定居。兼任中国小说家研究室主任研究员,广西艺术院院士、名誉院长、顾问,复旦大学、温州师范学院兼职教授等。1982年加入中国作家协会。著有《鄱湖匪传奇》《鄱湖三女杰》《风月同天》《芙蓉镇长》《金陵风云录》《渔樵皇帝》等长篇小说47部,中篇小说14部,短篇小说近80篇。另有诗歌集5集,散文500余篇等,共出版书籍108部,其中有《何琼崖中篇小说集》《琼崖诗歌集》《袁枚评传》《郑板桥》《秦少游》《何琼崖文集》(27卷)等。曾撰《论金农"扬州八怪"》《论金农》(与潘宝明合写)等论文。

吴根友,郑板桥研究者。1963年生,安徽枞阳人。武汉大学哲学博士学位。现任武汉大学哲学系教授,博士生导师,哲学学院院长、国学院副院长、中国传统文化研究中心兼职研究员;国际儒联理事、中国哲学史学会常务理事、湖北省哲学史学会会长。著有《郑板桥的诗与画》等。

沙 黑,文化学者、作家。原名吴双林,江苏泰州人。著有长中短篇小说《街民》《诗案》《苏中风云录》《天知苍苍三部曲》

《李明扬与李长江》等,戏剧《板桥应试》《冀州记》等,论著《诗话板桥》《艺海行舟》《水浒新论》等,另有《沙黑戏剧集》。

张锡庚,文化学者、作家。1957年生,江苏江阴人,1977年就读于苏州师专,1987年就读于南京艺术学院,1997年就读于首都师范大学,2007年就读于国家画院沉鹏精英班。1994年至1996年借调《中国书法》杂志任编辑。中国书法家协会教育委员会委员、中国书法名城联谊会常务理事、中国书协培训中心教授、国家一级美术师。曾任常熟理工学院人文学院副院长、常熟市文化局副局长、文联副主席、书画院院长、常熟市书法家协会主席、苏州市书法家协会副主席。著有《书法与文化》《行书经典十讲》《难得糊涂——郑板桥和他的书法艺术》等,曾撰《平原一派得承流:伊秉绶及其〈行书诗轴〉》等。

房文斋,郑板桥资深研究专家。笔名郁愚、鲁钝、房方。1932年生,山东即墨人。1960年毕业于中国人民大学新闻系。1946年参加工作。历任小学教师,即东县政府会计,胶州专署文书、科员、秘书,山东省计划委员会科员,贵州省农学院图书馆出纳员,山东昌潍师专中文系教授等。著有理论专著《小说艺术技巧》,长篇小说《郑板桥》《郑板桥外传》《空谷兰》《辛弃疾》《朱元璋》等,发表学术论文20余篇及散文、诗词100余首。

金实秋,文化学者。1945年生,江苏高邮人。先后为农村小学、中学教师,后在文化馆、文教局工作。1986年调江苏省文化厅,曾任文物处副处长、办公室副主任、南京博物院副院长、南京中国近代史博物馆筹备组常务副主任等职。著有《秦观研究资料》《郑板桥与佛教禅宗》等,曾撰《郑板桥方外友考略》《郑板桥所交期门子弟丛考》等论文。

郑炳纯(1930 - 2007),文化学者。字晋一,号愧斋,别署病鹩、莼、饼莼等，北京通州西集人，当代知名的版本目录学家。出身书香门第，熟读经书，旁涉史籍、诗词、书画、中医等。少时入京，在北京金店学徒。1950 年代初在老东安市场以"晋一"字号经营古旧书，1957 年公私合营后一直在北京市中国书店从事古旧书工作，先后在价格组、集配部、中国书店出版社等业务部门任职，人称"老夫子"，是中国书店最早获得高级职称的专家之一。辑校有《郑板桥外集》；点校《辨证奇闻》《墨缘汇观》《话梦集》《春明梦录》《东华琐录》；参与编撰《中国历代名医医话大观》，与严宝善合著《书林碎录》。著述《郑板桥外传》。

周积寅，郑板桥资深研究专家。1938 年生，江苏泰兴人。1958 年在江苏省泰兴中学毕业后入南京艺术学院美术系中国画专业学习，1962 年毕业后留校任教。南京艺术学院教授、博士生导师，曾任学报《艺苑》主编、美术学教研室主任。扬州画派研究会名誉会长，中国美术家协会会员，中国郑板桥研究会和日本郑板桥学会顾问。擅人物、山水、花鸟，尤爱画梅。兰、竹，受"扬州八怪"郑板桥、李方膺等人影响，所作苍润秀逸，情趣生动。工书法，得郑板桥"六分半书"之神韵。潜心于中国美术史论的教学和研究，俞剑华入室弟子。著有《中国画论辑要》《中国绘画史》《中国画学精读与析要》《郑板桥书画艺术》《郑板桥》《郑板桥年谱》等，主编《扬州八怪现存画目》《扬州八怪书画年表》《扬州八怪绘画精品录》《中国画派研究丛书》等，曾撰《郑板桥的美学思想》《不逢摧折不离奇——李方膺及其绘画艺术》《二十年板桥缘》《关于郑板桥的印章》等论文。

忽培元，文化学者、作家、书画家。1955 年生，陕西大荔人。中国作家协会会员、中国书法家协会会员、中国传记文学学会副会长、中国红色文化研究会副会长、中国作家书画院艺委会委员、中华诗书画院院长。著有《百年糊涂：郑板桥传》，曾撰《清官郑板桥》《做官当如郑板桥》等论文。

林存阳，郑板桥研究者。1970年生，山东任城人。2000年毕业于中国社会科学院研究生院获博士学位。任中国社会科学院历史研究所研究员、清史研究室副主任、历史系硕士生导师。主要从事古代政治思想史、学术思想史研究。与刘中建合著《落拓狂傲　糊涂睿智：郑板桥的"狂""怪"人生》《郑板桥》等。

贺万里，著名美术史论家、扬州八怪资深研究专家。1962年生，安徽淮北人，祖籍河北。扬州大学三级教授，研究生导师，历任扬州大学艺术学院副院长、常务副院长，美术与设计学院院长，扬州大学扬州八怪研究所所长，美术学重点学科带头人。曾任教于淮北煤炭师范学院（现淮北师范大学）。南京艺术学院美术学博士，师从周积寅教授。现为中国美术家协会会员，中国工艺美术学会会员，江苏省美协美术教育艺委会副主任，扬州市美术家协会副主席，扬州市清代扬州画派研究会名誉会长。贺万里教授是近十余年来清代扬州画派研究会工作暨国内扬州八怪研究的重要推进者，先后参与策划组织了2013郑板桥诞辰320周年、2014年边寿民诞辰330周年、2015年李方膺诞辰320周年、2016年李鱓诞辰330周年、2017年金农诞辰330周年、2018年高翔诞辰330周年陈撰诞辰340周年等全国性学术研讨会，发表学术论评文章近百篇，著有《永远的前卫—中国现代艺术的反思与批判》《中国当代装置艺术史》《装置艺术》（合作）、《扬州艺术史》《扬州美术史话》《水墨城韵扬州卷》《中国画学儒化研究》《中国山水画通鉴维扬异趣》（合作）等学术著作十余部；主编《扬州八怪研究概览：清代扬州画派研究会成立30年纪念文集》《蛟然五松啸：李鱓研究新论与资料拾遗》《苇间飞鸿：边寿民诞辰330周年学术专辑》《奇郁晴江梅：李方膺诞辰 320 周年学术专辑》《只留清气满乾坤：高翔诞辰 330 周年陈撰诞辰 340 周年研究新论》《美术鉴赏新编》等；编著《扬州八怪研究：超越地域的范式推进》（合作）等。撰写有《文游·狂欢·独酌：扬州雅集的三段论》《遗民与地域人文生态之维：程邃在扬州》《扬州八怪的交往圈与李方膺的被存在》《苍古奇逸文采斐然：清金农对联书法集读》《康熙十五年：恽寿平在扬州》等论文在全国重要学术期刊发表。亦擅绘画，师从文化部专业画家卓然，长于山水画，有评者誉为当代中国画坛泼彩山水画的代表性艺术家之一。

宫玉果，文化学者。1937 年生，1960 年毕业于河北大学中文系，后一直从事教育和编辑工作。喜好写作和书法。1993 年与人合作编著《实用公文写作》一书，获全国首届行政管理优秀研究成果三等奖。与韩凤林合编《郑板桥书法字典》。

娄本鹤，文化学者。号玉函，1941 年生，山东济南人。幼随父娄源澄（字文清）习字。后师承岳祥书、娄师白先生，成为入室弟子。曾任山东装饰研究院院长、山东兰竹画院院长，山东画院高级画师，山东东方艺术院书画艺术委员。著《画竹三字经》《画兰三字经》《书法入门三字经》《娄本鹤诗书画选》《郑板桥逸闻趣谈》等。

郭味蕖（1908—1971），原名忻，晚号散翁。山东潍县人。20 世纪重要的学者型画家，著述广涉美术史、金石考古、书画鉴定、画家研究、画法理论及诗文、书法等。早年入上海艺术专科学校学西画，1937 年入故宫博物院古物陈列所国画研究室临摹古画，并随黄宾虹先生学习画论及鉴赏。1951 年受徐悲鸿先生之聘任职于中央美术学院研究部，相继供职于民族美术研究所、徐悲鸿纪念馆、中央美术学院中国画系。著有《知鱼堂书画录》《知鱼堂鉴古录》《说镜》《殷周青铜器释名考略》《郑板桥评传》《汉画研究》《宋元明清书画家年表》《中国古代建筑与雕刻》《明清四画人传》《写意花鸟创作技法十六讲》《郭味蕖画集》等。

党明放，郑板桥资深研究专家。兼治唐代宫廷史及陵寝史。1958年生，陕西蒲城人。曾就读于北京广播学院（今中国传媒大学）新闻系。初从政，后弃政从文，师从著名学者丁家桐先生致力于板桥研究。历任北京朗朗书房图书出版公司编辑、编审，世界汉学研究中心研究员。现任扬州大学美术学院兼职教授及硕士生导师，扬州大学扬州八怪研究所研究员，江苏兴化市郑板桥纪念馆名誉馆长，江苏泰州市海陵区板桥文化研究院院长，受聘为台湾兰台出版社驻北京总编辑、台湾版"中国学术研究丛书"总编纂。系中国唐史学会、清代扬州画派研究会及陕西省作家协会会员。著有《郑板桥》《郑板桥年谱》《郑板桥对联赏析》《郑板桥研究》《聆听唐朝》《陵寝文化》《唐陵石刻遗存图集》《唐朝公主及其婚姻考论》（合著）《唐玄宗传》及《郑板桥研究》等，编有《郑板桥全集》《郑板桥楹联墨迹集》《郑板桥印册》《温故知新：例说中国文化往事》《扬州八怪楹联墨迹大观》等，其中《郑板桥》，2018年获江苏省新闻出版广播电视政府奖及日文版权贸易奖。《陵寝文化》，2020年获第九届陶风图书奖。在《中华书画家》《荣宝斋》《扬州晚报》及《板桥》等报刊上发表等论文二十余篇。

高宝庆（1943—2017），文化学者。自幼喜爱书法艺术，书法作品真草隶篆皆擅，尤以行草书见长，多次在国内外大展中展出并获奖。中国书法家协会会员，山东社会科学院特约研究员。历任齐鲁书画研究院副院长、中国楹联学会副会长、中国楹联学会书法艺术委员会主任、山东省楹联艺术家协会主席、山东省收藏家协会副会长、潍坊市楹联艺术家协会会长、鸢都书画研究院院长。编著《郑板桥轶事》《郑板桥与饶五娘》《郑板桥轶事》等，曾撰《郑板桥在山东》等论文。

秦金根，文化学者。笔名耕之。1969年生，安徽南陵人。1997年考入首都师范大学中国书法文化研究院，师从书法家欧阳中石、刘守安、王世征诸先生，2000年获文学硕士学位。2013年考取中国艺术研究院博士，师从任平。现供职于安徽出版集团安徽美术出版社，编审，任《书画世界》副主编、编辑部主任。著有《中国书法家全集·郑板桥》等，曾撰《郑板桥书论思想初探》《郑板桥在潍县的为官生涯及在此期间的书法艺术》等论文。

黄俶成（1947—2021），扬州八怪资深研究专家。扬州大学教授及研究生导师。江苏兴化人。中国商业史学会副会长。曾任清代扬州画派研究会副会长、顾问，扬州大学首任特邀监察员，扬州大学关键岗位教授、重点学科带头人。1969年下放农村插队劳动，1982年毕业于扬州师范学院中文系。历任小学、中学、大学教师、研究生导师，执鞭三十余年。1983年任曲学大师任中敏先生的学术助手，1985年调入扬州师范学院文化研究所工作，1993年至该院商经系工作，1999年随院系调整，为扬州大学商学院教授。著有《郑板桥小传》《画仙春秋　李鱓传》《扬州八怪诗歌三百首》《水泊惊雷：施耐庵与水浒创作》等，曾撰《从八十方印章看郑板桥》《郑板桥的晚年生活及身后事》《多维文化视野中的扬州八怪——兼论当代扬州八怪研究》《持"法"求变　开宗立派：李鱓艺术论》《八十年来扬州八怪之研究》《清中叶东南文人群体与扬州八怪》等重要论文。

韩凤林，郑板桥研究专家。1935年生，吉林海龙县人。中国老年书画研究会创作研究员。一九六〇年毕业于中国人民大学，原任北京化工管理干部学院院长、教授。中国书法艺术研究院艺术委员会理事、特聘为画家，石化局老干部书画研究会副会长，中原书画院研究员。对郑板桥书法心有独钟，个人书法作品多次参加国内外书画展并获奖，书作收入《中国国际文艺作品博览会作品集》《1978——1998中国书法选集》等书画集，与夫人宫玉果合编《郑板桥书法字典》。

雷　瑨（1871—1941），字君曜，别号雷颠、娱萱室主，笔名有均耀、颠公、晋玉、云间颠公、松江颠公、老颠、涵秋、修竹乡人、缩庵老人等。光绪十四年（1888）举人。工诗词，善文章。光绪二十三年（1897）到光绪三十四年（1908年）任职申报馆，为《申报》主笔之一。后任扫叶山房编辑，编有《清人说荟》初集、二集各二十种，《娱萱室小品》六十种等。有《详注郑板桥集》等。

潘　茂（1931—2017），文物专家、文史专家、常州市文博鉴赏学会学术委员会专家。曾任常州市文物管理委员会办公室主任。著有《常州书画》《郑板桥》等，曾撰《"难得糊涂"的诗、书、画家郑板桥》《郑板桥题画》《郑板桥的题跋艺术》《漫谈郑板桥的楹联》等论文。

潘宝明，文化研究专家。1949年生，江苏扬州人。扬州大学旅游烹饪学院教授，从事中国旅游文化研究。著作有《郑板桥》《秦少游》《扬州文化概观》《维扬文化概观》等，曾撰《诗书画印与板桥风格》《郑板桥与淮扬饮食》等论文。

（据《扬州八怪研究：超越地域的范式推进》整理）

三四、拙著《郑板桥年谱》参阅文献

《清史稿》，赵尔巽、梅绍斋等，启功、罗尔纲等点校，中华书局 1977
《清史列传》，清国史馆，王钟翰点校，中华书局 1987
《潍县志》，张耀璧等，乾隆二十五年（1760）刻本
《重修扬州府志》，姚文田等，嘉庆十五年（1810）刻本
《济宁直隶州志》，许瀚等，咸丰九年（1859）尊经阁刻本
《续纂扬州府志》，方濬颐等，同治十三年（1874）刻本
《仪征县续志》，颜希源等，嘉庆十三年（1808）刻本
《如皋县志》，马汝舟等，嘉庆十三年（1808）刻本
《重修仪征县志》，刘文淇等，光绪十六年（1890）刻本
《丹徒县志》，李恩绶等，1918
《白蒲镇志》，姚鹏春等，1935
《潍县志稿》，常之英等，台湾成文出版社 1941
《通州直隶州志》，季念诒等，台北成文出版社 1970
《曹州府志》，周尚质等，齐鲁书社 1988
《湘潭县志》，陈嘉榆等，湖南出版社 1995
《焦山志》，吴云，故宫博物院编，海南出版社 2001
《兴化县新志》，万历十九年（1591）刻本，广陵书社 2023
《兴化县志》，康熙二十三年（1684）刻本，广陵书社 2023
《重修兴化县志》，咸丰二年（1852）刻本，广陵书社 2023

《续修兴化县志》，民国三十二年（1943）铅印本，广陵书社
　　2023
《范县志》，唐晟等
《朝城县续志》，杜子懋等
《泰州志》，曹懋坚等
《章邱县志》，曹懋坚等
《济宁直隶州续志》，唐烜等
《增修甘泉县志》，陈浩恩　范用宾等
《全浙诗话》，陶元藻，怡云阁刻本，嘉庆元年（1796）刊本
《海曲拾遗》，金榜等，嘉庆十七年（1812）刻本
《秋灯丛话》，戴延年，道光十三年（1833）刊本
《赐砚斋题画偶录》，戴熙，道光二十一年（1841）刊本
《国朝闺秀正始集》，恽珠，红香馆，道光二十一年（1841）
　　刻本
《昭阳述旧编》，李福祚，咸丰七年（1857）刻本
《随园琐记》，袁志祖，上海申报馆，光绪三年（1877）刻本
《古芬阁书画录》，杜瑞联，光绪七年（1881）刊本
《粟香随笔》，金武祥，光绪七年（1881）刻本
《澄兰室古缘萃录》，邵松年，光绪三十年（1904）澄兰堂初
　　印本
《风月谈余录》，徐兆丰，光绪三十三年（1907）刊本
《梡鞠录》，朱祖谋，南陵徐氏刊本，宣统元年（1909）
《爱日吟庐书画录》，葛金烺，宣统二年（1910）刻本
《神州大观集》，宣统二年（1910）印本
《宝迂阁书画录》，陈夔麟 1915
《桐阴论画》（石印本），秦祖永，上海扫叶山房 1918
《瓯钵罗室书画过目考》（石印本），李玉棻，上海朝记书庄

三四、拙著《郑板桥年谱》参阅文献

1921
《名人楹联真迹大全》，刘再苏，上海世界书局 1925
《三秋阁书画录》，关冕钧，1928
《清画家史诗》，李濬之，来熏阁刻本 1930
《陶风楼藏书画目》，汪汝燮，国学图书馆 1932
《小豆棚》，曾衍东，上海申报馆 1935
《明清两朝画苑尺牍》，潘承厚 1942
《白雨斋词话》，陈廷焯，人民文学出版社 1959
《扬州画舫录》（点校本），李斗，中华书局 1960
《陶庐杂录》（点校本），法式善，中华书局 1960
《履园丛话》（点校本）钱泳，中华书局 1960
《榆巢杂识》（点校本），赵慎畛，中华书局 1960
《郎潜纪闻》（点校本），陈康祺，中华书局 1960
《啸亭续录》（点校本），昭梿，中华书局 1960
《疑年录》，陈恒，中华书局 1964
《明清历科进士题名碑录》，台北华文书局 1969
《清诗别裁集》，沈德潜，中华书局 1975
《国泰美术馆选集》，百科文化事业有限公司 1980
《古今名人楹联汇编》，谢华，山东临清枣花村书画社 1980
《两般秋雨庵随笔》，梁绍壬，上海古籍出版社 1982
《古今联话》，苏文洋，重庆出版社 1982
《随园诗话》，袁枚，人民文学出版社 1982
《锄经书舍零墨》，黄协埙，江苏广陵古籍刻印社 1983
《雨窗消意录》（甲部），朱克敬，岳麓书社 1983
《清稗类钞》，徐柯，中华书局 1984
《书林藻鉴》，马宗霍，文物出版社 1984
《顾黄书寮杂录》，王献唐，齐鲁书社 1984

《春游琐谈》，张伯驹，中州古籍出版社1984

《佩文斋书画谱》（影印本），孙岳颁　王原祁等，中国书店出版社1984

《国朝耆献类征》，李桓，台湾明文书局1985

《扬州画苑录》，汪鋆，光绪十一年（1885）刊本

《妙联趣谈》，李杏林，安徽文艺出版社1985

《国朝书人辑略》，震钧，台北明文书局1986

《李初梨珍藏书画选》，陈文彬编，重庆出版社1986

《听秋声馆词话》，丁绍仪，中华书局1986

《七家印跋》，秦祖永辑，江苏古籍出版社1986

《夜雨秋灯录》，宣鼎，上海古籍出版社1987

《观画百咏》，叶德辉，中华书局1987

《海上墨林》，杨逸，上海古籍出版社1989

《读史方舆纪要》，顾祖禹，人民文学出版社1990

《巧联趣话》，马春阳，江苏科技出版社1990

《清人书评》，王潜刚，上海书画出版社1993

《笔啸轩书画录》，胡积堂，《中国书画全书》第6册，上海书画出版社1994

《十百斋书画录》，佚名，《中国书画全书》第7册，上海书画出版社1994

《国朝画征续录》，张庚，《中国书画全书》第7册，上海书画出版社1994

《墨香居画识》，冯金伯，《中国书画全书》第10册，上海书画出版社1996

《自怡悦斋书画录》，张大镛，《中国书画全书》第11册，上海书画出版社1996

《广阳杂记》（点校本），刘献廷，中华书局1997

《丛碧书画录》，张伯驹，辽宁教育出版社1998
《鸥陂渔话》，叶廷琯，辽宁教育出版社1998
《古今绝妙对联汇赏》，余德泉、孟成英，广东人民出版社1998
《楹联丛话全编》，梁章钜、梁恭辰，北京出版社1998
《栖霞阁野乘》，孙静庵，北京出版社1999
《天咫偶闻》，震钧，北京出版社1999
《宸垣识略》，吴长元，北京出版社1999
《梦园书画录》，方濬颐，《中国书画全书》第12册，上海书画出版社2000
《墨林今话》，蒋宝龄，《中国书画全书》第12册，上海书画出版社2000
《明清稀见史籍叙录》，武新立，江苏古籍出版社2000
《春在堂随笔》，俞樾，江苏古籍出版社2000
《书画鉴影》，李佐贤，北京图书馆出版社2000
《壮陶阁书画录》，裴景福，学苑出版社2001
《清代学者像传》，叶衍兰等，上海书店出版社2001
《中国对联大辞典》，顾平旦、常江、曾保泉，新华出版社2001
《阳羡砂壶图考》，[清]李景康、张虹，浙江摄影出版社2001
《书家对联顾问》，张同标，河南美术出版社2002
《禅联》，梁申威，山西人民出版社2002
《读画闲评》，俞蛟，《中国书画全书》第14册，上海书画出版社2003
《习苦斋画絮》，戴熙，《中国书画全书》第14册，上海书画出版社2003

《国朝词综》，王昶，《清词综》，北京图书馆出版社 2006
《净慈寺志》（杭州佛教文献丛书），[清]释际祥，杭州出版社 2006
《国朝名人尺牍》，洪颐煊，道光刻本
《兴化佛教通志》，震华
《国朝历科题名碑录》初集
《十二笔舫杂录》，李兆元
《论画兰》，马棫
《星烈日记汇要》，方玉润
《支那南画大成》，日本与文社株式会社
《诗话》，钱振鍠
《余墨偶谈》，孙耘
《本朝名家诗钞小传》，郑方坤
《铁如意室所藏书画录》，郭照
《兰言四种》，杨鹿鸣
《铜鼓书堂遗稿》，查礼
《松轩随笔》，张维屏
《榆园杂录》，郭榆寿
《左庵一得叙录》，李佳
《国朝隶品》，桂馥
《睄睄斋书画记》，谢承均
《知鱼堂书画录》，郭味渠
《梦楼诗集》，王文治，食旧堂，乾隆六十年（1721）刻本
《述庵诗钞》，王昶，乾隆五十五（1790）年刻本
《淮海英灵集》，阮元，小琅嬛仙馆，嘉庆三年（1798）刻本
《随月读书楼诗集》，江春，嘉庆九年（1804）刻本
《忠雅堂诗钞》，蒋士铨，嘉庆二十二年（1817）重刊本

三四、拙著《郑板桥年谱》参阅文献

《还读斋诗稿》，韩尃，道光七年（1827）刻本
《沙河逸老小稿》，马曰琯，上海商务印书馆 1935
《冬心先生集》，金农，上海古籍出版社 1979
《隐拙斋集》，沈廷芳，人民文学出版社 1982
《巢林集》，汪士慎，《扬州八怪诗文集》，江苏美术出版社 1985
《香叶草堂诗存》，罗聘，《扬州八怪诗文集》，江苏美术出版社 1996
《邗江三百吟》（影印本），林苏门，广陵书社 2003
《淮海英灵续集》，阮亨，复旦大学图书馆藏清道光刻本
《陆仲子遗稿》，陆仲园，泰州古旧书店复钞本
《蔗尾诗集》，郑方坤，东北师范大学图书馆藏清乾隆刻本
《雅雨堂诗文集》，卢见曾，道光刻本
《梅花楼诗钞》，李方膺
《春草堂集》，谢坤
《懈陆诗钞》，顾于观
《道古堂文集》，杭世骏
《啸村先生诗》，李葂
《双微园诗钞》，丁有煜
《南斋集》，马曰璐
《国朝山左诗钞》，高凤翰
《味静斋诗存》，徐嘉
《是程堂集》，屠倬
《江上草堂集》，丁御
《拈瓢诗钞》，沈宏远
《醉侯诗稿》，赵玉森
《东皋诗存》，汪颀

《岑村集》，李霁

《赌棋山庄集》，谢章铤

《小竹村人集》，徐世昌

《紫琼崖诗钞》，允禧

《金桧门诗存》，金德瑛

《乐贤堂诗钞》，德保

《随园诗话》，袁枚

《冬心先生集》，金农，台湾学生书局影印钱塘金氏原刊

《清代学者像传》，叶恭绰等，台湾文海出版社

《昭阳郑氏族谱》，嘉庆修

《兴化任氏族谱》，主编任祖镛，执行主编任远

《扬州画舫录》，李斗，中华书局1960

三五、近一百年间郑板桥研究成果辑录

郑板桥为人之真、为官之善、为艺之美。徐悲鸿在题郑板桥《兰竹石图》中称赞他是"中国近三百年来最卓越的人物之一,其思想奇、文奇,书画尤奇。观其诗文书画,不丹想见高致,而且寓所寓仁慈于奇妙,尤为古今天才之难得者。"(无锡市博物馆藏墨迹)清人张维屏在《松轩随笔》中称赞道:"板桥大令有三绝:曰画,曰诗,曰书;三绝之中有三真:曰真气,曰真意,曰真趣。"板桥先生的书画形神兼备,雅俗共赏,深受人们的喜爱。

民国八年(1919),上海扫叶山房刻书坊率先以原版影印乾隆年间《郑板桥全集》真迹本,线装石印,一函四卷,具有较高的史料价值、艺术价值、欣赏价值和收藏价值。随后,又出现了上海铸记书庄和上海梁溪图书馆原版翻印本。

民国十五年(1926),姜华先生率先撰写了史上首篇《郑板桥的文学》研究文章,刊发在当年6月出版的《中大季刊》第一卷第二期上。民国十七年(1928),陈东原教授在北京大学教育系就读期间,撰写了史上首部《郑板桥评传》,全书虽然仅有四万余言,但其开拓之功令人叹羡。民国二十四年(1935),世界书局(国学整理社)又出版了由王淄尘亲手编校的一卷本影印真迹《郑板桥全集》。之后多年,板桥研究一直处于冰冷状态,似乎无人涉猎。到了60年代,尤其是进入80年代,板桥忽然成为海内外学者谈论的热门话题之一,并且也成为海内外学者最感兴趣的研究课题之一,在内地，先后有数百人投身其中。受板桥文学和艺术思想的影响，海外也不乏潜心研究者，如：台湾成功大学王家诚教授，日本金沢美术工艺大学远藤光一教授，日本多摩美术大学近藤秀实教授，以及德国特里尔大学卜松山教授等，由此也造就了一批"郑学"研究大家，如：安徽省教育厅督学陈东原教授、南京大学卜孝萱教授、扬州市文联主席丁家桐先生、南京艺术学院周积寅教授、潍坊学院房文斋教授、吉林大学王锡荣教授、湖南省社会科学院陈书良先生、安徽省书法艺术研究会杨士林先生，以及扬州大学黄俶成教授等，学为儒宗，行为士表，使得板桥研究薪火得以传承和广大。

1983年11月，值郑板桥诞辰290周年之际，百余位专家学者云集板桥故里兴化，庆贺郑板桥纪念馆正式成立。同时，又成立了郑板桥研究会。

1993年11月，值郑板桥诞辰300周年之际，兴化市政府举办了首届中国·兴化郑板桥艺术节，期间，除了举办郑板桥艺术思想国际研讨会外，还发行了镀金镀银郑板桥纪念章（一套二枚）和郑板桥特种邮票（一套六枚），成功举办了《画坛怪杰郑板桥》电视剧首映式。同时，兴化市文化局又挂牌成立了郑板桥书画院。从此，每两年一届的兴化郑板桥艺术节如期举办。

近一百年来，海内外除陆续出版有板桥手订《板桥集》影印真迹本外，尚有不同时期的专家学者辑注《郑板桥集》补遗本、《郑板桥全集》详注本及《郑板桥楹联赏析》等，专著方面有《郑板桥小传》《郑板桥大传》《郑板桥传》《郑板桥正传》《郑板桥评传》及《郑板桥外传》等，辑集方面有《郑板桥书法集》《郑板桥绘画集》《郑板桥书画集》《郑板桥楹联墨迹集》《郑板桥书法字典》及《郑板桥书法大字典》等。板桥研究所发表的文章和出版的书籍居中国历代文学及书画艺术名家研究之首。

三五、近一百年间郑板桥研究成果辑录

《四书手读》，清雍正六年（1728）

《诗钞》《词钞》《家书》，清乾隆七年（1742）付梓，司徒文膏雕版

《小唱》，清乾隆八年（1743）付梓，司徒文膏雕版

《郑板桥集》（影印真迹本，一函四册），清乾隆刻本

《郑板桥全集》，新兴书局影印手抄本

《郑板桥全集》（含补遗、附录），台湾时代书局

《板桥全集》，清光绪十八年（1892）刻本

《板桥印跋》，清秦祖永辑

《郑板桥行书真迹》（线装珂罗版），上海艺苑真赏社精印，民国刻本

《板桥集》，清晖书屋翻刻本

《板桥集》，玉书楼翻刻本

《板桥集》，民国刻本

《郑板桥书田游岩传》（民国百家古今名碑名帖系列），上海大众书局

《郑板桥书重修文昌祠记》（民国百家古今名碑名帖系列），上海大众书局

《板桥先生印册》，徐兆丰《风月谈余录》卷六，光绪三十三年（1907）刻印

《渔家乐帖》（线装本），上海进步书局 1915

《郑板桥渔村夕照词》，上海文明书局 1916

《郑板桥全集》（石印线装本，一函四册），上海扫叶山房 1917

《板桥诗钞》，上海文宝公司 1918

《郑板桥道情十首》（石印本），1919

《郑板桥全集》（影印真迹，石印线装本，一函四册），上海

扫叶山房 1919

《郑板桥全集》（影印真迹，石印线装本，一函四册），上海扫叶山房 1921

《郑板桥全集》（影印真迹，石印线装本，一函四册），上海铸记书庄 1923

《郑板桥全集》（影印真迹，石印线装本，一函四册），上海扫叶山房 1924

《郑板桥家书》（新式点标），上海群众图书公司 1924

《板桥集》（铅印标点本），沈苏约标点，上海梁溪图书馆 1926

《郑板桥全集》，吴门王大错纂注，上海建文书社 1926

《郑板桥道情词》，上海有正书局 1926

《郑板桥渔村夕照词》，上海文明书局 1926

《郑板桥全集》（石印线装，一函四册），上海扫叶山房 1931

《板桥集》，上海新文化书社 1933

《板桥集》，大达图书供应社、广益书局 1934

《板桥集》，新文化书社 1934

《板桥全集》（影印真迹，线装本，一函四册），上海大众书局 1935

《郑板桥全集》，（影印真迹），王缁尘校，世界书局 1935

《板桥集》（铅印标点本），上海新文化书社 1936

《郑板桥集》（影印真迹本），台北新兴书局 1956

《郑板桥全集》，台北光华印书馆 1956

《郑板桥画竹册》，广濑保吉编，日本三田印刷，清雅堂发行 1959

《郑板桥集》，原中华书局上海编辑所编，上海古籍出版社

1962
《板桥词钞》,台北泰山出版社 1963
《郑板桥全集》,香港广智书局 1970
《郑板桥全集》,台北文馨出版社 1972
《郑板桥全集》,台北五福出版社 1973
《郑板桥 怀素自叙帖/峋嵝碑》,日本二玄社 1973
《清郑板桥法帖集》(影印珍品),兴学出版社 1974
《郑板桥全集》,台湾时代书局 1975
《郑板桥全集》(影印真迹),国学丛书编委会,台北汉声出版社 1976
《郑板桥墨宝两种》(历代碑帖选粹),台北钟克豪出版 1977
《郑板桥集》,原中华书局上海编辑所编,上海古籍出版社 1979
《郑板桥兰花选集》,赵世聪编,香港联盛印刷公司 1980
《郑板桥全集》,台北喜美出版社 1981
《郑板桥书画艺术》,周积寅编,天津人民美术出版社 1982
《板桥集·诗钞》,台湾文海出版社 1983
《板桥集·词钞/家书》,台湾文海出版社 1983
《郑板桥书画拓片集》,余毅编,台湾中华书局 1983
《郑板桥书画》,山东省文物局、潍坊地区出版办公室编,山东美术出版社 1984
《郑板桥题画诗册》本社编,台北湘江出版社 1984
《郑板桥书画拓片集》,潍坊市工艺美术研究所编,1984
《郑板桥全集》(影印真迹本),中国书店出版社 1985
《郑板桥书法集》,周积寅编著,江苏美术出版社 1985
《城隍庙碑》,郑燮撰并书,中国书店 1985

《郑板桥全集》（据扫叶山房1924年版影印），北京市中国书店1985

《郑板桥全集》，卞孝萱编，齐鲁书社1985

《郑板桥文集》，吴可点校，巴蜀书社1985

《碎玉集：郑板桥书法》，王诚龙编，湖南美术出版社1986

《郑板桥外集》，郑炳纯辑，山西人民出版社1987

《板桥书道情词》，武汉古籍书店印影1987

《碎玉集续集：郑板桥书法》，王诚龙编，湖南美术出版社1988

《郑板桥满江红词》，日本二玄社1988

《郑板桥四子书真迹》，北京日报出版社1988

《郑板桥画选》，荣宝斋编，荣宝斋出版社1989

《郑板桥尺牍编》，铁琴屡主编，台北广文书局1989

《郑板桥书画集》，周积寅编，人民美术出版社1991

《板桥词》，赵慧文校，广东人民出版社1991

《板桥家书》，舍之编，大连出版社1991

《郑板桥画兰画竹》（名家技法画谱），本社编，西泠印社1992

《郑板桥全集》（影印真迹本），王缁尘点校，中州古籍出版社1992

《初拓城隍庙碑记》，郑燮撰，江苏广陵古籍刻印社1993

《郑板桥四子书真迹》，江苏广陵古籍刻印社1993

《郑板桥四书手读》（影印真迹本），巴蜀书社1993

《郑板桥书潍县城隍庙碑》（北京师范大学图书馆藏本），北京师范大学出版社1993

《郑板桥集》（影印真迹本），北京师范大学出版社1993

《郑板桥书法选》（中国历代名家名作系列丛书），海天出版

社 1993
《郑板桥全集》，中国书店 1985
《郑板桥家书诗词》（影印真迹本），北岳文艺出版社 1994
《郑板桥书画集》，小野胜也监修，日本公企有限公司 1994
《郑板桥画竹册》，段维毅编，台湾兴学出版社
《郑板桥诗钞》，福本雅一编，日本京都同朋舍 1994
《郑板桥四子书真迹》，河北美术出版社 1995
《郑板桥全集》（影印真迹本），江苏广陵古籍刻印社 1997
《郑板桥文集》，吴可点校，巴蜀书社 1997
《郑板桥墨迹》，骆芃芃编，荣宝斋出版社 1997
《郑板桥全集》，江苏广陵古籍刻印社 1997
《板桥家书》，宁夏人民出版社 1997
《郑燮》（扬州画派书画全集），天津人民美术出版社 1998
《郑板桥手书道情释注》，金铸、曹永森释注，扬州历史文化资料编委会 1998
《郑板桥墨迹》，荣宝斋出版社 1999
《郑板桥诗词选》，衣殿臣选编，广东人民出版社 1999
《郑板桥诗词选》（中国历代诗分类集成），大众文艺出版社 1999
《清郑燮行书重修城隍庙碑记》，萧菲等编，广西美术出版社 2000
《清郑燮黄慎字画合册》，马荣华主编，上海书画出版社 2000
《清郑燮行书诗稿》，萧菲等编，广西美术出版社 2000
《清郑燮杂诗帖》，萧菲等编，广西美术出版社 2000
《板桥家书》，唐汉译注，中国对外翻译出版公司 2001
《扬州八怪·郑板桥书画神品》，香港国际统一出版社 2001

《郑板桥》，张泽纲著，少年儿童出版社2001
《郑板桥四书手读》（影印本，一函四册），杭州出版社2001
《郑板桥》（中国画名家经典画库），贾德江主编，河北美术出版社2002
《郑板桥传》（中国名人大传），马道宗主编，京华出版社2002
《板桥家书》（汉英对照），林语堂译，百花文艺出版社2002
《板桥家书》，木子译注，学林出版社2002
《郑板桥文集》，刘光乾、郭振英编，安徽人民出版社2002
《郑板桥集》，吴泽顺编注，岳麓书社2002
《郑板桥书画集》（全二卷），殷德俭编，中国民族摄影艺术出版社2003
《郑板桥书画集》（中国顶级艺术家，全二卷），长城出版社2003
《山水画册》，郑板桥题、高南阜绘，台湾汉华文化事业
《郑板桥诗书画精品集》（全二卷），牟德武编，中国社会科学出版社2004
《郑板桥四书手读》（影印真迹本，一函四册），线装书局2004
《郑板桥全集》（线装本，一函四卷），香港华宝斋出版社2004
《郑板桥家书》，童小畅译注，中国书籍出版社2004
《郑板桥》（全四卷），紫都、赵丽主编，中央编译出版社2004
《郑板桥》（中国书法家全集），秦金根著　河北教育出版社

2004

《郑板桥文集》，艾舒仁编，四川美术出版社 2005

《郑板桥诗词》，中国档案出版社 2005

《郑板桥艺术珍品集》（线装本，一函二册），刘方明编，广陵书社 2006

《郑板桥诗文书画全集》，曹惠民、李红权编著，中国言实出版社 2006

《郑板桥书法》，李松晨主编，金盾出版社 2006

《郑板桥集》，毛妍君解评，三晋出版社 2008

《郑板桥四书真迹》（线装影印本，一函三册），广陵书社 2008

《郑板桥与范县诗书画集》，黄诚忠编，中国文化艺术出版社 2008

《郑板桥书法集》，韩凤林、宫玉果编，北京体育大学出版社 2009

《郑板桥诗词选》（中国历代诗分类集成），大众文艺出版社 2009

《郑板桥四书手迹》（影印本，一函四册），凤凰出版社 2010

《板桥四书手读》（宣纸线装，一函四册），西泠印社 2010

《论语手读》，郑板桥，中国书店出版社 2010

《郑板桥集》，毛妍君解评，山西古籍出版社 2010

《郑板桥印册》（线装本，一函二册），福建人民出版社 2010

《郑板桥集》（线装，一函二册），广陵书社 2011

《郑板桥》（中国画大师经典系列丛书），中国书店出版社 2011

《郑板桥全集》（增补本，全三册），卞孝萱、卞岐编，凤凰出版社2012

《郑板桥家书》（清代十大名臣家书系列），李金旺主编，外文出版社2012

《清郑板桥书城隍庙碑》（上下，历代名碑名帖/放大临摹范本），王宏昌编，黑龙江美术出版社2014

《郑板桥艺术珍品集》（全二卷），刘方明编，广陵书社2015

《郑板桥之极品竹挂历》，（仿真宣纸），2005

《郑板桥全集》，党明放编，台湾兰台出版社2015

《郑板桥》（中国画大师经典系列丛书），中国书店出版社2015

《糊涂百年：郑板桥》，忽培元著，作家出版社2015

《四书手读》（宣纸线装，一函三册），广陵书社2016

《郑板桥渔村夕照词》，上海文明书局1916

《郑板桥荆棘丛兰图》（中国美术史·大师原典系列丛书），中信出版社2016

《郑板桥书画集》（中国名家画集系列，珍藏版），中央美术出版社2016

《郑板桥四书真迹》（艺苑丛书，一函三册），广陵书社2016

《郑板桥全集》（线装本，一函四册），东吴钱园藏本，山东友谊出版社2017

《郑板桥集》，（国学精要珍藏版），李敖主编，天津古籍出版社2017

《郑板桥书画集》（传世名家书画集），尹维新编，中央编译出版社2020

三五、近一百年间郑板桥研究成果辑录

《郑板桥集》（宣纸线装，一函二册），广陵书社 2020
《郑板桥四书真迹》（宣纸线装，一函三册），广陵书社 2020
《郑板桥真迹论语学而编》，经折装，影印真迹版
《郑板桥全集》（详注本），松江雷氏注，台南新世纪出版社
《郑板桥全集》（补遗本），台中普天出版社
《郑板桥先生集外集》（油印本），潍坊市博物馆
《郑板桥集》（中华文学百家经典），伊犁人民出版社
《郑板桥全集》（原版缩影，一函四册），潍县地方志办公复制
《郑板桥题画》（拓本），苏州艺石斋
《郑板桥艺术精品集》（上下册），潍坊市档案馆
《郑板桥题画佚稿》（手稿本），周斯达
《郑板桥集外吟》，李涤尘辑，扬州市文联、扬州市清代扬州画派研究会编印
《郑板桥佚文辑录》，李百刚
《板桥书道情词墨迹》，江苏广陵古籍刻印社
《郑板桥书画拓片集》，潍坊市工艺美术研究所
《郑板桥书画精品册》，世界图书出版公司
《郑板桥集》（中华文学百家经典 53），伊犁人民出版社
《板桥道情十首》（雕版，红印本，经折装，一函一册），广陵古籍刻印社
《详注郑板桥全集》（石印本，一函四册），松江雷瑨注，上海扫叶山房 1926
《郑板桥评传》（国学小丛书），王云五主编，陈东原著，上海商务印书馆 1928
《详注郑板桥全集》（石印本，一函四册），松江雷瑨注，上

海扫叶山房 1934

《郑板桥的故事》，洪武良著，江苏人民出版社 1958

《郑板桥评传》，王云五主编，王幻著，台湾商务印书馆 1967

《郑板桥》（名人故事丛书），鲁泰编写，星洲世界书局有限公司 1968

《郑板桥传》，王家诚著，台北艺术图书公司 1978

《郑板桥书画选》，何恭上编选，台湾台北艺术图书公司 1978

《郑板桥》（中国画家丛书），潘茂著，上海人民美术出版社 1980

《郑板桥的故事》，许凤仪收集整理，中国民间文学出版社 1981

《郑板桥罢官》，许凤仪、王汝金、王亦秋编绘，人民美术出版社 1981

《郑板桥外传》，郁愚著，台湾世界文物出版社 1981

《郑板桥》，何琼崖、潘宝明著，天津人民出版社 1982

《板桥诗词撷英》，陈书良注评，广西人民出版社 1983

《郑板桥轶事》，高宝庆著，山东人民出版社 1983

《郑板桥传》，谢一中著，台北市国际文化事业公司 1984

《郑板桥传说》，江苏省民间文学工作者协会、江苏省扬州市文学艺术界联合会编，中国民间文艺出版社 1984

《郑板桥卖画》，王才博、王爱红、于水、吴声编画，岭南美术出版社 1984

《郑板桥卖画》，黄傲成编文，顾宝新绘画，江苏美术出版社 1984

《郑板桥的故事》（连环画），周笃佑、陈谷长编绘，湖南少

年儿童出版社 1984
《郑板桥书画挂历》，上海书画出版社 1984
《郑板桥的传说》，刘世喜等搜集整理，新华出版社 1985
《十笏园石刻资料》（油印本），潍坊市博物馆 1985
《郑板桥传记资料》，朱传誉主编，台北天一出版社 1982—1985
《怪人郑板桥》，许凤仪著，山西人民出版社 1985
《郑板桥集详注》，王锡荣注，吉林文史出版社 1986
《郑板桥审石头》（法文版），华士明、王孟奇编绘，朝华出版社 1986
《郑板桥研究》，沈贤恺著，海国书局 1987
《郑板桥判牍》（影印真迹本），李一氓编，文物出版社 1987
《碎玉集续集：郑板桥书法》，王诚龙编，湖南美术出版社 1988
《郑板桥研究》，沈贤恺著，台北新文丰出版公司 1988
《郑板桥手迹二种》，武汉古籍书店影印 1988
《郑板桥》，房文斋著，贵州人民出版社 1988
《郑板桥评传》，陈书良著，巴蜀书社 1989
《郑板桥诗词选析》，赵慧文选注，广东人民出版社 1989
《郑板桥逸闻趣谈》，娄本鹤著，山东友谊书社 1990
《板桥对联》，任祖镛著，山西人民出版社 1990
《郑板桥与饶五娘》，高宝庆著，山东文艺出版社 1990
《郑板桥年谱》，周积寅、王凤珠著，山东美术出版社 1991
《郑板桥与范县诗文趣事》，李自存、贾璐辑注，河南人民出版社 1991
《郑板桥对联辑注》，刁骏著，上海文化出版社 1991

《郑板桥评传》，杨士林著，安徽人民出版社 1992
《郑板桥书画艺术》（中国书法系列丛书），王永兴编著，北京体育学院出版社 1992
《郑板桥小传》，黄俶成著，百花文艺出版社 1993
《郑板桥书画精品选》，中国兴化郑板桥艺术节组委会编，文物出版社 1993
《郑板桥在潍县》，李金新著，潍坊市新闻出版局 1993
《郑板桥传》，杨士林著，台北帕米尔书店 1993
《郑板桥款式书法》，北京出版社 1993
《画坛怪杰郑板桥》，王晓宁、建彪编写，陕西师范大学出版社 1993
《绝世风流：郑板桥》，陈书良、李湘树著，湖南出版社 1993
《扬州八怪传》，丁家桐、朱福烓著，上海人民出版社 1993
《郑板桥外传》，房文斋著，台北国际村文库书店 1994
《郑板桥书法全集》，本社编，群言出版社 1994
《郑板桥书法三种》，北京出版社 1994
《郑板桥家书》（春在堂尺牍四种），俞樾等撰，台北广文书局 1994
《板桥家书译注》，华耀祥、顾黄初译注，人民文学出版社 1994
《郑板桥家书诗词》（手迹本），北岳文艺出版社 1994
《风流神判郑板桥》，吴洪激著，武汉大学出版社 1995
《郑板桥书法精选》，郑解纪选编，当代中国出版社 1995
《风流神判郑板桥》，吴洪激著，台湾汉欣文化事业有限公司 1995
《郑板桥》（明清中国画大师研究丛书），周积寅著，吉林美

术出版 1996
《郑板桥书法选》，程郎天编，广州出版社 1996
《郑板桥逸闻趣谈》，娄本鹤著，台北林郁文化事业公司 1996
《郑板桥》，明清文人研究会编著，内山知也监修，日本东京艺术新闻社 1997
《郑板桥诗词文选》，立人注选，作家出版社 1997
《金农・郑板桥》（中国书法全集 65），刘正成编，荣宝斋出版社 1997
《郑板桥书法精选》，吴波选编，延边人民出版社 1997
《绝世风流：郑板桥》（中华百杰图传，陈显泗主编），冯敏、陆荣斌编绘，海南国际新闻出版中心 1997
《扬州八怪的故事》，何琼崖著，晨光出版社 1997
《绝顶聪明难得糊涂：郑板桥传》，杨士林著，安徽文艺出版社 1997
《郑板桥事迹考》，许图南著，中国文联出版公司 1998
《郑板桥外传》，房文斋著，中国美术学院出版社 1998
《郑板桥的诗与画》（明清文化名人丛书），吴根友著，南京出版社 1998
《郑燮》（扬州画派书画全集），王之海编，天津人民美术出版社 1998
《温公家范　治家格言　郑板桥家书》，夏于全、郭超主编，蓝天出版社 1998
《郑板桥的故事》，曹思彬编著，新世纪出版社 1998
《郑板桥书法字典》，王诚龙编，湖南美术出版社 1999
《郑板桥书法字典》，韩凤林、宫玉果编，中国青年出版社 1999

《郑板桥正传》，李云彦著，台北实学社出版公司 1999
《郑板桥评传》，王幻著，台湾商务印书馆 1999
《郑板桥研究》，王建生著，台湾文津出版社 1999
《郑板桥诗词文选》，廖玉惠选注，台北时报文化出版事业公司 2000
《绝世风流：郑燮传》（扬州八怪传记丛书），丁家桐著，上海人民出版社 2001
《郑板桥小传》（中外名人小传第 10 辑），王甲成著，广东旅游出版社 2001
《郑板桥》，蒋星煜著，少年儿童出版社 2001
《郑板桥传》（九歌文库 984），王家诚著，台北九歌出版社 2001
《郑板桥与佛教禅宗》，金实秋著，宗教文化出版社 2001
《郑板桥写竹》（名家精品丛书），本社编，上海书画社 2001
《郑板桥判牍》（明清书法精品系列八），刘墨主编，辽宁美术出版社 2001
《郑板桥兰竹手卷》，九松堂编，岭南美术出版社 2001
《扬州八怪》，丁家桐著，苏州大学出版社 2001
《郑板桥的狂怪人生》，刘中建、林存阳著，北京古籍出版社 2002
《郑板桥传》（中国名人大传），韩红著，京华出版社 2002
《郑板桥狂异怪才》，杨百灵编著，延边人民出版社 2002
《郑燮评传》（中国思想家评传丛书），王同书著，南京大学出版社 2002
《郑板桥的"狂""怪"人生》，林存阳、刘中建著，北京古籍出版社 2002

三五、近一百年间郑板桥研究成果辑录

《郑板桥》（中国十大名画家画集），北京工艺美术出版社 2003

《郑板桥全传》（四大风流才子之全传），文源编著，光明日报出版社 2003

《郑板桥》，刘中建、林存阳著，台北知书房出版社 2003

《郑板桥家书的真理与智慧》，童小畅编，台北大步文化 2003

《郑板桥》（国画名师经典画库），天津人民美术出版社 2003

《难得糊涂：郑板桥作官大智慧》，史晟编，中国文盲出版社 2003

《难得糊涂：郑板桥经商大智慧》，史晟编，中国盲文出版社 2003

《郑板桥丛考》（辽海学术文库），卞孝萱著，辽海出版社 2003

《郑板桥家书评点》陈书良、周柳燕评点，岳麓书社 2004

《郑燮》（中国古代名家作品丛书），人民美术出版社 2004

《竹节生辉：郑板桥书画挂历》，哈什维文出版社 2004

《郑板桥诗文书画》（中国传统文化精粹），艳齐编校，民族出版社 2004

《郑板桥经商大智慧》，史晟编，台北德威国际文化事业有限公司 2004

《难得糊涂：郑板桥》（第一影响力艺术宝库），编委会编著，北京出版社 2005

《难得糊涂：郑板桥和他的书法艺术》，张锡庚著，上海书画出版社 2005

《郑板桥与张大千画传》，孙霞等编著，中国文联出版社

2005

《郑板桥画传》，孙霞编著，中国文联出版社 2005

《郑板桥生平与作品鉴赏》，紫都、赵丽编著，远方出版社 2005

《郑板桥书法字典》，王成龙编，天津人民美术出版社 2005

《郑板桥的经商处事做官大智慧》，中国长安出版社 2005

《郑板桥之极品竹挂历》（仿真宣纸），2005

《郑板桥墨宝精品选挂历》（极品宣纸仿真），内蒙古人民出版社 2005

《郑板桥诗词》（铅字标点本，线装，一函二册），中国档案出版社 2005

《郑板桥墨拓精品集》，潍坊郑板桥书画艺术研究院

《郑板桥书法字典》黄冬梅编，黑龙江美术出版社 2006

《郑板桥释文书画全集》，曹惠民、李红权编，中国言实出版社 2006

《郑板桥评传》（中国思想家评传丛书），王同书著，南京大学出版社 2006

《郑板桥》（中国书画名家画语图解），杨樱林、黄幼均著，中国人民大学出版社 2006

《郑板桥》（中国艺术大师图文馆），李林林编，山西教育出版社 2006

《板桥题画》，毛建波、江吟编，西泠印社 2006

《板桥题画》，张素琪编注，西泠印社 2006

《郑燮行书诗轴》，上海书画出版社 2006

《郑板桥对联赏析》，党明放著，岳麓书社 2006

《板桥人文菜》，嵇步渠、刘雯茵主编，中国纺织出版社 2006

三五、近一百年间郑板桥研究成果辑录

《郑板桥书画编年图目》（上、下），齐渊著，人民美术出版社 2007

《诗画人生：从王维到郑板桥》，曹胜高著，济南出版社 2007

《郑板桥书画集》，王岩编，陕西旅游出版社 2007

《郑板桥书法精粹》，李秋才编著，内蒙古人民出版社 2007

《狂异怪才：郑板桥》，竞游主编，内蒙古人民出版社 2007

《郑燮》（传世名家书法 29），李松、陈旭华主编，中共党史出版社 2007

《郑板桥诗文书画精选》，张育林、梅建成主编，江苏文艺出版社 2007

《郑板桥书法大字典》，韩凤林、宫玉果编，人民美术出版社 2008

《郑板桥传》，（台湾）王家诚著，百花文艺出版社 2008

《郑板桥诗词笺注》，华耀祥笺注，广陵书社 2008

《郑板桥书画鉴赏》，肖志娅、张冰著，中国轻工业出版社 2009

《郑板桥年谱》，党明放著，首都师范大学出版社 2009

《名家讲解郑板桥诗文》，王锡荣著，长春出版社 2009

《三绝之美郑板桥》，顾蕙倩著，台北县花木兰文化出版社 2009

《兴化历代名人书画选》，兴化市博物馆、兴化市收藏家协会编，东南大学出版社 2009

《难得糊涂是一生：郑板桥》，康桥、叶笑敏著，上海远东出版社 2009

《清代郑燮》（书艺珍品赏析），洪文庆主编，马季戈著，湖南美术出版社 2009

《板桥论画》，王其和点校纂注，山东画报出版社2009
《郑板桥巧智买谷缸》，江之中著，黑龙江美术出版社2010
《郑板桥与范县诗书画集》，黄诚忠编，中国文化艺术出版社2010
《诗话板桥》，沙黑著，吉林出版集团有限责任公司2010
《郑板桥思想评传》，张树俊著，百花文艺出版社2010
《扬州八怪研究概览》，贺万里、华干林主编，东南大学出版社2010
《郑板桥与范县诗书画集》，黄诚忠编，中国文化艺术出版社2010
《郑板桥》（中国思想家评传简明读本），党明放著，南京大学出版社2011
《郑板桥手书论语》，吉林出版集团2011
《陈书良说郑板桥》，中南大学出版社2011
《郑板桥评传》，王同书著，南京大学出版社2011
《郑板桥》（中国历代绘画名家作品精选系列），迟庆国、易东升编，河南美术出版社2011
《郑板桥全集》（增补本），卞孝萱、卞奇编，凤凰出版社2012
《板桥家书》（汉英对照），林语堂英译，安徽科学技术出版社2012
《郑板桥精品集》，单国强主编，印刷工业出版社2012
《郑板桥研究》，莫其康主编，凤凰出版社2012
《郑板桥诗歌及其思想》，胡倩茹著，台湾文史哲出版社2013
《郑板桥年谱》（增订版，上下册），党明放著，台湾兰台出版社2013

《郑板桥传》（郑板桥丛书），王庆德著，文化艺术出版社 2014
《郑板桥诗文集注》（郑板桥丛书），王庆德注，文化艺术出版社 2014
《郑板桥书法集》（郑板桥丛书），蒯宪、吕俊峰编，文化艺术出版社 2014
《郑板桥年谱》（郑板桥丛书），王咏诗编，文化艺术出版社 2014
《郑板桥画集》（郑板桥丛书），吕俊峰编，文化艺术出版社 2014
《郑板桥研究文集》（郑板桥丛书），于云瀚、宋晓芹编，文化艺术出版社 2014
《郑板桥年谱编释》，闻世震著，辽宁人民出版社 2014
《郑板桥书法临摹精选集》，牛志高主编，安徽人民出版社 2014
《郑板桥》（中外巨人传），刘英浩著，辽海出版社 2014
《郑板桥》（中国历代名家作品精选，电子书），安徽美术出版社 2014
《难得是糊涂：郑板桥传》（中国文脉系列），孙家佳著，中国华侨出版社 2014
《郑板桥逸闻趣事》，李明忠、王延忠主编，中国文史出版社 2014
《郑板桥》（中国古代名家作品选粹），人民美术出版社 2015
《郑板桥》（日文版），党明放著，[日]中岛元春訳，樱田芳树监訳，南京大学出版社、北陆大学出版会 2015
《郑板桥》（日中文对照版），党明放著，[日]中岛元春訳，

櫻田芳樹監訳，南京大学出版社、北陸大学出版会 2015
《糊涂县令郑板桥》（电子书），郭晓畅，经济日报出版社 2015
《文化怪杰郑板桥》，初国卿著，辽宁人民出版社 2015
《郑板桥作品》（中国历代名画作品欣赏），方瑜编，浙江摄影出版社 2015
《郑板桥》，刘训江编写，濮阳日报社 2015
《郑板桥》（江苏历代名人传记丛书），王同书著，江苏人民出版社 2015
《郑板桥丛考》（辽海学术文库），卞孝萱著，辽海出版社 2016
《郑板桥诗词文选》，于春海、李青华、刘烨疃编，中华工商联合出版社 2016
《糊涂难述：郑板桥人生观研究》，黄涛著，江西教育出版社 2016
《郑板桥》（人美画谱），邓晓岗编，人民美术出版社 2017
《郑板桥二十讲》，陈岗著，山东画报出版社 2017
《郑板桥》（大家画院 / 中国画名家名作临摹详解，全程视频教学），谭溟鸿、谭崇正著，江西美术出版社 2018
《郑板桥》（中国历代画家绘画题跋选粹），王学俊编，安徽美术出版社 2018
《郑板桥对联印章汇说》，孙万寿编著，凤凰出版社 2018
《郑板桥的诗与画》，吴根友著，安徽文艺出版社 2018
《翰墨风骨郑板桥》，荣宏君著，百花文艺出版社 2019
《郑板桥临峋嵝碑》（清代隶书名家经典），赵宏编，中国书店出版社 2019
《郑板桥作品》，方瑜编，（中国历代名画作品欣赏），浙江

三五、近一百年间郑板桥研究成果辑录

摄影出版社 2019
《郑板桥》，周积寅著，四川美术出版社 2019
《郑板桥传》（中国名人大传），韩红著，北京联合出版公司 2019
《郑板桥画传》，陈书良著，天地出版社 2019
《郑板桥题画诗文赏析》，闻世震编，辽宁人民出版社 2019
《郑板桥题画诗书法集》，闻世震编，辽宁人民出版社 2019
《郑板桥》（中国历代画家绘画题跋选粹），王学俊编，河南美术出版社 2019
《郑板桥的故事》（课本绘·中国连环画小学生读库），许凤仪、王汝金、吴雨涵等，连环画出版社 2020
《郑燮》（中国古代画派大图范本·扬州八怪），江西美术出版社 2020
《郑板桥画集》（中国画名作赏析），杨建飞主编，中国美术学院出版社 2020
《郑板桥的"狂""怪"人生》，林存阳、刘中建著，万卷出版公司 2020
《扬州八怪研究》，贺万里等编著，中国书籍出版社 2021
《清风瘦竹郑板桥》（限量版），庄艳杰著，天津人民美术出版社 2021
《读＜郑板桥集＞随笔》，牟钟鉴著，东方出版中心 2022
《郑板桥评传》，鄢敬新著，青岛出版社 2023
《郑板桥小品》（明清小品丛书），陈书良注评，中州古籍出版社 2023
《郑板桥研究》，王建生著，台湾文津出版社 2023
《郑板桥家书》，陈书良、周柳燕注评，中州古籍出版社 2024

《郑板桥》（人美画谱），邓晓岗编，人民美术出版社 2024
《新译＜郑板桥集＞》（古籍今注新译丛书），朱崇才注译，
　　台北三民书局 2024
《郑板桥研究》，党明放著，台北兰台出版社 2025

附录一、郑板桥年表

康熙三十二年癸酉（1693）　一岁

农历十月二十五日，子时，郑板桥生于江苏扬州府兴化县城东门外古板桥东南下甸。先世居苏州阊门，明洪武年间迁居兴化汪头。曾祖新万，字长卿，十一世长门文庠，生子湜、辂，祖湜，字清之，十二世长门儒官，生子之本、之标。父之本，字立庵，号梦阳，生于康熙十二年（1673）十月初四未时，以文章品行为士先，设帐授徒数百辈，皆成就。卒年不详。娶江苏淮安府盐城县汪翊文室女，续娶江苏淮安府盐城县郝林森室女。生子燮。燮生母汪氏，端严聪慧特绝。叔父之标，字省庵，生字墨，字克己，号五桥，文庠。

康熙三十五年丙子（1696）　四岁

生母汪氏病殁。

康熙三十六年丁丑（1697）　五岁

父立庵续娶郝氏。

康熙四十三年甲申（1704）　十二岁

随父读书于真州（今江苏仪征市）毛家桥。

康熙四十五年丙戌（1706）　十四岁

继母郝氏卒。

康熙四十八年己丑（1709） 十七岁

与王竹楼、顾万峰等从乡先辈陆种园学习填词。

康熙五十三年甲午（1714） 二十二岁

约于是年，涉猎绘画。

康熙五十四年乙未（1715） 二十三岁

与同邑徐氏成婚。

九秋，出游京师，于瓮山漱云轩手书小楷《欧阳修＜秋声赋＞》并跋。

康熙五十五年丙申（1716） 二十四岁

约于是年，考取秀才。

康熙五十六年丁酉（1717） 二十五岁

堂弟郑墨生。

康熙五十七年戊戌（1718） 二十六岁

设塾于真州江村，作《晓行真州道中》诗。

康熙五十八岁己亥（1719） 二十七岁

于江村作《村塾示诸徒》诗。

康熙六十一年壬寅（1722） 三十岁

词师陆种园卒，作《七歌》诗。

十二月二十七日，作小楷《范质＜诫子诗＞》轴。

雍正元年癸卯（1723） 三十一岁

春，游海陵（今江苏泰州市），始与梅鉴上人订交。

寓居扬州卖画。

作《哭犉儿五首》及《贺新郎·送顾万峰之山东常使君幕》。

雍正二年甲辰（1724）　三十二岁

出游江西，于庐山结识无方上人；于无方上人处结识笔贴式保禄。

游洞庭湖，作《浪淘沙·和洪觉范潇湘八景》。

过黄陵庙，为黄陵庙女道士画竹并题识。

雍正三年乙巳（1725）　三十三岁

得尹会一、马曰琯资助，第二次出游京师。

客京师，寓慈仁寺，与禅宗尊宿及期门、羽林诸弟子游。

四月六日，题宋拓虞永兴《＜破邪论＞序》册。

秋，自知"思古"印并题边款。

十月十九日，于燕京忆花轩作《华品跋》。

始于慎郡王允禧接交。

拜见同邑、兵部职方司主事孙兆奎，作《送职方员外孙丈归田讳兆奎》七律二首。

因郁郁不得志，遂返扬州，始作《道情十首》词以遣兴。

雍正四年丙午（1726）三十四岁

作《满江红·田家四时苦乐歌过桥新格》。

雍正五年丁未（1727）　三十五岁

游南通州，作《游白狼山》七绝二首。

雍正六年戊申（1728）　三十六岁

春，与陆白义、徐宗于读书于扬州天宁寺，咕哔之暇，默写《论语》《孟子》《大学》《中庸》全篇，不足两月即成。经核对原文，无一字之错，后合装为《四书手读》。

八月，与李鱓、黄慎同寓天宁寺谈诗论画；为黄慎《米山小帧图》题跋。

九月，与李鱓同寓都门定性庵。

雍正七年己酉（1729）三十七岁

三月十八日酉时，叔父省庵卒，寿五十五岁。

初定《道情十首》词并谱曲。

作草书《满江红·田家四时苦乐歌过桥新格》词卷。

雍正八年庚戌（1730）三十八岁

夏五，为旭旦作草书《贺新郎·送顾万峰之山东常使君幕》轴。

雍正九年辛亥（1731）　三十九岁

元配徐氏病卒，遗二子一女。

春日，作草书《节录怀素＜自叙帖＞》轴。

七月十四日，作小楷《金陵怀古》小令十二首并跋。

十二月二十九日，作《除夕前一日上中尊汪夫子》诗，倾诉家贫之苦。

雍正十年壬子（1732）　四十岁

秋赴金陵乡试。乡试后，游金陵名胜古迹，作《念奴娇·金陵怀古》十二首。陆续又作《满江红·金陵怀古》《白门杨柳花》《长干女儿》《长干里》《观潮行》《弄潮曲》《韬光》《罗隐》及《沁园春·西湖月夜有怀扬州旧居》等。

客韬光庵，为松岳上人作画并题五绝诗一首。

作家书《雍正十年杭州韬光庵中寄舍弟墨》。

九月，书作《道情十首》词册。

中举。

雍正十一年癸丑（1733）　四十一岁

因患疮，未能赴京院试，养病于小海外祖父家。适逢父亲挚友朱子功寿辰，作《恭祝子功八十二寿》寿序通屏以贺。

重九日，于海陵（今江苏泰州市）奉别梅鉴上人，作《别梅鉴上人》诗。

始与高凤翰订交。高系山东胶州人，后为"扬州八怪"之一。

得徽商程羽宸资助，乃赴镇江焦山温书。

雍正十二年甲寅（1734）　四十二岁

续娶郭氏为妻。

七月初九，朋友错买有夫之妇为妾，后知实情，不责其值，送还其女，为纪其事，遂作《为顾世永代弟买妾事手书七律一首》。

十月，为同邑书画家李鱓《蕉竹石图》题识。

约于是年，作小楷秦观《水龙吟·春词》册页。

雍正十三年乙卯（1735）　四十三岁

二月，游扬州北郊，问玉斜沟遗迹，结识饶五姑娘，应邀为其书作《道情十首》词，并作《西江月》词一阕相赠定情。

小春月，为翼周年学先生书作王维《山中与秀才裴迪书》。

夏赴焦山温书迎考，陆续作家书《焦山读书寄四弟墨》《焦山别峰庵雨中无事书寄舍弟墨》《焦山双峰阁寄舍弟墨》《仪真县江村茶社寄舍弟》《焦山读书复墨弟》《焦山别峰庵复四弟墨》《寄墨弟自焦山发》等，又作尺牍《焦山别峰庵与徐宗于》。

八月，受聘赴杭州任浙江乡试外帘职。

十月，旋返扬州，与李鱓谈及赴浙之行，二人合作诗画以纪其事。

作《贺新郎·答小徒许樗存》《再到西村》。

为真州江上茶肆书作"山光江水"七言联。

冬日，赴京，准备参加来年丙辰科试。

在京与名桥结识，作小楷《道情十首》词二纸，一奉名桥，一奉雁峰。

乾隆元年丙辰（1736）四十四岁

二月，赴贡院参加礼部会试，中贡士。

三月，跋李鱓雍正十年冬十二月所作《三清图》轴。

五月，于太和殿前丹墀参加殿试，中第二甲赐进士出身第八十八名。

为能早日出仕，继续结交京中官员，作《呈长者》《读昌黎上宰相书因呈执政》《赠国子学政侯嘉璠弟》《酬中书舍人方超然弟》等诗。

与伊福纳同游西山。

至瓮山，与无方上人叙旧，作《赠瓮山无方上人二首》《瓮山示无方上人》诗。

访香山卧佛寺青崖和尚，作《访青崖和尚，和壁间晴岚学士虚亭侍读原韵晴岚张公若霭、虚晴鄂公容安》，又作《寄青崖和尚》诗。

访法海寺仁公，作《法海寺访仁公》《同起林上人同访仁公》《山中静坐再陪起林上人》诗。

访图牧山，作《赠图牧山》《又赠牧山》诗。

作《宿光明殿赠娄真人讳近桓》诗，并为娄真人画兰题识。

本年授官无望，旋与同邑任陈晋同入顺天学政崔纪文幕。

乾隆二年丁巳（1737） 四十五岁

正月初七，为西峰作行书《道情十首》词卷。

二月十五日，为在兹作行书扇面。

暮春，为刘燕廷刻"刘氏燕廷"印章并附边款二则。

南归，途经德州，复题雍正三年为送大中丞孙丈予告归里所作《盆兰图》。

在高邮与友人织文相遇。

高邮知州傅椿至兴化来访，酒后作《赠高邮傅明府，并示王君廷瀠》诗以赠。

乳母费氏卒，作《乳母诗》。

复得程羽宸资助，纳饶五姑娘为妾。旋住扬州李氏小园。

作尺牍《枝上村答姜七》《枝上村再答姜七》《枝上村寄金寿门》《枝上村寄米旧山》。

冬日，在扬州与昔日同窗顾万峰相遇，酒后于风雪中同至光储门外施公墓凭吊，并访城中董子祠。

乾隆三年戊午（1738）　四十六岁

中秋后二日，作苏东坡《题虢国夫人夜游图》方幅。

八月二十四日，为又老年兄书作《墨兰苦茗》七言联。

十月，为苍谷常老先生题照《种菜歌为常公延龄作》。

晏斯盛住节江宁，作《上江南大方伯晏老夫子讳斯盛》七律四首。

为高凤翰《披褐图》作跋。

乾隆四年己未（1739）　四十七岁

四月十七日，作行书《金缕曲》轴。

六月二十二日，作隶书《峋嵝碑文》轴。

夏日，为祖师母大人五十千秋作设色《桃树直帧图》。

十月二十日，作《送都转运卢公讳见曾》七律四首。

十一月初五，作六分半书李葂绝句十五首方幅。

乾隆五年庚申（1740）　四十八岁

四至六月，于扬州枝上村跋黄慎《山水册》十二页。

五月，跋程鸣《闲居爱重九图册》。

六月十八日，为秉君年长翁作行书节录怀素《自叙帖》。

六月二十二日，跋图清格《兰石》条幅。

九月初一，为董伟业《扬州竹枝词》作序。

九秋，饮牛四长兄过御斋，检家中旧幅《兰竹石图》以赠。

十一月十二日，作《芝兰图》并题识。

是年，在金农寓所与文学家、浙江仁和人沈心订交。

乾隆六年辛酉（1741） 四十九岁

九月，奉吏部之召，入都候补官缺。

入都之前，作《适客入都寄勖宗上人口号》诗；入都途中，作家书《淮安舟中寄舍弟墨》；在京期间，受到慎郡王的热情款待。

秋，书作《上江南大方伯晏老夫子讳斯盛》，又作《山中卧雪呈青崖老人》及《唐太宗记》。

乾隆七年壬戌（1742） 五十岁

春，为范县令，兼署朝城县。

将之任，作《将之范县拜辞紫琼崖主人》诗。

初到任，命廨中皂隶将县廨官署之墙壁凿孔百余，与街市相通，名曰：出前官恶习俗气耳。

六月二十五日，为慎郡王《随猎诗草》《花间堂诗草》撰跋。

十月，作《墨竹》长卷并题跋。为报知遇之恩，又作《与紫琼崖主书》。

作《前刻诗序》，始订并手写《诗钞》《词钞》，由门人司徒文膏雕版付梓。

为程振凡作《兰竹图》并题识。

乾隆八年癸亥（1743） 五十一岁

暮春之初，与金农、杭世骏、厉鹗文宴于扬州马氏小玲珑山馆。马氏分赠马四娘画眉螺黛、太子坊纸、宋元古砚；马氏昆季设宴，金农、杭世骏吟诗，厉鹗抚琴，板桥画竹。

六月初八，为载臣作《道情十首》词卷。

七月十八日，作破格书《跋临兰亭叙》。

《道情十首》词改定付梓，刻者司徒文膏。

乾隆九年甲子（1744） 五十二岁

作家书《范县署中寄舍弟墨第二书》《范县署中寄舍弟墨第三书》《范县署中寄舍弟墨第四书》。

十一月十六日，作隶书《歌谣》轴。

妾饶氏生子。

乾隆十年乙丑（1745） 五十三岁

春，作《临王羲之兰亭叙》。

八月，为晓堂作《兰石图》并题识。

作家书《范县署中寄舍弟墨第五书》。

福国和尚至范见访，作《破衲为从祖福国上人作》《扬州福国和尚至范赋二诗赠行》诗。

冬日，范县卸任，送饶氏母子归兴化；题李鱓六十岁之前为退庵禅师四十寿作《枯木竹石图》。

十二月，游扬州东郭，见李萌《岁朝图》，遂购之装裱，并题句以藏。

作《竹图》及《梅兰竹石》四条屏并题识。

乾隆十一年丙寅（1746） 五十四岁

自范县调署潍县。

正月初七，为颜懋侨作《蕉园集序》；又作八分书《武王十四铭》碑，立于大名府东尖外。

秋九，自潍返扬，与华嵒、颜叟等聚于程兆熊之桐华庵，合作

《桐华庵胜集图》。

十月二十七日，为口亭老寅长兄作《竹石图》。

是年，鲁东大饥，开仓赈贷；又大兴修筑，招远近饥民赴工就食；饥民出关觅食，作《逃荒行》诗。

于潍署中画竹，呈年伯包大中丞括，并题之以诗。

寄慎郡王书，慎郡王作《喜得板桥书自潍县寄到》七律以答。

夜出，闻书声出茅屋，询知乃贫生韩梦周，即以膏薪助之。

乾隆十二年丁卯（1747）　五十五岁

正月二十三日，作《兰竹图》并题识。

春，与王文治、郭方仪游，见田家有感兴，填词两阕。

八月十四日，作《竹图》并题识。

秋，临调济南，协助德保乡试，作《济南试院奉和官瞻德大主师枉赠之作讳保》诗。

与学使于敏中唱和，作《和学使者于殿元枉赠之作讳敏中》诗。

与御史沈廷芳酬唱，作《御史沈椒园先生，新修南池，建少陵书院，并作杂剧侑神，令岁时歌舞以祀沈讳廷芳》诗。

于济南锁院作《扬州杂记卷》。

秋，回乡省亲，过扬州，与汪士慎、李鱓、李方膺合作《花卉图》轴并题诗。

作《玉女摇仙佩·寄呈慎郡王》词。

乾隆十三年戊辰（1748）　五十六岁

二月，乾隆奉母东巡泰山，被山东巡抚包括荐为书画史。

山东大旱，廷派高斌、刘统勋亲督给赈事宜。五月至潍，板桥随行巡视，作《和高相公给赈山东到中喜雨，并五日自寿之作讳斌号东轩》。

夏，高凤翰孙高攀鳞携自刻印蜕并凤翰书至潍县请教，郑燮为其印蜕题跋。

秋，主持潍县修城，率先付诸荐坤三百六十千钱，首修城工六十尺。

七月十七日，借随行巡视之机，至胶州南三里河村看望高凤翰，为题"半亭半人""且园之后西园"额，并赠银十二两。高凤翰有赠诗，并赠《王虚草画卷》等。

秋末，作《与江宾谷江禹九书》《乾隆修城记》《修城记》《修城题名碑》。

作家书《潍县署中寄弟墨第一书》《潍县署中与弟墨第二书》。

乾隆十四年己巳（1749）　五十七岁

春，为苏州网师园濯缨水阁书作"曾三禹寸"四言联。

三月，潍县城工修讫，作《潍县永禁烟行经纪碑文》。

五月，与御史沈廷芳等同游郭氏园，沈廷芳作《过潍县郑令板桥进士招同朱天门孝廉家房仲兄纳凉郭氏园》诗相赠，慰其失子之痛。

六月二十日，作行书王渔洋《冶春词》册。

作《潍县竹枝词》。

仲秋八月，于扬州绿竹书屋作《郑谷口先太祖遗句》轴。

秋熟，难民陆续还乡，作《还家行》以纪其事。

重订《家书十六通》《诗钞》《词钞》，作《家书十六通小引》《后刻诗序》《自序》，并手写付梓。

作《自咏诗》赠载臣，作《兰石图》赠恺亭；作行书《板桥自叙》卷，尽述己之生平志趣。

误闻好友金农捐世，设位服丧而哭。

乾隆十五年庚午（1750）　五十八岁

二月初十，作《文昌祠记》。

春，作六分半书"秋从春在"七言联；又作《盆兰图》并题识。
秋，与李鱓合作《蕉竹图》；于《板桥自序》后又缀附记。
秋九月，书作梁武帝萧衍《古今书人优劣评》。
倡建状元桥。
作"竜跳虎卧"隶书匾额。
为潍县慈善家郎一鸣书作"为善读书"五言联。
书志田廷琳捐修邑城事。

乾隆十六年辛未（1751）　五十九岁

二月十五日，鲁东海水溢，作《禹王台北勘灾》诗记其灾情。
三月，作《兰花》横幅及行草书《范县》诗轴。
九月十九日，作六分半书"难得糊涂"匾额。
秋，作行书"山奔沙起"四言联、作《墨竹图》、作行书节录苏轼书《海苔纸》及《梅兰竹菊》四条屏。
十一月，书旧作《潍县竹枝词》二十四首。
作《田游岩佚事》及家书《潍县署中寄四弟墨》。
服官十年，乃萌归田之意，作《思归行》《满江红·思家》《唐多令·思归》。
十月八日，同科状元金德瑛宿潍县，作诗《小古镜为同年金殿元作》以奉。
作楷书"小书斋"匾额。
应同里陆白义之约，为家乡题写"节孝坊"匾额。

乾隆十七年壬申（1752）　六十岁

正月初一，作《城隍庙碑草稿自跋》。
四月初四，作《题宋拓圣教序》。
五月，潍县城隍庙重修竣工，作《新修城隍庙碑记》。
为城隍庙作"惟德是辅""神之听之"匾额；又为城隍庙新建

戏楼书作"切齿平情"七言联及"仪凤文衣"十言联。

八月十八日,于范县官署作《竹石图》并题识。

九月,作《兰竹石图》并题识。

十月二十五日,适逢六十寿辰,乃作"常如定欲"五十二言自寿联。

十二月,作行书《赠钟启明并留别》诗轴。

为友人作"静俭斋"行书匾额。

捐银五十两,倡修城北玉清官。

年底,去潍县任。借住友人郭质亭、郭芸亭南园旧华轩,并在此度岁。

乾隆十八年癸酉(1753) 六十一岁

正月,书作"老困乌纱十二年"隶书扇面,以明去官心迹。

二月,作行书"课子连家"十一言联。

作《予告归里,画竹别潍县坤士民》及《南园丛竹图》,并题诗两首,留别郭质亭、郭芸亭,然后离潍。

返扬之日,李葂赠以"三绝一官"五言联。

作《初返扬州画竹第一幅》并诗。

秋,友人常书民强行索画,作《翠竹芝兰》并题识以赠。

十一月,作《远山烟竹》四连幅并题识。

作《墨竹图》,分赠门生王允升、文翁年老长兄及圣翁先生。

乾隆十九年甲戌(1754) 六十二岁

春,应杭州太守吴作哲之邀,游杭州,期间作《与墨弟书》两通。

为杭州杨典史子孙补画盆兰一幅并题识。

五月,返兴化,作《赠济宁乌程知县孙扩图》诗两首。

九月二十一日,为绍翁作《竹枝》大幅并题识。

九月二十九日,应汪堂之邀,与药根上人等十二人聚集百尺楼分韵赋诗。

重返潍县官斋,为名桥作《道情十首》词卷;为嵩年学长兄作《墨竹图》并题识。

乾隆二十年乙亥(1755)　六十三岁

秋,作行书节录苏轼尺牍,并为树人年学长兄作《柱石图》。

与李鱓、李方膺合作《三友图》。

为郎老年学长兄作行书节录怀素《自叙帖》;为荆伯年学兄作《竹石图》。

自山东南归,过海陵,应梅鉴上人之请,再书《赠梅鉴上人》诗大、小各一幅并跋。

乾隆二十一年丙子(1756)　六十四岁

二月初三,邀程锦庄、黄慎等九人于竹西亭聚饮,作《九畹兰花图》以纪其盛。

三月二十七日,于慈山楼为桥门年学兄作隶书轴。

春,作行书苏轼尺牍《答贾耘老》四条幅赠顾堂义子。

为刘母卞太君八十荣庆暨青藜年学兄作《兰竹石图》;跋《王李四贤手卷》;作《论书》轴;作行书《唐诗》轴;作节录王维《山中与裴秀才迪书》;为澄轩作《竹石图》并题识;作《露竹新晴图》并题识。

乾隆二十二年丁丑(1757)　六十五岁

正月二十三日夜,作《板桥书目》。

三月初三,两淮盐运使卢见曾主持红桥修禊,与其会,作《和雅雨山人红桥修禊讳见曾》律诗四首,又作《再和卢雅雨四首》诗。

初夏,为继瞻作《墨竹图》并题识。

孟夏，为织文世兄作《墨竹图》并题识。

五月，于听松石堂、橄榄轩、河子学堂作行书条屏四幅；又于修竹斋为履坦作行书节录怀素《自叙帖》轴。

八月，为兴化书法家任姬上书作"菊族"匾额并题识。

九月，重游焦山，于别峰庵精舍作《墨松图》并题识。

十月二十一日，为天印山农书作《渔家》《酒家》《山家》《田家》《僧家》《官宦家》《帝王家》词卷。

十一月，为侣松上人作《荆棘兰花图》并题识。

分别为石兰同学、赐老年学长兄、沛老作《墨竹图》并题识。

游高邮，与织文相会，流连数十日，作《书赠织文世兄》。

题黄慎《黄漱石捧砚图》；又为弁南长兄作韩愈《送李愿归盘谷序》卷。

乾隆二十三年戊寅（1758）　　六十六岁

正月二十九日，作《与柳斋书》。

二月，作《论苏轼书》；为高凤翰题写"高南阜先生墓"墓碑。

三月二日，为肃公作《双松图》并题识。

三月上旬，于橄榄轩书作清初文学家、兴化人李壶庵《道情十首》词卷。

春，游真州，作《真州杂诗八首并及左右江县》诗。因和者甚众，又作《真州八首，属和纷纷，皆可喜，不辞老丑，再叠前韵》诗。

四月，游范县，于范县官署作《竹石图》并题识。

七月初七，书作六分半书"山随云为"四言联。

八月，书作隶书"近水远峰"七言联。

秋杪，作行书《自遣诗》轴。

十月下旬，为瀛翁作《竹石图》并题识。

冬日，作《清朝柱石图》；为鹤洲作《山顶妙香图》。

次女出嫁，适袁氏，作《兰竹图》并题诗以赠。

为□京年学兄长作《清溪兰竹图》横幅并题识。

乾隆二十四年己卯（1759）　六十七岁

六月二十日，作书札《与朱青雷书》。

七月十九日，再题《宋拓圣教序》。

秋，作草书《祝允明北郊访友》诗轴。

作《集唐诗序》；作行草书《束云》卷。

为开翁暨渭华同学作《竹石图》；为柿伯弟作《兰花》；为廷翁作《竹石图》。

从拙公和尚议，订《板桥润格》。

乾隆二十五年庚辰（1760）　六十八岁

五月，游通州，寓保培基井谷园。

五月十三日，于通州应李方膺侍人郝香山之请，为其珍藏李方膺于乾隆二十年初夏作于金陵的《墨梅图》卷题跋。

夏五，于通州应李方膺侍人孙门柳之请，为其所珍藏之黄慎《丁有煜像》题跋。

为保培源书作《艺园》匾额，并书作苏轼诗《金山梦中作》扇面。

秋，于汪氏文园为柳村刘三作《刘柳村册子》；作《板桥自序》；游如皋范大任之古澹园，作《过古澹园》诗。

秋九月，登高未果，过吴公湖，作《兰竹图》；作行楷书"藏经楼"匾额。

为载翁作《竹石图》；跋李鱓《花卉蔬果册》；跋程邃《印拓册》。题高凤翰《香流幽谷图》赠丁有煜；访丁有煜，知其酷爱高凤翰画，遂遣奴子往返千里回扬州家中取来高氏《菊石图》以赠；题丁有煜《墨竹册》；又赠丁有煜砚，并刻治砚铭。

会晤书画篆刻家、李方膺之侄李霁,得李霁"二十年前旧板桥"印一方。

乾隆二十六年辛巳(1761)　六十九岁

三月,作《芝兰全性图》并题识。

四月二十日,同江春、杭堇甫、汪石恬、李玉亭、费绍溪、陈江皋、常菜畦、黄北坨等八人游扬州铁佛寺,分赋得"繁"字。

七月二日,作《与焦光缵书》。

九月十四日,为焦五斗题汪士慎《乞水图》;后又为乃心作《竹石图》;为瞻乔作《兰竹石》;又题高凤翰画册。

罗聘妻方婉仪三十岁生日,作《石壁丛兰图》并题诗以贺。

乾隆二十七年壬午(1762)　七十岁

春日,为六源同学作《兰竹石图》。

五月,作《苏轼文》轴;為受老作仿文同《竹石图》。

五月二十八日,遵陆种园后人陆元礼之嘱,题《陈公伯瞻出使高丽赠送诗文卷子》。

夏日,为静翁年兄作《竹图》;为诞老作《松菊兰石》四条屏。

为景翁老先生作六分半书"民于官到"七言联。

金农、罗聘合作为板桥画像,板桥为之题句。

乾隆二十八年癸未(1763)　七十一岁

二月,为碧岑老世兄作《竹石图》并题识。

三月初三,与袁枚初遇于卢雅雨虹桥修禊席上,袁枚作《投板桥明府》诗,板桥作《赠袁枚》七律奉答。

四月初五,应卢见曾之邀,与金农、杭世骏、陈江皋诸人泛舟虹桥,作《和卢雅雨虹桥泛舟》诗。

四月,潍县好友郭伦昇来访,作《怀潍县二首赠郭伦昇》诗赠之。

八月，于吴公湖上，为朱逢年《山水人物图册》题跋。

九月，重游焦山，为焦山啸江大师书作"秋老春融"七言联；于焦山自然庵为慧通禅师作行书《焦山诗》轴。

作六分半书"操存陶铸"七言联。

乾隆二十九年甲申（1764）　　七十二岁

二月，书作"烹茶洗研"七言联。

九月，作隶书《岣嵝碑文》轴。

秋末，自邗江归兴化，作《兰竹石图》留赠杏花楼主人；于杏花楼书作"鹤矫竹明"八言联。

为东序年学兄作《焦山竹石图》；为敬翁同学作《竹石图》；为宜纶年学兄作《竹图》。

为兴化画家朱炎《百瞎图》题跋：为茂林年学兄作《兰竹石图》并题识。

作行书《游焦山诗》轴；为友人作《题画诗》六段；作《兰竹石图》并题识。

乾隆三十年乙酉（1765）　　七十三岁

春，作《竹石图》并题识；为咏亭大兄作六分半书"琢出辟开"七言联：为扬州百尺梧桐阁作六分半书"百尺数椽"十一言联；四月，作《竹石图》并题识。

五月初三，作《修竹新篁图》并题识。

作六分半书节录苏轼《答言上人》横幅；为玉老作《竹石图》；为蔚起年学兄作行书《江晴》诗扇面；为济翁作《竹石图》；为永公和尚作《瘦竹图》；作六分半书《苏轼文》轴；作行书《节录怀素<自叙帖>》；作"张长地藏"十六言联自挽。

十二月十二日未时逝世。葬于管阮庄。子犉夭，嗣子田。女三：长适赵，次适袁，三适李。

附录二、论郑板桥书画艺术

郑板桥，清代文学家、书画家。名燮，字克柔，号板桥。康熙三十二年（1693）十月二十五日子时生于扬州府兴化县（今江苏泰州兴化市）城东门外之下甸，卒于乾隆三十年（1765）十二月十二日寅时，享年七十三岁，葬于兴化管阮庄，即今兴化市大垛镇管阮村。

板桥幼孤家贫，父立庵在真州（今江苏仪征市）设馆授徒，板桥随其学，应科考依次为康熙秀才、雍正举人、乾隆进士。先后官山东范县令及潍县知县，在任十二年，有政声，以岁饥为民请赈，得罪上司，遂以病乞归。据清叶衍兰、叶恭卓《清代学者像传》载："去官日，百姓痛哭遮留，家家画像以祀。"返扬之日，诗人李啸村赠之以联，曰："三绝诗书画；一官归去来"。

清人张维屏《松轩随笔》云："板桥大令有三绝，曰画，曰诗，曰书。三绝之中有三真，曰真气，曰真意，曰真趣。"板桥诗词清新淳朴，激昂慷慨；家书情真语挚，悱恻动人。书法熔铸众体，创"六分半书"，与金农漆书、黄慎草书、杨法篆书并称"书坛四绝"。绘画多写兰、竹、石，世称"板桥兰""板桥竹""板桥石"，自称"郑兰""郑竹""郑石"。

板桥仕宦之前、后均居扬州卖画。尤其是弃官重返扬州后，作为"扬州八怪"的领军人物，与来自六省九府十三州县的书画家金农、李鱓、高凤翰、黄慎、汪士慎、高翔、罗聘、李方膺、边寿民、华喦、李葂、杨法、陈撰、闵贞等异军突起，啸傲士林，扛鼎墨林，足可北抗京师，南媲吴门。

板桥书法

板桥初学书时刻意有所取舍。雍正六年（1728）春，与陆白义、徐宗于读书于扬州天宁寺，默写《论语》《大学》《孟子》《中庸》全篇，后合装为《四书手读》。他在《四子书真迹序》中写道："黄浯翁有杜诗抄本，赵雪松有《左传》抄本，皆为当时欣慕，后人珍藏，至有争之而致讼者。板桥既无涪翁之劲拔，又鄙松雪之圆熟，徒矜奇异，创为真隶相参之法，而杂以行草，究之师心自用，无足观也。"他喜欢黄庭坚书之劲拔，而不屑赵孟𫖯书之滑熟。

若以板桥诗文与书画相比，当以书画为第一；若以书法和绘画相比，则以书法为第一。当年其寓居扬州时，曾写诗给篆刻家和刻竹家潘西凤："吾曹笔阵凌云烟，扫空氛翳铺青天。一行两行书数字，南箕北斗排星躔。"从他后来的书画作品看，此言并不为过。

板桥书法既学帖又学碑，博采诸家之长。清人徐珂《清稗类钞》云："板桥初学晋帖。雍正辛亥，书杜少陵《丹青引》横幅，体仿黄庭，后乃自为一体。"板桥在《署中示舍弟墨》自道："字学汉魏，崔、蔡、锺繇；古碑断碣，刻意搜求。"在帖学方面，他多次临摹东晋王羲之《兰亭序》，唐人怀素《自叙帖》、虞世南《破邪论序册》、颜真卿《争座位帖》、欧阳通《道因法师碑》、李邕《云麾将军神道碑》，以及北宋苏轼、黄庭坚、米芾等人的传世书作。还专程赴镇江焦山观摩《瘗鹤铭》。从现存文献资料看，板桥曾先后搜集到6种《兰亭序》的刻本，乾隆八年（1743）七月十八日，他作破格书《跋临兰亭序》道："黄山谷云：世人只学兰亭面，欲换凡骨无金丹。可知骨不可凡，面不足学也。况兰亭之面失之已久乎？板桥道人以中郎之体，运太傅之笔，为右军之书，而实出以己意，并无所谓蔡锺王者，岂复有兰亭面貌乎？古人书法入神超妙，而石刻木刻千翻万变，遗意荡然。若复依样葫芦，才子俱归恶道。故作此破格书以警来学，即以请教当代名公亦无不可。"

清人阮元《广陵诗事》载：板桥"少为楷法极工。"叶衍兰、叶恭绰《清代学者像传》也说板桥"楷书尤精，惟不多作。"从流传资料看，板桥传世楷书稀少。尽管我们尚难见到他参加乾隆元年（1736）丙辰科的科考墨卷，但从其早年数幅楷书作品面貌推测，他当年在摹习馆阁体上是绝对下过苦功的。如康熙五十四年（1715）秋，于京师瓮山漱云轩手书小楷欧阳修《秋声赋》；康熙六十一年（1722）十二月二十七日，小楷范质《诫子诗》，形体方正，笔画平直，功底扎实深厚。雍正十二年（1734），其小楷秦观《水龙吟·春词》册页，这件作品距他日后赴京会试仅有一年多时间，可以看出是从欧体入手，持笔周正，四面停匀，但结体不够开张，缺乏洒脱意趣，尽管如此，也不失为板桥小楷馆阁体的代表作。板桥在给方超然的诗中曾这样写道："苍头小楷太匀停，长恐工书损性灵。"他认为馆阁体这种官场书体太受约束，影响书法艺术的个性发挥，故他在金榜题名后，便离开馆阁体，转而醉心于自我书体。但偶尔也写楷书，如，乾隆二十五年（1760），68岁时为镇江焦山藏经楼所作楷书"藏经楼"（镇江焦山藏匾额），字体气韵通达，楷中寓行，乃为精品之作。

板桥"六分半书"的形成经历了一个漫长的过程。三十岁之前，即康熙三十二年（1693）至康熙六十一年（1722），其家庭遭遇了太多变故，又为生活所迫，接续父亲真州教书。尽管过的是"半饥半饱清闲客，无锁无枷自在囚"的生活，但为了功名，还得习书，小楷师锺繇，大楷师欧阳询。而以后所谓的"创为真隶相参之法，杂以行草篆。"在当时，或许是出于好奇，或许是笔墨游戏之作。三十一岁至四十五岁，即雍正元年（1723）至乾隆二年（1737），他转而扬州售字卖画。其行书主取苏轼、黄庭坚，再由黄庭坚而《瘗鹤铭》，再变体而篆、隶，行款则取唐人颜真卿《争座位帖》。清人李玉棻在《瓯钵罗室书画过目考》中称其"法《瘗鹤铭》而兼黄鲁直，合其意为分书。"雍正八年（1730）五月，板桥作行书《贺新郎·送顾万峰之山东常使君幕》（上海博物馆藏墨迹）；雍正十一年（1733），他在小海为父亲挚友朱子功所作行书《恭祝子功八十二寿》寿序通屏（江苏大丰县文化馆藏墨迹）；乾隆二年（1737）正月初七，为西峰贤弟书作《道情十首》词卷（广东省博物馆藏墨迹），卷后有清代书法家何绍基于同治九年（1870）冬至前一日所作跋语："板桥书道情词，余屡见之，词亦不尽同，盖随手更易耳。一生跌宕牢骚、奇趣横溢俱流露于词中。字仿山谷，间以兰竹意致，尤多别趣。山谷草法源于怀素，怀素得法于张长史，其妙处在不见起止之痕。前张后黄，皆当让素师独步，即板桥亦未能造此境也。"又作行草书《赠潘桐冈》（广州市美术馆藏墨迹），虽年代不详，但随意流畅；行书《菩萨蛮·留春》（广州市美术馆藏墨迹），行中多隶，隶中有篆，初步具备"六分半书"风貌。另有两幅年代不详的行草书，一为《道情十首》词卷（广东省博物馆藏墨迹）；一为节录《怀素自叙帖》（天津博物馆藏墨迹），行笔随意，笔墨潇洒。还有一幅比较著名的行书《梅庄记》（扬州博物馆藏墨迹），布局规整，行中多楷。草书《卢延让苦吟》（上海博物馆藏墨迹）、草书《陆仲园＜满江红·赠王正子＞》（中国国家博物馆藏墨迹），当属早期作品。

板桥独创的书体，他自称"破格书""六分半书"，书家誉称"板桥体""乱石铺街""浪里插篙""摇波驻节""醉汉夜归""雨加雪"，今人称"漫书"。所谓"破格"，就是突破常规，不拘成格。清人李斗《扬州画舫录》卷二云：板桥"工隶书，后以隶楷相参，自成一派。关帝庙导师吴雨田从之学字，可以乱真。"阮元《广陵诗事》云：板桥"少为楷法极工，自谓世人好奇，因以正书杂篆隶，又间以画法，故波磔之中，往往有石文兰叶。"

所谓"六分半书"，概括起来就是：隶架、楷骨、行意、篆格、草神。这种书体被誉为熔诸众体、创为别调。

隶架，即隶书的框架。隶书结构要求字形扁方，左右分展，起笔蚕头，收笔燕尾，化圆为方，化弧为直，变画为点，变连为断，强化提按轻重变化等。板桥的隶书直接受惠于郑簠（谷口）。他在《题程邃印谱》中写道："本朝八分，以傅青主为第一，郑谷口次之，万九沙又次之，金寿门、高西园又次之。然此论其后先，非论其工拙也。若论高下，则傅之后为万，万之后为金，总不如穆倩先生古外之古，鼎彝剥蚀千年也。"板桥认郑簠为本家，有"谷口""谷口人家"等用印。孔尚任《郑谷口隶书歌》云："汉碑结僻谷口翁，渡江搜访辩真实。碑亭冻雨取枕眠，抉神剔髓叹唧唧。"清莱阳诗人宋琬《赠郑汝器歌》云："泼墨淋漓四座惊，咫尺苍茫风雨至。"郑簠隶书，足足影响了他身后的一个世纪。

但板桥隶书作品流传下来的并不多，主要有乾隆四年（1739）六月二十二日，书作《峋嵝碑文》（烟台市博物馆藏墨迹）；乾隆九年（1744）十一月十六日，书作古歌谣（中国国家博物馆藏墨迹）；乾隆十四年（1749）春正月，于潍县署中所书"蔡中郎十字残碑"；乾隆十五年（1750）书"龙跳虎卧"；乾隆十九年（1754）三月，应人之索节录怀素《自叙帖》（镇江博物馆藏墨迹），以及书唐人崔国辅《杂曲歌辞·长乐少年行》（扬州博物馆藏墨迹）等。另有匾额"静轩""歌吹古扬州"等，扇面有书写唐人张志和《渔歌子》等，这些作品从字体结构看，既有《衡方碑》《鲁峻碑》的宽博厚重，又有《夏承碑》《石门颂》的雄放态势，颇得汉碑神韵。

楷骨，即楷书的筋骨。板桥楷书主取欧阳询，下笔迅疾，侧锋重按回收，棱角分明，神不外散，刻意避免了帖学的滑熟甜媚。

行意，即行书的意趣。板桥喜欢蔡邕的行书，前人认为蔡邕有撰碑八百的说法，且所撰碑文多喜自书。板桥也喜欢米芾的行书，但他主取黄庭坚行书，那种独特的辐射状结体，据说是黄庭坚晚年入峡见荡桨者所悟，故书中多"禅意"，且能以"韵胜"。赵孟頫说其"如高人胜士，望之令人敬叹。"板桥打破黄书的体势，"撇"以兰竹笔法出之，使之具有摇曳之态；"捺"反山谷手法，重按即出，形成左纵右束的新体势。

篆格，即篆书的格调或内在精神。在板桥传世书法作品中，尚未看到一幅纯篆书，但在"板桥体"中，尚能察觉出化楷为篆的结体，起笔藏锋敛毫，收笔时多垂露，且笔画停匀，形体方整。

草神，即草书的神韵。板桥草书主取唐人怀素。板桥从孙郑銮在《板桥世大父临兰亭序跋》中说："公少习怀素，笔势奇妙，惜不可多见。中年始以篆隶之法阑入行楷，蹊径一新，卓然名家，而不知者或以野狐禅目之，妄矣。"纵观板桥草书，大开大合，灵动自如，深得怀素风驰电掣的运笔之势。另外，明人徐渭的草书也对板桥书法也产生了极大的影响。

板桥的"六分半书"在结构上以隶为主，糅合楷、行、草、篆诸体，横向取势借鉴《瘗鹤铭》的结体，打破清人郑簠隶书的规整，纵横束竖，向右上倾斜，于转折处换锋，又"以画之尖纽，透入于书"。章法上，大小正斜、长短方圆、疏密肥瘦、虚实浓淡等交互映发，结体奇险，错落有致，千变万化而不失法度。

板桥的"六分半书"恰好出现在人们开始厌恶馆阁体和帖学之时。清人桂馥《国朝隶品》云板桥"如灌夫使酒骂座，目无卿相。"秦祖永《桐荫论画》亦云板桥"极有书名，狂草古籀，一字一笔，兼众妙之长。"对此，也有部分论者予以贬抑。钱泳《书学》云："亦如郑板桥，将篆隶行草铸成一炉，不可以为训也。"康有为《广艺舟双楫》也说："乾隆之世，已厌旧学。冬心、板桥，参用隶笔，然失则怪，此欲变而不知变者。"钱泳是以经学俗儒的眼光看待"六分半书"的，康有为作为崇碑抑帖而又持论偏激的书论家，对"六分半书"当然无法认同。也有人视"六分半书"为"野狐禅"的。清人王潜刚曾尖锐地批评道："板桥天分甚高，愿亦甚大，颇欲集古今书法大成而不知分期。课程须在多写，仅凭一时之小慧，妄欲造成一特创之字形，于是一笔篆、一笔隶、一笔真、一笔草，甚至取法帖中锺、王、颜、柳、欧、虞、褚、薛，东取一笔，西取一画，又加之一笔竹叶、一笔兰花，自以为极天地造化之奇，而成一不伦不类、不今不古之儿戏字体。"视点不同，其看法自然有别，此不足为怪。

板桥"六分半书"经历了一个比较漫长的探索期。成型期是在四十六岁至五十岁时，即乾隆三年（1738）至乾隆七年（1742）。这个时期，他的生活虽未达到安稳的程度，但却功名在身，心情自然也就敞亮许多。其书法便以情趣为基点，主攻"六分半书"，兼写行书。如乾隆三年（1738）中秋后，行书苏轼《题虢国夫人夜游图》（辽宁省博物馆藏墨迹），笔墨潇洒，结体跌宕；乾隆五年（1740）六月十八日，应人之求作行书节录怀素《自叙帖》（扬州博物馆藏墨迹）；同年为饮牛四长兄作《兰竹石图》（故宫博物院藏墨迹）题字；乾隆七年（1742）五月，为赞老年学兄行书元人吕鲲《夏日道中》诗（首都博物馆藏墨迹），具有怀素书法的飘逸和黄庭坚书法的挺劲；同年十月，再绘《墨竹图》手卷，纸不尽处，写兰数丛，画后题跋，时而楷，时而行，时而隶，时而草，时而篆，时而又"六分半书"，时而墨浓，时而墨淡，恣其狂逸，笔无滞体，文字长长短短，行文洋洋洒洒，给人一种空灵开阔之感。

到板桥五十一岁至六十岁，即乾隆八年（1743）至乾隆十七年（1752）这个时期，他已经出仕为山东范县、潍县令。政务之暇，仍在不断完善"六分半书"，兼写行、隶。皆以精进为基点。如乾隆十二年（1747）于济南锁院作《扬州杂记卷》（上海博物馆藏墨迹），通篇行中有隶意，隶中有篆意，令人耳目一新；乾隆十五年（1750）夏日，书作古人七绝三首（扬州博物馆藏墨迹），通篇以行书为主，间有草书意趣；乾隆十七年（1752）五月，作《重修城隍庙碑记》（南京博物院藏墨迹），肌丰骨坚，中规中矩，行中有楷意，楷中有隶意，给人一种爽朗清绝之感。板桥在《刘柳村册子》中说："潍县城隍庙碑最佳，惜其拓本少尔。"看来他自己也认为这是精心之作、得意之作。

乾隆十四年（1749），板桥作《板桥自叙》，自述己之生平志趣，其中云"善书法，自号'六分半书'"。如乾隆五年（1740）六月十八日，他应人之索，节录怀素《自叙帖》（扬州博物馆藏墨迹），亦楷亦隶亦行亦草亦篆，五体合一，画兰笔法亦一并融入。他认为书品即人品，说这是"怒不同人，自出己意"之作。另有乾隆十六年（1751）九月十九日所作"难得糊涂"匾额，古朴秀逸，有如浪破天门。

上海博物馆藏有一件板桥墨迹，内容是其论书："平生爱学高司寇且园先生书法，而且园实出于坡公，故坡公为吾远祖也。坡书肥厚短悍，不得其秀，恐至于蠢，故又学山谷书，飘飘有欹侧之势，风乎？云乎？玉条瘦乎？元章多草书，神出鬼没，不知何处起、何处落，其颠放殆天授，非人力，不能学，不敢学。东坡以谓超妙入神，岂不信然。蔡京字在苏、米之间，后人恶京，以襄代之。其实襄不如京也。赵孟𫖯，宋宗室，元宰相，书法秀绝一时，予未尝学，而海内尊之。今四家书缺米，而补之以赵，亦何不可。"此当为其论书警语，亦不啻为夫子自道。

"六分半书"真正的成熟期是在板桥六十岁后,即乾隆十八年(1753)至乾隆三十年(1765)去世。此时,他已流寓扬州,与八怪诸人雅集宴饮,谈诗论画,如鱼归海,如鸟投林。此次返扬,声名日隆,画价高涨,此时他主写"六分半书",兼写隶、行、草。就"六分半书"而言,之前,板桥在字的笔画转折和钩趯处善用蹲笔,顺势出锋,力聚毫端。蹲笔过重,则会留下墨团,显得臃肿。到此时,蹲笔过重基本得到了矫正,并且字形大小,参差有致,斜正相调。如乾隆十九年(1754),作家书《与墨弟》(扬州博物馆藏墨迹),行中寓楷,楷中寓隶;乾隆二十四年(1759),六十七岁时,从拙公和尚意,自订《板桥润格》,开头三项始以隶笔为主,目的是先稳住阵脚,从第四行开始放开笔墨,尽情挥洒,为了放慢节奏,以古体书出"送礼"之"礼"字,至"则"字,节奏再放慢,写至一行后,节奏逐渐加快,大书一"神"字,节奏稍控,至"语"字,又一控,然后放笔挥写,及至最后,浓墨重笔,大书一"边"字,收束全篇。字之结体有扁有特扁,有长有特长;有小有特小,如"小幅二两"之"二"字,仅占一字之半格;有大有特大,如"不能陪诸君子作无益语言也"之"也"字,最后一笔竟占六字之格。有异体,有古体,还有偏僻异体字,通篇以静制动,动中寓静,犹如珠湖泻池,气贯势通。

　　板桥七十岁之后,"六分半书"更向隶靠拢,尤其是横笔和捺笔。七十岁之前多用楷笔,笔至尽头,顿而回收;七十岁之后,笔至尽头则仰提上挑出锋,形成波势,捺笔化短为长,重按即出,富有章草意趣。在结构上,愈加纵左束右,如乾隆二十八年(1763),七十一岁时所书楹联"操存正固称完璞;陶铸含弘若浑金"(重庆博物馆藏墨迹),字形压扁,结体向右上倾斜,显得高古浑朴,脱却秀媚;同年九月,在写给焦山啸江大师的"秋老吴霜苍树色;春融巴雪洗山根"七言联,更是动静相宜,物我两忘,如入无人之境;

乾隆二十九年（1764）秋杪，作《竹石图》（上海博物馆藏墨迹），以"六分半书"于竹与石间题款，飘逸豪迈，高妙绝尘；乾隆三十年（1765）春，为咏亭所书楹联"琢出云雷成古器；劈开蒙翳见通衢"（扬州博物馆藏墨迹），用笔拙涩，墨色苍润，可谓羚羊挂角，起落无痕；同年为扬州百尺梧桐阁所书"百尺高梧撑得起一轮月色；数椽矮屋锁不住五夜书声"十一言联，用笔瘦硬，骨力清劲。另外，此时期板桥又作《古人七绝十五首》手卷（扬州博物馆藏墨迹），楷隶行篆草五体合一，清人郑方坤说板桥书法是"如雪柏风松，挺然而秀出于风尘之表"。

近人论书法，有晋人尚韵、唐人尚法、宋人尚意之说。在题识画论中，板桥"六分半书"大小方圆相掺，浓淡疏密相间，体现了东汉崔瑗"观其法象，俯仰有仪，方不中矩，圆不副规"的基本法则，犹如风吹浪涌，别具高致。赵尔巽《清史稿》说板桥"书画有真趣，少工楷书，晚杂篆隶，间以画法。"李斗《扬州画舫录》说他"以八分书与楷书相杂，自成一家。"窦镇《国朝书画家笔录》称他"书法以隶楷行三体相参，有别致，古秀独绝。"蒋宝龄《墨林今话》称他"书隶楷参半，自称六分半书，极瘦硬之致。"向燊说板桥"始学鹤铭、山谷，后以分书入行楷，纵横驰骤，别成一格，与金冬心异曲同工，在帖学盛行时代，能独辟蹊径，可谓豪杰之士矣。"当代著名学者丁家桐比喻板桥书法为"山阴道上联袂而来的老少男女。老翁拄杖，小孙牵袂；少男放肆，少女含羞；急者抢道，徐者闪让；壮者担物，弱者随行……"可谓形象之极。

板桥绘画

板桥从何时开始涉猎绘画？众说纷纭，但不外乎青少年时代。在以后几十年艺术创作生涯中，他主写竹、兰、石，兼写松、菊、梅等。"板桥竹"清影扶疏，超尘拔俗；"板桥兰"叶秀花腴，幽

附录二、论郑板桥书画艺术

香缥缈;"板桥石"萧散神逸,空灵磊落。叶衍兰、叶恭卓《清代学者像传》道:"(板桥)画竹神似坡公,多不乱,少不疏,脱尽时习,秀劲绝伦。"乾隆十四年(1749),板桥在《板桥自叙》中写道:"又以余闲作兰竹,凡王公大人、卿士大夫、骚人词伯、山中老僧、黄冠炼客,得其一片纸、只字书,皆珍惜藏庋。"又自题画竹称:"凡吾画竹,无所师承,多得于纸窗粉壁日光月影中耳。"他画竹推崇文与可,极工而后能写意。其《竹图》题:"文与可画竹,胸有成竹,板桥画竹,胸无成竹。浓淡疏密,短长肥瘦,随手写去。"又说:"手中之竹又不是胸中之竹也。总之,意在笔先者,定则也;趣在法外者,此机也。"经过"眼中之竹",转化为"胸中之竹",再借助于笔墨,挥洒成"手中之竹",即"画中之竹"。

板桥在《再复文弟》家书中更有一段画竹妙论,即:"四法""七忌""四宜""八法",语言直白,深入浅出,既是夫子自道,也可视为写竹入门之径。

所谓四法,即"凡画墨竹,分立竿、添节、画枝、画叶四法,循序而行。起笔先留竿留节,稍与根须短,中竿须长,又贵长短各殊,最忌一律,便落呆板。竿宜两边如界。节贵上下相承,其形若半环。若画一两竿,墨色可随意;画三竿以上者,前者墨宜浓,后者墨宜淡,始有前后之别。稍至根,虽一节节画出,而笔意须贯穿。立竿既定,随手画节,上节须覆盖下节,下节须承接上节,中虽断,笔意须连属。落笔不可太弯,不可太远,不可齐大,不可齐小,宜两头粗,中间细;宜两头放起,中间落下,始见全竿圆浑而得势矣。画枝须枝枝著节,行笔须迅速,迟缓则无生气。用笔须遒健圆劲,始有生意。嫩枝须和柔而顺,其节小;老枝须挺拔而起,其节大。枝覆者叶多,枝昂者叶少。风枝欹斜,雨枝下垂,归在描摹得神也。画叶须一抹而成,行笔愈速愈妙,少迟留便呆笨失势。写墨竹惟画叶为最难,下笔要劲利,实按而虚起,须有破法搭法;墨色须有浓淡，则老嫩反正分明矣。"

所谓七忌，即"一忌孤生，二忌并立，三忌如叉，四忌如井，五忌如手指，六忌粗如桃叶，七忌细如柳叶。"

所谓四宜，即"雨叶宜垂，露叶宜润，风叶宜翻，雪叶宜压。"

八法："老嫩须别，阴阳须分，春叶须嫩而上承，夏叶须浓而下俯，秋叶须带萧疏之态，冬叶须带苍老之形，风叶无一字之排，雨叶无人字之列。"

板桥一生对竹情有独钟，"宦海归来两袖空，逢人画竹卖清风。"以情写竹，情满于纸。他认为竹是一种品格，一种力量，一种追求。故笔下之竹有清风徐拂的春竹、有白云护绕的夏竹、有气爽清丽的秋竹、有飞雪寒索的冬竹，有红日辉映的晴竹，有滴沥潇湘雨竹、有褐色斑斑的老竹、有翠烟如织的新竹。他的竹是以"墨"来表现竹光、竹色和竹韵的。

板桥题画诗文，尤属一绝。他随画取题，款随画行，或诗或句，蒋宝龄说他"随手题句，观者叹绝。"比如：乾隆十七年（1752），题《竹菊图》："兰梅竹菊四名家，但少春风第一花。寄与东君诸子弟，好将文事夺天葩。"（济南市博物馆藏墨迹）乾隆十八年（1753）十二月二十五日，板桥为粹西张道友写《墨兰图》题云："素心兰与赤心兰，总把芳心与客看。岂是春风能酿得，曾经霜雪十分寒。"（故宫博物院藏墨迹）乾隆二十一年（1756），为刘母卞太君八十荣庆暨青藜年学兄写《兰竹石图》题："南山献寿高千尺，劲节清风觉更高。积行人家天所佑，兰荪蕙种自能饶。"（上海文物商店藏墨迹）同年冬，为章翁乡祭酒年老长翁有呈《竹石图》题："昔人画华封三祝，一峰而已，兹益一峰，是增其寿也；三竹而已，兹益以二而为五，是增其福也。上天申锡，有加无已，盖为显令德之君子有以致此也。"（天津博物馆藏墨迹）乾隆二十二年（1757）

十一月，为侣公大和尚写《兰竹荆棘图》题云："不容荆棘不成兰，外道天魔冷眼看。看到鱼龙都混杂，方知佛法浩漫漫。"（常州市博物馆藏墨迹）乾隆二十四年（1759），为廷翁年学老长兄写《竹石图》题云："文与可墨竹诗云：'拟将一段鹅溪绢，扫取寒梢万尺长。'梅花道人诗云：'我亦有亭深竹里，也思归去听秋声。'皆诗意清绝，不独以画传也。不独以画传而画益传。愚既不能诗，又不能画，然亦勉题数句曰：'雷停雨止斜阳出，一片新篁旋剪裁。影落碧纱窗子上，便拈豪素写将来。'鄙夫之言，有惭前哲。"（荣宝斋藏墨迹）乾隆二十五年（1760）秋杪，写《竹石图》题句云："秋风昨夜窗前到，竹叶相敲石有声。及至晓来浓雾湿，又疑昨夜未秋清。"（广州市美术馆藏墨迹）乾隆二十七年（1762），写《兰竹图》题云："日日红桥斗酒卮，家家桃李艳芳姿。闭门只是栽兰竹，留得春光过四时。"（浙江省博物馆藏墨迹）乾隆三十年（1765），写《兰竹图》题云："十亩桑麻构小园，自成衣圃自成村。凡葩乱草何能入，惟有芝兰近竹根。"（浙江省博物馆藏墨迹）其题《潍县署中画竹呈年伯包大中丞括》诗，则久为人所熟知："衙斋卧听萧萧竹，疑是民间疾苦声。些小吾曹州县吏，一枝一叶总关情。"题《予告归里，画竹别潍县绅士民》："乌纱掷去不为官，**囊橐萧萧两袖寒**。写取一枝清瘦竹，秋风江上作渔竿。"题《初返扬州画竹第一幅》："二十年前载酒瓶，春风倚醉竹西亭。而今再种扬州竹，依旧淮南一片青。"题《为无方上人写竹》："春雷一夜打新篁，解箨抽梢万尺长。最爱白方窗纸破，乱穿青影照禅床。"这些诗文佳句，脍炙人口，寄托深远，早已经脱开原画原景，成为独立的抒情寄意名篇了。

同时，从板桥画作本身看，他又视题款为画面布局的一种手段，或过渡，或衔接，或明扣，或暗联，千变万化，奇趣天成。

文人写兰始于北宋米芾。板桥写兰，却以宋末元初画家郑所南为宗师，曾刻一印，自称"所南翁后"。郑所南重兰花之质，笔下兰叶如剑，表现的是民族气节。花叶萧疏而不画根土，兰花无根，寓意南宋为元攫去国土根基。元代僧人觉隐的体会是："尝以喜气写兰，怒气写竹，以兰叶势飞举，花蕊舒吐，得喜之神。""板桥兰"无论是室中之兰，还是山中之兰，皆姿质并重。他曾写兰赠慎郡王允禧，题句云："山中觅觅复寻寻，觅得红心与素心。欲寄一枝嗟远道，露寒香冷到如今。"

叶衍兰、叶恭卓《清代学者像传》中说板桥"工画兰竹，兰叶用焦墨挥毫，以草书之中竖长撇法运之。"在板桥传世画兰作品中，多为兰竹图、兰石图、兰竹石图，而纯粹写兰，则有一箭兰、数笔兰、破盆兰、折枝兰、峭壁兰、荆棘兰、九畹兰种种。范县杨典史谢病归杭，板桥画盆兰以赠，题句云："兰花不合到山东，谁知幽芳动远空。画个盆儿载回去，载他南北两高峰。"为九畹兰题句云："九畹兰花自千古，兰花不足蕙花补。何事荆榛夹杂生，君子容之更何忤。"可谓寄意深远。

板桥写石主要借鉴元人倪瓒及清人万个。他在《一笔石》中题道："西江万先生名个，能作一笔石，而石之凹凸浅深，曲折肥瘦，无不毕具，八大山人之高弟子也。燮偶一学之，一晨得十二幅，何其易乎！然运笔之妙，却在平时打点，闲中试弄，非可率意为也。石中亦须作数笔皴，或在石头，或在石腰，或在石足。"

扬州博物馆藏有板桥《柱石图》，画面一石擎天，峭壁如削。南京博物院藏其《柱石图》题句云："谁与荒斋伴寂寥，一枝柱石上云霄。挺然直是陶元亮，五斗何能折我腰。"石形挺拔，石纹垂直，孤傲冷寂，如擎天之柱。广州市美术馆也藏有《柱石图》，乃一柱偏侧凌空而去的丑石。板桥笔下的丑石，即冷石，他认为，写兰宜省，写石宜冷，外丑而内秀。天津博物馆藏其《柱石图》题句云:"昔人作柱石图,皆居中正面,窃独以为不然。圆之柱石,如公孤保傅,虽位极人臣,无居正当阳之理。今特作偏侧之势,并系诗曰:'一拳柱石欲擎天,体自尊崇势自偏。却似武乡侯气象,侧身谨慎几多年。'"板桥以石喻人的节操,人的品质,是人生理想的化身。

板桥笔下之石,除柱石外,尚有菊石,有一笔石,有兰竹石等,在技法上,他取云林侧锋用笔,以写意手法画出瘦石轮廓,然后再取万个数笔皴,兼取东坡丑石之势,最终以"郑石"面貌呈现。其题跋多以诗句为主,间有词作。他有一幅题《兰竹石图》,题为《调寄一剪梅》:"几枝修竹几枝兰,不畏春残,不怕秋寒。飘飘远在碧云端,云里湘山,梦里巫山。画工老兴未全删,笔也清闲,墨也斓斑。借君莫作图画看,文里机闲,字里机关。"词句潇洒轻灵,如行云流水一般。板桥于乾隆二十九年(1764)为茂林年学兄所写《兰竹石图》(天津博物馆藏墨迹),题句云:"掀天揭地之文,震电惊雷之字,呵神骂鬼之谈,无古无今之画,固不在寻常蹊径中也。未画以前,不立一格,既画之后,不留一格。"林苏门在《邗江三百吟》中说:"时人但以(板桥)字之怪,画之随意,不惜分金而换之,而不知所擅长者,则在闲言碎语,题幅中多妙趣耳。"的为板桥知音。

板桥为人重真、为官重善、为艺重美。其在题《靳秋田索画》中写道:"凡吾画兰画竹画石,用以慰天下之劳人,非以供天下之安享人也。"徐悲鸿在题《板桥兰竹石图》中称他是"中国近三百年来最卓越的人物之一。其思想奇、文奇,书画尤奇。观其诗文书画,不但想见高致,而且寓仁慈于奇妙,尤为古今天才之难得者。"

(本文作者:党明放,原载中央文史研究馆馆刊2020年第2期)

附录三、扬州八怪学术史研究论纲

贺万里

本文为扬州大学扬州八怪研究所规划课题（YDBGS2021-1A）

作者简介：贺万里，教授。扬州八怪资深研究专家，扬州大学美术与设计学院原院长，南京艺术学院美术学博士，中国美术家协会会员，中国工艺美术学会会员，江苏省美术家协会美术教育艺委会副主任，扬州市清代扬州画派研究会会长，扬州大学扬州八怪研究所所长，研究方向：中外美术史，中国绘画理论，现代艺术史，现当代艺术理论与批评。

摘　要：自清人汪鋆提出"八怪"称谓，迄今有关扬州八怪的研究历史已近一百四十年。从学术史视野对百余年研究成果加以梳理、总结与审思，为国内外八怪研究开拓新的视域、思路与话题，成为当代八怪学术发展的新课题。通过学术史视角的思考，我们发现了一系列新的话题，诸如八怪研究的"前史"、八怪称谓与内涵的知识生成与传播、八怪研究推进中的地缘因素，学者、媒体、政府和社团等对推进八怪研究持续前行的"合力"作用，等等。八怪研究百年的跨学科跨领域跨国界的进程，成为我们探讨中华优秀传统文化外传与软实力提升的典型案例。

关键词：扬州八怪　学术史　接受史　文化软实力

附录三、扬州八怪学术史研究论纲

引 言

扬州八怪学术史是以扬州八怪百余年研究历程为对象而展开的学术梳理与反思。当代学术界多有类似称谓，如《普希金学术史研究》（荣洁 2014），《歌德学术史研究》（叶隽 2013），《水浒传学术史》（齐裕焜，冯汝常 2015）等，亦有添加对象之"研究"的称谓，如《文心雕龙研究史》（张少康 2001），《瓦萨里研究的学术史》（韩洞，2020）等，本文冠名依其简洁而名"扬州八怪学术史"，并予以初步探讨。

扬州八怪是中国美术史上重要的画家群体之一，是清代中叶美术创新和艺术市场走向的代表。现当代扬州八怪研究不仅在学术界广泛展开，而且有关扬州八怪的研究成果和知识普及，已经走向大众化的道路，特别是郑板桥已经成为家喻户晓的人物，成为影响当代中国审美教育取向、[1] 政治文化塑造的重要资源。[2]

自光绪十一年（1885）汪鋆提出"怪以八名"以来，经清末凌霞、李玉棻、葛嗣彤等诸家揄扬，"扬州八怪"的称谓，逐渐被地方所接受；民国年间，更有陈衡恪、黄宾虹、俞剑华等学者著中国美术史而专论"扬州八怪"，遂为学术界认同。1949年以来，有关扬州八怪的研究、介绍在中国美术史界和群众文艺方面渐显广泛，"创新性""人民性""商业性""清正廉洁"诸命题广为传

---

[1] 扬州八怪在花鸟画和其他领域的创新、自我表现及其以民为本的创作取向，对于当代中国画家有着广泛的影响，越来越多的艺术家谈论创新与个性都会联系到扬州八怪。而且随着扬州八怪绘画、诗歌、传奇故事、道情等的普及，扬州八怪的美学思想也成为了现当代美育建设的重要资料。

[2] 扬州八怪中多人有着明显的"民本思想"，特别是如郑板桥、李鱓、李葂等曾为官县令，其治政与廉洁思想被现当代研究者所重视。江泽民、习近平等中央领导多次提到郑板桥之诗"衙宅卧听潇潇雨，疑是民间疾苦声。些小吾曹州县令，一枝一叶总关情"；山东、兴化、范县等多地建有与郑板桥相关联的廉政教育馆或者召开廉政建设研讨会，表明扬州八怪对于当代政治文化塑造的影响力。

播。自民国年间整理出版郑板桥、金农等人资料汇录之始，到文革前《扬州八家史料集》的编纂[1]，再到1980年代开始《扬州八怪资料集》的全面整理，[2] 扬州八怪研究的成员也越来越广泛，遍及中国美术史家、博士生和其他领域的地方文史学者，以至欧美日韩等汉学家也多有研究，直到本世纪初蔚为壮观，成为中国美术史研究和汉学研究的"显学"之一。这一历史跨越百余年之久，产出的八怪研究著作、论文、评论、普及读物和论艺杂谈达四、五千篇之巨，有关扬州八怪的群体研究、八怪诸家的专案研究，遍及史料辨正、思想、事迹、政治、艺术风格、创作、戏曲、诗词等各个领域，出现了许多扬州八怪研究专家。从当代学术研究而论，百余年的研究积累已经到了需要从学术史高度加以专门考察，综析八怪研究领域的现有成果，梳理八怪研究百年来发生、发展、演变的历史，总结其学术经验和教训，揭橥诸多专家的学术贡献，进一步提出与反思扬州八怪研究出现的相关问题与现象，达到完善学科建设、促进学科发展的目的。为当代扬州八怪研究进一步深入与拓展提供新的思考和新的研究转向。例如扬州八怪百余年研究历史中是否存在着重要学派、重要学者及其成果，因何标准而定出？是否存在学派与学者中的地缘因素？近百年思想思潮与时代要求之间存在着怎样的政治经济文化关联？还有扬州八怪研究思潮的变异与延迁，扬州八怪研究成果的当代应用与文化建设价值，等等。从学术史高度提出、总结与审思，是推进当代八怪研究进一步前行的必要举措。

提出八怪学术史课题的缘由，也在于清理与树立现当代八怪研究的学术规范目的。百余年来的扬州八怪研究，渐成显学，参与者众，在八怪研究成为一种时尚选题，涌现出许多重要学术成果、重

---

3 《扬州八怪研究资料丛书》江苏美术出版社1989——1996年，陆续出版十二册，由薛永年、周积寅、马鸿增、郑奇、黄俶成、胡艺编著，整理有现画目录、年谱、题画录、考辨集等。

要学者的情况下，也出现了大量缺乏系统的文献挖掘与梳理、随意言说的"成果"。一些不顾逻辑与史实勘别、人云亦云的信口开河，反而对真正有学术贡献的论著呈淹没之势，形成诸多研究的同语反复，助长学术不良之风，使得真正有价值的学术问题反而被遮蔽。这种现象的出现，就是因为缺少了学术史回顾、梳理与论评。提出八怪学术史研究课题，正意在树立高水准的学术标杆，规范学术行为。

一个学术史课题的开展，不能仅仅着眼于过往，还要立足于当下。由于扬州八怪研究虽经百余年却仍然是一个正在进行时，当我们从学术史角度提出诸多问题与质疑之时，如果能够有直接参与者的访谈口述，既会使得学术史梳理能够获得鲜活的第一手资料，同时又增加了问题研究的现实针对性。因此，借助田野考察、口述访谈等社会学观念与方法，获取八怪研究史的活态信息，就成为了正在进行时态的八怪学术史研究的必须采纳的路径。

在这方面，突显出亟待开展田野调查、口述史访谈的迫切性。目前许多涉足八怪研究领域的重要学者已经辞世，例如俞剑华、王伯敏、杨新、马鸿增、薛锋、庄素娥、邱幼宣、黄俶成等；另一方面，健在的学者如薛永年、周积寅等均年事已高，虽然亦有相应的访谈开展并在《美术观察》等杂志发表，然而多是对其学术生涯的总体性的学术梳理，专门从八怪学术史角度提出相关问题并对当事人加以征询，以还原历史事件或现象背后原委的口述史访谈，还很有限。亟需通过相应的口述史与田野调研，为本课题也为中国美术史研究提供宝贵的第一手活态史料。

从新时代社会主义建设理论出发，以"文化自信"的立场，考究扬州八怪学术史研究课题的提出，能够进一步看到本课题的开展与当代文化自信、文化软实力提升以及海外文化传播等时代课题之间存在着内在契合。扬州八怪是清代迥立于"四王"传脉之外、倡行"创新"时潮的书画家群体，为后世树立样板的同时，也开启了近现代海派新风尚。这是扬州八怪的历史地位，也是它之所以能够经过百余年学术发展之后最终成为中国美术史和汉学界"显学"的自身实力所在。然而，扬州八怪这一话题，能够从清末光绪年间扬州本地的一个地方性话题，一路走来，被中国美术史学术界接受，被普罗大众接受，被当代廉政文化建设所重视，成为海峡两岸共同的文化资源与文化记忆，以至在近三、四十年来被欧美日韩俄等国外汉学界接受，成为中国文化研究的重要选题。这一过程我们可以概括为扬州八怪接受史。这一接受过程走过了从学术推进到普及到国际化的进程，呈现出扬州八怪文化的超越地域、超越领域、彰显中华文化传播的软实力和文化自信的进程。因此，扬州八怪学术史研究也有着与当代文化与时代精神相契合的现实价值。

基于以上理论与现实价值考虑，笔者在此提出"扬州八怪学术史研究"的课题，希望通过简要的纲目性的思考，能够唤起更多学者的关注。

一、扬州八怪学术史研究现状梳理

自汪鋆提出"八怪"之名迄今已近一百四十年，[4]有关八怪生平、交往、绘画、书法、印章、诗文、戏曲、政治等方面研究成果浩繁，在八怪史料编纂考辨方面，"扬州八怪传记"和其他研究专著上都有丰硕的积累，研究论文更呈倍增之势，上世纪前期只有

---

[4] 汪鋆纂《扬州画苑录》，初刻版本为光绪乙酉年，即光绪十一年（1885），距今已近140年。书中提到李鱓、李勉等人"所惜同时并举，另出偏师，怪以八名（如李复堂、啸村之类—原注），画非一体，似苏（秦）、张（仪）之捭阖，俪徐（熙）、黄（筌）之遗规。率汰三笔五笔，覆酱嫌桶，胡诌五言七言，打油自喜。非无异趣，适赴歧途。示鲜新于一时，只盛行乎百里。"这里还是以贬斥语气提及，今天"八怪"之名已成创新和个性张扬的褒义词。

10 余篇，1949 至 1979 年间也相对冷清，不及百篇。新时期以来八怪研究升温，论题涉及八怪称谓、八怪成员、生平家世、风格、作品、交往、市场、美学思想、诗文戏曲、廉政品质、画派等方方面面，论文数以千计。百余年研究积累，成果丰硕。在此基础上，有了零星学术史意义的梳理。

1. 对八怪研究的文献综述

八怪学术史研究，首先体现在对八怪研究成果的一系列"文献综述"类论文中。这类文献综述从资料收集考辩、学术专著、重要学术争议、海外研究状况、比较研究等多方面，以述评的形式对于八怪研究在各时段的进展作了简要的学术梳理，可以视为扬州八怪研究学术史梳理的朴素的形态呈现。

这方面的综述性成果，有近 10 篇为综合性研究综述（薛锋 1984；张郁明 1984；黄俶成 1989，1994；郑奇 1989；李中华 2004；尚可 2007；周欣 2009）。在对八怪研究百年史梳理时，薛锋最早从八怪名称与成员、八怪之怪两个主题来概括扬州八怪研究状况（薛锋 1984），表明这个时期的八怪研究话题还是基础性的。[3] 四十年后，李中华以时间轴线，提出八怪研究历经十九世纪末至二十世纪前期、1949-1965 年、1966-1974 年、1975-2000 年的阶段之分，并认为后者为八怪研究鼎盛期（李中华 2004）。[4] 周欣则认为近二十年研究状况已经从以评介为主迈向了深度和广度的研究，并就资料的收集整理考证、八怪内容进教材、比较研究、海外藏品研究、冷门成员得到关注等八个方面做了评述，与此同时他也注意到了在高质量八怪论著继续大量增加的同时，"缺乏深度的评介性质文章所占比重仍然较大"的现象（周欣 2010）。[5]

另有 14 篇专题性研究综述，涉及高凤翰研究（宋和修 2009），李方膺研究（张郁明 2016），金农研究（许玲玲 2013；

杨鹏飞2018；吴昊天2019），黄慎研究（陈小娟2010，彭慧慧2015），罗聘研究（谭频旋2020），以及板桥著作版本源流（黄俶成1994；王昆仑2012）、板桥诗文（张帆2006；肖巧红2011；王荣华2015）、板桥家书（王建国2012）、板桥书派（卞孝萱2005）等。

  这些过往研究的文献综述，客观上对百年扬州八怪研究做了相应的阶段划分或主题分类，讨论了不同时期的研究特色。不过，这些研究或者囿于篇幅，或者囿于研究主题，或者囿于学位论文选题与体例所需，多是对于某一问题研究的述评，一则多数并非专门的学术史视野的梳理，二则在对前期研究文献追溯时往往忽略了汪鋆之前近二百年间对八怪诸家的评说，未能从八怪研究的近三百年大历史时段来对八怪研究的整体进程及其特点背景予以深究。在此应该强调的就是明确的学术史视角的研究回顾，与研究文献综述是有所差别的。综述往往注重于单个论题的归类汇总，而学术史考察，更多关注于源流变迁的思想史演进。

  在对八怪研究的现状学术梳理定时，黄俶成（1993）提出了清代中叶东南文人结群与八怪诸家的"互评"以及当时人和后人对于扬州八怪诸家的"他评"现象。黄先生认为扬州八怪称谓的出现并最终取代其他称谓的过程，有一个历时性接受过程，这就把"八怪"名称出现之前的群体划派，纳入扬州八怪研究史的视野，提出了八怪学术史研究的上限与八怪接受史的课题，客观上把扬州八怪研究的学术史考察对象，推前到了"八怪"在世的康雍乾时期。[5][6] 响应黄先生号召，贺万里等人在所著《扬州八怪研究：超越地域的范式推进》（2020）一书中明确地将八怪同时期和之后学人有关八怪诸家的评说纳入了"扬州八怪研究"的范畴。[7]

---

5 在这篇文论的最后，黄俶成先生提出了建立"八怪学"的建议，反映出黄先生在八怪研究方面强烈的学术史意识。

2. 对八怪研究学者的学案研究

扬州八怪研究百余年历史中，出现了诸多长年甚至一辈子学术生涯专注于八怪诸家及相关领域的研究者，诸如王伯敏、卞孝萱、杨新、薛永年、薛锋、蒋华、周积寅、黄惇、陈传席、邱幼宣、宋和修、庄素娥、王家诚、党明放等，对于这些学者的成果评述，就其学术源流、学术贡献、学术特性等展开专题研究，是学术史上重要的学案研究。这方面的"学案"研究意识还有待加强。然而，这方面还有许多工作尚未开始。目前有谭述乐（2003）和贺万里、韩士连（2015）对于薛永年和薛锋等人的专题述评[8][9]，朱天曙（2003）专文谈及卞孝萱在八怪研究特别是郑板桥第一手文献资料发掘与研究上的学术贡献，[10]张郁明（2016）则在有关论文中对于南通管劲丞的李方膺研究成就予以专门褒扬，[11]李万才、耿鉴、李倍雷等对周积寅先生的郑板桥研究贡献也有简要的总结（李万才1999，耿鉴2002，李倍雷2008，万新华2008），[12][13][14][15]系统归纳了周积寅在板桥研究五个方面的学术贡献（纪录灵2010）[16]。《美术观察》杂志多年来一直列有"学人档案"栏目，以评介、访谈、学术总结形式，对杨新、王伯敏、薛永年、薛锋、陈传席、徐建融、周积寅、马鸿增、黄惇、黄俶成、邱幼宣、卞孝萱等学者包括八怪研究在内的中国美术史研究成果也做了简要而宏观的考察。

上述对八怪学者的专题考察，在某种程度上是从整个八怪研究的大时段予以展开，然而多囿于访谈、评论的文本形式，有意识地从学术史规范上对重要学者展开"学案式"的考察，如何将学者研究与百余年八怪研究历史进程，与学派源流考察相结合，将个体研究与百年学术思潮联系起来讨论其研究个性与思路逻辑，揭橥其学术贡献，显然还需要更为明确的学术史意识和学术史视角，而这也正是专门提出学术史研究课题的必要。提出学术史课题，借鉴明清人的"学案"研究，对相关八怪研究学者展开兼具广度深度的专题性陈叙，当为八怪学术史研究的应尽之义。

3. 对八怪研究争鸣话题的梳理

八怪研究百年，相继出现了"八怪"名称、"八怪"成员构成、八怪之"怪"、八怪的"人民性"与"商业性"、八怪的"穷酸气"、八怪与画派等诸多争鸣话题，参与者遍及老中青各层，有的话题沿续数年甚至数十年仍不绝回响，这是非常值得关注的学术史现象。然而迄今有关争鸣事件的专门性回顾反思的论文很有限。徐建融回顾 1950-1980 年代的八怪研究热逐渐升温现象时，就当时流行的阶级斗争观点理解八怪的"人民性"以及八怪评价问题的思路进行了讨论，并提出新时期应持有的艺术本体尺度问题（徐建融 1993）。[17] 王伯敏和其他一些论者在谈到有关八怪之"怪"的争论时，提出了"怪"之衡量、如何纳八怪成员于其中的深层次学术问题（许淇 1983；王伯敏 1984）。[18][19]

八怪与画派的争论是近十余年的争鸣热点问题。马鸿增周积寅对于画派争论文献予以统计学的量化回顾，做了一次与学术溯源相关的历时性与共时性梳理，具有鲜明的学术史意义与价值，成为八怪学术史研究的范例——梳理学术争辩的源流过程，并以"画家历时性传派"与"地域群体画派"概念，解读八怪与画派之争（周积寅 2012，2013；马鸿增 2013；郭因 2013）。[21][22][23][24] 薛永年对此也做出了积极的回应（薛永年 2014）。[25]

在对争鸣事件的反思中，有学者注意到八怪研究史上一个重要的现象："来自扬州八怪成员家乡的学者往往给予当地的扬州八怪成员以较高的评价。其原籍地的学者和政府往往给予当地的扬州八怪成员以足够的重视"，[26] 这进一步触及到了学术史上一个重要问题——地缘问题。

综上所述，有关八怪文献整理考订已较为完备；对八怪诸家研究也全面展开，话题广泛，出现了许多高质量成果。不过，直接的学术史梳理尚不充分。新世纪以来，大批中青年学人进入扬州八怪研究领域并不断有成果产出，但也出现了课题重复、资料抄袭、论证肤浅等不利于学术深耕的现象。因之，对八怪研究话题、阶段、规律、学派、思潮、影响因素等加以回顾反思，以推进扬州八怪研究继续前行，是学术界进一步的必需之举。

二、扬州八怪学术史研究的基本思路与主要内容

扬州八怪学术史研究，自然要以八怪研究史为基本文献线索，辅之以对当事人、后学和地方学者的口述史访谈，构建历时共时、史论结合的八怪学术史体系；通过对重要学者、事件和学术社团展开专题性"学案"式研究，梳理扬州八怪话题如何由地缘性美术史话题，成为跨地域跨学科的显性学术话题，以至成为民众普遍关注话题和国际学术议题的转换进程及其路径，揭示其文化传播与认同的规律性内涵，提炼八怪研究百年历程所实现的中华文化认同与海外传播的中国经验，贡献百余年八怪研究在中华文化外传与文化软实力提升过程中的中国经验与当代启示。

从这一思考出发，笔者兹提出扬州八怪学术史研究的基本内容框架供学界同仁批鉴。

引言
  一、美术史、史学史与扬州八怪学术史
  二、文化接受与传播意义上的扬州八怪研究

第一编，"扬州八怪"——知识生成史与接受史考察
  一、清代中期八怪诸家的"互评"与"他评"及其"群体"归类现象考量

二、八怪概念的提出与接受及其背后的地缘社会因素（十九世纪末至二十世纪前半期的扬州八怪研究）

　　三、成为显学的八怪研究（二十世纪后半叶扬州八怪的学术接受与扩散）

　　四、走向大众的扬州八怪（新世纪扬州八怪的接受与传播）

第二编，扬州八怪研究的全面展开

　　史料的编纂整理

　　诗文的辑录考辩

　　家世生平交往研究

　　艺术创作与风格研究

　　八怪的文学戏曲研究

　　八怪与廉政文化研究

　　八怪的评价与再评价

第三编，八怪研究中的学者与学案

　　本编要在考察百余年来主要学者在八怪研究活动开展过程中的传承创新及其历史作用，探寻八怪研究的学术谱系。他们在百年扬州八怪研究由美术史领域向其他学科领域、由学术话题向大众话题、由中国话题向海外话题转换的"三个跨越"的文化传播过程中，起到了一定的节点作用。就作者现有初步研究，兹提出以下议题，标题设定意在强调这些学者在扬州八怪研究方面的主要的但并非唯一的贡献。

　　一、陈师曾、黄宾虹、俞剑华、王伯敏等对扬州八怪的美术史认定

　　二、卞孝萱的扬州八怪研究与板桥文献考索

　　三、薛永年、薛锋与八怪研究视界的拓展

　　四、黄俶成的八怪研究与盐业研究

五、卞孝萱、周积寅、丁家桐、党明放、王家诚与郑板桥研究
　　六、黄惇、张郁明与金农研究
　　七、邱幼宣与黄慎研究
　　八、庄素娥、宋和修与高凤翰研究
　　九、管劲丞、庄素娥与李方膺研究
　　十、丁志安、韦明铧、郑奇与边寿民、李葂、杨法研究
　　十一、萧平与扬州八怪成员的拓展问题

第四编，扬州八怪研究中的学术论争
　　一、成员之争及其背后的地缘逻辑
　　二、"怪"与"不怪"的阐释背后的学术路径
　　三、八怪的"人民性"与"商品性"的立论及其时代关联
　　四、八怪的"穷酸气"与新时期艺术评判尺度
　　五、画派之争与"打造画派"的现实文化逻辑

第五编，扬州八怪研究的地缘合力与学术推进
　　一、扬州学界与八怪研究的学术牵引
　　二、兴化的郑板桥热及其地缘文化政治
　　三、胶州的高凤翰研究与高凤翰全集的出版
　　四、潍坊的郑板桥热与地方的文治考量
　　五、福建的华嵒与黄慎研究
　　六、金农研究的广泛性与地方性的弱化

第六编，扬州八怪研究的中国经验与海外视域
　　随着改革开放的持续，国内研究专家的成长，八怪话题在日本、韩国率先发酵并进而传播于欧美，逐渐被越来越多的海外汉学家们所接受。国内美术史专家在与日本、欧美等地的学术交流与海外讲学与研究过程中，对于扬州八怪的海外传播所起到了相应的作用。而八怪的海外传播与学术接受，实际上就是中华优秀文化传承

的外传与被认同过程，是中华文化较实力的体现。这其中的中国经验值得我们进一步从学术史高度予以总结。

三、扬州八怪学术史研究中的几个问题

1. 扬州八怪研究的"前史"

在探讨梳理"扬州八怪"概念的提出与推广过程中，我们注意到了在八怪诸人活跃着的清中期，存在着东南地区文人广泛结群和广泛交往，并来往于扬州，以至"天下文士、半集维扬"的现象，在这个背景下，扬州八怪诸家之间的交往就很普遍，他们相互之间存在着"互评"现象；[6] 与此同时，当时与八怪诸家有交往的文人墨客及之后士人还对八怪诸家予以品第名藻，划定相应的文学群体，计有32种，诸如"画坛仙佛圣""淮上三民""楚阳三高""三石友""都门七子""雍嘉七子""画中十哲""曲江十子""罗家梅派"等，可称之为"他评"现象。晚到光绪年间才出现了"八怪"称谓，之后美术史界才开始从"扬州八怪"角度讨论其成员构成、风格个性与诗画创作。因此可以把"八怪"名称出现之前的"互评"与"他评"现象以及文学划群现象，纳入扬州八怪学术史的范畴，提出扬州八怪学术史研究的"前史"，以及扬州八怪接受史的课题——扬州八怪称谓的出现并最终取代清中叶东南文人对八怪诸家的文学划群之称谓的过程，是一个历时性接受过程。这就在客观上把扬州八怪研究的学术史考察对象，推前到了"八怪"在世的康雍乾时期，并且可以认定清代中后期八怪诸家的"互评"与时人后人的"他评"，是八怪研究的"学术前史"，对于扬州八怪概念的提出与接受，有重要的文献与舆论先导作用。从研究对象上讲，把清中后期八怪"互评"与"他评"，纳入扬州八怪学术史视域，将

---

6 例如郑燮对黄慎、高凤翰、李鱓、汪士慎、李方膺等均有评论，金农也曾评汪士慎高翔为"梅花二友"。

八怪言说史的上限拓展到三百年前,是对扬州八怪研究对象的一次深度拓展。

2. 扬州八怪学术话题推进的三阶段

最早提出"扬州八怪"的是光绪年间扬州画家汪鋆,他在《扬州画苑录》中对于八怪诸家及其他扬州画坛现象的论说,不过是晚清扬州城市地位严重衰微之际的一个怀旧式的历史话题的再议;它所反映的是对于下述现象的回响:扬州曾经因盐业繁荣而城市繁荣、并成为东南以至清帝国政治经济文化的中心城市之一,然而在晚清因漕运废驰、战乱、交通手段更替等引起城市地位急剧衰败的情况下,嘉庆年间开始出现了"修史热",并一直持续到了光绪年间和民初。它是沦为地方性小城之际本土士人对于曾经辉煌过的扬州历史的一次回顾性表达。[7] 由于他们曾经居住的清盛期扬州是当时帝国商业繁华的伟大都会,由于衰落时期的扬州文化对于海派的输出,由于扬州八怪诸家多自带伟大光环,因此由地方士人所回忆并加以归纳入群为"扬州八怪"的诸人,竟然由一个非常具有地缘局限性的美术话题,开始了向美术史学术话题的转向,经由陈师曾、黄宾虹等有影响力的学者的肯定与记述,扬州八怪成为了中国美术史记叙中的清中叶花鸟创新的必论议题,然后就是对于扬州八怪作为文人画家的诗词戏曲的关注,以至对于八怪中有功名官衔者的政绩关注,最后扩张而成对清代政治与盐务的关注。最终,在二十世纪中后期,扬州八怪话题开始跨越地域和美术学科局限,变成了一个美术、文学、戏曲、政治等诸多学科领域关注的显性话题,

---

[7] 清代扬州在乾隆时期达到繁盛的巅峰,嘉庆年间开始衰落,恰在此际,扬州开始出现了"编史热"。澳国学者安东篱在《说扬州:1550—1850年的一座中国城市》(中华书局,2007)一书中有所涉及,笔者在《文游狂欢独酌—扬州雅集的三段论》一文中也专门做了论述。见贺万里:《文游·狂欢·独酌——扬州雅集的三段论》,《艺术百家》,2012年第5期,第162-176页。

并且在二十世纪后三十年，通过书籍出版、报纸影视媒体和其他光盘影像等手段，扬州八怪的诗、画、事为越来越多的大众所熟知，直到新世纪头二十年，几任总书记对于板桥"清正廉洁"诗事的借用，让扬州八怪家喻户晓。

欧美汉学界自上世纪五十年代开始关注扬州八怪，高居翰《中国绘画史简史》（1960，2014）内有"十八世纪：扬州八怪及其他画家"一章，《画家生涯》（1994，2012）则触及八怪与书画市场。[27][28]Thomas-Lawton《中国人物画》（1973）也专节介绍了扬州八怪。[29]俄国索可洛夫·列米佐夫有《扬州八怪—中国十八世纪绘画史略》（2000）[30]，布罗夫博士《从大脑左右半球不对称现象看扬州八怪绘画艺术》（2006）则别开生面[31]。澳国安东篱《说扬州》（2004）对八怪与盐商有所讨论。[32]2003年易波德、梅尔清、安东篱等发起成立海外扬州研究俱乐部，2005年召开首届研讨会并于2009年出版论文集《扬州的生活方式与娱乐活动》其中"扬州画派"单元收有 Yi-likao,KristnE.Loring 等多篇八怪研究论文，该俱乐部于2015年策划出版英文版《扬州文选》载有扬州八怪史料。[33]瑞典卡尔森·金（Kin-Kalsson）较早开展罗聘专题研究，著有《罗聘：一位十八世纪中国画家生平职业与艺术》（2004），他还策划出版了《怪像：罗聘的世界》（2009），收录 Alfred-Murck,Michelle-Matteini,Richard-Vinorad 等七位西方学者的罗聘专题研究论文。[34]2002年在扬州召开的"扬州八怪国际研讨会"有美国武佩圣、安雅兰、沈揆一，瑞典史美德等欧美学者和日韩新加坡学者参加。韩国—史具滋武《砚北清话》（2010）也设专章推介扬州八怪诸家[35]。韩国文凤宣教授专题讨论了八怪画风对朝鲜末期画坛的影响（文凤宣2003）[36]；日本学者涉足于八怪研究非常多，这里不再枚举。[8]

可以看得出来，扬州八怪在世纪之初中国文化较实力扩张的情况下，成为了国际汉学话题。这个过程表明百余年八怪研究史，既是一个知识生成史与接受的课题，也是中华优秀传统文化向外传播中逐渐获得文化认同的课题，是中华文化软实力外拓与文化自信的一个典型案例。[7]

3. 扬州八怪的研究、推广与传播过程中的地缘合力

在八怪研究的百余年发酵过程中，在八怪研究的学术史认同、大众文化传播与国际认同过程中有所作为的人士很多，然而，在八怪的学术接受与传播过程中，不仅有几代学者的努力，也不时出现学术社团、爱好者、媒体、地方政府的身影。学者、社团、爱好者、媒体、地方政府形成了互动共赢的人文生态，几方力量在不自觉间实现的合作，推动了八怪研究话题跨学科、跨地域、跨国界的实现。

如前节所说，就地缘因素来讲，扬州八怪作为体现清代扬州移民城市地位变迁的一个群体，它的提出，与扬州这座城市在衰微之际的情势命运有着直接关联。汪鋆率先提出"八怪"之后，这个贬抑性的词儿，竟然被转喻成了褒义性的专属名词，经过后人不断持续展开研究而逐渐被接受。这一点首先就与扬州、进而与八怪诸家成员里籍地的城市地缘有着直接关联；八怪研究得到了诸多相关城市的宣教部门和地方学者在学术研究、人物推介和诗画普及方面的大力支持。这是我们理解百余年来八怪研究史的重要钥匙，是关乎

---

[8] 笔者参与撰辑"扬州八怪人名录"时就发现日本学者早就热衷于八怪研究与推广，有铃木敬、米泽嘉圃、内藤淳一郎、北野正男、新藤武弘、古原宏仲、草森绅一、川上泾、小林斗庵、石川淳、鹤田武良、久志卓真等二十余位学者涉足八怪资料与画集编辑、八怪事迹诸家介绍和研究等，且成果丰富。详见《扬州八怪研究 超越地域的范式推进》，北京：中国书籍出版社，2021。

城市地位与文化自信的地缘话题。"扬州八怪"由扬州一域率先发起，逐渐扩展到其他八怪里籍地，进而形成了一股"合力"，借助于地方学者、地方社团和地方政府，从不同地方不同方向发力，最终导致了扬州八怪的美术史公认和社会普遍认同这样一个接受史和传播史的结果。

这一地缘文化现象，提出了在八怪研究过程中的思潮、学派与地缘关联的课题、八怪话题的跨域扩散与国际传播、研究学者的地缘情结与学术公器等一系列课题，它将有助于当代中国美术史研究思路与视野的丰富与拓展。

随着扬州八怪学术史研究课题的提出与持续开展，我们将会找到更多新的问题新的话题，让我们对于百年八怪研究史进程及其经验教训有更多思考。相信扬州八怪研究在百余年积累的基础上，在新时代学术繁荣的大形势下，能够焕发出新的青春风采。

参考文献

[1] 顾麟文编,扬州八家史料[M],上海:上海人民美术出版社,1962.10。

[2] 薛永年,周积寅,黄俶成等,扬州八怪研究资料丛书[M],南京:江苏美术出版社,1989-1996。

[3] 薛锋,张郁明,清代扬州画派研究综述[J],美术研究,1984(04):79-83+78。

[4] 李中华,20世纪扬州八怪研究综述[J],孝感学院学报,2004(01):45-47。

[5] 周欣,近二十年扬州八怪研究综述[J],扬州大学学报(人文社会科学版),2009,13(06):92-98。

[6] 黄俶成,清中叶东南文人群体与扬州八怪[J],东南文化,1993(06):69-75。

[7] 贺万里,罗加岭,顾志红编著,扬州八怪研究:超越地域的范式推进[M],北京:中国书籍出版社,2021。

[8] 谭述乐,尽微 致广 通变——薛永年的治学[J],美术观察,2003(12):100-101+99。

[9] 贺万里,韩士连,薛永年与扬州八怪研究[J],美术大观,2015(04):33-35。

[10] 朱天曙,卞孝萱先生与郑板桥研究[J],淮阴师范学院学报(哲学社会科学版),2003(03):318-321+325。

[11] 张郁明,胸有方心 气自浩然——李方膺绘画艺术论[J],艺术百家,2016,32(02):165-175+213。

[12] 李万才,周积寅,"扬州八怪"及其风格[J],美术之友,1999(01):23-24。

[13] 耿鉴,一分耕耘一分收获——美术史论家周积寅[J],美术观察,2002(04):58-59。

[14] 李倍雷,止于至善——评周积寅中国历代画论[J],大连大学学报,2008(01):127-128。

[15] 万新华,周积寅的中国画论教学、研究事业——从《中国

历代画论：掇英·类编·注释·研究》说起 [J]，南京艺术学院学报（美术与设计版），2008（04）：132-133。

[16] 纪灵灵，披沙沥金、剖石取玉—论周积寅关于文人画派的研究 [D]，扬州大学，2011。

[17] 徐建融，"扬州八怪"批判 [J]，文艺研究，1993（06）：132-146。

[18] 许淇，论"扬州八怪"及其画派 [J]，包头师专学报，1983（01）：22-26。

[19] 王伯敏，"扬州八怪"之所以"怪"——在香港中文大学文物馆答客问 [J]，扬州师院学报（社会科学版），1988（04）：150-155。

[20] 薛永年，关于中国古代的画派 [J]，艺术百家，2014，30（06）：30-31。

[21] 周积寅，再论"金陵八家"与画派 [J]，艺术百家，2012，28（05）：92-102。

[22] 周积寅，中国画派论 [J]，艺术百家，2013，29（06）：49-70+39。

[23] 马鸿增，画派的界定标准、时代性及其他——与周积寅先生商榷 [J]，艺术百家，2013，29（02）：127-131。

[24] 郭因，画能否成派，应否成派——兼谈黄宾虹的论新安画派、黄山画派 [J]，艺术百家，2014，30（02）：48-51。

[25] 周欣，关于《"扬州八怪"批判》的思考 [J]，东南文化，2009（04）：119-122。

[26]（美）高居翰著；李渝译，图说中国绘画史 [M]，北京：生活·读书·新知三联书店，2014.04。

[27]（美）高居翰著，画家生涯 传统中国画家的生活与工作 [M]，北京：生活·读书·新知三联书店，2012.01，155-161。

[28]（美）罗覃著；洪凯伦，陆梦娇译，珍藏中国·画中人 佛利尔的59幅中国人物画 [M]，上海：上海书画出版社，

2017.09。

[29] 高莽，俄罗斯人研究扬州八怪的新成果——《扬州八怪——中国十八世纪绘画史略》[J]，中国书画，2003（04）：95。

[30] 布罗夫，从大脑左/右半球不对称现象看扬州八怪的绘画艺术 [D]，南京艺术学院，2006。

[31] 安东篱；李霞译，李恭忠校，说扬州：1550-1850年的一座中国城市 [M]，北京：中华书局，2007。

[32] Bordahl, Vibeke, Lifestyle and Entertainment in Yangzhou[M]. Copenhagen: Nordic Inst of Asian Studies, 2009.

[33] 顾均，海外汉学界的扬州研究 [N]，中华读书报，2018-7-25（14）。

[34] 구자무，연북청어 [M]，서울：묵가，2010년。

[35] 文凤宣，扬州八怪画风对朝鲜末期画坛的影响 [J]，中国画，2003（03）：46-49。

致　谢

　　《郑板桥研究》凝聚了诸多先贤和时贤的心血与智慧，诸贤爽朗之举，令人感佩之至！在此，谨表示我诚挚的谢意！
著名摄影理论家、艺术家、活动家、中国摄影家协会副主席袁毅平先生
著名艺术评论家、中国艺术研究院研究员、博士生导师翟墨教授
著名学者、郑板桥资深研究专家、扬州市文学艺术终身成就奖获得者丁家桐先生
著名摄影教育家、活动家、美国第十一届露西奖获得者李振盛教授
著名摄影家、出版家、中国民族摄影艺术出版社社长兼总编辑殷德俭先生
中央新闻电影制片厂三集人文历史纪录片《郑板桥》摄制组导演鞠硕女士
著名作家、郑板桥资深研究专家、山东潍坊学院房文斋教授
著名历史学家、武则天资深研究专家、台湾中正大学历史系雷家骥教授
著名学者、郑板桥研究专家、台湾成功大学王家诚教授
台湾民俗摄影家、中国民俗摄影协会博学会士唐尔锦先生
著名出版家、中国新闻出版研究院副院长、中国书籍出版社社长

致 谢

　　王平博士

出版家、中国书籍出版社副总编辑游翔女士

著名出版家、北京朗朗书房图书出版公司总经理呼延华博士

出版家、上海人民出版社编审严国珍女士

出版家、南京大学出版社编审胡豪先生

出版家、广陵书社社长刘栋先生

出版家、凤凰出版社总编辑林日波博士

出版家、岳麓书社社长丁双平先生

出版家、岳麓书社编辑黄朝先生

出版家、天津百花文艺出版社编审高为先生

出版家、中国对外翻译出版公司第二编辑部主任赵铁岭先生

出版家、四川人民出版社副社长骆晓平先生

南京大学出版社编辑张敏博士

风水学研究者、中国时空风水学派创始人张树奇先生

著名国学研究者，良友书院院长、孟子第七十四代玄孙孟繁佳教授

雕塑艺术家、西安建筑科技大学艺术学院陈雪华教授

中国唐史学会会长、陕西师范大学历史文化学院博士生导师拜根兴教授

中国唐史学会秘书长、陕西师范大学历史文化学院博士生导师介永强教授

中国唐史学会副秘书长、陕西师范大学历史文化学院胡耀飞教授

文博馆员、乾陵博物馆副馆长刘向阳先生

文博馆员、昭陵博物馆副馆长李浪涛先生

文化学者、陕西年鉴编辑部主任郑茂良先生

文化学者、西安正和欣汇公司曹红卫先生

著名作家、中共兴化市委常委、宣传部部长、江苏省第四届紫金

山文学奖获得者刘春龙先生

作家、兴化市郑板桥纪念馆原馆长、2019-2020年度郑板桥文学艺术奖获奖得者陈学文先生

作家、兴化市教育局局长、2015-2016年度郑板桥文学艺术奖获奖得者汪夕禄先生

文化学者、《四库全书》纂修官任大椿后裔、兴化文史研究专家任祖镛先生

文化学者、《四库全书》纂修官任大椿后裔、兴化市图书馆原馆长任远先生

文化学者、兴化文史研究专家、2015-2016年度郑板桥文学艺术奖获奖得者郭保康先生

戏剧作家、兴化市2015-2016年度郑板桥文学艺术奖获奖得者、兴化式剧目创作室原主任董景云先生

江苏兴化市历史学会秘书长徐梅蓉女士

江苏兴化市文联秘书长陈婷婷

江苏兴化郑板桥纪念馆馆长汪友谊先生

江苏兴化市郑板桥纪念馆副馆长周阳阳女士

江苏兴化市郑板桥纪念馆办公室主任邢凤春女士

江苏兴化郑板桥纪念馆原馆长张长仪先生

江苏兴化市大垛镇管院庄郑板桥墓园管理主任顾华章先生

江苏兴化市大垛镇政府干部李萍女士

江苏兴化市竹泓镇郑板桥后裔郑家林先生

山东潍坊市潍城区纪委监委主任韩卫东先生

山东潍坊市潍城区纪委监委宣传部部长陈宵先生

山东潍坊市潍城区纪委监委干部孙菲菲女士

山东潍坊市潍城区委组织干部教育中心副主任徐婷女士

山东潍坊市潍城区委组织部陈玺小姐

致 谢

山东潍坊市郑板桥纪念馆馆长陈宵先生（兼）
著名学者、扬州文化资深研究专家、一级作家韦明铧教授
著名美术史论家、扬州大学美术学院院长贺万里教授
文化学者、清代扬州画派研究会会长陈峰教授
文化学者、清代扬州画派研究会秘书长周湛清教授
文化学者、惠生集团高级顾问贾春林先生
文化学者、江苏泰州市政协文史委主任李良先生
文化学者、江苏泰州市海陵区板桥文化研究院顾问武维春先生
著名书画篆刻家、江苏泰州市海陵区板桥文化研究院常务副院长
　　邹昌霖先生
文化学者、江苏泰州市海陵区板桥文化研究院李华先生
文化学者、江苏泰州市海陵区板桥文化研究院宋明先生
文化学者、陕西富平县委宣传部部长惠志刚先生
文化学者、陕西富平县文化馆馆长李问圃先生
全国优秀教师、陕西蒲城县教师进修学校校长常树民先生
郑板桥研究者、河南范县县长李自存先生
郑板桥研究者、河南范县郑板桥纪念馆馆长兰景军先生
郑板桥研究者、河南范县政协主席孙建国先生
郑板桥研究者、河南范县郑板桥文化研究中心主任陈新景先生
郑板桥研究者、河南范县科学技术协会主席夏祥智先生
河南范县辛庄镇党委书记陈显锋先生
河南范县辛庄镇人大主席路彩勤女士
著名出版家、台湾兰台出版社社长卢瑞琴博士
台湾兰台出版社主编沈彦伶女士
台湾兰台出版社主编郝逸杰先生
台湾兰台出版社主编杨容容女士
台湾兰台出版社编辑古佳雯女士

台湾兰台出版社美编陈劲宏先生
历史学博士、日本国立三重大学白石将人教授

后 记

茶若醉人何须酒，书能香我不必花。青年时代，我曾供职于政府部门，有薪资购买自己喜欢的中国古典文学作品及中外摄影理论方面的书籍。1984年，我作为陕西摄影界代表，赴京出席全国摄影盛会。幸得著名艺术评论家、中国艺术研究院研究员翟墨教授指点，通过上海人民出版社编辑严国珍女士牵线搭桥，与著名学者、郑板桥资深研究专家、扬州市文联主席丁家桐先生建立了书信往来。此后，则搜寻购买板桥及扬州八怪其他成员的诗文书画集，大量的书籍迫使我建立了自己的书房，除讲座、会议、差旅外，或看或写或接待访客友朋，基本都是在书房中度过，倒也十分惬意。

据不完全统计，三十多年来，我已购买、或各方时贤所赠板桥及扬州八怪其他成员各类书籍达二百余种，有宣纸线装本、精装本、软精装本、平装本、油印本、复印本、残本、手抄本，还有台湾本。在供职于出版社及世界汉学研究中心期间，跑的最多的地方一定是中国国家图书馆，查阅资料，深感受益。难能可贵的是几经努力，购得了民国十七年（1928）由商务印书馆总经理王云五主编的"国学小丛书"中的《郑板桥评传》（陈东原教授著）、中央干部学校图书馆馆藏图书扫描版，这是"郑学"研究史上首本撰写郑板桥先生的专著，全书虽不足四万言，但其开拓之功令人叹羡。

各方贤达陆续馈赠图书也以板桥及扬州方面居多，赠书与自己藏书少有重叠，但这份激励和支持令人感激、感动、感恩。如：七十五岁高龄的著名摄影理论家、艺术家、活动家、中国摄影家协会副主席袁毅平先生一次在北京图书订货会中国青年出版社展区看到了郭凤林、宫玉果1999年出版的《郑板桥书法字典》，毅然买下寄我；著名摄影家、出版家、中国民族摄影艺术出版社社长兼总编辑殷德俭博士则在北京国际图书博览会湖南美术出版社展区看到1999年出版王诚龙编《郑板桥书法字典》，则购买寄我。2010年4月上旬，我应著名作家、时任兴化市文化局局长刘春龙先生之邀，首次访问板桥故里兴化，我在文化局办公室主任陈学文及《文化兴化》杂志首席编辑汪夕禄先生的引领下，实地考察、感受兴化史前文化、兴化地形地理、兴化千年农本、兴化垛田纪胜、兴化教育科举、兴化官宦名士、兴化古籍善本、兴化金石书画、兴化祭祀崇拜、兴化服饰风采、兴化节令嘉仪、兴化能工巧匠及兴化渔人渔事等，翌年，刘先生赠我中国兴化第十届郑板桥艺术节专题宣传纪念册《经典兴化》及嘉庆修《昭阳郑氏族谱》本。我能感觉到，这是先生对我的一种寄托和期望，期望我能坚持下去，期待我能撰写出更多的板桥研究专著。在以后多次访问兴化期间，先生都会抽时间约我交谈，而最多的话题则是弘扬板桥文化和艺术精神，在我进行《郑板桥年谱》增补本前夕，已任兴化市委常委、宣传部部长刘春龙先生又寄来了由他与费振钟主编的《兴化文化丛书》两辑二十种，包罗兴化方方面面，有的作者还是我非常熟知的朋友。作家、郑板桥纪念馆原馆长陈学文先生则面赠我有证书编号的精品珍藏册《板桥郑燮》，此由香港陈香阁文化传播有限公司制作，市面难以寻觅。时任兴化市图书馆馆长任远先生面赠我一函上下册宣纸线装本《郑板桥印册》，此系福建师范大学图书馆馆藏钤印册页，2010年福建人民出版社出版，全球仅发行一百套。著名学者、郑

后 记

　　板桥资深研究专家丁家桐先生面赠或寄赠了除他个人多部签名著作外，又面赠了伴随他几十年的李一氓编，文物出版社出版的《郑板桥判牍》（1987）；卞孝萱编，由齐鲁书社出版的《郑板桥全集》（1985）及薛永年编，由江苏美术出版社出版的《扬州八怪考辩集》（1992）。出版家、凤凰出版社总编辑林日波博士则馈赠我卞孝萱、卞奇编《郑板桥全集》，精装本，全三册，凤凰出版社2018。虽然我多次至南京，但由于行程安排太紧凑，彼此至今尚未谋面。出版家、江苏广陵书社社长刘栋先生面赠我广陵书社出版的宣纸线装本《郑板桥四书真迹》（2016），广陵古籍刻印社出版的宣纸线装本《郑板桥诗词》（2005），及广陵书社出版的精装本明万历知兴化县事欧阳东风修《兴化县新志》（2023，下同）、清康熙知兴化县事张可立修《兴化县志》、清咸丰知兴化县事梁园棣总修《重修兴化县志》及民国兴化知县刘德澍修《续修兴化县志》。

　　还有一位从不读书的朋友许先生，受单位指派江南某地公差，闲逛一书店，看到一本包括《板桥杂记》《续板桥杂记》《板桥杂记补》的书，其购买的慷慨劲绝不亚于他购烟买酒劲，并立即快递给我，他蛮以为这本书就是我所坚持研究的那位板桥先生，看都没看每种书名下面的作者及所处朝代，末了还特意叮嘱我到时别忘了请他吃饭。其实，这三本小说集合起来还不足十二万字，作者分别是清代余怀、珠泉居士及金嗣芬。多年之后，我又北飘京城，供职于中国人民大学出版社朗朗书房图书出版公司。许先生京城公差，我们相约见面，在一座天桥的两端，我们彼此招手致意、相视而笑。

　　由此，我想起了高犀堂曾为板桥篆刻"充柔"印章的趣事：据清人徐兆丰《板桥先生印册》载："充柔：高凤冈，名翔，字西塘，刻此。贱字克柔，犀堂刻作'充柔'。真成错谬。余亦宝而藏之，人亦爱而玩之。若俗笔，虽字字六书，丝毫无舛，我正不取。"那么，不善读书的许先生所寄之书亦成错谬，余亦宝而藏之。

在本书中，原有"扬州市板桥道情文化园"、"海峡两岸郑板桥文化研究会"、"兴化市郑板桥研究会"、"郑板桥画像汇集"、"以郑板桥名字命名的书店、医院、学校、驾校、公司名录"、"以郑板桥为题材的民间故事传说"、"以郑板桥为题材的雕塑及书画作品"、"以郑板桥作品为题材的书画作品及篆刻"、"以郑板桥作品为题材的石刻、木刻"及"兴化市'板桥杯'书法绘画大赛"等内容介绍，因种种客观原因，尚未完成，深以为憾，只能留待以后合适的机会了。

著名美术史论家、扬州八怪资深研究专家、扬州大学美术学院院长贺万里教授《扬州八怪学术史研究论纲》论文给研究扬州八怪的学者及爱好者提供了一个基本的研究方向和思考路径，具有切实的指导意义。现征得作者同意，收录于此，期望扬州八怪研究者、爱好者能够从中获取教益。

板桥作为一种文化资源、一种艺术资源，他的文学、艺术成就，是中华民族珍贵的文化遗产。辄就书中所涉，以笔者之荒学偏识，错舛疏遗在所难免，诚望识者不吝赐教。

感谢北京张梓涵小朋友为本书题签！

作者信箱：E-mail：mingfang8093@163.com

党明放
乙巳年桐月识于问字庵

留取栽培待后贤
——评党明放《郑板桥研究》书札

黄 强

三百多年来，中国出了一位思想奇，文章奇，书画尤奇的卓绝人物，徐悲鸿说是郑板桥。郑板桥是清代文学书画家，"扬州八怪"之一，是画兰竹石圣手。"六分半书"已经成了郑板桥的标签。"难得糊涂"是郑板桥传世的座右铭，也是当下很多人的口头禅。另外，郑板桥还是审案高手，判词绝妙，人称"风流神判"。同时，郑板桥还是一位美食家。党明放教授《郑板桥研究》展现了全才的郑板桥，全面的郑板桥，立体的郑板桥。

"康熙秀才，雍正举人，乾隆进士"是郑板桥科举的经历，他曾是山东范县（今河南）县令、潍县的知县，政绩显著，后因开仓赈济，得罪上司，乞疾归，卜居扬州，以卖画为生。由体制内县太爷转身为在商言商的个体书画家，需要很大的勇气，也必须有过人的才华，安身立命的谋生本领。郑板桥之奇，在于他不畏惧流言，不与官场同流合污，不缺谋生技能。诗书画三绝，傲立于社会，备受社会尊重。"吾曹笔阵凌云烟，扫空氛翳铺青天。一行两行书数字，南箕北斗排星躔。"

宦海沉浮，时局变化，郑板桥由官变民，因此有"难得糊涂"

的题匾,从"难得糊涂"题词中,我们可以窥见郑板桥思想的变化。"聪明难,糊涂难,由聪明面转入糊涂更难。放一著,退一步,当下安心,非图后来福报也。"认识世界不能糊涂,但是处理很多事情可以糊涂。糊涂不是视之不见,听之任之,而是积极引导,转化矛盾,活在当下。"咬定青山不放松,立根原在破岩中"这是郑板桥的警语,也是他的人生哲学。难得糊涂的真谛是什么?"咬定青山"的精神内核又是什么?从党明放《郑板桥研究》中,可以找到答案。

郑板桥的研究专著甚多,党明放教授也出版过郑板桥传记、年谱、对联等研究著作,点校过《郑板桥全集》。日本北陆大学出版会也出版过他的日文版《郑板桥》。新书《郑板桥研究》在挖掘史料方面有所突破,实属不易。

《郑板桥研究》特点之一,广泛涉猎郑板桥家世、求学、存心、问道、书画、辞章,内容丰厚。书中涉及郑板桥研究的师友交往、墨迹收藏、审案判词等,又围绕郑板桥的故居纪念馆、板桥文化节、板桥影视作品、板桥文创产品、板桥人文菜肴、板桥冠名烟酒商品等,还有郑板桥研究资料汇编,搜罗详实,可谓面面俱到。

《郑板桥研究》不限于郑板桥家世、书画研究,还进行了拓展、延伸研究。这是以往郑板桥研究专著中很少涉及的。世间皆知郑板桥是书画家,却很少人知道郑板桥也是美食家。他品尝淮扬名菜后,题写美食诗词,"夜半酣酒江月下,美人纤手炙鱼头。"他的美食观与其哲学观、美学观契合。"湖上买鱼鱼最美,煮鱼便是湖中水",用鲜活食材,不加调料,就能烹饪出最美味的菜肴。"江南大好秋蔬菜,紫笋红菱煮鲫鱼"所倡导的是田园清供,与当下健康保健注意绿色有机食品的理念吻合。党明放教授指出:郑板桥继承王维传统,主张超凡脱俗,在青山绿水间,品茗尝鲜,饮酒啜蔬菜，对坐长谈，风流自在。这与当下金山银山不如绿水青山一脉相承。研究郑板桥，不能只是书画、印章，还要研究郑板桥的生活雅趣，文化价值，并且将文化价值转换为商业价值，生活价值，这也可以说对郑板桥生活美学的现实指导。

可以说《郑板桥研究》是一部研究郑板桥全面、详实的著作。这样说并不是恭维之辞，从目录中就可以佐证笔者所言不虚。市面上郑板桥研究著作，无非画册、传记、书画、印章、诗文研究，并没有郑板桥的故居、林园、纪念馆，郑板桥研究机构、郑板桥文创产品、郑板桥人文菜肴等郑板桥延伸研究。书中还有近一百年间板桥研究成果辑录一章，让读者及研究者可以了解郑板桥研究概况，从而避免重复做功。从这个方面说，党明放教授《郑板桥研究》具有郑板桥研究工具书的功能。

《郑板桥研究》特点之二，辨章学术，考镜源流。《郑板桥研究》并非只是资料的搜集，也有作者的研究心得。其中的《郑板桥家世考论》就是考证章节之一。

《郑板桥书画印章名录》对于印文的考证颇见作者的研究功底。表面上看，只要将郑板桥使用的印章罗列出来，就可以了。但是，党明放教授并没有进行这样简单、便捷的做法。不仅对郑板桥印章进行分类，诸如：姓名字号、苦难身世、政治抱负、幽默诙谐、修身养性、艺术追求，而且考证何以镌刻这样的内容，与郑板桥思想形成，艺术成就的溯源与影响的关联。"二十年前旧板桥"是一方朱文方印，历城朱文震刻。党明放教授在这方印的下面有论述。郑板桥博取功名之前，卜居扬州卖画，前后十年。乾隆年间高中进士，出任县令知县，辞官卸任，再居扬州卖画，前后二十年。"二十年前人轻艺薄，被人低眼下看，二十年后画名日隆，求字索画者甚众，真是世态炎凉。"因此，郑板桥巧妙借用刘禹锡《杨柳枝词》

中的"二十年前旧板桥"诗句入印,表明自己的身世及艺术追求。

郑板桥有一方"麻丫头针头"印。郑板桥何以有这样一方印,其印寓意又何在?读者搞不清楚,研究者也未必明白。党明放教授考证:"丫头"之名本为郑板桥乳名。兴化民间风俗,生了儿子怕夭折,往往起个"丫头"之类乳名,瞒过阎王的眼睛而不会被勾去,能够长命百岁。如同民间"阿猫""阿狗"乳名。郑家人丁不旺,取名"丫头",又因板桥脸上长有几颗淡淡的麻子,故称"麻丫头"。丫头擅用针线。板桥意即把诗书画印艺术作为妇女的"针线"奉献给"天下之劳人"。一方小印,一个俗名,搞不明白,说不清楚,很多人不会深究。但是党明放教授却"咬定青山不放松",考证源流,深入剖析。虽然阮元批评此印"太涉习气",郑板桥却不以为然,党明放教授认为此印表明了郑板桥以迩言为善言的伦理思想,对父母赐名的珍爱。

白文"畏人嫌我真"印,其句出自杜甫《暇日小园散病,将种秋菜,督勤耕牛,兼书触目》,表达出郑板桥正直善良、忧国忧民的真挚情感。印章及其印文,不仅是书画的印记,也是板桥思想、情操、趣味、经历的折射。党明放教授考证印文及其寓意,为的是更深入地了解郑板桥,写出个性鲜明,才艺独特,艺术求真的真实的郑板桥。

对于郑板桥交往亲王、文朋师友、画友、僧道友人等的考证,也并非可有可无。所谓道德文章,志趣相投,他们与郑板桥交往,见证了郑板桥的个人情趣,政治倾向,以及道德标准。郑板桥评价僧友六安和尚:"从来名士能评水;自古高僧爱斗茶。"友人的人品折射出郑板桥的人品。艺术大家的作品成就巨大,他的才情、人品、修为也会自然注入其作品之中。

郑板桥的文采诗情在《诗选词选》章节中有全面的展示,郑板桥为官之道，判案的智慧，在《审案判词》章节中有集中表现。《松轩随笔》云："板桥先生疏旷洒脱，然见地极高。天性极厚。其生平词胜于诗，吊古撼怀，激昂慷慨。与集中家书数篇，皆世间不可磨灭文字。"

平生笔墨难抛却，七品官身颇自由。在烟火里谋生，在文字间谋心，在琴音里谋魂，这就是真实的郑板桥，这也是党明放教授《郑板桥研究》提供给读者的史料价值。

作者系江苏开放大学特聘教授，江苏省文艺评论家协会理事。

党明放著作要目

《郑板桥对联赏析》，岳麓书社 2006.9
《中国人最应该知道的文化典故》，中国书籍出版社 2009.1
《郑板桥年谱》，首都师范大学出版社 2009.7
《郑板桥》，南京大学出版社 2011.1
《中国人最应该知道的文化典故》，中国书籍出版社 2012.1
《聆听唐朝》，中国书籍出版社 2013.8
《郑板桥年谱》（上下册），台湾兰台出版社 2013.10
《郑板桥全集》，台湾兰台出版社 2015.1
《郑板桥》（日文版），日本北陆大学出版会 南京大学出版社 2015.6
《郑板桥》（中日文对照版），日本北陆大学出版会 南京大学出版社 2015.10
《陵寝文化》，南京大学出版社 2018.5
《温故知新：例说中国文化往事》，中国书籍出版社 2020.4
《唐朝公主及其婚姻考论》（合著），台湾兰台出版社 2021.9
《中国古代陵寝文化》，南京大学出版社 2021.11
《唐陵石刻遗存图集》，台湾兰台出版社 2023.5
《唐玄宗传》，中国书籍出版社 2023.7
《中国古代陵墓研究》，台湾兰台出版社 2024.6
《郑板桥研究》，台湾兰台出版社 2025.8
《郑板桥年谱》（增补本），广陵书社
《郑板桥评传》，广陵书社

《喋血禁门：唐代宫廷政变研究》，台湾兰台出版社
《隋唐皇帝信仰研究》（合著），台湾兰台出版社
《泰山封禅与祭祀》，台湾兰台出版社
《喋血朝堂：唐代宫廷冤案实录》
《腥风淫雨：唐朝宫听丑闻实录》
《凭山藉水：唐朝宰相命运实录》
《远山归梦：唐朝宦官命运实录》
《文过饰非：我来揭文人的底》（历史随笔集）
《郑板桥书画印章知见录》
《郑板桥楹联墨迹集》
《清代扬州画派十五家楹联墨迹集》
《郑板桥辞典》

国家图书馆出版品预行编目资料

郑板桥研究/党明放著. -- 初版. -- 台北市： 蘭臺出版社, 2025.10
面； 公分. --（书画艺术研究；5）

ISBN 978-626-99990-0-2（精装）

1.CST:（清）郑燮 2.CST: 传记 3.CST: 文集

782.874　　　　　　　　　　　　　114011391

书画艺术研究5

郑板桥研究

作　　　者：	党明放
主　　　编：	沈彦伶
美　　　编：	陈劲宏
封面设计：	陈劲宏
出　　　版：	蘭臺出版社
地　　　址：	台北市中正区重庆南路1段121号8楼之14
电　　　话：	（02）2331-1675或（02）2331-1691
传　　　真：	（02）2382-6225
E—MAIL：	books5w@gmail.com或books5w@yahoo.com.tw
网络书店：	http://5w.com.tw/
	https://shopee.tw/books5w
	博客来网络书店、博客思网络书店
	三民书局、金石堂书店
经　　　销：	联合发行股份有限公司
电　　　话：	（02）2917-8022　　传　真：（02）2915-7212
划拨户名：	蘭臺出版社　　　　　账　号：18995335
香港代理：	香港联合零售有限公司
电　　　话：	（852）2150-2100　　传　真：（852）2356-0735
出版日期：	2025年10月 初版
定　　　价：	新台币1000元整（精装）
ISBN：	978-626-99990-0-2

版权所有・翻印必究